Antonia Blum
Der Kindersuchdienst

ANTONIA BLUM

Der Kindersuchdienst

Für immer in deinem Herzen

Roman

Ullstein

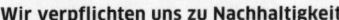
Wir verpflichten uns zu Nachhaltigkeit
- Papiere aus nachhaltiger Waldwirtschaft und anderen kontrollierten Quellen
- Druckfarben auf pflanzlicher Basis
- ullstein.de/nachhaltigkeit

Originalausgabe im Ullstein Paperback
1. Auflage Mai 2025
© Ullstein Buchverlage GmbH,
Friedrichstraße 126, 10117 Berlin 2025
Umschlaggestaltung: bürosüd° GmbH, München
Titelabbildung: © Matilda Delves / Arcangel (Frau mit Kind)
Wir behalten uns die Nutzung unserer Inhalte für Text und
Data Mining im Sinne von § 44 b UrhG ausdrücklich vor.
Bei Fragen zur Produktsicherheit wenden Sie sich bitte an
produktsicherheit@ullstein.de
Gesetzt aus der Dolly
Satz: Savage Types Media GbR, Berlin
Druck und Bindearbeiten: CPI books GmbH, Leck
ISBN 978-3-86493-251-9

Prolog

Die Geburt dauerte nun schon zwei Tage, genauso lange, wie das Unwetter draußen tobte. Der Wind heulte kreischend und zerrte an den Fensterläden, die gegen das Haus schlugen. Der Sturm schleuderte Regenböen auf das Dach und lockerte Ziegel.

Wo sie herkam, war man überzeugt davon, dass eine Geburt bei Sturm Unglück brachte. Dort nannte man solche Neugeborenen *Sturmkinder* und sagte voraus, dass ihre Leben von Tragödien überschattet sein würden.

Die Helferin hockte hinter ihr, um das Kind nun mit den Händen auszutreiben. Sie selbst lag keuchend und schwitzend auf einer durchgelegenen Matratze. Vor Kraftlosigkeit wurde ihr immer wieder schwindelig, sodass sie meinte, jeden Moment in die Hölle geholt zu werden. Sie war unter falschem Namen hergekommen. Keine Frau, die hier entband, gab ihre Identität preis.

»Wir brauchen die Zange!«, hörte sie die Hebamme sagen, die das Hörrohr an ihren Bauch drückte, »Die Herztöne des Kindes werden langsamer.«

Sie ahnte, was nachlassende Herztöne bedeuteten. »Bitte ... retten Sie ... mein Kind!«, flehte sie keuchend.

Die Helferin tupfte ihr die Stirn ab und strich ihr über die Wange. »Alles wird gut werden.«

Mit jedem weiteren Atemzug wurde sie überzeugter, dass dies nicht stimmte. Ihr Körper war am Ende, nicht mehr fähig zu irgendeiner anderen Regung als Schmerz.

»Ich habe die Zange angesetzt«, erklärte die Hebamme. Bei diesen Worten erleuchtete ein Blitz den Raum. Dann folgte ein Donner, der die Wände erschütterte.

Bei der nächsten Presswehe schrie sie noch einmal lauter und übertönte das Unwetter.

»Der Kopf ist da«, sagte die Hebamme endlich. »Pressen Sie nur noch ein einziges Mal!«

Sie sah verschwommen, wie die blutverschmierte Geburtszange zur Seite gelegt wurde. Dann presste sie, aber bald blieb ihr die Luft weg. Sie war gefangen in einem Strudel aus Schmerz und Ohnmacht. Mit einem letzten, verzweifelten Schrei brachte sie ihr Kind zur Welt.

Sie wischte sich den brennenden Schweiß aus den Augen und lächelte müde. Das Kleine war überzogen von Schleim und Blut, und es strampelte in den Händen der Hebamme. Es war wunderschön, auch wenn sein Köpfchen von der Zange verformt war und Blutergüsse aufwies. Ein Wesen so zierlich, so lebendig. Es war ihr erstes Wunder im Leben.

Sie wollte nach ihrem Kind greifen, aber die Hebamme übergab es in die Arme der Helferin, die damit zum Waschbecken an der Wand ging.

Ihr Leib fühlte sich wie eine offene Wunde an. Erschöpft sackte sie ins Kissen zurück. Sehnsüchtig schaute sie zum Waschbecken, sah jedoch kaum mehr als strampelnde Beinchen.

Als sie die Nachgeburt aus sich herauspresste, dachte sie an den Vater ihres Kindes. Sie hatten sich nur einen einzigen Tag gekannt. Während der Riss zwischen ihren Beinen genäht wurde, versuchte sie immer wieder, einen Blick auf ihr Kind zu erhaschen, das von der Helferin gewindelt und angekleidet und kurz darauf aus dem Gebärzimmer gebracht wurde. Die Hebamme packte Nachgeburt und Nähzeug in eine Schüssel und ging ebenfalls.

Sobald sie allein war, hievte sie sich von der Matratze hoch und wankte zur Tür, obwohl sie warmes, frisches Blut an ihren Oberschenkeln spürte. Sie wollte wenigstens wissen, ob sie eine Tochter oder einen Sohn geboren hatte. Damit sie nicht zusammenbrach, hielt sie sich am Türrahmen fest. Nur einen einzigen Atemzug gestattete sie sich, um Kraft zu sammeln. Wenn sie länger zögerte, konnte es zu spät sein. Mit schmerzverzerrtem Gesicht drückte sie die Klinke herunter und stieß die Tür auf.

Die Hebamme kam gleich angelaufen und schob sie zurück in ihren Raum.

»Ich will zu meinem Kind!«, protestierte sie und hielt sich an der Türklinke fest. Für eine einzige Berührung ihres Kindes wäre sie bereit gewesen, ihr Leben zu geben. So viele Monate hatte sie es unter dem Herzen getragen, seine Tritte gespürt und seine wiederkehrenden Schluckaufs, unter denen ihr Bauch gezuckt hatte. Jetzt wollte sie es in den Armen halten und lieben, auch wenn es anders vereinbart worden war.

Mit den Worten »Es gibt kein Zurück mehr« drückte die Hebamme ihr eine Tablette zwischen die Lippen und flößte ihr Wasser ein. »Die Adoption gibt dem Kind die Chance auf ein besseres Leben!«, sagte sie.

Sie nickte schwach und schluckte. Sie hatte ihrem Kind nichts außer Liebe zu geben. Und doch hätte sie nie zustimmen dürfen, es nach der Geburt wegzugeben.

»Gehen Sie jetzt in Ihr Bett, Sie müssen ruhen!«, verlangte die Hebamme, verließ das Gebärzimmer und drehte den Schlüssel im Schloss herum.

Sie sackte gegen die Tür und verstand, dass es einen noch stärkeren Schmerz als den Geburtsschmerz gab. Den Schmerz, wenn ein Mutterherz vor Sehnsucht brannte.

Während sie mit dem Rücken an der Tür hinabrutschte, liefen Tränen ihre Wangen hinab. Ihr Kind gehörte doch zu ihr.

1

31. Januar 1955

Oskar war ihr einziges Glück im Leben. *Ohne* ihn wäre Annegret nur das schmächtige Mädchen mit dem Schatten auf der Lunge gewesen, das bei der Lebensmittelversorgung nach dem Krieg Extramarken für Butter bekommen hatte. *Mit* ihm war sie eine Mutter und unendlich stolz, obwohl das Leben als unverheiratete Frau mit einem Kind ein Spießrutenlauf war. Immer wieder überlegte sie, einen Ehering zu tragen, damit sie mit Oskar an der Hand nicht mehr schief angeschaut wurde.

Es war halb sieben und Zeit, aufzustehen, doch Annegret versank mit einem zärtlichen Lächeln im Anblick ihres Sohnes. Der Siebenjährige schlief auf der Pritsche, die ihnen seit mehr als einem Jahr als Bett diente. Oskar hatte sich die Decke bis unters Kinn gezogen, und seine Füße ruhten am Ziegelstein, den sie am Vorabend auf dem kleinen Kohleofen erwärmt und ihm in Zeitungspapier eingewickelt ans Fußende gelegt hatte. Draußen war Winter, die Bäume und Sträucher in der Gartensiedlung kahl und dunkelbraun.

Annegret schob ihre Hand unter die Decke und barg Oskars Finger in ihren. Das Kerzenlicht vom Nachttisch überzog das Gesicht ihres Jungen, das von blonden Locken gerahmt wurde, mit einem orangefarbenen Schleier. Er schlief wie ein Engel.

Am liebsten hätte sie ihn den ganzen Tag angeschaut, aber er musste in die Schule und sie zur Arbeit.

Bei der Vorstellung, dass heute am Blomkamp entschieden wurde, ob sie ihre einmonatige Probezeit beim Kindersuchdienst überstanden hatte, wurde ihr übel. Es sah nicht gut für sie aus, denn sie hatte einige Fehler gemacht.

»Mami«, sagte Oskar, kaum dass er die Augen geöffnet hatte.

Annegret wollte sich ihre Angst vor der Arbeitslosigkeit nicht anmerken lassen. »Guten Morgen, mein Spatz«, sagte sie gut gelaunt, schluckte ihre Übelkeit runter und zog ihren Jungen liebevoll an sich.

»Wie lange dauert es noch, bis wir Zuckerwatte im Hafen essen gehen?«, fragte er.

»Es dauert noch vierzehn Tage«, erklärte Annegret geduldig. Bei Einlaufparaden und Stapelfahrten, wie in zwei Wochen wieder eine anstand, wurde an den Landungsbrücken Zuckerwatte verkauft. Oskar war verrückt nach der Süßigkeit.

»Wirst *du* dieses Mal auch eine essen?«, wollte er wissen.

Annegret zögerte. Sie hätte das Geld für ihre Portion lieber zu den Notgroschen gelegt, aber bei Oskars bittendem Gesichtsausdruck nickte sie schließlich. »Versprochen.«

Sie half ihm aus dem Bett und führte ihn an die Waschschüssel, über der sie Bohnenpflanzen überwinterte.

Während Oskar sich wusch und Zähne putzte, schmierte sie ihm ein Butterbrot und legte noch eine Karotte mit in die Brotdose. Kurz blickte sie durch das feuchte Holzfenster nach draußen. Es hatte letzte Nacht geregnet. Der Boden war nass, und an der kahlen Felsenbirne neben der Laube hingen noch Tropfen.

Annegret ging mit zwei Zinkeimern zum Brunnen, bemüht darum, den grimmigen Gartennachbarn zu ignorieren. Der alte

Herr Hansen kam selten aus seiner Laube, hockte dafür aber viele Stunden am Fenster und beobachtete sie wie auch heute.

Der Brunnen befand sich auf dem Vereinsplatz, von dem sternartig die Wege zu den Gartenlauben abgingen. Es waren knapp einhundert Parzellen, allesamt bewohnt, weil nach den Zerstörungen des Krieges noch nicht wieder genug Wohnraum da war. Als alleinerziehender Frau stand ihr lediglich ein Zimmer mit Kochnische zu, eine »Kochstube«, aber die meisten dieser Stuben hatten Kriegsbomben zerstört. Die mittlerweile neu gebauten Wohnungen waren ausschließlich für Familien konzipiert. Annegret war froh, in der Laube ihres Onkels, der seit dem Krieg verschwunden war, zu wohnen und den kleinen Garten drum herum von ihrer Tante pachten zu dürfen. Nach dem großen Streit mit ihrer Mutter, der inzwischen acht Jahre zurücklag, war sie von zu Hause weggegangen und seitdem auf sich allein gestellt. Und irgendwie ging es immer weiter. Nachdem Oskar geboren worden war, hatte sie in Heimarbeit Geld damit verdient, für vornehme Frauen Laufmaschen in Strümpfen und Stricksachen zu repassieren. Als Oskar vor einem guten Vierteljahr eingeschult worden war, hatte sie begonnen, Stellenanzeigen zu lesen, und war auf den Kindersuchdienst gestoßen.

Während Annegret Wasser in ihre Eimer laufen ließ, dachte sie mit Unbehagen an das bevorstehende Gespräch mit ihrem Vorgesetzten Herrn Krüger, in dessen Nähe sie sich vom ersten Tag an unwohl gefühlt hatte. Er hielt sie als Suchdiensthelferin für ungeeignet. Zum Glück hatte der Leiter des Kindersuchdienstes, Herr Doktor Seppelfricke, entschieden, ihr trotzdem eine Chance zu geben. In den zurückliegenden vier Wochen Probezeit hatte sie die Chance bekommen, alle zu überzeugen. Sie konnte nicht beurteilen, ob ihr das gelungen war. Sie hatte ihr Bestes gegeben. Heute würde sie das Ergebnis erfahren.

Annegret schleppte die mit Wasser gefüllten Eimer zur Laube. Im Kopf begann sie bereits, potenzielle neue Arbeitgeber durchzugehen. Vielleicht die Fischbratküche in der Reineckestraße? Nach der Entlassung würde sie direkt dorthin laufen und um eine Anstellung bitten. Und beim Fleischer ums Eck würde sie fragen, ob sie noch einmal anschreiben lassen durfte.

Zurück in der Laube, half sie Oskar aus dem Schlafzeug und rein in frische Socken und Unterwäsche, eine Hose und einen dicken Pullover. Darüber kamen Jacke und Mütze und zuletzt die Schuhe.

Während sie das Geschirr vom Frühstück im frischen Wasser abwusch, ermahnte sie Oskar: »Wir müssen uns heute beeilen. Auf keinen Fall darf ich zu spät zur Arbeit kommen.« Damit sie sich vor Aufregung beim Gespräch mit Herrn Krüger nicht erbrach, aß sie lieber nichts zum Frühstück. Oskar bekam eine Schnitte in die Hand und die Brotdose für den Schulranzen.

Während der Junge seine Verpflegung verstaute, band Annegret sich ihr braunes, langes Haar am Hinterkopf zusammen und kämmte sich die kurzen Stirnfransen glatt, wie sie es jeden Tag tat, seitdem sie zehn war. Sie wagte es nicht, ihr Haar offen zu tragen, denn das war verpönt.

Sie zog ihren Mantel an, griff sich ihren Beutel und den Schulranzen. Zuletzt hängte sie Oskar den Schlüssel um den Hals und pustete die Morgenkerze aus. Dann konnte es losgehen. Wie jeden Werktag schloss Annegret die Laube ab und richtete ihren Blick geradeaus auf das Gartentor. Hoffentlich kam der Frühling bald. Sie liebte das Licht und die vielen Farben am Beginn des neuen Gartenjahres, außerdem würde Herrn Hansens Fenster dann hinter der Ligusterhecke an der Parzellengrenze verschwinden.

Oskars Schule befand sich ein gutes Stück weg von der Schrebergartensiedlung. Auf schlammigen Wegen verließen sie die Anlage. Wie jeden Morgen brachte Annegret ihren Sohn bis an das Tor des Schulgeländes. »Hab einen schönen Tag, mein Spatz.« Sie küsste ihn auf die Stirn und hielt seine Hand noch etwas länger fest als nötig.

»Ja, ganz bestimmt, Mami!« Oskar grinste breit. »Heute habe ich nämlich kein Lesen.« Seine großen braunen Augen und sein blondes Haar um das rundliche Gesicht waren zauberhaft. Freudig lief er auf seine Klassenkameraden zu. Der tägliche Abschied fiel ihm leichter als ihr.

Seit Annegret vor einem Monat beim Kindersuchdienst des Deutschen Roten Kreuzes angefangen und täglich mit elternlosen Kindern zu tun hatte, hatte sie Angst, Oskar zu verlieren, sobald sie ihn aus den Augen ließ. Nachts träumte sie davon, dass sie von der Arbeit heimkam und er nicht mehr da war. Einfach weg aus ihrem Leben, wie die verlorenen Kinder, deren Verbleib sie und ihre Kolleginnen aufzuklären versuchten.

Sie machte sich auf den Weg zum Blomkamp, wo der Suchdienst seinen Sitz hatte. Hamburgs Straßen waren voll mit Bussen, Autos und mit Fußgängern, die sich wie sie die öffentlichen Verkehrsmittel nicht leisten konnten. Das wenige Geld, das sie hatte, gab sie für Lebensmittel oder für Oskar aus. Und alle vierzehn Tage legte sie einen Notgroschen beiseite.

Der Blomkamp durchlief den Hamburger Stadtteil Osdorf, wo Dorf auf Großstadt traf. Hier standen geduckte, reetgedeckte Häuser sowie kühle Zweckbauten mit schlichten grau verputzten Fassaden und Flachdächern, und es gab grüne Felder neben reichen Prunkhäusern. Genau wie die Schrebergartenanlage war Osdorf Teil des Verwaltungsbezirks Altona.

Nach einer Dreiviertelstunde Fußmarsch erreichte Annegret den Suchdienst. Er befand sich in einer ehemaligen Schule, die bis auf zerstörte Fensterscheiben die Bombenangriffe auf Hamburg überstanden hatte. Das zweigeschossige Gebäude war verklinkert und besaß hübsche Sprossenfenster. Durch den Efeu an der Fassade wirkte es verwunschen und erinnerte Annegret an eines der Häuser aus Oskars Märchenbuch. Ihr Blick glitt über die roten Buchstaben über dem Eingang: KINDERSUCHDIENST. Da, wo früher die Schuluhr gehangen hatte, prangte unübersehbar das rote Kreuz.

Annegret hätte sich nie träumen lassen, dass sie beim *Deutschen Roten Kreuz* arbeiten durfte – wenigstens für einen Monat. Die Organisation half Bedürftigen und Menschen in Not, vor allem Alten, Frauen und Kindern. Wenn sie Oskar schon nach Schulschluss drei Stunden allein in der Laube lassen musste, dann um Bedürftigen zu helfen.

Nervös befingerte sie die Knopfleiste ihrer gelben Strickjacke unter dem Mantel. Nach einem tiefen Atemzug betrat sie das Gebäude durch die schwere hölzerne Eingangstür. Mit den hohen Decken, dem gefliesten Flurboden und den geschmiedeten Treppengeländern im Inneren erinnerte es sie an ihre letzte Schule. Ihr Magen zog sich zusammen, wenn sie daran dachte, dass sie von Lehrern wie Klassenkameraden gleichermaßen als dumm beschimpft worden war. In dieser Zeit war sie zur Außenseiterin geworden.

Sie ging vorbei an der Besuchertür, über der das Schild SUCHANFRAGEN HIER prangte, und betrat den größten Raum des Erdgeschosses durch die Personaltür. Die Aula war ein prächtiger Raum mit Parkettboden im Fischgrätenmuster und dunklen, holzvertäfelten Wänden. Wo früher imposante Kronleuchter schulische Festveranstaltungen beleuchtet hatten, hingen heute einfache Lampen. Die alten Schulbänke dienten den Mitarbeiterinnen als Schreibtische. Der große Tresen bei der Besuchertür war eine der wenigen Neuanschaffungen beim Einzug gewesen.

Nach einem kaum hörbaren »Guten Morgen« und einem kurzen Blick zum groß gerahmten Porträt an der Wand, das Bundeskanzler Adenauer zeigte, zog Annegret ihren alten Mantel aus. Sie hängte ihn über die Stuhllehne und setzte sich an ihren Tisch in die Ecke des Raumes. Es war gerade acht Uhr. Eine Viertelstunde blieb ihr noch bis zum Gespräch. Ihre Anspannung stieg, und sie konnte sich nicht auf die Arbeit konzentrieren. Um sie herum klapperten die Schreibmaschinentasten heute leiser, und die Klingelzeichen, die das Zeilenende anzeigten, erklangen seltener. Annegret sah sich um. Nicht einmal die Hälfte aller Tische war besetzt. Bereits vergangene Woche hatten sich einige Kolleginnen wegen Grippe krankgemeldet. Ihr Blick blieb an Dagmar Lührs hängen, die am Tresen telefonierte. Die Kollegin war kräftig gebaut, trug ihr blondes Haar dank Kaltwelle gelockt und schwere Messingclips an den Ohren, die ihre Ohrläppchen lang zogen. Sie schwärmte gerne vom neuesten Modeschmuck und vom früheren Königsberg, aus dem sie stammte. Dagmar war eine schillernde Kollegin, das genaue Gegenteil von ihr selbst, dachte Annegret. Mit ihrer angenehm weichen Stimme nahm Dagmar Telefonate entgegen und erteilte Suchenden Auskunft. Die zentrale Nummer stand auf allen Postern und Broschüren des Kindersuchdienstes: Vorwahl Hamburg und zweimal die Dreiundzwanzig.

Jutta Seidenschwanz näherte sich Annegret. »Guten Morgen, Fräulein Dietzel.« Die knapp fünfzigjährige Witwe hatte sie eingearbeitet und ein wohlwollendes Wort für jedermann. Sie war die Älteste in der Abteilung und belesen, denn sie hatte früher als Bibliothekarin gearbeitet, wie sie ihr erzählt hatte. Sie liebte es, zu organisieren und katalogisieren. Das Markanteste an ihr war die übergroße schwarze Brille. »Alles Gute für Ihr Gespräch gleich«, sagte sie.

»Danke«, erwiderte Annegret leise, beinahe ehrfürchtig. Diesen Monat waren Jutta bereits zwei Zusammenführungen gelungen. Annegret bekam jedes Mal vor Rührung eine Gänsehaut, wenn eine Kollegin erfolgreich ein Kind mit seinen Eltern vereinen konnte.

»Auch von mir: Toi, toi, toi!«, rief Dagmar vom Tresen. »Wie wäre es mit einem Keks zur Stärkung? Meine neueste Kreation.« Dagmar deutete auf die Dose auf dem Tresen, wobei ihre Armreife am Handgelenk klimperten.

»Nein danke«, sagte Annegret höflich, was Dagmar aber nicht davon abhielt, die Dose zu öffnen und mit ihrer seidigen Stimme zu beschreiben, wie sie fein gehackten Rosmarin mit Zucker und Meersalz zu einem salzig-süßen Geschmackserlebnis kombiniert hatte. Sie hätte Radiomeldungen sprechen können.

Der Duft des Gebäcks verbreitete sich im Raum, und Annegret konnte nicht anders, als sich vorzustellen, wie ein buttriger Keks auf ihrer Zunge zerging. Schnell rief sie sich ihren empfindlichen Magen ins Gedächtnis und schüttelte ablehnend den Kopf. Außerdem musste sie vorsichtig sein, sich den netten Kolleginnen nicht zu sehr zu öffnen, sonst rutschte ihr noch ihr Geheimnis heraus.

Kollegin Renate Kunstmann trat an ihren Schreibtisch. Sie richtete den Kragen von Annegrets Bluse und zupfte Wollkügelchen von ihrer Strickjacke. »So, jetzt ist es besser.« Sie knuffte ihr ein paarmal in die Wangen, sodass sie warm und rot wurden. »Vielleicht tragen wir beim nächsten Mal etwas Rouge auf, Fräulein Dietzel.«

»Maache Se sisch kein Sorje! Dat schaffe Se schon!«, rief Elli Sander von den Telefonplätzen her, die durch Stellwände abgeschirmt waren. »Gonn Se effe rin, lächeln Se, und dat läuf vun allein!« Sie lachte auf, und einige Kolleginnen fielen in ihr ansteckendes Lachen mit ein, aber bei Annegret zuckten nicht einmal die Mundwinkel.

Ihr Blick wanderte zur Uhr. Es war sieben nach acht. Sie nickte den anderen zu und machte sich auf ins Obergeschoss zu Herrn Krüger. Jochen Krüger leitete die Abteilung für Findelkinder, die größte des Kindersuchdienstes, der auch Annegret angehörte. Knapp vierzigtausend Fälle warteten in den Karteikästen auf Zusammenführung. Die Mehrheit von ihnen waren Minderjährige, die ihre Eltern in den Kriegswirren verloren hatten, oft im Bombenhagel der letzten Monate und während des Vormarschs der Roten Armee.

Still wartete Annegret vor dem alten Physiksaal. Die Zeit schien nicht zu vergehen. Am liebsten hätte sie das Gespräch verschoben, aber sie brauchte Gewissheit darüber, wie es für Oskar und sie weiterging. Ihr beider Überleben hing von ihrem Einkommen ab. Dabei ging es nicht nur um Essen, Heizen und um Dinge, die Oskar für die Schule benötigte, sondern auch um die Pacht für den Schrebergarten und das Dach über ihrem Kopf.

Ihre Augen wanderten nervös über den Flur, vorbei am Vorzimmer von Doktor Seppelfricke und zurück zum Physiksaal. Dann sprangen sie zur Tür, hinter der sich die zentrale Namenskartei verbarg, und weiter zu den Büros der anderen drei Abteilungsleiter. Neben der Abteilung für Findelkinder gab es noch die für Wolfskinder, in der sie auch schon ein paar Tage gearbeitet hatte, dann die für unbegleitete Kinder aus Konzentrationslagern – die kleinste des Suchdienstes – und die Abteilung für

Zivilverschleppte jeden Alters, deren Abteilungsleiter die Kolleginnen gerne mal ins Kino oder Theater einlud als Dankeschön für ihren Einsatz. Soweit Annegret das mitbekommen hatte, arbeiteten in allen vier Abteilungen ausschließlich Frauen. Nur die Leitungspositionen waren mit Männern besetzt.

Sie konnte ihr Herz in der Brust hämmern hören, und ihr wurde übel. Um sich abzulenken, zählte sie schließlich die Ziegelsteine an den unverputzten Wänden. Zwei Minuten vor dem Termin klopfte sie kaum hörbar an die Tür des Abteilungsleiters. Jetzt nur nicht übergeben!

Ein kräftiges »Herein!« ließ sie wenige Schritte in den Physiksaal gehen. Ihr Blick glitt unstet die hölzernen Schülerbänke hinab, die wie in einem Theater treppenartig abfielen, bis er den Abteilungsleiter an dem wuchtigen Schreibtisch fand. Jochen Krüger wurde von der riesigen, mehrflügeligen Wandtafel hinter ihm gerahmt wie ein Priester von einem Triptychon in der Kirche. Sein rotes Haar leuchtete im Licht der elektrischen Deckenlampe.

Viel wusste Annegret nicht über ihren Vorgesetzen. Es hieß, er sei Anfang vierzig und wohne im Stadtteil Ottensen in einer Wohnung nur für sich allein, ohne Einquartierte. Von dort kam er jeden Morgen mit einem Motorrad knatternd vor die alte Schule gefahren. Vorsichtig wünschte sie einen Guten Morgen.

»Bitte treten Sie näher und setzen sich!« Seine Stimme hallte kühl zwischen den hohen Wänden nach. Aufmerksam verfolgte Jochen Krüger Annegrets Gang bis an seinen Schreibtisch.

Auf einmal war sie sich ihrer schlichten Kleidung nur zu bewusst. Als einzige Mitarbeiterin trug sie keinen Rock, sondern noch die alten Hosen aus dem Krieg. Dazu eine geflickte weiße Bluse mit rundem Kragen unter der geliebten gelben Strickjacke. Die war ein Erbstück ihrer Großmutter, die sie trotz ihrer Altersspuren gegen nichts in der Welt eintauschen wollte.

Annegret war froh, als sie den rettenden Stuhl am Tisch erreichte. Doch das Möbel war viel zu breit für ihren zierlichen Körper, und sie fühlte sich fehl am Platz. Gedanklich legte sie sich schon Entschuldigungen für alles zurecht, was sie in ihrer Probezeit falsch gemacht hatte.

Jochen Krüger öffnete die Personalakte, auf der ihr Name stand. Um seine Augen und an den Schläfen war noch der Abdruck seiner Motorradbrille zu erkennen. »Sie sind nun seit vier Wochen bei uns«, sagte er und schaute auf. Zu seiner Linken lagen Dutzende Karten auf dem Schreibtisch, vermutlich Danksagungen von Sucheltern. Er war wohl noch nicht dazu gekommen, sie in den Flur im Erdgeschoss zu den anderen Danksagungen zu hängen.

Annegret nickte mit Unbehagen. Bestimmt wollte er zuerst über ihre Fehler sprechen. Einmal hatte sie bei einer Besprechung vor Aufregung eine Tasse Kaffee umgekippt und wichtige Unterlagen damit beschmutzt. Ein anderes Mal hatte sie für eine Befragung ein Geschwisterpaar in das falsche Zimmer geführt, weil sie sich in der alten Schule noch nicht gut genug auskannte. Am meisten schämte sie sich jedoch dafür, dass sie sich, als sie das erste Mal Protokoll bei einer Zusammenführung schreiben sollte, im Gesprächszimmer vor Aufregung in die Strelitzie übergeben hatte. An ihre fehlerhaften Amtsbriefe wollte sie gar nicht denken. Wer so schlecht schreibt wie Sie, kann eigentlich gar nichts!, hatte ihr Vorgesetzter sie getadelt, nachdem er ihr erstes Schriftstück gesehen hatte.

Jetzt sah er Annegret mit missbilligendem Ausdruck an. »Ihre Arbeit genügt nicht den intellektuellen Anforderungen, die ich an meine Mitarbeiterinnen stelle, Fräulein Dietzel. Sie können nicht schreiben, und beim Lesen suchen Sie die Buchstaben wie Nadeln im Heuhaufen. Sie stehen mit der deutschen Sprache auf Kriegsfuß!«

Beschämt senkte Annegret den Blick. Ihr geliebter Vater hatte immer mit dem Wort »Portemonnaie« Probleme gehabt, sie hingegen konnte viel leichtere Wörter nicht buchstabieren. Und beim Lesen ergaben die Sätze oft keinen Sinn. Ständig verrutschte sie in der Zeile. Worte waren ihre Feinde, damit hatte Herr Krüger recht, aber sie war sich sicher gewesen, dass ihre Amtsbriefe besser geworden waren. Sie hatte sie doppelt und dreifach kontrolliert.

Jochen Krüger schlug die Personalakte mit einer entschiedenen Geste zu. Das Kapitel Annegret Dietzel war damit wohl beendet. »Ich habe von Anfang an bezweifelt«, betonte er, »dass eine Frau ohne Schulabschluss, die obendrein nicht richtig schreiben kann, zum Kindersuchdienst passt.«

Annegret musste sich zwingen, langsam zu atmen, um die aufkommende Panik zu unterdrücken. Sie würde ab morgen ohne Einkommen sein. Der Boden unter ihrem Stuhl schien zu wanken, und für einen Moment glaubte sie, dass sie ohnmächtig werden könnte. Wenigstens übergab sie sich nicht.

»Natürlich«, murmelte sie wie benommen, erhob sich und kämpfte sich die Stufen hinauf zur Tür des Physiksaales. Sie würde ihrem Sohn nie ein besseres Leben bieten können. Zumindest nicht, solange Menschen wie Jochen Krüger über ihr Schicksal bestimmten. Ihr Vater hatte in angespannten Situationen gerne mit den Worten von Isaac Newton gesprochen: *Die Menschen bauen zu viele Mauern und zu wenig Brücken.*

»Aber ich muss Sie trotzdem übernehmen, weil der Chef es so will«, knurrte Jochen Krüger.

Annegret blieb stehen, zögerte aber, sich umzudrehen und hinabzuschauen. Hatte sie sich verhört?

»Doktor Seppelfricke hat wohl Mitleid mit Ihnen. Anders kann ich mir seine Anweisung nicht erklären«, sagte Jochen Krüger. »Außerdem setzt er darauf, dass Sie als unverheiratete und kinderlose Frau eine besonders zuverlässige Mitarbeiterin sein werden.«

Doktor Seppelfricke war schon beim Einstellungsgespräch ihr Fürsprecher gewesen. Annegret drehte sich langsam um und trat an den Treppenabsatz. Ihre Stimme zitterte, als sie ein »Danke« herausbrachte. Plötzlich überflutete sie das schlechte Gewissen, und sie begann heftig zu schwitzen. Sie hatte beim Einstellungsgespräch gelogen, ja, sogar ihrem Fürsprecher die Wahrheit vorenthalten. Hätte sie Oskar jedoch erwähnt, hätte sie das Angebot zur Probearbeit bestimmt nicht erhalten. Berufstätige Frauen hatten kinderlos zu sein. Ansonsten verachtete man sie, weil sie ihre Familie vernachlässigten. Spätestens mit der Hochzeit mussten sich die meisten Frauen gegen den Beruf und für ein Dasein am Herd und im Heim entscheiden. Annegret war darauf angewiesen, dass die Millionenstadt ihre Lüge deckte. Hamburg war groß genug, dass man sich nach der Arbeit nicht über den Weg lief.

Es dauerte einen Moment, bis sie begriff, dass sie wirklich bleiben durfte. Eine Welle der Erleichterung schwemmte das schlechte Gewissen hinfort. Sie würde in der Lage sein, die Pacht für die Gartenlaube weiterzubezahlen, an den Nachmittagen und an den Wochenenden zu heizen und Oskar ein gebrauchtes Fahrrad zum Geburtstag zu schenken. Und sie durfte weiter dazu beitragen, Familien wieder zusammenzubringen. Am liebsten hätte sie gejauchzt vor Freude, aber das war nicht ihre Art. Sie stieg die Treppen wieder hinab, um sich noch einmal zu bedanken, aber Jochen Krüger ließ sie nicht zu Wort kommen.

»Ich werde Sie genau im Auge behalten, Fräulein Dietzel, und beim ersten schwerwiegenden Fehler sitzen Sie auf der Straße! Ledig und kinderlos hin oder her. Für Menschen wie Sie kann die Regierung nicht ewig Geld verschleudern. Das wird auch Doktor Seppelfricke einsehen müssen«, sagte er und murmelte noch: »Den Schlüssel für das Gebäude erhalten Sie von Frau Hahn.«

Das klang nicht wie ein »Willkommen in meiner Abteilung«. Doch Annegret wollte jetzt nicht daran denken, dass es beim Suchdienst hier in Hamburg genauso wie in München finanzielle Probleme gab. Die Frauen flüsterten es sich schon von Schreibtisch zu Schreibtisch zu: Es kam immer weniger Geld von der Politik, weil die Menschen zehn Jahre nach Kriegsende nicht mehr an Sucherfolge glaubten.

»Und jetzt gehen Sie schon!« Jochen Krüger wies hoch zur Tür. »Und wenn Sie das nächste Mal eintreten, streifen Sie Ihre Stiefel am Abtreter vor dem Gebäude ab und tragen Ihren Dreck nicht bis vor meinen Schreibtisch.«

Beschämt blickte Annegret auf die dunklen Erdklumpen, die sich auf dem Weg zum Schreibtisch von ihren Stiefeln gelöst haben mussten. »Es tut mir leid«, entschuldigte sie sich.

Es klopfte an der Tür.

»Jetzt nicht!«, rief der Abteilungsleiter, schon wieder in eine Akte vertieft.

»Es ist dringend, Herr Krüger!«, beharrte Dagmar mit ihrer schönen Stimme, der nicht einmal der Abteilungsleiter widersprechen konnte.

Er erhob sich schwungvoll vor seinem Tafel-Triptychon,

stieg federnden Ganges an Annegret vorbei die Treppen hinauf zur Tür und öffnete diese.

»Würden Sie bitte runter zum Tresen kommen? Ein neuer Suchauftrag, bei dem Ihre Hilfe benötigt wird«, erklärte Dagmar. »Die Dame am Suchtresen, eine Frau Voss, möchte ausschließlich mit Ihnen sprechen.«

»Eigentlich habe ich den Tisch voller Arbeit«, antwortete Jochen Krüger. »Sie sagten Barbara Voss?«, fragte er nach.

Dagmar nickte. »Wie gesagt, Frau Voss beharrt auf Ihrer Anwesenheit.« Sie lächelte, wenn sie sprach.

Annegret huschte an beiden vorbei und beeilte sich, an ihren Tisch zurückzukommen. Dort begann sie, ihre Stiefel mit einem Taschentuch zu putzen. Aber weit kam sie nicht, weil die Frau am Tresen ihre Aufmerksamkeit band. Frau Voss musste Mitte dreißig sein. Sie trug ein dunkelgrünes Kostüm mit Schößchen und Revers, und ihre Haare waren frisch gelegt. Mit ihrer blassen Haut und dem rosa Puder auf den Wangen sah sie aus wie die Frauen auf den Modemagazinen, die Annegret von manchem Kiosk aus anlächelten.

Als Herr Krüger an den Tresen kam, trat Frau Voss nah an ihn heran. »Jochen, endlich.« Sie klang erleichtert.

»Barbara, guten Tag. Schön, dich wiederzusehen. Du willst eine Suchanfrage aufgeben?« Jochen Krügers Ton klang vertraut, als würden sie einander gut kennen.

Annegret wusste nicht, ob der Abteilungsleiter verheiratet war oder Beziehungen ohne Verpflichtungen bevorzugte. Einen Ring trug er jedenfalls nicht. Sie wollte sich auf ihre dreckigen Stiefel konzentrieren, aber das, was Frau Voss sagte, berührte sie, und sie hörte weiter zu.

»Ich habe die Erinnerungen an meinen Sohn lange verdrängt, weil es mir aussichtslos schien, ihn zu finden. Aber die

Bilder aus Königsberg gehen mir einfach nicht aus dem Kopf. Sie erscheinen mir sogar in meinen Träumen«, sagte Frau Voss verzweifelt. »Und dann wache ich auf und muss weinen. Jochen, ich kann nicht mehr! Ich muss wissen, was mit meinem Kind geschehen ist. Und als ich deinen Namen in einem Zeitungsartikel über den Kindersuchdienst gelesen habe, habe ich mich hergetraut.«

Jochen Krüger nickte, dann schaute er sich in der Aula um. Von den sechzehn Kolleginnen der Abteilung Findelkinder war die Hälfte krank oder auf Dienstreise. »Komm, Barbara. Wir gehen in unser Gesprächszimmer, dort haben wir Ruhe. Aber ich brauche Unterstützung beim Protokollieren und Aufnehmen deiner Daten«, sagte er. Sein Blick blieb widerwillig auf Annegret hängen.

Die ließ ihr dreckiges Taschentuch sinken, während sie sich umsah. Sie schien die Einzige zu sein, die nicht in Arbeit versunken war. Wie unangenehm, wo der Abteilungsleiter eben noch in ihrem Zusammenhang von Geldverschwendung gesprochen hatte.

»Fräulein Dietzel wird uns als Protokollantin begleiten«, bestimmte Jochen Krüger und verzog dabei das Gesicht, als hätte er in eine Zitrone gebissen.

»Ich hole die Dokumente zur Aufnahme der Suchanzeige«, sagte Annegret leise und ging zum Schrank mit den Formularen. Sie durfte sich jetzt keinen Fehler mehr erlauben.

Zwei Minuten später saßen sie in jenem Zimmer, das für Gespräche mit Suchenden reserviert war. Die großen Sprossenfenster ließen viel Licht hinein. Gepolsterte Stühle, ein runder Tisch in der Mitte und die bunte Strelitzie, die mit ihren orange- und lilafarbenen Blüten an die Köpfe von Paradiesvögeln erinnerte, schufen eine vertrauliche Atmosphäre. Früher war es der Zeichenraum der alten Schule gewesen, was an den Farbspritzern auf dem Boden unschwer zu erkennen war. Jedes Mal, wenn Annegret hier hereinkam, sah sie in ihrer Vorstellung an den Hakenleisten an der Wand die weißen Mäntel hängen, die zum Zeichenunterricht getragen wurden.

Konzentriert legte sie sich die Karteikarten und einen Kugelschreiber zurecht. Nach ihrem ersten Protokoll vor zwei Wochen, bei dem die Strelitzie ihre Aufregung hatte ausbaden müssen, hatte sie die Punkte auf der Stammkarte auswendig gelernt. Sie hatte jahrelange Übung darin, so zu tun, als würde sie lesen, wenn sie in Wirklichkeit Texte aufsagte. Das war leichter. Beim Lesen zögerte sie zwischen den einzelnen Wörtern und verlor oft die Zeile.

Annegrets Hand zitterte, als sie ihre erste Stammkarte eigenhändig ausfüllte. Name, Adresse, Geburtsdaten, mit Frau Voss zusammenlebende Familienangehörige ... Es war ihr unangenehm, wie lange sie brauchte, jedes einzelne Wort zu schreiben.

»Ich suche meinen Eberhard«, sagte Frau Voss, »meinen Augenstern, geboren neunzehnhundertzweiundvierzig in Königsberg, Ostpreußen.«

Annegret trug diese Informationen samt heutiger Bezeichnung des nunmehr sowjetischen Ortes Kaliningrad in die zweite Karte ein, die vor ihr lag, die Suchkarte. Es hatte seinen Vorteil, dass Frau Voss sie gar nicht anschaute, denn so sah sie ihre krakelige Schrift und ihre Durchstreichungen nicht. Aber dass es eine Ewigkeit dauerte, fiel ihr sicher trotzdem auf.

»Meinen Eberhard habe ich in Königsberg verloren. Eigentlich hat unser Drama schon mit der Zangengeburt begonnen, aber das ist hier nicht von Relevanz«, berichtete die Frau weiter und wandte Annegret die kalte Schulter zu. »Nach der Kapitulation der Deutschen kam die Rote Armee nach Königsberg. Wir hatten kaum etwas zu essen, viele wurden krank. Eberhard und ich hausten zwischen Trümmern in einem Zelt. Damit wir überleben konnten, sammelte ich Essensreste aus Mülltonnen.« Barbara versuchte offensichtlich, gefasst zu bleiben, doch die Worte kamen immer schneller aus ihr heraus, als wollte sie sie endlich loswerden. »Wir haben irgendwie überlebt«, sprach sie weiter, »bis Eberhard die Krätze bekam. Sein armer Körper war mit lauter Blasen und Knoten überzogen, die sich eitrig entzündeten. Ich hatte Angst, dass er stirbt«, erzählte sie mit nunmehr entrücktem Blick, als würde ihr Kind in diesem Moment krank in ihren Armen liegen.

In ihrer Vorstellung konnte Annegret sehen, wie der mit Blasen übersäte Eberhard gelitten hatte. Sie wollte sich nicht ausmalen, was wäre, sollte Oskar in eine solche Lage geraten. Sie würde den Verstand verlieren.

»An Pfingstsonntag fünfundvierzig trug ich Eberhard in ein deutsches Krankenhaus. Ich weiß nicht einmal mehr, wie es hieß«, fuhr Frau Voss fort. »Und weil dort Kinder nur noch gegen Lebensmittel aufgenommen wurden, gab ich meinen Jungen als Waisen aus.«

Bei einem anderen Suchfall hatte Annegret von dieser Notlüge bereits gehört. Nur Waisen bekamen damals noch Lebensmittelzuteilungen, die bei der stationären Aufnahme direkt an das Krankenhaus gingen.

»Ich wollte ihn wieder abholen, sobald er gesund war, aber ich war nicht schnell genug. Das Krankenhaus wurde unerwartet evakuiert und die Patienten woanders untergebracht. Niemand dokumentierte in dem Durcheinander die neuen Aufenthaltsorte. Alles musste schnell gehen.« Frau Voss saß zusammengesunken auf dem Stuhl. »Meinen kleinen Eberhard habe ich nie wiedergesehen. Ich habe ein schrecklich schlechtes Gewissen, ihn überhaupt ins Krankenhaus gegeben zu haben!«

»Du trägst keine Schuld an seinem Verschwinden, Barbara«, versicherte Jochen Krüger ihr in beinah zärtlichem Ton, den Annegret von ihm nie zuvor gehört hatte.

Heimlich wischte sie sich die Tränen von den Wangen, während sie sich Notizen auf der Suchkarte machte, mittels derer sie den Lebensweg des Suchkindes rekonstruieren wollte.

Frau Voss straffte sich und legte ihren rechten Unterarm auf den Tisch, streckte die Hand Herrn Krüger entgegen. »Ich spüre, dass mein Eberhard noch lebt, Jochen.«

Er berührte sie nicht. »Was kannst du uns sonst über deinen Jungen sagen?«, wollte er stattdessen wissen, sah aber Annegret an. »Fräulein Dietzel, lesen Sie die Merkmale vor, die wir für Eberhard erfassen wollen!«, verlangte er.

Annegret sprach flüssig, weil sie sich auch diese Worte eingeprägt hatte: »Haarfarbe, Augenfarbe, mitgeführte Gegenstände, körperliche Auffälligkeiten«, begann sie und tat, als würden ihre Augen über die Buchstaben gleiten. Gleich an ihrem ersten Tag hatte Jutta ihr das grundsätzliche Vorgehen erklärt: Pro Person, die sich bei ihnen meldete, wurden eine Stammkarte und eine Suchkarte ausgefüllt. Die Stammkarte enthielt die Daten des Suchenden; die Suchkarte die des Gesuchten. Dazu kam die Merkmalskarte für äußerliche Details.

Im Folgenden ging Annegret all diese Punkte mit Frau Voss durch. Das Auffälligste an Eberhard war wohl der kleine Leberfleck auf dem linken Ohrläppchen. Kinder mit braunen Haaren, braunen Augen gab es jedoch zuhauf.

»Fräulein Dietzel wird deine Anfrage jetzt einer Karteiprüfung unterziehen. Ich lasse dir derweil einen Kaffee machen, einverstanden, Barbara?«, schlug der Abteilungsleiter vor.

Annegret fiel auf, dass auf Frau Voss' rosa gepuderter Wange eine Träne ihre Spur hinterlassen hatte. »Ich bin froh, hergekommen zu sein«, sagte sie nur an Jochen Krüger gewandt.

Annegret schenkte der Frau ein zuversichtliches Lächeln, auch wenn die nicht einmal in ihre Richtung sah. Die Sehnsucht der Mutter nach ihrem Kind konnte sie mit jeder Faser ihres Körpers nachvollziehen, und sie hoffte nur, dass die Karteiprüfung nicht ergab, dass Eberhard bereits verstorben war. Mit schwitzigen Händen nahm sie die Karteikarten an sich und verließ das Gesprächszimmer. Dem Abteilungsleiter kurz zu entkommen, tat gut.

Die zentrale Namenskartei befand sich im Obergeschoss, wo früher die Bibliothek gewesen war. Sie war ein heiliger Ort für Annegret, obwohl sie mit Buchstaben auf dem Kriegsfuß stand. Hier oben lagerten wertvolle Suchinformationen, durch die schon viele Familien wieder zusammengeführt worden waren. Unzählige Schicksale warteten noch auf Zusammenführung.

Fast ehrfürchtig drückte Annegret die eiserne Klinke der Bibliothek herunter und trat ein. Auch heute richtete sie den Blick zuerst nach oben zum Deckengemälde, das den Krieg überdauert hatte und den Himmel über Hamburg mit zahllosen funkelnden Sternen zeigte. Sogleich fühlte sie sich, als stünde sie mitten in der Nacht in einem dichten Wald aus Regalen, während die funkelnden Sterne ihr den Weg wiesen.

Annegret ließ ihre Augen über Reihen der hübsch verzierten, dunklen Holzregale schweifen. Im vorderen Bereich lagerte die Hamburger Kinderkartei, im hinteren die Münchner sowie die Kartei mit den Zivilverschleppten. Dort standen auch die Regale der UKs, der unbekannten Kinder. Das waren Kinder, die ihre Eltern vor dem zweiten oder dritten Lebensjahr verloren hatten und weder ihren Namen kannten noch einen Hinweis darauf bei sich trugen. Hinter jeder einzelnen Suchkarte stand ein Schicksal. Wenn Annegret hier oben heimlich die Augen schloss, meinte sie, die Stimmen fröhlicher Kinder und überwältigter Eltern nach einer geglückten Zusammenführung zu hören.

Aber jetzt musste sie sich konzentrieren. Sie riss von der Rolle am Eingang eine Fallnummer ab und klebte sie auf die Stammkarte. Auf die anderen Karteikarten, die sie eben im Gesprächszimmer ausgefüllt hatte, übertrug sie die Nummer mit ihrem Stift. Eberhard Voss und seine Mutter wurden zum Suchfall 629866, aber für sie würde es der Suchfall von Eberhard mit dem kleinen Leberfleck am Ohrläppchen bleiben.

Aus Respekt vor denjenigen Menschen, die schon viel zu lange auf ein geliebtes Familienmitglied verzichten mussten, ging sie stets bedächtig und langsam vor den Regalen entlang. Die Karteikarten wurden darin in Schubern gelagert und waren alphabetisch sortiert. Ein sanftes, warmes Licht fiel durch die Sprossenfester und verlieh dem Raum eine magische Atmosphäre. Es war, als würden die Personen aus den Karteikarten in diesem Licht lebendig werden und ihre Geschichten flüstern.

Annegret hielt auf die Regale mit dem Buchstaben »V« wie Voss zu. Ihr Herz begann schneller zu schlagen, als sie vor die Schuber für alle Nachnamen beginnend mit »Vo« trat und den ersten aus dem Regal zog. Aufgeregt tippte ihr Zeigefinger die Karteikarten durch. Da war sie, die Karte eines Voss, der seine Eltern suchte. Zeile für Zeile glich sie die Daten ab, aber es handelte sich um Daniel Voss, geboren neunzehnhundertneununddreißig. Auf seiner Merkmalskarte war auch kein Leberfleck am linken Ohrläppchen vermerkt. Annegret seufzte enttäuscht. Mehr Treffer mit dem Namen Voss enthielt die Hamburger Kartei nicht. München ergab ebenfalls keine Übereinstimmung, und bei den unbekannten Kindern mit dem Auffindeort Königsberg/Kaliningrad war kein Eberhard und auch kein Junge mit Leberfleck am Ohrläppchen festgehalten. Mit steifen Fingern sortierte sie die Karten von Frau Voss in die Hamburger Kartei ein und verließ die Bibliothek mit schwerem Herzen.

Als sie kaum hörbar die Tür zum Zeichenraum öffnete, ließ Frau Voss klirrend den Löffel fallen, mit dem sie eben noch in ihrer Kaffeetasse gerührt hatte. Annegret trat vor Herrn Krüger und schüttelte bedauernd den Kopf.

Mit einer ungeduldigen Handbewegung gab er ihr zu verstehen, dass sie Frau Voss direkt sagen solle, was die Karteiprüfung ergeben hatte. Damit machte er sie zur Überbringerin der Hiobsbotschaft.

Im ersten Moment versagte ihr die Stimme. »Es tut mir leid«, sagte sie schwach, »aber Ihr Sohn ist nicht in unserer Kartei erfasst. Es tut mir wirklich leid.«

Frau Voss nickte knapp, dann löste sie ihren Blick von Annegret. Er verlor sich irgendwo zwischen den Farbspritzern auf dem Boden des Zeichenraums.

»Fräulein Dietzel wird sich gleich daransetzen, Eberhards Verbleib in Königsberg zu recherchieren«, versprach der Abteilungsleiter.

Annegret schaute erschrocken auf. Schon wieder sollte sie Jochen Krüger zuarbeiten? Die Vorstellung, neue Fehler zu machen, löste in ihr eine tiefe Unruhe aus. Andererseits wäre dies ihr erster eigener Fall.

»Es geht nun mal nicht anders«, sagte Herr Krüger und wandte sich wieder Frau Voss zu. In ihrem Blick lag das zärtliche Vertrauen, das sich nur Menschen zeigen konnten, die einmal alles füreinander gewesen waren. »Barbara, ich würde mich gerne selbst um deinen Jungen kümmern, habe den Tisch aber voller Arbeit. Die Planung der finanziellen Mittel fürs nächste Quartal muss endlich fertig werden und die neue Ausgabe für die Suchdienstzeitung ebenfalls.«

»Du willst das Schicksal meines Sohnes in ihre Hände legen?«, fragte Frau Voss verständnislos und deutete mit dem Kinn kurz zu Annegret. »Sie hat doch keine Ahnung, was in einer Mutter vorgeht!«

Annegret wollte gerade ansetzen, zu widersprechen, besann sich aber im letzten Moment. Sie war seit sieben Jahren Mutter, doch das durfte hier niemand erfahren.

»Frau Dietzel wird sich alle Mühe geben, Eberhard aufzuspüren«, erklärte Herr Krüger, wozu Annegret nickte. Mit jeder Sekunde wuchs die Angst in ihr, seinen Erwartungen nicht gerecht zu werden und den Kindersuchdienst zu blamieren.

»Bitte vertrau mir, Barbara«, bat Jochen Krüger. »Wir melden uns bei dir, wenn es Neuigkeiten gibt. Und sollte dir noch irgendetwas zu deinem Sohn einfallen, egal wie unbedeutend es dir scheinen mag, bitte verständige uns. Wir sind für dich da.«

»Das werde ich machen«, sagte Frau Voss, um Haltung bemüht.

»Sie warten hier auf mich, Fräulein Dietzel!«, verlangte der Abteilungsleiter, bevor er Frau Voss aus dem Zeichenraum hinausführte.

Annegret machte sich daran, die volle Kaffeetasse von Frau Voss im Waschbecken zu entleeren und das Zimmer aufzuräumen.

Herr Krüger kam zurück und baute sich vor ihr auf. »Wenn Sie das nächste Mal ein negatives Ergebnis der Karteiprüfung überbringen, tun Sie dies bitte in sachlicherem Ton. Ein rührseliger Unterton macht es den Sucheltern schwerer, die Enttäuschung hinzunehmen. Wir vom Kindersuchdienst sind der Fels in der Brandung für die gestrandeten Suchenden.«

Annegret nickte und trat einen Schritt zurück. Er hatte recht, und sie hatte einen Vorgeschmack darauf bekommen, wie herausfordernd ihr erster eigener Fall sein würde. In ihrer Vorstellung konnte sie den dreijährigen, an Krätze erkrankten, abgemagerten Jungen sehen, der alles für seine Mutter gewesen war.

»Wenn der Krankenstand nicht so hoch wäre, würden Sie weiter Amtsbriefe schreiben!«, erklärte der Abteilungsleiter. »Oder nicht einmal das.«

»Ja«, antwortete sie kleinlaut, spürte aber gleichzeitig neuen Mut in sich aufsteigen, jetzt, wo die Daten ein Bild vor ihrem inneren Auge ergeben hatten. Sie wollte Eberhard und seine Mutter wieder zusammenführen. Vielleicht war der Fall ihre Chance, zu beweisen, dass ihr Gehalt keine Geldverschwendung war.

Als Erstes würde sie über deutsche Krankenhäuser in Königsberg und deren Evakuierung recherchieren. Sie musste Eberhard ausfindig machen. Oder wenigstens herausbekommen, wo er begraben lag. Bei dem Gedanken wurde ihr beinahe schwindelig.

2

13. Februar 1955

Charlotte konnte ihren Blick nicht von dem eindrucksvollen Schiff lösen, das mit seiner schlanken Silhouette und dem strahlend weißen Rumpf so leicht auf der Elbe dahinglitt, als würde es nichts wiegen. Der nach vorn geneigte Bug zerteilte das Wasser mit müheloser Eleganz. Dieses Schiff war ein technisches Meisterwerk und vereinte Modernität und zeitlose Eleganz in perfekter Harmonie. Charlotte vermochte nicht wegzusehen.

Das große Fenster im Salon bot eine fantastische Aussicht auf den Stapellauf der *Wappen von Hamburg*. Es war das Ereignis dieser Tage, und sie musste sich mit ihrer Familie dafür nicht einmal unters aufgeregte Volk mischen, für das das erstmalige Zu-Wasser-Lassen dieses prächtigen Schiffs ein so wichtiger Anlass wie Ostern oder Weihnachten war. Hier oben in der elterlichen Villa auf der Süllbergsterrasse in Blankenese fühlte sie sich sicher.

Charlotte wandte den Kopf nur kurz zu ihrem Vater, der das Fährschiff auf der Elbe ebenfalls nicht aus den Augen ließ. Er wirkte nachdenklich, vermutlich sinnierte er über etwas Geschäftliches. Der Reederei von Rudolph Dahlhäuser gehörten mehr als dreißig Containerfrachter, die er samt Besatzung an

Linienreedereien vermietete. Viele seiner Gespräche handelten von Bruttoregistertonnen, Charterraten und dem wachsenden Seeverkehr. Charlotte wusste, dass sich mit der Frachtschifffahrt mehr Geld verdienen ließ als mit der Passagierschifffahrt. Erst Weihnachten hatte sie ihren Vater in der Speicherstadt besucht und ihrer Urgroßeltern gedacht, die in denselben Räumlichkeiten einst mit Tee gehandelt und den Reichtum der Familie begründet hatten.

Sie schaute wieder auf die Elbe hinab. Hoch über den Decks des Schiffes erhoben sich die Segelmasten mit der deutschen Fahne. Charlotte konnte erkennen, dass die offenen Promenadendecks mit glänzenden Relings gesäumt waren, hinter denen sich große Panoramafenster erstreckten. Sie würden den Passagieren einen fantastischen Blick auf die Weite des Meeres bieten. »Ich kann mir kaum vorstellen, dass die *Wappen von Hamburg* wirklich tausendsechshundert Passagiere tragen kann.« Jedes Schiff, das Tonnen wog und nicht unterging, war ein Wunder für sie. »Wie stolz und leichthin sie in der Abenddämmerung durchs Wasser gleitet.« Die *Wappen von Hamburg* war in ihren Augen mehr als nur ein Schiff. Sie war ein Versprechen auf Abenteuer, auf Freiheit und auf ein Leben, das nicht in grauen Alltagspflichten erstickte. Ein Gefühl von Sehnsucht überkam sie.

Ihr Vater nickte geistesabwesend. Hoffentlich brachte ihn das Abendessen auf andere Gedanken. Während sie am Fenster standen, bereitete ein Koch des Nobelhotels *Atlantic* in der Küche das Essen zu, zu dem ihre Eltern einen Überraschungsgast angekündigt hatten. Weil es aus der Küche nach Apfelkuchen roch, konnte es nur ihre Freundin Solveig mit ihren Eltern sein, davon war Charlotte überzeugt. Die Nüssleins wohnten in Bremen, und alle drei liebten sie diesen Kuchen mit süßsauren Äpfeln aus dem Alten Land, mit Marzipan und gerösteten Mandelblättern.

»Charlotte, wo bleibst du?«, rief ihre Mutter. »In einer halben Stunde beginnt das Essen, und du bist immer noch nicht umgezogen.«

»Ich komme gleich«, rief Charlotte zurück, obwohl sie noch Stunden hier neben ihrem Vater stehen und auf die Elbe hinunterschauen wollte. Am liebsten hätte sie ihn sogar regelmäßig in die Reederei begleitet und ihm bei der Arbeit geholfen. Sie kannte alle Schiffe ihres Vaters und deren maschinelle Ausstattung. Außerdem war sie vertraut mit Charterraten und wusste, wie man Kunden überzeugte. Bei vielen Geschäftsessen, auf die ihre Mutter und sie ihren Vater begleitet hatten, war davon die Rede gewesen. Und wenn es nach ihr ginge, würde sie den Plisseerock und die rosa Bluse den ganzen Tag anbehalten. Ihr Vater trug seinen blauen Zweireiher mit den Goldknöpfen schließlich auch von morgens bis abends.

Charlotte legte ihre Hände an die Fensterscheibe und verfolgte die kleinen Wellen. Wenn sie ein Mann wäre, hätte ihr Vater sie auf einem seiner Schiffe mitfahren lassen und sie längst in der Reederei beschäftigt. Sie sah sich am Bug eines Frachters stehen und den endlosen Horizont betrachten, wo Himmel und Meer verschmolzen. Sie würde sich den Wind durchs Haar wehen lassen, bis es herrlich zerzaust war. Es wäre ein Traum, in fernen Häfen anzulegen und andersartige Kulturen zu entdecken, die sie nur aus Büchern kannte. In ihrer Fantasie sah sie sich oft über Märkte schlendern, exotische Gewürze riechen und den Geschichten fremder Menschen lauschen.

»Ich bin gespannt, wie sich die Maybach-Dieselmotoren machen«, sagte sie und deutete mit dem Kinn zur *Wappen von Hamburg*. Sie wäre so gerne einmal Kapitänin gewesen.

Ihr Vater hatte seinen Blick inzwischen auf die Eingangshalle des Hauses geführt. Er nickte gedankenversunken, schaute zurück zu Charlotte und dann wieder aufs Wasser. Er wirkte bedrückt. Bestimmt dachte er wieder an Claas, ihren älteren Bruder, der im Krieg geblieben war. Claas hätte eines Tages die Reederei übernehmen sollen. Charlotte vermisste ihn noch immer. Selbst an ihren schlimmsten Tagen hatte er es geschafft, sie zum Lachen zu bringen. Vor seinen Freunden und ihren Eltern war er stets ihr Verbündeter gewesen. Er war fröhlich und musikalisch gewesen, immer mit einem Schmunzeln auf den Lippen – als würde er das Leben selbst nicht allzu ernst nehmen. Seit seinem Tod klaffte in der Familie eine Lücke. Sein Lachen fehlte, sein Akkordeonspiel war verstummt. Mit Class war jemand gegangen, der das Leben immer ein wenig heller gemacht hatte.

»Mit den sechstausend Pferdestärken hat sie jedenfalls ordentlich Kraft für ihre Fahrt zu den Seebädern«, erklärte Charlotte und konnte sich ein Lächeln nicht verkneifen, nachdem ihr Vater sie wieder einmal überrascht angesehen hatte, als sie ihm vor Augen geführt hatte, wie viel sie von der Schifffahrt inzwischen wusste.

»So etwas brauchst du nicht zu wissen«, sagte er wie so oft, aber sie hörte auch ein klein wenig Stolz heraus. »Geh dich jetzt hübsch machen, Lotte. Heute wird ein besonderer Abend.« Er war der Familie von Nüsslein eng verbunden.

Endlich passierte mal etwas! Sie hatte Solveig das letzte Mal im Sommer gesehen. Seit Charlotte das Internat vor drei Jahren mit dem Abitur verlassen hatte, war ihr Alltag oft trostlos. Die meiste Zeit musste sie an der Seite ihrer Mutter verbringen, die vor allem damit beschäftigt war, das Personal im Haus anzuleiten, sich hübsch zurecht- und an der Seite des Vaters eine gute

Figur zu machen. Dolores Dahlhäuser war es überaus wichtig, zu jedem Anlass passend angezogen zu sein. Es gab Tage, da wechselte der Anlass mehr als ein halbes Dutzend Mal, was Charlotte sehr anstrengend fand. Raus aus den engen Sachen, rein in das nächste Kleid und stets das passende Parfüm. Sie mochte schöne Kleider und auch, dass der Schneider wöchentlich ins Haus kam, aber an manchen Tagen übertrieb es ihre Mutter wirklich.

»Charlotte!«, rief Dolores ungeduldiger. »Jetzt komm endlich!«

Ein letztes Mal schaute Charlotte auf die vorbeifahrende *Wappen von Hamburg*, dann lief sie zum Ankleidezimmer hinauf.

Ihre Mutter empfing sie mit tadelndem Blick. Neben ihr stand das Dienstmädchen mit schiefer Haltung. Es hieß Rike Peters, war gerade einmal neunzehn Jahre und Waise. Sie hatten Rike erst vor einem halben Jahr angestellt. Entsprechend ungeschickt verhielt sie sich noch.

Charlotte überlegte kurz, als Entschuldigung vom Stapellauf zu berichten, aber das hätte ihre Mutter vermutlich nicht besänftigt. Schiffe und eigentlich alles, was mit Wasser zu tun hatte, ängstigten sie. Sie war weder auf die Elbe noch auf die Alster zu bekommen, nicht einmal auf einer Luxusjacht mit Teakdeck. Charlotte hingegen war eine begeisterte Schwimmerin, und sie liebte es, die Ankunft des Frühlings auf die typisch hamburgische Art zu feiern: an der Binnenalster sitzend, die Zehenspitzen im Wasser und die Alsterschwäne bewundernd.

Dolores Dahlhäuser winkte den Schneider herein, der auf ausgestreckten Armen ein chamoisfarbenes Abendkleid präsentierte. Er hielt es vor Charlottes schlanken Körper. Es war ein langes, figurbetontes Kleid mit kurzen Ärmeln, das so eng um

Taille und Bauch saß, dass sie ein Mieder darunter tragen müsste, damit es gut aussah. Es gab viel Haut über ihrem Busen frei, ihre Schultern und den Hals.

Charlotte sah zu ihrer Mutter, die in den gleichen Farbton gewandet war. »Wir tragen heute Abend das Gleiche?« Viel lieber hätte sie einen dieser frechen Petticoats angezogen, die den Rock darüber bauschten und beim Gehen in Schwung brachten.

Das Dienstmädchen starrte das Kleid an, als hätte es noch nichts Schöneres gesehen.

Dolores lächelte. »Nicht ganz. Die Kleider unterscheiden sich in einem schönen Detail.« Sie deutete auf die dunkelrote Schleife, die ihre schmale Taille umschlang. An Charlottes Exemplar war sie rosa. Ansonsten waren die Kleider identisch.

»Oh«, antwortete Charlotte wenig begeistert. Mehr Individualität stand ihr mal wieder nicht zu.

»Das hier ist für meine Tochter, die zu einer wunderschönen Dame geworden ist«, sagte ihre Mutter und hielt ihr ein paar glänzende Perlonstrümpfe an. Sie klang so feierlich, als wäre Charlotte gestern erst volljährig geworden. Dabei lag ihr achtzehnter Geburtstag drei Jahre zurück.

Das Dienstmädchen trat näher und wollte einen der Strümpfe berühren, aber Dolores schickte es aus dem Raum. Charlotte schaute Rike betroffen hinterher. Die Waise sah oft traurig aus.

Schon im nächsten Moment konzentrierte sich Charlotte wieder auf ihre Mutter. »Perlons? Und sogar ohne Halter? Danke!« Endlich durfte sie die tragen, statt sie nur heimlich bei ihren Freundinnen anzuprobieren. Der Schneider verließ den Raum.

Gekonnt, ohne das empfindliche Nylongewebe zu verletzen, zog sie sich die Strümpfe Zentimeter für Zentimeter über die

Füße und die Beine hinauf. Sie waren fast durchsichtig, was ihren besonderen Reiz ausmachte. Sie zeigten mehr von den Beinen, als sie verbargen, und an den Oberschenkeln hielten sie dank einer Gummibeschichtung ganz ohne lästige Klipse oder Knöpfe. Anders als die Wollstrümpfe, die sie früher im Winter gewärmt hatten.

Ihre Mutter half ihr beim Anziehen des Kleides, dann trat der Friseur herein, den Charlotte schon von der Vorbereitung für frühere Abendveranstaltungen kannte.

»Bitte das Haar virtuos zu einem Knoten am Hinterkopf aufstecken«, wies ihre Mutter den Mann an und hielt ihm ein Paar mit Edelsteinen besetzte Spangen hin.

Charlotte seufzte innerlich, das Glück über die Perlons verblasste. Jetzt wurde sie ganz und gar zu einer jüngeren Kopie ihrer Mutter, denn die trug das Haar ebenfalls zum Knoten gesteckt. Mit den glatten hellblonden Haaren, der hellen, feinen Haut und den leuchtend blauen Augen waren sie unstrittig als Mutter und Tochter zu erkennen. Es brauchte weder die gleiche Frisur noch das gleiche Kleid.

Während der Friseur an ihren Haaren zog und zupfte, erzählte Charlotte ihrer Mutter aufgeregt von Solveigs postalischen Berichten über die Reise nach Frankreich, aber Dolores antwortete nicht. Sie war ganz darauf konzentriert, jedes Detail an ihrer Tochter zu perfektionieren. Es dauerte noch eine halbe Stunde, bis Charlotte im Spiegel eine junge Dame mit zartrosa Wangen, glänzenden Lippen und hell gepudertem Dekolleté sah. War das nicht etwas viel Aufwand für den Besuch einer befreundeten Familie? Besser, sie fragte ihre Mutter nicht. Sie wollte deren Bemühungen, auch wenn sie anstrengend zu ertragen waren, nicht gering schätzen.

Der tiefe Gong der Eingangstür ertönte. Rike öffnete wohl,

und der Hausherr trat hinzu. Charlotte hörte die ferne Stimme ihres Vaters im Eingangsbereich, während sie *Champagne Royale* aufgetragen bekam: ein leichter Duft aus einem Kristallflakon, den ihre Mutter wie einen Schatz hütete.

Sie wollte Solveig entgegenstürmen, aber ihre Mutter hielt sie am Arm fest. »Eine Dame läuft nicht, sie schreitet.« Sie stellte ihrer Tochter Schuhe hin, in denen Eile unmöglich war. Die Absätze waren bestimmt zehn Zentimeter hoch und verjüngten sich nach unten hin noch.

Mit leichtem Hüftschwung und auf ähnlich hohen Absätzen ging Dolores mit kleinen Schritten langsam voran. »Und denk daran: Eine echte Dame geht stets aufrecht mit erhobenem Kopf und leicht zurückgenommenen Schultern.«

Charlotte folgte ihrer Mutter die Stufen ins Erdgeschoss hinab. So oft, wie sie es geübt hatte, war es nicht mehr anstrengend für sie, glatte Böden oder Treppen zu bezwingen.

Anstatt in die Eingangshalle schritten sie in den Salon, wo die lange Tafel inzwischen festlich gedeckt war. Ein Tuch aus Damast schimmerte auf dem Tisch, da standen Gläser mit Goldrand, Meissener Porzellan und ein fürstliches Blumenarrangement in Weiß und dem gleichen Zartrosa wie die Schleife an Charlottes Kleid.

Sie wartete hinter ihrem Stuhl neben ihrer Mutter, pochte dabei jedoch ungeduldig mit der Hand gegen den Oberschenkel. Warum ließ sich Solveig beim Ablegen ihres Mantels so lange Zeit?

Schritte näherten sich. Der Hausdiener öffnete die Flügeltür zum Salon. Rudolph Dahlhäuser trat mit einem vornehmen Mann ein, der groß und breit wie ein Baum war: Es war der Leiter der Kreditabteilung der Nordbank, den Charlotte bereits von mehreren Treffen im Sommer kannte, die ihre Eltern arrangiert hatten. Oft war es dabei um Geschäfte gegangen. Doch immer wieder hatte der Bankier sie beiseitegeführt und begeistert von sich selbst erzählt. Er war in Göteborg geboren und hatte ihr damit imponieren wollen, dass er neben Schwedisch akzentfrei Holländisch, Deutsch und Englisch sprach. Nur seine Familie erwähnte er mit keinem Wort.

Charlotte spürte, wie ihr Lächeln verblasste, während ihr Vater sich mit dem Besuch näherte. Sie hatte sich so auf ein Wiedersehen mit Solveig gefreut!

»Herr Johannson wird heute Abend unser Gast sein«, erklärte Rudolph Dahlhäuser. »Bitte nehmt doch Platz«, bat er.

Wider das Protokoll blieb Charlotte stehen. »Ich dachte, ihr hättet Solveig und ihre Eltern eingeladen.«

»Die Nüssleins?«, fragte ihre Mutter leise zurück. »Wie kommst du denn auf sie? Davon war nie die Rede. Soweit ich unterrichtet bin, segelt Solveig mit ihren Eltern auf der Ostsee.«

Charlotte setzte sich gedankenversunken auf ihren gepolsterten Stuhl mit den verzierten Armlehnen. Ihren Eltern schien Herr Johannson wichtig zu sein, also würde sie ihre Enttäuschung für die nächsten zwei Stunden unterdrücken. Sie lächelte bemüht. Hoffentlich erfuhr sie wenigstens ein paar Neuigkeiten aus dem Seeverkehr.

Als sie auf ihrem Vorspeiseteller Stücke von Hummerfleisch serviert bekam und der Hausdiener die schaumige Soße einem Spektakel gleich darübergoss, betrachtete sie den Gast genauer. Er sah wie zuletzt auch sehr gepflegt aus, und immer wieder lächelte er sie mit seinen perlweißen, geraden Zähnen aus dem glatt rasierten Gesicht an. Sein festes blondes Haar war nach hinten gekämmt und akkurat geschnitten. Er war in einen perfekt sitzenden Anzug aus Schurwolle mit glänzenden

Manschettenknöpfen gekleidet. Ihr fiel auf, dass er wenigen, aber auffälligen Schmuck trug, wie die teure Armbanduhr aus Platin von Patek Philippe, die in diesem Moment unter seinem Ärmel hervorlugte. Ihre Freundinnen würden ihn mögen. Ihnen konnten Männer nicht adrett genug sein.

Während sie ein Schaumsüppchen aßen, berichtete Carl-Gustav Johannson von seiner erfolgreichen Arbeit in der Kreditabteilung der Nordbank, die er seit nunmehr zwei Jahren leitete. Nach einer Weile verstummte er und schaute Charlotte eindringlich an. »Sie sehen heute Abend mal wieder bezaubernd aus, Fräulein Dahlhäuser.« Er sprach ruhig und kultiviert. Sein Blick verweilte auf ihrem Gesicht, als würde er jeden Zentimeter genau untersuchen: ihre blonden, gekämmten Augenbrauen, die Stupsnase, die geschwungenen Lippen und die hohen Wangenknochen. Manchmal wünschte sie, sie würde mehr nach ihrem Vater kommen, dann würde sie rauer und wilder aussehen, mit kantigen Zügen, und weniger lange angeschaut werden.

»Sie dürfen meine Tochter gerne Charlotte nennen«, sagte Rudolph Dahlhäuser.

Charlotte wollte ihrem Vater widersprechen, weil ihr das zu weit ging, aber ihre Mutter schaute sie streng an. Charlotte verstand sofort. Wie Dolores sollte sie sich in Gegenwart von Männern als zurückhaltende Frau präsentieren und vor allem durch ihre gepflegte Schönheit auffallen. Gerade war ihr jedoch mehr danach, Carl-Gustav zu entgegnen, dass sie aus mehr bestand als zurechtdrapierter Seide, zartrosa Puder und *Champagne Royale*: Sie war eine junge Frau mit großen Träumen. Ferne Häfen und fremde Kulturen wollte sie sehen.

»Charlotte hat eine ausgezeichnete Bildung in Pützchen genossen. Zudem weiß sie, einen großen Haushalt anzuleiten«, schwärmte ihr Vater wie sonst nur über seine Containerfrachter.

»Sehr gut«, erwiderte Carl-Gustav und verfolgte jede von Charlottes Bewegungen, als könnte er sich nicht sattsehen. Langsam wurde er ihr unangenehm. Selbst wenn sie wegsah, spürte sie seinen Blick auf sich. Mit demonstrativer Geste lockerte sie die Schleife um ihre Taille.

»Wollten die Herren nicht über Geschäftliches reden?«, fragte sie frech in die Runde, um ihren Eltern ihren Unmut zu zeigen.

Ihr Vater und Carl-Gustav Johannson sahen sich kurz irritiert an, dann begannen sie, Neuigkeiten aus dem Seeverkehr und vom Hamburger Hafen zu besprechen.

Charlotte fand, dass der Schwede für den Leiter einer Kreditabteilung jung wirkte. Die anderen Bankiers, mit denen ihr Vater verkehrte, waren mindestens vierzig. Sie kannte niemanden, der so rasend schnell Karriere gemacht hatte wie Carl-Gustav. Sie erinnerte sich daran, dass er noch nicht einmal dreißig war.

Der Hauptgang bestand aus Rinderfilet unter einer Kruste aus grünem Spargel. Beides war kunstvoll mit Austern-Soße verziert. Charlotte hatte großen Hunger. Viel zu schnell kam das Tischgespräch aber wieder auf sie. Ihre Mutter redete in den höchsten Tönen von ihren Gesangskünsten, von ihrer Eleganz und, und, und ... Charlotte hatte nicht gewusst, dass ihre Mutter sie derart für ihre Talente schätzte, wo sie doch so häufig unzufrieden mit ihr war. Dolores hielt sie für chaotisch, ungeduldig und viel zu impulsiv für eine Dame ihres Standes.

Der duftende Apfelkuchen wurde serviert und die Gläser mit Champagner gefüllt. »Es freut mich zu sehen, wie harmonisch der Abend verläuft.« Rudolph Dahlhäuser erhob sich mit einem Glas in der Hand. »Ich denke, wir können den nächsten Schritt wagen.«

Den nächsten Schritt wagen? Charlotte wurde mulmig zumute, so feierlich, wie ihr Vater sprach. Unbewusst begann sie, am Nagel ihres Zeigefingers zu kauen. Sie erhaschte, wie in Carl-Gustavs Augen Verlangen aufblitzte, als hätte ihr Vater ihm gerade ein unkeusches Treffen mit ihr angeboten.

Ihre Mutter erhob sich ebenfalls, hielt den Blick aber fest bei ihrem Ehemann, der erst nach einem Räuspern sagte: »Hiermit gebe ich Eure Verlobung bekannt.« Erst schaute Rudolph Dahlhäuser den Gast und dann Charlotte an.

»Verlobung?«, stieß die erschrocken hervor und verspürte den Drang, vom Stuhl aufzuspringen. Die Hände ihrer Mutter landeten jedoch fest genug auf ihren Schultern, um sie daran zu hindern.

Rudolph Dahlhäuser holte ein Schmuckkästchen aus der Tasche seines Zweireihers und ließ es aufschnappen. Zwei Ringe vom exquisiten Juwelier *Brahmfeld & Gutruf* funkelten im Salonlicht. Auf dem kleineren saß ein hellrosa Saphir.

Charlotte war fassungslos. Warum war sie nicht gefragt worden, was *sie* eigentlich wollte? Sie konnte sich nicht vorstellen, eine Ehefrau wie ihre Mutter zu werden, die die meiste Zeit aufs Repräsentieren verwendete. Außerdem wünschte sie sich einen Mann, der sie nach ihrer Meinung fragte und sich dafür interessierte, was sie beschäftigte, wovon sie träumte. Carl-Gustav Johannson hatte nichts dergleichen getan, nicht heute und nicht bei den Treffen im vergangenen Sommer. Er war nicht der Mann, den sie sich auf dem Bug eines Schiffes hinter sich wünschte, damit er sie auffing, sollte der Wind sie von den Beinen reißen.

»Carl-Gustav wird dir ein guter Ehemann sein. Er ist erfolgreich, weltoffen und sehr von dir angetan«, sagte ihr Vater und stieß mit seinem Glas voll Champagner gegen das seiner Frau. Trotz aller Freude schien er es jedoch nicht zu wagen, Charlotte ins Gesicht zu blicken. Auch ihre Mutter schaute abwechselnd nur Carl-Gustav und ihren Ehemann an.

Ihre Eltern meinten es tatsächlich ernst! Charlotte wurde über diese Feststellung so wütend, dass sie fast zu atmen vergaß. Am liebsten wollte sie ihrem Schock laut Luft machen. Doch Protest hatte ihre Eltern noch nie gnädig gestimmt.

»Die Hochzeit wird im September bei bestem Spätsommerwetter unten am Elbstrand stattfinden«, sprach Rudolph Dahlhäuser weiter.

Dolores lächelte angetan, während sie Charlotte die Schultern tätschelte.

Undamenhaft schoss sie vom Stuhl hoch und deutete auf Carl-Gustav. »Ich kann ihn nicht heiraten.« Sie wandte sich demonstrativ von ihm ab und verschränkte die Arme vor der Brust.

»Du wirst dich in Carl-Gustav verlieben, glaub mir!«, sagte Dolores.

»Ich liebe ihn nicht!«, erwiderte Charlotte in verzweifeltem Ton, ohne den Schweden anzusehen. Der Mann, der irgendwann mal ihr Herz stahl, würde sich ihrer Liebe gewiss sein, bevor er ihr einen Antrag machte. Und nicht mal den hatte Carl-Gustav gemacht. So schnell es ihr in dem engen Kleid und auf den hohen Schuhen möglich war, lief sie aus dem Salon.

»Bitte entschuldigen Sie unsere Tochter«, hörte sie ihre Mutter sagen, »sie fängt sich gleich wieder.«

Ihr Vater holte sie an der Salontür ein. »Warte doch, Lotte.« Er legte den Arm um sie und führte sie, die am ganzen Körper zitterte, zum großen Fenster, an dem sie vor eineinhalb Stunden noch friedlich beieinandergestanden hatten.

»Ich liebe ihn nicht«, sagte sie leise, während ihr Körper vor Empörung bebte.

»In vielen Ehen kommt Liebe mit der Zeit. So war es auch bei deiner Mutter und mir«, erklärte ihr Vater und klang wie früher, wenn er sie sonntags ins Bett gebracht und vorm Einschlafen gemeinsam mit ihr durch Schiffsalmanache geblättert hatte.

Charlotte wollte sich nicht beruhigen. »Sollte die Liebe mich nicht elektrisieren, wenn ich meinen Geliebten das erste Mal sehe? Sollte mir nicht schwindelig werden vor Glück?«

Ihr Vater schüttelte den Kopf. »Das sind Ammenmärchen.«

»Ammenmärchen?«, echote Charlotte mit erstickter Stimme. Sie schaute auf die Elbe hinab, die dunkel und unruhig gegen das Ufer schwappte. Ein Sturm zog auf.

Ihr Vater schien eine Weile zu überlegen, bevor er sagte: »Du hattest das große Glück, in die Familie Dahlhäuser hineingeboren zu werden. Von jeher bist du mit Luxus gesegnet. Wir haben dir alles ermöglicht. Nun ist es an der Zeit, uns etwas zurückzugeben.« Er schenkte ihr ein warmes, bittendes Lächeln, dem Charlotte wenig entgegenzusetzen wagte.

Klaviermusik erklang im Hintergrund. Ihre Mutter hatte sich an den Flügel gesetzt, wohl um die angespannte Stimmung aufzulockern. Wie betäubt hob Charlotte den Blick von der Elbe. Der Familie etwas zurückgeben? Sie hatte nicht gewusst, dass sie ihren Eltern eine Ehe schuldig war. Sie spürte Tränen aufsteigen. »Doppelt nein!« Sie machte sich vom Arm ihres Vaters frei und lief wieder zur Salontür.

Dort prallte sie gegen den breiten Carl-Gustav, stolperte rückwärts und landete unsanft auf dem Boden. Er hatte urplötzlich dagestanden. Sein muskulöser Körper mit den in die Hüften gestemmten Armen nahm beinahe die gesamte Flügeltür ein. Er half ihr hoch. Aus weit auseinanderstehenden Augen funkelte er sie an. »Mein Herz gehört schon so lange dir, Charlotte. Und wir *werden* heiraten!«

Es klang, als würde er keinen Widerspruch dulden, als läge ihr Schicksal allein in seinen Händen. Ein Drahtstab ihres Mieders bohrte sich durch den Stoff und in ihren Bauch, aber das war gerade ihr kleinstes Problem. Ein eiskalter Schauer lief ihr den Rücken hinab. Mit diesem Mann sollte sie den Rest ihres Lebens verbringen? Bei der Vorstellung zog sich alles in ihr zusammen, und sie wollte schreien, fühlte sich vor Schock jedoch wie versteinert.

Carl-Gustav Johannson nahm ihre schlaffe linke Hand und schob ihr den engen Verlobungsring nachdrücklich auf den Finger. Er legte seine Hand mit dem Ring daneben und lächelte angetan. »Unsere Verlobung gilt hiermit als vollzogen«, verkündete er, deutete noch einen Kuss über ihrer Hand an und ging zur Festtafel zurück. »Auf dieses Glück noch ein Glas Champagner!«

Charlotte war zu geschockt, um erneut zu widersprechen. Sie versuchte, den Ring vom Finger zu bekommen, um ihn Carl-Gustav Johannson vor die Füße zu werfen, aber sie konnte ihn nicht abziehen. Unter Tränen sah sie zuerst ihre Mutter, dann ihren Vater an, der abgewandt am Salonfenster stand. Warum ließen ihre Eltern das alles zu? Warum ergriffen sie nicht Partei für sie? Sie wünschte sich ihren Bruder an ihre Seite. Claas hätte ihr bestimmt beigestanden und Carl-Gustav höflich, aber bestimmt zur Tür begleitet. Sie hasste den Krieg, der ihr ihn genommen hatte, noch mehr!

Charlotte hielt es keinen Moment länger bei ihnen aus. Sie

lief in die Eingangshalle und nahm sich ihren Mantel. Aus dem großen Spiegel an der Wand blickte ihr ein verzweifeltes Mädchen entgegen.

Rike trat neben sie. Nach einem Zögern half sie ihr in den Mantel.

Dolores kam mit Stakkato-Schritten in die Eingangshalle. »Du willst doch nicht etwa raus, und dann noch ohne Begleitung und mit diesen zerzausten Haaren? Die Nachbarn werden ... Charlotte, bitte! Wir schlafen eine Nacht drüber, und morgen wirst du die Welt mit anderen Augen sehen.«

Charlotte löste die zartrosa Schleife von ihrem Kleid und warf sie ihrer Mutter vor die Füße. »Wie können dir die Nachbarn wichtiger sein? Und warum willst du mir jemanden zum Mann geben, den ich nicht liebe? Morgen sieht die Welt bestimmt nicht besser aus!«

»Dir ist deine Familie also egal?«, entgegnete Dolores empört. Rike fuhr zusammen.

»Nein!«, widersprach Charlotte. »Ich habe stets gemacht, was ihr von mir verlangt habt. Aber eine Ehe gegen meinen Willen geht zu weit!«

Ihre Mutter musste sich räuspern, bevor sie den nächsten Satz herausbekam: »Wenn du dieses Haus jetzt verlässt ...« Sie zögerte, und ihr Kinn bebte, als sie erneut ansetzte: »... dann bist du für uns gestorben.«

»Gestorben?«, wiederholte Charlotte. Heiße Tränen strömten ihre Wangen hinab. Sie wusste nicht mehr, was sie sagen sollte.

Ohne eine Verabschiedung griff sie nach ihrem Merinomantel und lief aus dem Haus. Draußen war es windig geworden und bitterkalt.

»Lotte, komm zurück!«, rief ihr Vater vom Balkon.

Doch sie wandte sich nicht um, sonst wäre sie noch schwach geworden. Ihrem Vater schlug sie normalerweise keine Bitte aus.

Mit schnellen, klackernden Schritten ging sie im Schein der Straßenlaternen die Süllbergsterrasse hinauf und dann am Rücken des Hügels hinab. Dorthin konnte man von der Villa aus nicht blicken. Sie lauschte auf Motorengeräusche oder Schritte, aber es blieb still. Ihre Eltern schienen ihr nicht zu folgen. Vermutlich glaubten sie, dass die Kälte sie bald wieder zurück nach Hause treiben würde.

Charlotte zog ihre Absatzschuhe aus und begann zu laufen. Sie spürte, wie das eiskalte Pflaster ihr die neuen Strümpfe zerriss. Die Worte ihrer Mutter vermischten sich in ihrer Erinnerung mit der Drohung des Schweden: *Wir* werden *heiraten*. Bis heute hatte sie gedacht, dass ihre größte Angst darin bestand, einmal auf einem Ozean mutterseelenallein zu kentern. Aber jetzt wurde ihr bewusst, dass es Schlimmeres gab als Seenot: eine erzwungene Ehe mit einem Mann, den sie nicht liebte. Oder war es die fehlende Courage ihrer Eltern?

Charlotte stoppte und beugte sich schwer atmend nach vorne. Wo nur konnte sie jetzt hin? Sie war noch nie zu Fuß in Blankenese unterwegs gewesen. Noch dazu hatte sie keinen Pfennig Geld dabei, besaß auch keines. Ihre Eltern hatten stets für sie bezahlt. Als Rettung fielen ihr als Erstes ihre Hamburger Freundinnen ein. Aber Brit reiste gerade durch Südamerika, und Alva und Christa waren altmodisch, was die Ehe anging, und würden sie vermutlich nach Hause zurückschicken. Eine vor ihrem Verlobten flüchtende Freundin zu verstecken, würde wohl keine der drei wagen. Vielleicht war es ohnehin besser, Blankenese zu verlassen und mehr Abstand zwischen sich und den Abend zu bringen.

Charlotte schaute auf. Sie könnte zur Speicherstadt laufen und für die Nacht in den Geschäftsräumen ihres Vaters unterkommen. Die Speicherstadt gehörte zur Hamburger Innenstadt. Dort reihte sich ein Lagerhaus an das andere. Die Reederei war im Dachgeschoss des früher großelterlichen Kaffeelagers angesiedelt. Ein Notschlüssel befand sich in einem Versteck bei der Tür. Aber vermutlich würde ihr Vater sie dort zuerst suchen. Und seine Gehilfen tauchten in den Büroräumen auch schon mal am Wochenende auf. Nein, das Versteck in der Speicherstadt kam nicht infrage.

Charlotte lächelte zärtlich, was in ihrer Situation aberwitzig war. Aber ihr fiel gerade eine Person ein, die weder altmodisch war noch sich von ihren Eltern einschüchtern ließ. Eine Frau, die bis zu ihrer Volljährigkeit ein fester Bestandteil ihres Lebens gewesen war. Erinnere dich, wo sie wohnt! Nur wenige Male war sie bei ihr zu Hause gewesen, im Wesselburer Weg. Nur leider hatte Charlotte keine Ahnung, wo in der Millionenstadt der Wesselburer Weg war. Sie lief dennoch los in Richtung Innenstadt, wo es heller war.

Die nächsten Passanten, die ihr begegneten, fragte sie nach dem Wesselburer Weg, aber die konnten ihr nicht weiterhelfen und starrten sie nur irritiert an. Sie tastete nach ihrem Haar, das ihr am Kopf klebte, und nach den mit Edelsteinen besetzten Spangen, die schief hingen. Sie war in der Februarkälte ohne Schuhe unterwegs und sah bestimmt schrecklich liederlich aus.

Sie überquerte eine mehrspurige Straße. Die wenigen Autos, die um diese Zeit noch unterwegs waren, hupten wild, als sie sie so nah vor ihren Kühlerhauben bemerkten. Wie würde sie nur zum Wesselburer Weg finden?

Ein Taxifahrer, der an der Blankeneser Landstraße auf Kundschaft wartete, fragte, ob er ihr helfen könne. Endlich! Charlotte erzählte, wohin sie wollte, und erwähnte auch, dass sie kein Geld bei sich habe. Dennoch war der Mann bereit, sie zu fahren. Er stieg aus und öffnete ihr die Beifahrertür. Charlotte spähte wenig begeistert in das Fahrzeug. Die Armatur war vergilbt, und es roch nach Zigarettenqualm. Sie hatte noch nie vorne neben dem Fahrer gesessen, weil es sich nicht schickte. Nach einem kurzen Zögern zog sie ihre Absatzschuhe an und stieg ein.

Das Auto war halb so groß wie das ihrer Mutter, welches nur der Chauffeur steuerte. Ein Glimmstängel lag in einem Ascher auf der Mittelkonsole, unweit ihres linken Beines, an dem ihr Kleid knieabwärts die durchsichtig schimmernden Perlons offenbarte.

Während der Fahrt versuchte der Taxifahrer, mit ihr ins Gespräch zu kommen, aber Charlotte antwortete einsilbig.

Am Straßenschild mit der Aufschrift Wesselburer Weg hielt er an, obwohl sie das gesuchte Haus noch nicht sehen konnte.

»So, Mädchen, Zeit, zu bezahlen«, sagte er und zog, begleitet von einem quietschenden Geräusch, die Feststellbremse an.

»Bezahlen?«, fragte Charlotte verwundert. »Ich hatte Ihnen doch gesagt, dass ich kein Geld besitze.«

»Ich rede nicht von Geld«, entgegnete der Mann, beugte sich zu ihr herüber und befingerte mit verhornten Händen ihr linkes Knie.

Charlotte schob seine Hand weg und versuchte, die Beifahrertür zu öffnen, bekam sie aber nicht kräftig genug zu fassen.

»Zier dich nicht so, du hast so schöne Beine«, raunte er. Seine Hand war auf ihren Perlons angekommen.

Mit letzter Kraft, die der Ekel freigab, stieß sie den Taxifahrer von sich, bekam die Beifahrertür zu fassen und drückte sie auf. Sie fiel aus dem Auto und landete auf den Knien auf der Straße, doch sie rappelte sich auf und stolperte in ihren Absatzschuhen in die Dunkelheit. Sie fühlte sich dreckig von den fremden Berührungen. Nie wieder würde sie in ein Taxi steigen!

»Ich zeige dich an!«, rief der Mann ihr hinterher. »Du bist mir noch den Fahrpreis schuldig! Sieben Mark!«

Charlotte eilte den Wesselburer Weg hinab, der unbeleuchtet war und im Nebel versank. Jetzt war sie nicht nur allein und mittellos, sondern auch kriminell. Wenigstens kam ihr der Taxifahrer nicht nach. Sie hörte noch, wie er den Motor startete und davonfuhr. Am liebsten wollte sie jetzt auf die verschrammten Knie sinken, weinen und sich nicht mehr bewegen, bis sie wieder in ihrem weichen Bett lag und der ganze Albtraum vorbei war. Aber die Kälte trieb sie an. Sie erinnerte sich, dass das Haus, das sie suchte, eine blaue Haustür besaß. Danach wollte sie Ausschau halten, auch wenn ihr das Atmen schwerfiel, ihre Knie brannten und ihr Gesicht sich von der zerlaufenen Mascara klebrig anfühlte.

Irgendwann fand sie das Haus mit der blauen Tür. Auf dem Klingelschild stand der Name Femke Wilken. Es war das letzte der reetgedeckten Reihenhäuser, die dicht an dicht im Wesselburer Weg beieinanderstanden. In Bodennebel getaucht, wirkten sie gespenstisch. Es brannte kein Licht im Haus.

»Femke, bist du da?«, rief sie im Flüsterton. »Ich bin's, deen Deern.« Solange sie sich zurückerinnern konnte, hatte die Friesin sie »meen Deern« genannt. Das war Plattdeutsch und bedeutete »mein Mädchen«. Aus Femkes Mund hatte es immer weich und niemals herablassend geklungen, obwohl sie auch streng sein konnte.

Im Haus regte sich nichts, und auch im Wesselburer Weg

blieb es still. Charlotte ließ sich auf die oberste Stufe der Eingangstreppe sacken und schlang ihre Arme um die zerschrammten Knie. Ihre Füße fühlten sich wie Eiszapfen an, und ihr Atem bildete Wölkchen. Sie weinte und sah auf, aber durch den Nebel war der Mond nicht zu erkennen. War es tatsächlich richtig gewesen, Hals über Kopf fortzulaufen? Vielleicht hätte sie sich in der Villa schlafen legen und mit ihren Eltern am nächsten Morgen in Ruhe sprechen sollen. Bilder ihres warmen Zimmers mit dem ausladenden Bett, den weichen Kissen und einer dicken Federdecke erschienen vor ihrem inneren Auge. Ihr Zuhause war immer ein sicherer Hafen gewesen, der für diese Nacht jedoch in unerreichbare Ferne gerückt war. Und morgen, was würde morgen sein? Der Gedanke, einfach aufzustehen und nach Blankenese zurückzukehren, wurde mit jeder Minute verlockender, die sie auf der kalten Steintreppe hockte. Aber dafür müsste sie noch einmal in ein Taxi steigen, was ausgeschlossen war. Zu Fuß schaffte sie den Weg zurück bestimmt nicht.

»Meen Deern?«, erklang hinter ihr eine müde, rostige Stimme.

Mit verweintem Gesicht wandte Charlotte sich um. Dort stand sie, ihre frühere Kinderfrau, deren Weggang sie viele Tage bedauert hatte. Femke trug noch dieselbe Art Nachthemd wie damals: gemustert und mit Bommeln an den Ausschnittbändern. Ihre langen Haare, in denen bereits erste Silbersträhnen leuchteten, hingen ihr offen über die Schultern. Sie hatte schon immer älter gewirkt, als sie es war: Ende vierzig.

»Was machst du hier?« Femke beugte sich zu ihr herab und streichelte ihr die Wange. Sie hatte auf Charlotte aufgepasst, seit sie wenige Tage alt gewesen war. »Und wo sind deine Eltern und euer Wagen?«

Als Antwort legte Charlotte ihren Kopf an Femkes weiche Schulter.

»Du zitterst ja. Erst mal wärmen wir dich auf«, sagte Femke, half ihr von der Treppe auf und nahm sie mit ins Haus.

Kurz darauf saß Charlotte in der niedrigen, ausgekühlten Stube, kaum größer als die Besenkammer in der Villa. Sie hatte Stricksocken an den Füßen und eine Decke um die Schultern. Langsam ließ sie den Blick schweifen. Der enge Raum war bis an die Decke gekachelt, mit dunklen Möbeln vollgestellt, und vor den Fenstern hingen blau-weiß gestreifte Vorhänge, die ebenfalls kleine Bommeln am Saum trugen.

Femke versorgte erst Charlottes verschrammte Knie, dann kam sie mit Teegeschirr zurück in die Stube. Bevor sie sich jedoch um den Wasserkessel kümmern konnte, brach aus Charlotte heraus, was geschehen war. Als sie an der Stelle angelangte, an der Carl-Gustav Johannson ihr den zu engen Ring auf den Finger schob, fiel ihr auf, dass sie ihn noch immer trug. Dieses Mal gelang es ihr, ihn vom eiskalten Finger abzuziehen. Wie giftiges Zeug warf sie ihn auf den Boden. Er kullerte bis vor die Stehlampe, die das Zimmer mühsam erhellte.

Charlotte schmiegte sich an Femke, die sich neben sie auf das Sofa gesetzt hatte. »Ich kann mir nicht vorstellen, mit jemandem zusammenzuleben, den ich nicht liebe, ihm gar Kinder zu gebären«, sagte sie.

Femke schien eine Weile zu überlegen, bevor sie sagte: »Es ist keiner Frau zu wünschen, jemanden heiraten zu müssen, den sie nicht liebt, und meener Deern schon gar nicht.« Sie nahm Charlottes Hand und lächelte ihr aufmunterndes, weiches, von Falten gesäumtes Lächeln. »Jetzt beruhig dich erst einmal.« Sie stand vom Sofa auf und legte jeweils ein Stück weißen Kluntje-Kandis in die Teetassen. Dann ging sie in die Küche.

Charlotte ließ sich gegen die hohe Rückenlehne des Sofas sacken. Für die Töchter anderer Hamburger Reeder wurden bis heute Ehen geschlossen, die für die Schifffahrt vorteilhaft waren, so wie im letzten Jahrhundert. Das war ihr bewusst! Ihre Eltern hatten ihr jedoch stets den Eindruck vermittelt, dass sie ihren Ehemann mit aussuchen durfte. Vielleicht war es ihnen deshalb so schwergefallen, beim Abendessen überzeugt zu wirken, weil sie sich dessen bewusst waren. Verzweifelt senkte Charlotte den Kopf.

Erst als Femke zurück war, schaute sie wieder auf. Sie sah der Kinderfrau zu, wie sie dunklen Tee über den weißen Würfelkandis goss, bis es in den Tassen knisterte. Femke sog den Duft des kräftigen Schwarztees ein, und Charlotte tat es ihr gleich. Ihr Blick blieb an der Sahne hängen, die Femke mit der kleinen Kelle am Innenrand der Tassen entlang in den Tee laufen ließ. Einen Moment beobachteten sie gemeinsam, wie die Sahnewolken durch den dunkelgoldenen Tee schwebten. Diese Art einer besonnenen Pause hatte Femke mit ihr schon früher immer wieder begangen. Der Tee und die Sahne; es war die Vereinigung von etwas, das zusammengehörte. Ganz anders als Carl-Gustav und sie.

»Das Leben kann wie Ostfriesentee sein: erst bitter, dann süß. So habe ich es auch erfahren«, sagte Femke, nahm ihre Tasse und trank. »Süß wurde es erst, als ich mich um dich kümmern durfte.«

Charlotte lächelte und wollte schon mit einem Löffel die Sahne in ihrer Tasse verrühren, als Femke sagte: »Wie immer: Umrühren ist verboten! Trink dich durch die verschiedenen Schichten, von bitter bis süß.«

Charlotte erinnerte sich wieder. Der Tee schmeckte vollmundig und hatte eine malzige Note. Die Wärme tat gut.

»Wie es aussieht, wird es schwierig für dich werden, einen Mann deiner Wahl zu heiraten«, sagte Femke nach einigen ruhigen Schlucken.

»Kannst *du* nicht mit meinen Eltern reden?«, bat Charlotte.

Femke stellte ihre Teetasse ab. »Ich glaube nicht, dass das etwas bringen wird. Ich habe sie als entschlossene Menschen kennengelernt, die ihre Meinung nicht so schnell ändern.«

»Nicht einmal für ihre Tochter, für ihr einziges verbliebenes Kind?«, fragte Charlotte und wischte sich Tränen fort.

»Vielleicht hilft es, ihnen Zeit zu geben, um ihre Entscheidung zu überdenken«, meinte Femke.

»Mehr Zeit«, sinnierte Charlotte. »Das könnte hilfreich sein.«

»Ein oder zwei Monate«, schlug Femke vor.

So lange? Charlotte hatte eher an vier oder fünf Tage gedacht. »Besser, du schläfst jetzt erst einmal und kommst wieder zu Kräften«, sagte Femke.

Schwerfällig erhob sich Charlotte und ließ sich ins Dachgeschoss des Hauses führen. In einem Raum mit einem alten Bauernschrank und einem Bett mit dicken, gedrechselten Pfosten half Femke ihr aus dem Kleid und aus dem kaputten Mieder, hinein in eines ihrer viel zu großen Nachthemden.

Unter Stöhnen sank Charlotte aufs Bett und schaute sich mit halb geschlossenen Augen um. Die niedrige Decke und die ergrauten Wände gaben dem Raum eine behagliche, zugleich auch etwas erdrückende Atmosphäre. Er war ganz anders als die großen, lichtdurchfluteten Zimmer, die sie aus der elterlichen Villa kannte. Hier wirkte alles kleiner, intimer – ein Rückzugsort, der Sicherheit versprach.

Femke deckte sie so langsam zu, als wollte sie nicht nur Wärme spenden, sondern in jede Falte des Bettbezugs ein Stück

Fürsorge einweben. Sie strich Charlotte eine Haarsträhne aus dem Gesicht und zog ihr die Decke noch einmal bis zur Brust hoch. »Morgen früh wirst du bestimmt klarer sehen«, flüsterte sie noch, dann verließ sie das Zimmer.

Eine Sache sah Charlotte in diesem müden Moment sehr klar: Carl-Gustavs Entschlossenheit, sie gegen ihren Willen heiraten zu wollen. Sie fand lange nicht in den Schlaf.

*

Als sie aufwachte, war es noch dunkel draußen, aber es roch, als würde es bald dämmern. Sie hatte Hunger und Durst. Kurz wollte sie nach Rike, dem Dienstmädchen, rufen, damit sie ihr etwas zu essen brachte. Noch benommen, stand sie aus dem Bett auf. Die knarzenden, wurmstichigen Dielen verrieten jeden ihrer Schritte. So leise wie möglich ging sie die Stiege ins Erdgeschoss hinab.

Die Küche war genauso eng und vollgestellt wie die Stube und mit gemusterten Fliesen bis unter die Decke gekachelt. In einfachen Holzschränken, offenen Regalen und geflochtenen Körben bewahrte Femke Töpfe, Geschirr und Küchenutensilien auf. Aus der Wand gegenüber der Tür stach das Ofenrohr hervor. Für Charlotte war es ein Anblick wie aus einer anderen Zeit.

Es brauchte eine Weile, bis sie ein Stück Brot fand und daran knabberte. Sie setzte sich auf den schlichten Holzstuhl am Küchentisch, starrte ins Nichts und ließ das Abendessen in der Villa wieder und wieder Revue passieren.

Femke erschien, als es bereits hell war. »Moin, meen Deern!« Sie trug ihr Haar auf dem Rücken zu einem Zopf geflochten.

Die Friesin machte Licht in der Küche. Von ihr ging eine frische Kälte aus, als sie Charlotte eine Zeitung reichte. Die beachtete die Zeitung nicht weiter und legte sie auf den Küchentisch.

»Du müsstest bald eine Arbeit annehmen und Geld verdienen, für den Fall, dass deine Eltern nicht so schnell zur Besinnung kommen«, sagte Femke nach einer Weile. »Ich komme allein gerade so über die Runden. Für zwei reicht es nicht lange.«

Charlotte schluckte schwer. »Die Finger schmutzig machen? Jeden Tag und von morgens bis abends?« So wie die vielen einfachen Hamburger, die ihre Mutter für unberechenbar hielt?

Femke nickte zögerlich. Ihr war anzusehen, wie unangenehm ihr die Sache war. »Dann könntest du länger oben in der zweiten Kammer schlafen.«

Mit zitternder Hand zog Charlotte die *Hamburger Morgenpost* auf dem Küchentisch zu sich. Das Zeitungspapier fühlte sich stumpf an, als sie es vor sich ausbreitete.

»Die Anzeigen stehen auf Seite acht«, bemerkte Femke nebenbei und kam kurz darauf mit Butter, Brot und Marmelade aus der Vorratskammer zurück. »Ich mache uns derweil Frühstück.«

Charlotte blätterte vor bis auf Seite acht, aber bald verschwammen die winzigen Buchstaben. In Spalte eins suchte *Planten un Blomen* Mitarbeiterinnen. Sie zwang ihre müden Augen zur Konzentration. »Hier wird jemand gebraucht, der bei Gärtnerarbeiten hilft: Baumschnitt, Unkraut jäten, Neupflanzung, Rasen schneiden.« Sie wurde immer leiser. Sie sollte mit den Händen in dreckiger Erde wühlen, während ihre Freundinnen mit ihren Müttern nebenan im Orchideencafé saßen und Torte aßen? Bedrückt schaute Charlotte auf. Ihr erschien Carl-Gustav in der Erinnerung, und sie verspürte den Drang, an den Nägeln zu kauen.

»Hier ist eine interessante Anzeige.« Femke zeigte auf Spalte drei, nachdem sie Brettchen und Messer auf den Tisch gelegt hatte. »Die Adresse ist auch nicht weit entfernt von hier.«

Charlotte ließ von ihren Fingernägeln ab und las die Anzeige. Verzweifelt barg sie ihr Gesicht in den Händen. Das war alles zu viel für sie! Hoffentlich lenkten ihre Eltern bald ein.

3

18. Februar 1955

Unter Annegrets Stiefeln knirschte der Schnee, der vor zwei Tagen in dicken Flocken vom Himmel gefallen war. Eben hatte sie Oskar am Schultor abgegeben, nun war sie auf dem Weg zum Suchdienst. Sie mochte den Hamburger Schnee und den Winter in der Stadt, obwohl sie viele kalte Jahre erlebt hatte, in denen die Kohlen nicht gereicht hatten oder so teuer gewesen waren, dass sie hatten frieren müssen. Ihr Hamburg wurde im Winter von der tief stehenden Sonne in ein versöhnliches Licht getaucht. Und wenn es so klirrend kalt wie heute war, dann zeigte die Elbe ein einzigartiges Schauspiel, bei dem sich Eisschollen in Richtung Hafen schoben. Annegret wünschte, sie hätte Zeit, zu den Landungsbrücken zu schlendern, den Eisschollen beim Treiben zuzusehen und ihre Probleme zu vergessen. Aber gerade war das unmöglich! Erstens verbrachte Oskar seine Freizeit, wenn Schnee lag, am liebsten auf dem kleinen Erdhügel in der Gartenanlage, das Rutschleder unterm Hintern. Das wollte sie beaufsichtigen, weil ihr Sohn bei Schnee oft übermütig wurde. Und zweitens ließen ihre Gedanken gerade keinen Raum für Entspannung. Unentwegt sprangen sie zu ihrem Suchkind Eberhard. Sie hatte solche Angst, zu versagen und mit ihrem Verhalten den Kindersuchdienst zu blamieren. Das wäre mehr als ungünstig, denn wie das Kollegium erst gestern erfahren hatte, kündigte das Innenministerium weitere Mittelkürzungen an. Die Bevölkerung vergaß den Suchdienst immer mehr.

Annegret bedauerte sehr, dass sie mit ihrem ersten eigenen Suchfall zu langsam vorankam. Bisher hatte sie lediglich herausgefunden, dass Eberhard mit dem Leberfleck am linken Ohrläppchen als Waise im katholischen Sankt-Elisabeth-Krankenhaus in Königsberg abgegeben worden war. Was Frau Voss als Evakuierung beschrieben hatte, war eigentlich eine Verlegung gewesen, denn das Krankenhaus war von der Roten Armee zum Seuchenhospital für Typhus umfunktioniert worden. Seitdem fehlte jede Spur von dem an Krätze erkrankten Jungen.

Als Annegret an diesem Donnerstagmorgen die alte Schule betrat, strömte ihr bereits im Flur der Duft von frisch gebackenen Keksen entgegen. In der Aula stand erwartungsgemäß Dagmar neben ihrer Keksdose am Tresen. »Heute gibt es kleine Köstlichkeiten mit Lavendel und Zitrone«, versprach die Kollegin und hielt ein frisch gebackenes Exemplar in die Luft, wobei ihre Armreife fröhlich klingelten wie Glöckchen.

Elli Sander lugte genüsslich kauend um ihre Schreibmaschine herum. »Schmeckt wie Urlaub. Mhhhmm.« Mit Seitenblick zum Kanzlerbildnis an der Wand schob sie noch hinterher: »Wann Adenauer he wör, dann wör isch im och enne Keks presenteere – die Dagmar backt nämlich wie ne janz Jroße!«

Noch von der Tür aus beobachtete Annegret, wie Elli sich die Keksdose vom Tresen holte, vor das gerahmte Bildnis trat und dem Kanzler die duftende Keksdose unter die Nase hielt.

Jutta lächelte amüsiert hinter ihrer schwarzen Brille, und Elli konnte ihr Lachen nun nicht mehr zurückhalten. Es klang laut und herzhaft und erfüllte die Aula wie eine plötzliche Sonnenstunde. Annegret hörte das Lachen einer Frau, die das Leben liebte und mit einem einzigen Moment Leichtigkeit und Freude in den Tag brachte. Sie wünschte, sie würde selbst mehr von dieser Lebenslust besitzen.

Dagmar war ebenfalls vor das Adenauer-Bildnis getreten. »Zum Kaffee mit Konrad«, sagte sie, hielt die dampfende Tasse unter des Kanzlers Nase und trank dann selbst.

Jetzt musste Annegret auch lachen. In ihrer Vorstellung sah sie Dagmar, die Blusenärmel hochgekrempelt, in den Teig greifen, um für den Kanzler höchstpersönlich eine ihrer außergewöhnlichen Kekskreationen zu backen. Das zumindest hatte die Kollegin der Abteilung als ihr Geheimrezept verkauft: beim Backen keine Schürze zu tragen.

»Guten Morgen«, grüßte Annegret schließlich leise. Anstatt wie Jutta und andere Kolleginnen in die Keksdose zu greifen, beachtete sie die Köstlichkeiten nicht weiter, sondern legte ihren Beutel an ihrem Tisch hinter der Personaltür ab und zog ihren Mantel aus. Nicht zu viel Nähe!, erinnerte sie sich. Die Lavendelkekse wären nur der Einstieg, doch sobald Zimt ins Spiel kam, wurde sie beinahe willenlos und, was gefährlich war, zutraulich. Ihr Lieblingsgebäck waren Franzbrötchen, die sie seit Jahren nicht mehr gegessen hatte.

Sie versuchte, sich gleich auf ihre Arbeit zu konzentrieren, aber das war nicht einfach. Im Hintergrund klapperten Schreibmaschinentasten, und zwei Kolleginnen unterhielten sich über ihre Pläne für den freien Sonntag. Eine andere Kollegin knallte den Telefonhörer auf die Gabel. »Dieser schreckliche Hauptkommissar Hartmann! Dass der sich auch immer in unsere Arbeit einmischen muss!« Das war nicht das erste Mal, dass eine Kollegin über Herrn Hartmann von der Kriminalpolizei schimpfte. Auch Jutta hatte schon von Suchfällen berichtet, bei denen der Hauptkommissar Verbrechen gewittert und die Akten an sich gerissen hatte. In Annegrets Augen war es nur ein weiterer Beweis dafür, dass die meisten Männer gemein waren.

Sie senkte ihren Kopf tiefer über die handgeschriebene Liste, die sie gestern aus dem Archiv geholt hatte. Sie enthielt sämtliche Krankenhäuser in Ostpreußen, die zu Kriegszeiten in Betrieb gewesen waren. Am wahrscheinlichsten war es, dass Eberhard in eines der Krankenhäuser im Umland von Kaliningrad verlegt worden war. Sofern die noch existierten, würde sie als Nächstes Kontakt aufnehmen und nach historischen Patientenlisten fragen. Nur so konnte sie erfahren, wie es mit ihrem Suchkind nach der Verlegung weitergegangen war. Sie wandte sich der Kartenwand neben ihrem Tisch zu und schaute auf die Kreuze, die sie um Kaliningrad herum gesetzt hatte, um die Krankenhäuser zu markieren.

Jochen Krüger betrat die Aula mit einem unüberhörbaren »Guten Morgen!«.

»Guten Morgen«, erwiderte Annegret schnell. Seit ihrem Übernahmegespräch vor zweieinhalb Wochen hatte sie versucht, dem Abteilungsleiter aus dem Weg zu gehen. Nur kurz sah sie über die Schulter zu ihm hin, und ihr fiel auf, dass er seine Kaffeetasse, seine bevorzugte graue, fein gemusterte von Rosenthal auf hohem Fuß, samt Untertasse vor sich hertrug. Der duftende Inhalt seiner Tasse musste aus der neuen elektrischen Kaffeemaschine in der Küche stammen, die gleich neben dem Schrank mit den Limonadenflaschen thronte. Annegret hatte sich noch nicht an diese Modernität herangewagt.

Renate Kunstmann, die in den Kaffeepausen am liebsten Schminkempfehlungen aus der *Constanze* las, schaute dem Abteilungsleiter sehnsüchtig nach. Das bekam Annegret sogar aus dem Augenwinkel mit. Renate trug dieselbe platinblonde Frisur und die Lippen knallrot und scharf nachgezeichnet wie Marilyn Monroe, die ihr Idol war, sowie ähnlich knappe Kleidung. Ihr enger schwarzer Bleistiftrock reichte ihr nicht einmal bis zu den Knien, und an ihrer leuchtend gelben Bluse hatte sie die obersten beiden Knöpfe geöffnet.

Annegret hielt die Luft an, als sich die selbstsicheren Schritte des Abteilungsleiters der Kartenwand näherten. Ihr Protokoll des Gesprächs mit Frau Voss war voller Korrekturen von ihm zurückgekommen. Es hatte sie an ihre Schularbeiten von früher erinnert, die ihre Lehrer mit stechend roten Anmerkungen und Ausrufungszeichen überzogen hatten. Das Protokoll für Jochen Krüger hatte sie noch fünfmal überarbeiten müssen, bis er zufrieden gewesen war.

Zwei Atemzüge lang konnte sie seinen Blick auf ihrem Rücken spüren, während er, den schlürfenden Geräuschen nach zu urteilen, genüsslich seinen Kaffee trank.

»Fräulein Dietzel, im Suchfall Nielsen wird Ihre Hilfe benötigt«, sagte er nach einer Weile.

Mit dem Suchfall Nielsen hatte sie nichts zu tun. Sie wandte sich ihm ganz zu, obwohl sie sich dabei unwohl fühlte.

»Ich brauche Sie für eine Zusammenführung!«, erklärte Jochen Krüger und trank einen weiteren Schluck.

Sie, die Anfängerin, sollte eine Zusammenführung begleiten? Normalerweise blieb das den erfahrenen Suchdiensthelferinnen vorbehalten. Sie versenkte ihre Hände in den Taschen ihrer Strickjacke, damit ihr Vorgesetzter nicht bemerkte, wie sie vor Angst verkrampften.

»In fünf Minuten geht es los!«, sagte Jochen Krüger und fuhr sich mit einer selbstgefälligen Geste durchs rote Haar. »Der Vater, Fritz Nielsen, wartet bereits im Gesprächszimmer. Das Kind wird mit seiner Heimbetreuerin jeden Moment eintreffen.

Und Sie sind mal wieder die Einzige, die nichts zu tun hat«, erklärte er noch, wohl auf ihren verwirrten Ausdruck hin, und ging mit einem Lächeln für Renate Kunstmann davon.

Jochen Krüger konnte auch lächeln? Annegret schaute sich hektisch in der Aula um. Der Krankenstand war unverändert hoch, aber Renate, Elli und Jutta waren verfügbar und deutlich erfahrener als sie. Sie selbst bräuchte zehnmal so viel Zeit, sich in den Fall einzulesen.

Jutta war es, die ihr mit der großen schwarzen Brille auf der Nase aufmunternd zunickte. »Trauen Sie sich ruhig«, sagte sie.

Annegret rief sich in Erinnerung, was im Suchleitfaden über Zusammenführungen geschrieben stand: zunächst Suchendem und Gesuchtem Raum für die Begegnung geben, für erste Worte und erste Blicke. Wenn es stockt, moderieren. Währenddessen aufmerksam beobachten. Ähnlichkeiten und gemeinsame Erinnerungen waren das beste Indiz dafür, dass wirklich eine Familie wieder zusammenfand. So weit die Theorie!

Renate trat an Annegrets Schreibtisch, richtete ihr schnell noch den Kragen der Bluse und kniff ihr in die Wangen, um die übliche Blässe zu vertreiben.

Ihr blieben nur wenige Minuten, um sich mit dem Suchfall von Fritz Nielsen vertraut zu machen. Elli brachte die Akte Nielsen gleich herbei. Sie war so dick, dass Annegret allein bei ihrem Anblick der Schweiß ausbrach. Sie schaffte es lediglich, die erste Seite zu lesen, dann krabbelten die Buchstaben vor ihren Augen durcheinander wie Ameisen auf der Flucht. Immerhin erfuhr sie, dass die Nielsens während des Hamburger Feuersturms getrennt worden waren. Seit ihrer Übernahme vor zweieinhalb Wochen hatte Annegret sich allabendlich Altakten mit nach Hause genommen, um aus abgeschlossenen Fällen zu lernen. Darunter waren auch zwei andere Familien gewesen, die der Hamburger Feuersturm auseinandergerissen hatte. Die Beteiligten hatten äußerst emotional reagiert, sie waren stark traumatisiert. Nach dem Feuersturm hatte man viele der verbrannten Toten nicht mehr identifizieren können, was die Personensuche erschwerte. Sucherfolge waren selten.

Annegret war damals, während des Feuersturms im Sommer dreiundvierzig, mit ihren Eltern auf dem Land gewesen, außerhalb der bombardierten Großstadt. Sie hatten Verwandte besucht und waren dem Unglück entkommen. Fest stand, dass Suchfälle, die mit dem Feuersturm in Verbindung standen, nichts für Anfänger waren. Annegrets Magen begann zu rumoren, aber sie musste es durchstehen.

Sie ging zum Zeichenraum und stellte sich mit Abstand neben Jochen Krüger, der bereits mit der Erzieherin aus dem Waisenhaus in Uelzen sprach. Ihr erster Blick galt dem zwölfjährigen Jungen an der Hand der Erzieherin. Sein verängstigtes Gesicht rührte sie.

Norbert wirkte klein für sein Alter, schmal und zerbrechlich. Die wenigsten Zwölfjährigen, die sie kannte, hielten sich noch an den Händen von Erwachsenen fest.

»Guten Tag, Norbert«, sagte sie und schenkte ihm ein aufmunterndes Lächeln. Sie redete ihn mit dem Namen an, den er im Waisenhaus erhalten hatte, weil der ihm vertraut war. »Ich bin Annegret Dietzel«, sagte sie.

Der Junge schüttelte ihr mit schlaffen, kalten Fingern die hingehaltene Hand. Am liebsten hätte sie sie ihm gewärmt. Oskar hatte in der Nissenhütte, einer Notunterkunft aus Wellblech, wo sie vor der Zeit in der Gartenanlage gewohnt hatten, auch ständig kalte Hände gehabt.

»Kaffee, bitte!«, verlangte Jochen Krüger, als er den Zeichenraum als Erster betrat. Er sagte es mit jener kühlen Höflichkeit, die reiche Leute in Filmen oft ihren Hausangestellten entgegenbrachten.

Mit der Akte unter dem Arm eilte Annegret in die Küche. Dagmar blickte am Tresen auf, verstand sofort und sprang ihr bei. Die Bedienung der Maschine war nicht einfach für jemanden, der Kaffee seit Jahren auf einem winzigen Gaskocher brühte.

Als Annegret mit dem befüllten Tablett den Zeichenraum wieder betrat, stand Herr Nielsen, der suchende Vater, schon bei dem Jungen. Seine Jacke hat er an einen der Haken für die Malerkittel gehängt und schaute das Kind mit geweiteten Augen wie ein Wunder an. Norbert wich zurück und noch näher an seine Erzieherin heran.

Herr Nielsen nahm daraufhin auf einem der gepolsterten Stühle Platz, ohne den Jungen aus den Augen zu lassen. Annegret stellte neben der Strelitzie das Tablett ab, verteilte Tassen und goss Kaffee ein. Dann setzte sie sich mit einem Stuhl Abstand neben ihren Vorgesetzten an den runden Tisch und schob ihm die Fallakte zu.

Zunächst einmal war Jochen Krüger darum bemüht, mit unverbindlichem Geplauder eine entspannte Situation zu schaffen. Mit bestimmter Geste schob er Annegret dabei die Fallakte wieder zurück. Wortlos sagte er ihr: *Sie machen das!* Und vielleicht noch: *Wer so schlecht schreibt, kann eigentlich gar nichts!*

Sie sollte die Zusammenführung nicht nur begleiten, sondern leiten? Sie war noch lange nicht so weit! Ihr Herz schlug schneller, und der Schweiß brach ihr aus. Unheilschwanger sprang ihr Blick zur Strelitzie, während ihr Magen mit seinem Inhalt kämpfte. Einen zweiten Angriff würde die hübsche Paradiesvogelblume sicher nicht überleben.

»Hallo, Ernst. So siehst du also aus, du großer Junge«, begann Herr Nielsen nach einem Räuspern.

Der Junge sah seine Erzieherin hilflos an. »Mein Name ist doch Norbert.«

Fritz Nielsen schaute verloren in die Runde. Er war von Beruf Tischler und Mitte dreißig, mehr hatte über ihn nicht auf der ersten Seite der Akte gestanden. Er trug einen dunklen Rollkragenpullover und eine ähnliche graue Wollhose wie Annegret. Sie musste moderieren, jetzt sofort.

»Bitte erzählen Sie Norbert etwas von sich«, regte sie mit zitternder Stimme an. Aus dem Augenwinkel sah sie, dass Jochen Krüger seinen Kaffee bislang nicht angerührt hatte.

»Seit ich damals meinen Sohn verloren habe, vergeht nicht ein einziger Tag, an dem ich nicht an ihn denke und mich frage, wo er ist und wie es ihm geht«, berichtete Herr Nielsen. »Seit fast zwölf Jahren suche ich dich«, sagte er und sah den Jungen dabei an.

Dass er den Feuersturm nicht erwähnte, war richtig, dachte Annegret, denn Brandbombe, Zeitzünder und Ascheregen waren nicht die passenden Worte, um das Herz eines Kindes zu gewinnen.

Annegret betrachtete Vater und Sohn genauer und fand, dass beide sich ungewöhnlich ähnlich sahen. Hochgewachsen, sportlich, aber zurückhaltend in der Körpersprache. Beide besaßen schwarzes, gelocktes Haar, dunkelblaue Augen, eine auffallend helle, gute Haut und ein ausgeprägtes Kinngrübchen. Der kleine Ernst war aus dem Feuersturm gerettet und von Hamburg aus von Flüchtenden mit in die Pfalz genommen worden.

Eine Weile schwiegen alle und warteten auf ein Zeichen des Jungen, dass er sich dem Vater, den er nicht kannte, annähern wollte.

Annegret spürte Jochen Krügers Blick auf sich, während sie verzweifelt überlegte, wie sie weiter moderieren sollte. Sie konnte das Wort MODERATION nicht einmal fehlerfrei buchstabieren.

»Ich will nach Uelzen zurück«, sagte Norbert dann.

Annegrets Puls schoss hoch. Wie konnte sie den Abbruch der Zusammenführung verhindern? Jutta wüsste bestimmt, was jetzt zu tun wäre. Verzweifelt knetete sie ihre Hände im Schoß. Sie hätte es angebracht gefunden, wenn der Abteilungsleiter nun das Ruder in die Hand genommen hätte, aber der lehnte sich in seinem Stuhl zurück und trank genüsslich seinen Kaffee, als würde er sie auflaufen lassen wollen.

Fieberhaft suchte Annegret nach einem Weg, Norbert die Angst vor seinem fremden Vater zu nehmen. Ihre Gedanken wurden zu wild gewordenen Pferden. Sie dachte unter anderem an Oskar und daran, dass man seine Zuneigung mit Murmeln und grüner Limonade erringen konnte. Die Stille im Raum fühlte sich erdrückend an, und sie konnte das Gewicht der Verantwortung schwer auf ihren Schultern spüren.

Annegret sprach die Frage mehrmals in Gedanken vor sich hin, bevor sie sie in einem dritten Anlauf herausbekam: »Norbert, kann es sein, dass du grüne Limonade magst?«

»Komm, Norbert, ich hole jetzt Limonade, und dann sehen wir weiter«, sagte plötzlich auch Jochen Krüger.

Annegret war verwirrt. Übernahm er jetzt doch? Hieß das etwa, er fand ihre Idee gut?

Norbert schaute erst die Erzieherin an, dann vorsichtig den Abteilungsleiter und schüttelte den Kopf.

Verzweifelt biss Annegret sich auf die Lippen. Ruhig bleiben, sonst überträgt sich deine Unruhe auf das Kind. Wir vom Kindersuchdienst sind der Fels in der Brandung für die gestrandeten Suchenden! Das waren neulich Jochen Krügers Worte gewesen. Aber die Vorstellung, dass wegen ihrer Unerfahrenheit Vater und Sohn nicht zusammenfinden würden, zog ihr den Boden unter den Füßen weg.

Jochen Krüger schien Norberts Kopfschütteln nicht gesehen zu haben. Kommentarlos ging er aus dem Gesprächszimmer und war kurz darauf mit Gläsern und grüner Limonade zurück.

»Grüne Limo ist doof«, sagte Norbert und fügte nach einer längeren Pause hinzu: »... aber rote, die schmeckt lecker.«

Weil Jochen Krüger sich nicht regte, eilte Annegret in die Küche und holte zwei Flaschen roter Limonade.

Bevor Norbert sich wieder zu seiner Erzieherin zurückziehen konnte, sagte Jochen Krüger: »Wie wäre es, wenn du und dein Papa jetzt eine Limonade zusammen trinkt?«

Der Junge nickte vorsichtig, die Augen bei dem roten Getränk.

Jochen Krüger lächelte zufrieden in die Runde, nur Annegret ließ er aus. Sie fühlte trotzdem, wie sich die Anspannung in ihr zu lösen begann, als hätte jemand eine zu straff gespannte Saite gelockert.

Während Norbert die Limonade entgegennahm, sah er seinen Vater das erste Mal an. Herr Nielsen wollte Annegret auch ein Glas geben, aber sie wehrte ab. Sie wollte sich nicht einmischen in diese Sache, die Norbert und seinen Vater verbinden sollte.

Nachdem er sein Glas in aufgeregten Schlucken geleert hatte, fragte der Junge schon etwas weniger schüchtern: »Gibt es bei Ihnen zu Hause auch rote Limo?«

»Sag *du* zu mir«, bat Herr Nielsen liebevoll, während ihm eine Träne die Wange hinablief. »Und: ja. Zu Hause habe ich auch rote Limo, Ern–.« Er korrigierte den Namen zu »Norbert«.

Endlich war eine zarte Verbindung zwischen Vater und Sohn hergestellt. Annegret beobachtete Fritz Nielsen eine Weile. Er war der erste Mann, den sie kannte, dem Tränen nicht unangenehm waren, der sie nicht wegwischte oder sich abwandte. Sie konnte spüren, dass sie ruhiger wurde, während Jochen Krüger die alles entscheidende Frage einer jeden Zusammenführung stellte: »Kannst du dir vorstellen, zukünftig bei deinem Vater zu wohnen, Norbert?«

Norbert schaute seine Heimerzieherin an und dann seinen Vater. Vorsichtig lächelte er.

»Heißt das: ja?«, fragte Herr Nielsen ungläubig.

»Ja«, antwortete der Junge.

Eine Welle der Freude durchflutete Annegret, und am liebsten hätte sie Norbert in den Arm genommen. Er durfte wieder bei seinem Vater sein.

»Dann fahren wir jetzt nach Uelzen zurück und packen deine Sachen«, sagte die Erzieherin.

Annegret konnte sich in diesem Moment bereits das Namensschild der Nielsens an den Erinnerungsbaum hängen sehen, eine zwei Meter hohe Birkenfeige mit glänzend grünen Blättern, die in einem terrakottafarbenen Kübel in der Mitte der Aula stand. Jede erfolgreiche Zusammenführung wurde vom zuständigen Suchdiensthelfer so beendet.

»Nachdem ich diese Begegnung zu einem guten Ende gebracht habe, wird sich Fräulein Dietzel umgehend an die Erledigung der notwendigen Formalitäten setzen«, erklärte Herr Krüger.

Es klopfte, und Frau Hahn, die Chefsekretärin, schaute in den Zeichenraum. »Herr Krüger, bitte zum Telefon. Es ist dringend!« Niemand von den Kolleginnen wagte es, in solch forschem Ton mit dem Abteilungsleiter zu reden. Doktor Seppelfricke hielt große Stücke auf seine Sekretärin, doch Annegret fühlte sich durch die unnahbare Frau, die oft so kühl wie ein Eiszapfen wirkte, eher eingeschüchtert. Sie hatte sie noch nie lächeln sehen.

»Ich komme ja schon!«, erwiderte Jochen Krüger, stand auf, richtete seine Krawatte und nickte den Gästen zu, bevor er zur Tür ging. Mit der Hand auf der Klinke drehte er sich noch einmal zu Annegret um. Er schien noch etwas sagen zu wollen, verließ aber wortlos den Raum. Sie konnte hören, wie sich seine schnellen Schritte im Flur entfernten.

Die Stimmung zwischen Vater und Sohn löste sich weiter. Sie unterhielten sich darüber, wie es wohl wäre, in Limonade zu baden. Ein guter Anfang, denn gemeinsame Erinnerungen besaßen die beiden nicht. Annegret musste grinsen bei der Vorstellung, wie der Junge in roten Schaum abtauchte. Oskar wäre sofort dabei.

Herr Nielsen trat um den runden Tisch herum zu ihr. »Danke, Fräulein Dietzel!«

»Danken Sie nicht mir, sondern Herrn Krüger«, gab sie zurück. Er hatte am entscheidenden Punkt das Ruder übernommen.

»Aber *Sie* hatten doch die Idee mit der Limonade.« Herr Nielsen sah verlegen zu Boden. »Norbert ist einer der wenigen Menschen, die mir der Krieg noch gelassen hat. Für mich ist er ein Wunder.«

»Und für ihn sind Sie ein Wunder«, entgegnete Annegret mit einem Lächeln, obwohl ihr die Zutraulichkeit gleich darauf unangenehm war. Der Vater rührte sie mit seinen Bemühungen um den Sohn.

Als Fritz Nielsen mit seinem Sohn und der Erzieherin den Kindersuchdienst verließ, legte er vorsichtig den Arm um Norberts Schultern. Der Junge ließ es geschehen, erwiderte die Geste aber nicht.

Mit einem warmen Gefühl im Bauch schaute Annegret ihnen eine Weile im Flur nach, bevor sie zurück an ihren Tisch ging. Die geglückte Zusammenführung schien sich schnell herumgesprochen zu haben. In der Aula wurde Jochen Krüger von den Kolleginnen beglückwünscht und genoss es sichtlich. Renate Kunstmann klatschte am lautesten. Vor dem Erinnerungsbaum übergab Jutta dem Vorgesetzten das obligatorische Schild für die Wiedervereinten.

Annegret applaudierte ebenfalls und beobachtete, wie der Abteilungsleiter *Norbert & Fritz Nielsen* sowie das heutige Datum auf das Namensschild schrieb und es an einen der dicksten Äste der Birkenfeige hängte.

Annegret schmeckte süße Freude auf der Zunge wie schwere, reife Birnen, weil sie einen winzigen Teil zum Glück anderer Menschen beigetragen hatte. Zuletzt war sie ähnlich euphorisch gewesen, als sie ihr gesundes Kind an die Brust gelegt bekommen hatte, nachdem Oskar lange im Geburtskanal festgesteckt hatte. Damals hatte sie nicht zu träumen gewagt, dass alles gut werden würde: der endgültige Bruch mit ihrer Mutter, der tägliche Kampf ums Überleben, der Schatten auf ihrer Lunge. Wenigstens hatte sich Letzterer nur als eitrige Einschmelzung von Lungengewebe herausgestellt, verursacht durch Bakterien. Mithilfe von Tabletten hielt sie die chronische Krankheit in Schach.

Bevor sie einen neuen Bogen Papier in die Schreibmaschine einspannte und sich an den Entwurf des Protokolls für die Zusammenführung setzte, brauchte sie frische Luft. Sie nahm ihren Mantel und zog sich durch die Hintertür des Schulgebäudes auf den einstigen Pausenhof zurück.

Der Hof war von Backsteinmauern umgeben, an denen dicht an dicht Kletterrosen rankten. Annegret war gespannt, in welchen Farben sich die Blüten im späten Frühjahr zeigen würden. Am Fuße der Mauern waren Beete angelegt, die noch im Winterschlaf lagen. Von sanftem Weiß überzogen, strahlte der Hof eine einnehmende Ruhe aus. Die kahlen Äste des Ahorns in der Mitte reckten sich zum Himmel, als würden sie auf die wärmende Umarmung des Frühlings warten. Sie mochte den Backsteinhof, dieses kleine Stück Natur, genauso wie ihren Garten.

Sie ging zu dem Tisch unter dem Ahorn, der schneebedeckt war. Mitte Januar hatte es unverhofft zwei sonnige, beinahe frühlingshafte Tage gegeben, an denen die Kolleginnen die Mittagspause hier verbracht hatten.

Annegret wischte Schnee von einem der Stühle und setzte sich. Jetzt entdeckte sie, dass in den Beeten Winterlinge durch die Eisdecke lugten. Sie wünschte sich, sie würde bei der Sucharbeit zukünftig genauso leise und tapfer wie diese ersten Boten des Frühlings wachsen. Ihr Einfall mit der Limonade war gut gewesen, ihre Moderation jedoch verbesserungsbedürftig. Immerhin hatte sie den Kindersuchdienst nicht blamiert. Das war ein Erfolg. Kurz glitten ihre Gedanken zu Fritz Nielsen. Sie sah sein Gesicht vor sich, wie nett er bei der Verabschiedung gelächelt hatte.

Damit sie nicht weiter abschweifte, kehrte sie entschlossenen Schrittes in die warme Aula zurück. Dort hatte sich die kleine Feier am Erinnerungsbaum aufgelöst. Die Kolleginnen saßen wieder an ihren Tischen und waren in die Arbeit vertieft.

Annegret spannte gerade eine Papierseite in ihre Schreibmaschine ein, als die Personaltür aufging und eine Rauchwolke sich in den Raum schob, gefolgt vom Leiter des Kindersuchdienstes. Doktor Enno Seppelfricke, vor dreißig Jahren promoviert in Pädagogik, war ein leidenschaftlicher Kettenraucher von Mentholzigaretten. Bei ihrem Einstellungsgespräch hatte sie den kleinen untersetzten Mann vor Rauch kaum gesehen. Von einer Wolke umgeben, hatte er wie ein freundlicher Geist auf sie gewirkt.

Doktor Seppelfricke führte eine junge Frau neben sich her. Ihnen folgten die vier Abteilungsleiter. Natürlich ging Jochen Krüger den anderen drei Männern voraus und stellte sich dann neben den Chef, als wäre er seine rechte Hand.

Die junge Frau erinnerte Annegret mit ihrer eleganten Haltung an jene schicken Damen, für die sie Laufmaschen aus Perlonstrümpfen aufgenommen hatte, zwei Pfennig das Stück. Das war eine gute Arbeit gewesen, als sie ein Kind zu Hause betreute, das noch nicht in die Schule ging.

»Ich möchte Ihnen unsere neue Mitarbeiterin Fräulein Charlotte Peters vorstellen«, verkündete Doktor Seppelfricke neben dem Erinnerungsbaum.

Annegret selbst war mit ihren nunmehr dreiundzwanzig Jahren bisher die Jüngste im Büro gewesen – ihren Geburtstag gestern hatte sie nur mit Oskar begangen. Es war ihnen eine liebe Gewohnheit geworden, dass ihr Sohn sie an ihrem Geburtstag mit einem selbst gemalten Bild in der Hand und einem zarten Kuss auf die Wange weckte. Gemeinsam hatten sie es sich angeschaut, gelacht und einander zugeflüstert: »Heute ist ein schöner Tag, weil es dich gibt.«

Annegret versank in einem Lächeln, konzentrierte sich aber kurz darauf wieder auf die neue Kollegin. Sie vermutete, dass die junge Frau genau wie sie selbst nicht zu der Generation gehörte, die ihr Leben noch in *vor dem Krieg* und *nach dem Krieg* unterteilte. Es war schön, eine gleichaltrige Kollegin zu bekommen.

»Fräulein Peters hat lange im Waisenhaus gelebt und ist diesem nun entwachsen«, erklärte Doktor Seppelfricke und zog an seiner Mentholzigarette. »Sie hat mir von ihren beachtlichen Fähigkeiten im Maschinenschreiben erzählt. Fünfhundert Anschläge in der Minute! Im Waisenhaus hat sie der Verwaltung unter die Arme gegriffen. Mit der Arbeit beim Kindersuchdienst möchte ich ihr eine Chance geben, ihr Können unter Beweis zu stellen«, fuhr Doktor Seppelfricke fort.

Tempo fünfhundert verdiente Respekt. Annegret lächelte die neue Kollegin als Zeichen des Willkommens an. Normalerweise war sie vorsichtiger, aber die junge Frau band mit ihrem makellosen Äußeren ihren Blick: hellblonde Haare, feine Haut, hohe Wangenknochen, die dem Waisenmädchen etwas Edles verliehen, und leuchtend blaue Augen. Außerdem stand sie so elegant da wie eine Dame bei einem Empfang, obwohl ihre Kleidung etwas anderes aussagte. Sie trug einen blau-weiß gemusterten Rock aus dünnem Stoff und eine ebenfalls gemusterte, übergroße Bluse mit Bommeln an den Bändern, die den Ausschnitt zusammenzogen. Annegret mochte die neue Kollegin allein schon für ihr offensichtliches Desinteresse an den herrschenden Modestandards.

»Fräulein Peters wird damit beginnen, uns bei der Amtshilfe zu unterstützen, und die neuen Akten aus München in die Kartei einsortieren.« Doktor Seppelfricke wies mit der Zigarette ins Obergeschoss zur Bibliothek und schaute dann zu der jungen Frau. »Ab morgen freue ich mich dann auf den ersten Brief aus Ihrer Schreibmaschine, Fräulein Peters.«

Die Kolleginnen nickten, und Annegret tat es ihnen gleich. Unterstützung bei der Amtshilfe konnten sie immer brauchen. Das Zusammentragen von Suchergebnissen, die für Toterklärungsverfahren, Erbschaftsangelegenheiten und Rentenfeststellungen notwendig waren, war auch Bestandteil ihrer Arbeit. Oft gingen sie stundenlang mit Suchenden die Bände mit den Vermisstenlisten durch, die zu dicken Wälzern gebunden auf dem Tresen bei Dagmar lagen. Das war ein Horror für Annegret wegen der unendlich vielen kleinen Buchstaben.

»Herzlich willkommen, Fräulein Peters«, sagte Doktor Seppelfricke zwischen zwei Zügen an seiner Zigarette. »Sie haben das Glück, mit ausgesprochen netten Damen arbeiten zu dürfen.« Stolz ließ der Leiter des Kindersuchdienstes seinen Blick über die Abteilung schweifen. Dann wies er ihr einen freien Tisch zu, drückte den Stummel seiner Zigarette im Aschenbecher am Tresen aus und ging. Die Abteilungsleiter folgten ihm.

Von Jutta wusste Annegret, dass bereits seit einem Jahr als Sparmaßnahme nur noch Frauen beim Suchdienst eingestellt wurden, weil man ihnen nur die Hälfte des Lohnes von Männern bezahlen musste. Annegret selbst hatte zwei schwangere Kolleginnen ersetzt. Fräulein Peters kam wohl für den letzten männlichen Kollegen, der sich schon vor einem halben Jahr eine besser bezahlte Arbeit in einem Steuerbüro gesucht hatte. Trotz des netten Willkommens wirkte die neue Kollegin wenig begeistert, fiel Annegret auf. Ihre Schultern hingen leicht, als würde sie eine unsichtbare Last tragen, und ihr Lächeln wirkte eingeübt, ohne die Augen zu erreichen.

Während sich die anderen wieder an ihre Arbeit machten und das Klappern der Schreibmaschinentasten lauter wurde, ging Annegret auf Fräulein Peters zu. So verloren, wie die junge Frau dastand, konnte sie nicht anders.

»Ich bin Annegret Dietzel«, stellte sie sich vor. »Wenn Sie möchten, führe ich Sie durchs Haus«, bot Annegret an.

Fräulein Peters nickte, aber auch die Aussicht auf eine Führung durch die alte Schule schien sie nicht zu begeistern.

Annegret zeigte der neuen Kollegin die wichtigsten Räumlichkeiten, zuallererst die zentrale Namenskartei in der Bibliothek. Vorbei an den hübsch verzierten, dunklen Holzregalen führte sie Fräulein Peters unter dem Deckengemälde entlang, das den Himmel über Hamburg zeigte. »Ich stelle mir hier oben oft vor, dass ich in einem Wald stehe und umringt von dunklen Bäumen den hell erleuchteten Himmel sehen kann«, verriet sie.

Fräulein Peters schaute das Deckengemälde lange an, sagte jedoch nichts.

»Schließen Sie bitte kurz die Augen«, bat Annegret, was die neue Kollegin zögernd tat. »Können Sie die Stimmen fröhlicher Kinder und überwältigter Eltern hören? Genau dafür arbeiten wir hier.«

Charlotte Peters schüttelte den Kopf und sah Annegret mit einem Ausdruck an, den sie nicht zu deuten wusste. Vielleicht war sie doch etwas zu weit gegangen?

Beim Verlassen der Bibliothek fassten sie beide gleichzeitig nach der eisernen Türklinke. Dabei fiel Annegret auf, dass die Hände von Fräulein Peters so gepflegt und glatt waren, als würde sie nicht selbst abwaschen. Im Gegensatz dazu standen ihre auffällig abgekauten Nägel.

Im Erdgeschoss der alten Schule erwähnte Annegret mit gewissem Stolz, dass es im Gebäude fließend warmes Wasser gab, die Toilette im Haus war, die Küche sogar eine elektrische Kaffeemaschine besaß und es selbst im Winter hier drinnen warm blieb.

»Möchten Sie einen Kaffee?«, bot Annegret an und wies zu jenem Raum, dessen Tür sich durch die verwaschene Aufschrift *Für Schüler kein Zutritt!* hervortat. Es war das frühere Lehrerzimmer.

»Ich habe keinen Durst«, entgegnete Fräulein Peters und schaute sich verloren im Flur um.

Mehr konnte Annegret erst einmal nicht für die Altersgenossin tun. »Ich muss jetzt wieder an meine Arbeit«, sagte sie und ging zurück in die Aula an ihren Platz neben der zugigen Tür. Sie wollte die Mittagspause dafür nutzen, endlich das Protokoll der Zusammenführung zu schreiben, um den Fall Nielsen abzuschließen.

Auch Charlotte Peters trat an den ihr zugewiesenen Tisch, starrte aber nur mit großen Augen den Stapel mit Amtsanfragen vor ihrer Schreibmaschine an.

4

11. März 1955

Charlotte saß auf einer Bank am Altonaer Balkon, wie die lang gestreckte Grünanlage auf dem Geesthang entlang der Elbe genannt wurde. Ihr bot sich eine einmalige Aussicht über den Hamburger Hafen und das frühe Treiben auf dem Fischmarkt. Das klare Wetter ließ sie bis zu den Harburger Bergen sehen.

Aus den wenigen Tagen, die sie von ihrem Zuhause getrennt sein wollte, war inzwischen fast ein Monat geworden. Seit genau genommen sechsundzwanzig Tagen wohnte sie bei Femke und kämpfte sich mühsam durch jeden Arbeitstag. Bisher war sie zum Glück um das Schreiben auf der Maschine herumgekommen. Ansonsten wäre den Kolleginnen längst aufgefallen, dass ihr Tempo eher bei ein- als bei fünfhundert lag. Das Zehnfingersystem war in Pützchen zwar unterrichtet worden, aber um Geschwindigkeit war es nie gegangen. Doch etwas anderes, als dass sie gut im Maschinenschreiben war, war ihr zum Vorstellungsgespräch nicht eingefallen. Und so hatte sie in den vergangenen Wochen vor den Kolleginnen immer wieder behauptet, sie müsse erst alle Informationen genau durchdenken, bevor sie sie mit der Maschine festhalten würde. Vorerst hatte sie in ihrer schönsten Handschrift nur Entwürfe von Amtsbriefen in ihr Notizbuch geschrieben, die sie später »in Ruhe« abtippen wollte. An anderen Tagen hatte sie technische Probleme wie klemmende Tasten oder den hakenden Papiereinzug vorgeschoben, um nicht tippen zu müssen. Lange würde das nicht mehr gut gehen. Hoffentlich lenkten ihre Eltern bald ein.

»Charlotte Peters«, sprach sie vor sich hin. Sie würde sich nie daran gewöhnen. Femke hatte ihr geraten, unter falschem Namen aufzutreten, um nicht als Tochter des bekannten Reeders Dahlhäuser erkannt zu werden. Sie hatte sich Peters genannt, weil sie sich so verloren und traurig fühlte, wie Rike Peters, das Dienstmädchen ihrer Eltern, oft gewirkt hatte. Ihre neue Identität als Waise verhinderte zudem, dass irgendjemand Kontakt zu ihren Eltern aufnahm. Sie befürchtete, dass es bald schon Probleme geben würde, schließlich war sie für die Arbeit, die sie angenommen hatte, nicht geschaffen.

Charlotte blinzelte gegen die Sonne, die unlängst aufgegangen war und das Wasser der Elbe funkeln ließ. Sie dachte an ihren teuren Verlobungsring, den sie in ihrem Nachtschrank in der untersten Schublade aufbewahrte. Am liebsten hätte sie ihn ganz weggeworfen, aber zur Lösung einer Verlobung gehörte auch die Rückgabe des Ringes.

Ein Lastkahn, der Sand geladen hatte, fuhr flussaufwärts. Dahinter entdeckte sie einen Containerfrachter der Reederei Vaddersen, mit bestimmt einhunderttausend Bruttoregistertonnen Ladekapazität. Vaddersen war der stärkste Konkurrent ihres Vaters. Charlotte wischte sich eine Träne fort. Sie fühlte sich alleingelassen, ziellos treibend im Meer, kein Land in Sicht. Vor zwei Wochen hatte sie ihren Eltern mit der Post die Nachricht geschickt, dass sie bei Femke untergekommen war. Bis heute hatten sie ihr nicht geantwortet.

Charlotte wurde nach wie vor wütend, wenn sie an das letzte Abendessen am Süllberg dachte. Was hatte Vater behauptet?

Die Liebe käme mit der Zeit? Sie wollte Carl-Gustav auch heute nicht heiraten. Dass ihre Eltern keinen Kontakt zu ihr aufnahmen, bewies, wie stur sie auf der Hochzeit beharrten.

Charlotte zog Femkes Regenmantel enger um ihre Schultern. Er war zwar zu dünn für die Jahreszeit, aber ihr Merinomantel passte nicht zu dem Waisenkind, das sie im Suchdienstbüro zu sein vorgab. Sie wollte nicht länger lügen, sie fühlte sich schrecklich unwohl damit. Auf der Elbe erklang das Schiffshorn eines Passagierschiffs.

Wie schön wäre es doch, wenn sie vor ihren Problemen davonsegeln könnte. Sie wünschte sich nichts sehnlicher, als dass der zurückliegende Monat nur ein böser Traum wäre. Verzweifelt zupfte sie an den Bommeln ihrer Bluse. Sie trug weiter Femkes viel zu großes Exemplar, über das ihre Freundinnen gelacht hätten. Und hätte sie ihnen von Amtsbriefen berichtet, hätten sie mit feiner Geste abgewunken. Dabei war Büroarbeit auch körperlich anstrengend und verdiente Respekt anstatt Verachtung. Vom stundenlangen Sitzen auf harten Schulstühlen schmerzten ihr Rücken und Hintern, und ihr Nacken war verspannt. Die Arbeit beim Suchdienst war noch anstrengender, als sie erwartet hatte. Wie eine gebrechliche alte Frau stand Charlotte von der Bank auf und ging Richtung Blomkamp.

Als sie mit vom Wind zerzausten Haaren beim Kindersuchdienst ankam, traten einige Kolleginnen gerade gut gelaunt aus der Küche in den Flur. Darunter waren Jutta, Renate mit der Marilyn-Monroe-Frisur und Dagmar mit billigem Schmuck um Hals und Arme, den Dolores Dahlhäuser niemals in ihr Haus gelassen hätte. Die Frauen feilschten darum, wer beim nächsten Kaffee die Maschine bedienen durfte.

Charlotte verstand nicht, warum eine elektrische Kaffeemaschine für so viel Aufregung sorgte.

»Moin«, wurde sie von Dagmar begrüßt. »Sind Sie auf dem Weg zur Arbeit in einen Sturm gekommen?«

Charlotte lächelte bemüht, weil sie nicht unhöflich sein wollte. Die Wahrheit war, dass sie vor achtundzwanzig Tagen in eine Sturmflut geraten war, die ihr Leben auseinandergerissen hatte wie ein altes, klappriges Holzboot. »So ist Hamburgs Wetter einfach«, entgegnete sie bemüht sorglos.

Dagmar nickte. »In unserer Stadt müssen wir uns wohl jeden Tag auf vier Jahreszeiten vorbereiten: morgens Regenschirm, mittags Sonnenbrille, nachmittags Schal und abends wieder Regenschirm.«

Renate kam näher, lächelte mit ihren knallrot geschminkten Lippen und holte aus der Tasche ihres kurzen Jäckchens einen Kamm hervor, den sie Charlotte hinhielt.

Charlotte zwang sich zuzugreifen, obwohl sie nie zuvor den Kamm einer anderen benutzt hatte, und verschwand damit um die Ecke, um sich zu kämmen und ihren Haarknoten neu zu stecken. Als ihre Frisur wieder saß, ging sie in die Aula zurück und schob Renate, die ihr gegenübersaß, den Kamm zu. Der schwere Duft des Haarfestigers, der Renates platinblonde Frisur in Form hielt, stieg ihr in die Nase.

Auf Charlottes Tisch warteten drei Stapel durcheinanderliegende Karteikarten und die handschriftlichen Antwortvorlagen für die Amtshilfebriefe, die sie noch abtippen musste. Vor ihr herrschte das gleiche Chaos wie in ihrem Kopf.

Bevor sie beim Kindersuchdienst vorgesprochen hatte, war sie beim Blumenladen in der Joachimstraße gewesen, aber da hatte man sie nicht haben wollen. Wenigstens war die alte Schule nicht weit weg vom Wesselburer Weg. Und immerhin wusste sie schon, dass die zentrale Namenskartei im sogenannten Begegnungsverfahren sortiert war. Aber eine Zusammenführung würde sie hier sicher nicht mehr erleben. Jeder Tag überforderte sie aufs Neue, sodass sie befürchten musste, bald mitten in der Aula zusammenzubrechen.

»Blumen für unser Fräulein Dietzel?«, hörte sie Dagmar Lührs am Tresen fragen. Die Kollegin mit der Vorliebe für Glitzerndes strahlte über beide Ohren, als hätte sie den Strauß bekommen. Vor ihr stand ein junger Mann, der soeben die Blumen am Tresen abgegeben hatte. Dagmar ging zu Annegret und stellte den Strauß auf ihren Tisch. »Hier ist ein Herr Nielsen für dich«, sagte sie.

Charlotte beobachtete die Kollegin vor der Wand mit den Karten eine Weile. Annegret Dietzel würdigte das Geschenk nicht weiter, sah stattdessen konzentriert in eine Akte. Dabei war es ein hübsches Arrangement aus Anemonen und Ranunkeln. In ihrer Erinnerung sah Charlotte sich durch die elterliche Villa streifen, an Frühlingsblüten schnuppern und zuletzt den Blick auf die Elbe genießen. Ihr entglitt ein theatralischer Seufzer. Wenigstens begann sie nicht zu weinen. Als Nächstes beobachtete sie, wie Herr Nielsen auf die Kartenwand zuging, aber kurz darauf innehielt. Vielleicht irritierte ihn, wie beschäftigt Annegret Dietzel war, da sie nicht einmal zu den Blumen aufschaute?

»Entschuldigen Sie, ich bin Fritz Nielsen. Erinnern Sie sich noch an mich?«, begann er zurückhaltend, nachdem er sich bis zu Annegrets Tisch vorgetraut hatte. »Ich wollte mich nur bei Ihnen bedanken. Ohne Sie wäre die Zusammenführung mit meinem Sohn niemals geglückt.«

Charlotte meinte zu erkennen, dass die Kollegin nervös wurde, als sie ihre zuckenden Hände in den Taschen ihrer gelben Strickjacke vergrub. Diese Reaktion hatte sie bei Annegret schon mal in einer angespannten Situation beobachtet. Fritz Nielsen sah sie warm und voller Zuneigung an.

Genauso hatte der Verlobte ihrer früher so engen Internatsfreundin Libet geschaut, als Charlotte dem Paar an einem Sonntag im Park von Pützchen begegnet war. Seine Augen hatten den gleichen Glanz besessen, und ein weiches Lächeln hatte sein Gesicht umspielt. Libet war im Internat zwar einige Klassen über ihr gewesen, aber bald hatte sie trotz des Altersunterschiedes eine intensive Freundschaft verbunden. Libet hatte stets von einer Zukunft gesprochen, in der Frauen selbstbestimmter lebten – als einzige ihrer Freundinnen. Vielleicht dachte Charlotte deswegen noch so oft an sie, obwohl sie inzwischen keinen Kontakt mehr hatten.

Annegrets Miene blieb sachlich, als sie den Kopf hob, aber Charlotte fiel eine verräterische Röte auf ihren Wangen auf.

»Das war nur meine Arbeit«, antwortete Annegret leise.

»Trotzdem möchte ich«, beharrte Herr Nielsen in sanftem Ton, »dass Sie diese Blumen annehmen.«

»Vielen Dank«, erwiderte Annegret mit ihrer zarten Stimme, ohne nach dem Strauß zu schauen. »Ich wünsche Ihnen und Ihrem Sohn alles Gute.«

Fritz Nielsen zögerte einen Moment, als wollte er noch etwas sagen. Mit einem letzten liebevollen Blick für Annegret drehte er sich um und ging wieder.

»Es sieht ganz so aus, als hätte Fräulein Dietzel einen Verehrer«, hörte Charlotte Renate flüstern, nachdem Fritz Nielsen die Aula verlassen hatte. »Wenn mir so was nur mal passieren würde.«

Annegret stand auf und stellte den Strauß auf den Tresen. »Er ist nicht mein Verehrer«, sagte sie so leise, dass es nicht zu ihrer Tatkraft passte, wie Charlotte fand.

»Fräulein Peters, Sie hatten mir doch im Toterklärungsverfahren für Gerd Winter die Namenskartei durchsucht.« Eine Kollegin von den Zivilverschleppten, deren Namen Charlotte schon wieder vergessen hatte, war plötzlich an ihren Tisch getreten. »Sie sagten mir, dass ein Gerd Winter nicht in unserer Kartei erfasst ist.«

»Ja«, antwortete Charlotte. Genauso war es passiert. Sie erinnerte sich noch an den Fall Winter, weil sie kurz nach der Karteiprüfung Dienstschluss hatte und auf dem Weg nach Hause geglaubt hatte, ihre Mutter sei im Mercedes-Benz dreihundert an ihr vorbeigefahren. Das Auto hatte ihr Vater gekauft, nachdem Bundeskanzler Adenauer das Modell als Dienstwagen bestellt hatte.

Die Kollegin von den Zivilverschleppten hielt Charlotte eine Karteikarte mit dem Namen Gerd Winter vors Gesicht. »Wie konnten Sie die übersehen? Jetzt müssen wir den Vorgang bei der Rentenstelle offiziell zurückrufen und korrigieren. Das ist mehr als blamabel für den Kindersuchdienst! Wie sollen wir das Vertrauen der Bevölkerung zurückgewinnen, wenn unsere Auskünfte fehlerhaft sind?«

Charlotte hätte ihr ein halbes Dutzend Gründe nennen können, warum sie die Karteikarte von Gerd Winter übersehen hatte. Sie war keine gute Suchdiensthelferin, kannte sich viel besser mit Charterraten und der Schifffahrt aus. Sie hatte noch nie gearbeitet. Zudem war sie von Natur aus unkonzentriert, und ihr war viel zu oft zum Heulen zumute. Zum ersten Mal in ihrem Leben fühlte sie sich bemitleidenswert. »Es tut mir leid. Das kann schon mal passieren, oder nicht?«, schob sie hinterher.

»Das darf nicht passieren!« Die Kollegin sog wenig begeistert die Luft ein. »Vielleicht versuchen Sie es lieber als Model bei einer dieser Illustrierten?« Sie zeigte in Richtung von Renate Kunstmann, auf deren Tisch eine *Constanze* lag, hinter der Charlotte ihr Gesicht jetzt gerne versteckt hätte. Die Kollegin knallte ihr die Karteikarte auf den Tisch und ging.

Charlotte nickte der Frau traurig hinterher. Ihr war schon länger klar, dass sie nicht für die Arbeit beim Suchdienst gemacht war. Sosehr sich Femke Mühe gab, sie mit Tee, Gebäck und lieben Worten vom Aufgeben abzuhalten, ihr Plan mit dem Geldverdienen ging nicht auf. Es war nur eine Frage der Zeit, bis die nächste Kollegin kam und sich beschwerte oder bis ihr wahres Maschinentempo aufflog. Eigentlich gab es nur einen Ausweg.

Charlotte nahm einen Kugelschreiber zur Hand und schrieb in Schönschrift auf ein leeres weißes Blatt, das sie unter einem Stapel Karteikarten hervorzerrte: Kündigung. Seit fast vier Wochen war sie jetzt hier. Sie wusste genau, was sie zu schreiben hatte. Gutes Formulieren war ihr noch nie schwergefallen. In Pützchen hatte sie in Deutsch geglänzt wie in kaum einem anderen Fach. Libet hatte sie damals ermutigt, Journalistin zu werden, aber ihre Eltern hatten es ihr wieder ausgeredet.

Als alles Notwendige festgehalten war, faltete sie das Papier, schob es in einen Umschlag und legte es für den Feierabend beiseite. Dann machte sie sich daran, die Karteikarten auf ihrem Tisch zu sortieren.

Als sie wieder nach dem Umschlag mit dem Kündigungsbrief griff, wurde es zu ihrer Überraschung draußen bereits dunkel. Die meisten Kolleginnen hatten sich schon in den Feierabend verabschiedet. Charlotte zog die Regenjacke an, hängte sich ihre Tasche um und hielt auf die Treppe zum Obergeschoss zu. Auf dem Weg dorthin presste sie sich den Brief genauso verkrampft an die Brust, wie Annegret es mit Akten tat, wenn sie zu Abteilungsleiter Krüger in den Physiksaal beordert wurde.

Charlotte klopfte an die Tür des Vorzimmers, das früher das Sekretariat des Schuldirektors gewesen war.

Nach einem »Herein«, in dem wenig Willkommen lag, trat sie ein. Das Vorzimmer war ein schmaler und funktionaler Raum, in dessen Mitte ein alter Holzschreibtisch stand. Vor einer Wand reihten sich ungemütliche Stühle, die an Zeiten erinnerten, als Schüler hier noch ehrfürchtig auf den Direktor warteten. Die hohen Aktenschränke wirkten müde und verzogen. Ihre Türen standen leicht offen, als könnten sie die Last der Jahre kaum noch tragen.

Charlotte stieg der Geruch von Mentholzigaretten in die Nase, der durch die Türritzen des Direktorenbüros kroch. »Ich möchte einen Brief für Doktor Seppelfricke abgeben«, erklärte sie. Sie trat zu Frau Hahn, die beschäftigt an ihrer Schreibmaschine saß und nur kurz über ihre Halbbrille hinweg aufschaute. Ihre Augen wirkten durchdringend, ihre Lippen waren zu einer dünnen Linie zusammengepresst.

»Bitte legen Sie den Brief auf den Stapel beim Posteingang«, forderte sie und wies auf den obersten der drei Ablagekörbe, der schon überquoll. Sofort konzentrierte sie sich wieder auf ihre Arbeit.

Charlotte betrachtete die Chefsekretärin genauer. Ihr Alter war schwer zu schätzen. Über vierzig, über fünfzig oder doch erst fünfunddreißig? Die Kolleginnen, mit denen sie sich bisher unterhalten hatte, wussten nichts Privates von Frau Hahn, außer dass sie Witwe war. Zugegeben, eine drahtige Witwe mit kurzen Haaren, Kostümen in gedeckten Farben, stets gepflegt. Nie saß ein Haar schief oder lag ihre Bluse in Falten. Charlotte war überzeugt, dass die Frau die Kissen auf ihrem Sofa allmorgendlich mit einer Schlagfalte versah. Die meisten Kolleginnen mochten sie nicht besonders wegen des strengen Regiments, das sie führte, und ihrer Unnahbarkeit, bewunderten sie aber doch insgeheim für die tadellosen Perlons an ihren schlanken Beinen. Charlotte würde sie heute zum letzten Mal sehen, da war es sowieso egal, was sie von ihr dachte.

Sie trat näher an den Schreibtisch der Chefsekretärin. Bemüht, ihr Unbehagen zu verbergen, legte sie den Umschlag in den gewiesenen Korb, drehte sich um und verließ nach einer schnellen Verabschiedung den Raum.

Eigentlich hatte sie erwartet, erleichtert zu sein, während sie die Treppe hinab ins Erdgeschoss und an all den Räumen vorbeiging, in denen sich ihr trauriges Leben zuletzt abgespielt hatte: vorbei am Zeichenraum, der Personaltür zur Aula, der Küche, dem Besuchereingang mit dem Schild »SUCHANFRAGEN HIER«. Aber sie verspürte kein Gramm Erleichterung. Jeder Schritt fühlte sich schwerer als der vorige an. Vielleicht lag es daran, dass sie noch keine Ahnung hatte, wie es weitergehen sollte? Die Kündigung bedeutete nicht das Ende ihrer Sorgen.

Sie vermied es, auf die unverputzten Ziegelwände im Flur zu schauen, an denen die vielen Danksagungen hingen: Karten, Briefe, Fotografien von glücklichen Gesichtern und von Kinderhänden gemalte Bilder. Es waren Wände voll mit Erfolgsgeschichten, die Charlotte ihr eigenes Versagen eindringlich vor Augen führten. Ihr war keine Erfolgsgeschichte gelungen.

Es war dunkel draußen, als sie die Eingangsstufen des Kindersuchdienstes hinabschritt. Sie fror und wusste nicht, wie sie jetzt noch der Ehe mit Carl-Gustav entkommen konnte. Für ein eigenständiges Leben besaß sie einfach keine Kraft mehr. Sie ging vorbei am Motorrad von Abteilungsleiter Krüger und hatte den Blomkamp fast erreicht, als sie ein Schluchzen hörte. Es kam aus der Hecke, die das Grundstück vom Bürgersteig trennte.

Charlotte stoppte. »Hallo?«

Statt einer Antwort ging das Schluchzen in ein Weinen über. Es war das Weinen eines Kindes.

Charlotte trat an die Hecke, auf die das Licht der Straßenlaterne fiel. Zwischen den engen Ästen und dicken Blättern des Kirschlorbeers hockte ein Mädchen mit verweintem Gesicht, vielleicht zehn Jahre alt. Unter einer dicken Kruste Schmutz verbarg sich sein wunderschönes Kindergesicht mit Stupsnäschen, großen Augen und einer hohen Stirn. Das Mädchen versteckte etwas hinter seinem Rücken.

Charlotte hockte sich hin und wusste nichts Besseres zu sagen als »Was machst du hier?«.

Das Mädchen schniefte. Seine Iriden waren beeindruckend hellgrün.

»Ich bin Charlotte«, sagte sie, »und du?«

Das Mädchen löste den Blick nicht von ihr, als es antwortete: »Ich bin Monika Mayer.« Seine Stimme war rau, was gar nicht zu seinem hübschen Äußeren passte. »Und das hier ist Teddy Mayer.« Die Kleine holte einen braunen Plüschbären hinter ihrem Rücken hervor.

»Schön, euch kennenzulernen.« Charlotte lächelte ihr erstes Lächeln heute und streckte Monika die Hand entgegen.

Die überlegte anscheinend, wie sie reagieren sollte, führte ihre Hand aber schließlich langsam auf Charlottes zu, bis sie sie berührte.

Charlotte streichelte die klebrigen, dreckverkrusteten Finger des Kindes, die so kalt waren wie ihre eigenen. So frierend und verzweifelt, wie das Mädchen im Gebüsch hockte, erinnerte es sie an ihre Flucht vom Süllberg und wie sie allein und verlassen auf den Stufen vor Femkes Haus gesessen hatte. Wie erst musste sich die Kleine fühlen, in diesem Alter elternlos durch Hamburg zu irren?

»Soll ich dich nach Hause bringen?«, fragte Charlotte und betrachtete den Teddybären genauer. Soweit sich das bei dem schlechten Licht erkennen ließ, waren seine Nasenstiche bereits weggekuschelt und der Leinenstoff an den Tatzen löchrig.

»Wissen *Sie* denn, wo meine Eltern sind?«, fragte das Mädchen. In seine kratzige Stimme mischte sich eine Spur Hoffnung.

Charlotte musste den Kopf schütteln. »Aber hier bist du beim Kindersuchdienst. Da gibt es viele Karteikarten, mit deren Hilfe deine Eltern gefunden werden können.« Weil sie wusste, wie gut ihr das warme Lächeln von Femke stets tat, versuchte sie, das Mädchen auf die gleiche Weise aufzumuntern.

»Darum bin ich ja hier«, sagte Monika und wischte sich ihre Tränen mit dem Handrücken von den Wangen, woraufhin der Dreck in ihrem Gesicht dunkle Schlieren zog. Sie drückte den Teddybären fest an sich.

»Aber warum hockst du im Gebüsch und bist nicht reingekommen?«, fragte Charlotte.

»Weil ...« Monika schniefte. Die rotblonden Haare hingen ihr zerzaust ins Gesicht. »Alle Erwachsenen schimpfen immer nur mit mir. Und dadrin sind viele Erwachsene.« Sie zeigte zum Eingang der alten Schule.

Charlotte setzte sich neben Monika auf den kalten Boden. »Wo kommst du denn her?«, fragte sie vorsichtig, bemüht darum, das Mädchen nicht einzuschüchtern.

»Ich bin aus dem Waisenhaus in Paderborn mit dem Zug hergekommen«, antwortete Monika.

»Ganz allein?«, fragte Charlotte erstaunt, woraufhin Monika nickte.

»Wissen deine Erzieher denn, dass du hier bist?« Charlotte versuchte, ihre Stimme so sanft wie Dagmars klingen zu lassen.

Monika drückte ihren Teddybären noch einmal fester an sich, dann schüttelte sie den Kopf. »Sie wollten mir kein Geld für den Zug geben, da bin ich heimlich gefahren und habe mich unter einem Sitz in der Eisenbahn versteckt«, murmelte das Mädchen. »In Paderborn gibt es keinen Suchdienst.«

Charlotte nickte verständnisvoll. In ihrer eigenen Notsituation war sie ohne Geld Taxi gefahren. »Soll ich in der Namenskartei nachschauen lassen, ob wir etwas über deine Mutter wissen?« Sie hatte es gerade ausgesprochen, als ihr bewusst wurde, dass sie dafür in die alte Schule zurückmusste.

Begleitet von einem Zucken der Mundwinkel, das den Ansatz eines Lächelns verriet, nickte Monika. Sie kam aus ihrem Versteck in der Hecke heraus und nahm Charlotte bei der Hand, als würde sie deren Zweifel erkennen und sie bestärken wollen.

Charlotte wandte sich der schweren Eingangstür zu, doch sie zögerte. Das Schild mit dem roten Kreuz und der Aufschrift KINDERSUCHDIENST prangte über der Tür. Ihre freie Hand wanderte nervös zu ihren Lippen, und sie begann, am Nagel des kleinen Fingers zu kauen.

»Haben Sie auch Angst?«, fragte das Mädchen.

Charlotte sah Monika an. »Ganz schön viel«, gestand sie. So offen hatte sie noch nie mit einem Kind gesprochen. Überhaupt hatten Kinder in ihrem Leben bisher keine Rolle gespielt. Zum Kindersuchdienst war sie nur aus Not gekommen.

»Wenn wir uns aneinander festhalten, Sie, Teddy Mayer und

ich«, sagte Monika und klang schon zuversichtlicher, »dann wird es vielleicht gehen.« Sie fasste mit der linken Hand fester nach Charlottes Fingern, in der rechten hielt sie den Plüschbären.

Charlotte atmete tief ein und aus, dann ging sie mit kleinen Schritten zur Eingangstreppe zurück. Ohne Monika loszulassen, öffnete sie die schwere Tür aus Eichenholz und betrat das Gebäude so vorsichtig, als wäre sie zum ersten Mal hier.

Im Flur kam ihr Jochen Krüger entgegen, seine lederne Motorradbrille bereits im Gesicht und den Helm unterm Arm. »Einen schönen Feierabend«, sagte er und würdigte Monika nur eines flüchtigen Blickes.

Bevor Charlotte ihn um Hilfe bitten konnte, schlug die Eingangstür hinter ihm zu. »Kannst du hier kurz warten, während ich jemanden hole?«, fragte sie das Mädchen.

Monika klammerte sich sofort an sie. »Bitte lassen Sie mich nicht allein!«

Also gut! Mit dem Kind an der Hand spähte Charlotte durch die Personaltür in die Aula. Es war niemand mehr da. Einzig an Annegrets Platz hing noch der Mantel über dem Stuhl.

»Bitte, finden Sie meine Mami, Fräulein Charlotte!«, drängte Monika.

Charlotte wurde nervös, so allein auf sich und ihre Suchkünste gestellt. »Fräulein Dietzel?«, rief sie in den Flur, bekam aber keine Antwort.

»Es wird alles gut«, sagte sie zu Monika, doch in Wirklichkeit sprach sie zu sich selbst.

Mit bemüht festem Gang, wie wenn sie auf Sylt neben ihren Eltern das erste Haus am Platz zum Abendessen betrat, führte sie Monika die Treppe hinauf und den Flur hinab zur zentralen Namenskartei.

Als Charlotte das Licht in der ehemaligen Bibliothek anschaltete, rief Monika staunend: »Da ist ja ein Himmel mit Sternen!« Für den Moment schien sie ihre Angst zu vergessen. »Und so viel Papier habe ich noch nie gesehen.« Fasziniert zog sie Charlotte die alten Regale entlang. Damit erinnerte Monika sie an Annegret, die ihr am ersten Arbeitstag ähnlich begeistert – beinahe wie ein kleines Mädchen – von der Bibliothek vorgeschwärmt hatte. Aber die Sachen mit den Stimmen der Suchenden aus den Karteikästen hielt sie nach wie vor für Nonsens.

»Das sind alles Karteikarten über Kinder und Eltern, über Geschwister, Tanten und Onkel, die sich verloren haben und einander suchen«, erklärte Charlotte und stoppte am Regal mit dem Buchstaben M der Hamburger Kartei.

»Sie sind so nett zu mir, Fräulein Charlotte«, bemerkte Monika. »Sie schimpfen gar nicht.«

»Ich finde, dass du ein liebes Mädchen bist«, sagte Charlotte und begann, die Schuber zu durchsuchen. Nur dafür ließ sie die Kleine los. Allein in der Hamburger Kartei gab es drei Schuber voller Suchkarten mit dem Namen Mayer. In der Münchner Kartei kamen zwei weitere Schuber hinzu. Das war ein vielversprechender Anfang. »Für jeden, der sucht, legen wir eine Stammkarte an und für den Gesuchten eine Suchkarte und sortieren diese alphabetisch anhand des Nachnamens in die Kartei ein. Wenn deine Eltern dich bereits suchen, gibt es zwei Karten deines Suchfalls. Zwei weitere könnten wir anlegen, weil du deine Eltern suchst. Und dann würden die Karten sich aufgrund der Namensgleichheit begegnen, und wir können eine Zusammenführung arrangieren«, erklärte Charlotte versunken, woraufhin Monika willig nickte.

Charlotte sah doppelt in die Hamburger Kartei und dreifach in die Münchner, damit ihr dieses Mal kein Fehler unterlief. Nicht einmal im Regal mit den UKs, den unbekannten Kindern, vergaß sie nachzuschauen. Dort fand sie nach langem Suchen zumindest Monikas Stammkarte beim Auffindeort Heinsheim. Dies bedeutete vermutlich, dass das Jugendamt oder jemand aus ihrem Waisenhaus für sie einen Suchantrag gestellt hatte und dass Monika Mayer ihre angenommene Identität war, die sie vom Jugend- oder Einwohnermeldeamt erhalten hatte.

Charlotte las die Informationen auf Monikas Stammkarte durch. Das Mädchen war Jahrgang vierundvierzig und von Flüchtenden als Säugling kurz vor Kriegsende in Heimsheim, zwischen Stuttgart und Pforzheim, vor einem Schweinestall gefunden und mitgenommen worden. Die Bauern des Hofes waren nicht ihre Familie gewesen. Als Monika älter war, lief sie von zwei Pflegefamilien weg, zwei weitere gaben sie wieder ins Waisenhaus zurück. Was für eine Tortur das gewesen sein musste!

Charlotte streichelte dem Mädchen die Wange. »Es tut mir leid, aber ich habe noch nichts über deine Mutter herausgefunden«, sagte sie und lächelte aufmunternd.

»Aber wenn Sie sagen, *noch nicht*, heißt das, Sie könnten bald etwas finden, stimmt's?« In Monikas Mundwinkel stahl sich ein Lächeln.

»Ja, das stimmt«, erwiderte Charlotte nachdenklich, und nun war sie es, die ihr kleines Gegenüber nicht aus den Augen lassen wollte. Dieses Mädchen hatte als Säugling seine Eltern verloren, war durch mehrere Pflegefamilien gereicht worden und gab die Hoffnung trotzdem nicht auf. Und sie selbst scheiterte an einer Anstellung in einem netten Büro mit netten Kolleginnen?

»Warum weinen Sie denn?«, fragte Monika.

Charlotte ließ die Tränen zu. »Weil ich dich mag.« Eigentlich weinte sie, weil sie Monika enttäuscht hatte.

»Bestimmt finden Sie meine Mami!«, sagte das Mädchen.

Charlotte konnte nicht anders, als Monika zu umarmen. Das Vertrauen, das das Mädchen ihr entgegenbrachte, überwältigte sie. »Ich will es versuchen«, flüsterte sie. Dann nahm sie Monikas Stammkarte an sich und ging mit der Kleinen in die Aula ins Erdgeschoss.

Annegret Dietzel war gerade dabei, ihren Tisch für den Feierabend aufzuräumen. Sie musste oben im Chefsekretariat gewesen sein, als sie sie gesucht hatte.

»Das ist Monika Mayer aus dem Waisenhaus in Paderborn«, erklärte Charlotte. »Sie sucht ihre Mutter.«

»Und Teddy Mayer ist auch mitgekommen«, erklärte das Mädchen mit einer Wichtigkeit, als wäre es sträflich, den Spielkameraden nicht zu beachten.

Annegret schien eine Weile mit sich zu ringen, bevor sie anbot: »Soll ich Ihnen helfen und oben in der Kartei nachschauen?« Sie sagte es, obwohl ihr Tisch voller Unterlagen war und sie Überstunden machte. Vielleicht hatte die schüchterne Kollegin mitbekommen, welche Strafpredigt Charlotte sich vorhin erst anhören musste, und wollte mit ihrem Hilfsangebot weitere Fehler verhindern.

»Habe ich schon«, entgegnete Charlotte, woraufhin Annegret überrascht aussah. »Leider kein Treffer. Sie gehört zu den unbekannten Kindern.« Sie legte Monika ein paar Kugelschreiber und weißes Papier hin, damit sie sich mit Malen etwas ablenkte, während sie weiter überlegte, was jetzt zu tun war.

»Der Name Monika Mayer aus Paderborn kommt mir bekannt vor«, sinnierte Annegret vor sich hin und bat Charlotte, ihr die Stammkarte zu zeigen.

Die Kollegin las sie nicht, sondern überflog sie, bis sie auf einen Stempel am Kartenrand zeigte, ein »U«, und erklärte: »Das ist das Aktenkürzel für unlösbar.« Mit gesenkter Stimme erklärte sie: »Den Fall Monika Mayer aus Paderborn hat Renate Kunstmann vor einem Monat zu den Akten gelegt. Renate hat ein Jahr lang nach den Eltern von Monika gesucht, sie sogar in zwei Radiosendungen bei der Verlesung der Suchanzeigen untergebracht, aber ohne Ergebnis. Sie hat lediglich herausgefunden, dass die Bauersleute, die Monika einst fanden, inzwischen verstorben sind. Sie waren die Letzten, die noch hätten sagen können, wer Monika wirklich ist.«

Charlotte war beeindruckt von dem, was die Kollegin sich gemerkt hatte. So viel hatte sie Annegret noch nicht am Stück reden hören.

»Es tut mir leid«, sprach die Kollegin weiter, »aber ohne neue Information ist die Suche aussichtslos, und Monika kann nur darauf warten, dass Mutter oder Vater – sofern sie noch leben – zu uns kommen. Nach zehn Jahren allerdings ...« Annegret brach ab.

»Unlösbar«, sprach Charlotte vor sich hin und schluckte schwer. »Ich kann dem Mädchen doch nicht sagen, dass es seine Mutter niemals kennenlernen wird.« Ihr Blick sprang zu Monika. »Ihr Suchfall muss wieder aufgenommen werden!«, sagte Charlotte mit Nachdruck und hatte Mühe, ruhig zu bleiben. »Es sollte keine Suchfälle geben, die als unlösbar gelten. Unlösbar bedeutet, dem Suchenden die letzte Hoffnung zu nehmen.«

»Wenn Sie den Fall wieder aufnehmen wollen, muss der Chef zustimmen«, wusste Annegret. Wie Charlotte die fleißige Kollegin einschätzte, kannte sie den Suchleitfaden auswendig. Ganz anders sie selbst. Sie hatte ihn noch nicht zu Ende gelesen.

Er war schrecklich trocken, ganz anders als die unterhaltsamen Romane, die sie normalerweise las.

»Wenn *ich* den Fall wieder aufnehmen will?«, echote Charlotte mit einem Mal. Sie hatte gehofft, Annegret würde sich der Sache annehmen.

»Richtig. Doktor Seppelfricke stimmt vermutlich nur dann zu, wenn Sie etwas Neues zu dem Fall präsentieren können«, erklärte Annegret und nickte ihr aufmunternd zu.

Sie sollte etwas herausfinden, das Renate Kunstmann nicht aufgefallen war? Die Kollegin hatte viele Jahre Sucherfahrung. Charlotte hingegen war bereits am Suchen einer Karteikarte gescheitert. Nachdenklich betrachtete sie Monika beim Malen. Das Mädchen hatte sich Teddy Mayer in den Schoß gesetzt und war versunken bei der Sache.

Charlotte ging zu ihr. »Sag mal, Monika, seit wann bist du eigentlich mit Teddy Mayer befreundet?«

Das Mädchen nahm den Bären hoch, sah ihm tief in die Glasaugen und stellte ihm die gleiche Frage, woraufhin Charlotte den Bären ebenfalls erwartungsvoll anschaute. Sie sah, wie Annegret die Szene mit einem Lächeln verfolgte.

»Seit ich denken kann«, antwortete Monika.

Charlotte ging zu Annegret zurück und hielt ihr die Akte des Mädchens hin. »Monikas Teddybär ist nicht auf der Stammkarte vermerkt«, stellte Charlotte fest. »Wenn sie den allerdings von Anfang an besessen haben sollte, ist das ein neuer Hinweis, mit dessen Hilfe wir die Mutter finden könnten.«

Annegret nickte. »Nicht jedes Mädchen hat einen Teddybären, so hellgrüne Augen und ein derart hübsches Gesicht.« Dann schaute sie auf die Uhr. »Während Sie beim Chef nachfragen, rufe ich das Waisenhaus in Paderborn an und sage Bescheid, dass Monika bei uns ist. Ist so Vorschrift laut Leitfaden.«

»Ich will nicht nach Paderborn zurück!«, rief Monika, sprang auf und klammerte sich erneut an Charlotte. Dieses Mal stampfte sie fest mit den Beinen auf.

»Was ist denn das für ein Lärm?« Frau Hahn kam in die Aula geeilt, ihre Halbbrille noch auf der Nase. »Dabei kann niemand in Ruhe arbeiten!«

Charlotte erklärte ihr, was es mit Monikas Anwesenheit auf sich hatte. Die Chefsekretärin nahm ihre Brille ab, während sie mit steifer Miene zuhörte.

»Was soll ich denn jetzt mit Monika tun?«, fragte Charlotte. »Ich kann das Kind doch nicht mitten in der Nacht in den Zug zurück nach Paderborn setzen!« Sie selbst hatte kaum Geld dabei, und Monika besaß gar keines.

»Ich kann beim Jugendamt anrufen, damit sie bei einer Pflegefamilie übernachten kann«, meinte die Chefsekretärin. »Für solche Fälle gibt es einen Notdienst.«

»Noch eine Pflegefamilie?«, fragte Charlotte entgeistert. Außerdem war Monika kein Fall, sie war ein Kind.

»Ich will bei Ihnen bleiben, Fräulein Charlotte«, beteuerte das Mädchen und klammerte sich fester an ihren Arm, »und Teddy Mayer auch.«

Charlotte schaute Frau Hahn genauso bittend an, wie es Monika tat. Annegret nickte.

Die Chefsekretärin runzelte die Stirn. Ihre Lippen waren mal wieder eine dünne Linie, bevor sie sagte: »Als Mitarbeiterin des Kindersuchdienstes sind Sie grundsätzlich qualifiziert für die Betreuung eines Schutzbedürftigen bei einer Notübernachtung.« Nach diesen Worten bedeutete sie Charlotte, ihr hinauf zu folgen.

Im Vorzimmer ging Frau Hahn zielstrebig auf einen der Aktenschränke mit Dutzenden Ordnern zu und zog, ohne lange zu suchen, einen heraus. Sie schlug ihn auf und heftete mehrere Seiten aus. »Füllen Sie dieses Formular aus, dann darf das Kind bei Ihnen notübernachten.« Sie hielt Charlotte einen Stift hin. »Bitte, machen Sie schon. Ich habe noch andere Arbeit auf dem Tisch!«

Charlotte setzte sich auf einen der harten Schülerstühle, füllte das Formular mit dem Namen B-518874 aus und reichte es der Chefsekretärin zurück. Alles, was zählte, war Monika. Vielleicht verband sie die Tatsache, dass sie beide auf sich gestellt und einsam waren.

»Heute Nacht kannst du mit zu mir kommen«, sagte sie zu Monika, »morgen musst du aber zurück nach Paderborn.«

Monika nickte.

»Ich rufe Ihnen ein Taxi. Wenn Sie mit einem Suchkind unterwegs sind, bezahlen wir das«, sagte Frau Hahn.

»Nein danke«, entgegnete Charlotte. Sie hatte sich geschworen, nie wieder in ein Taxi zu steigen. »Wir gehen zu Fuß!«, entschied sie. Schon auf dem Weg aus dem Vorzimmer fiel ihr plötzlich ein: »Ich muss dringend noch Doktor Seppelfricke sprechen!«

»Der ist schon im Feierabend«, erklärte die Sekretärin, setzte sich ihre Halbbrille wieder auf und beugte sich über eine Unterschriftenmappe – ihre Art, das Gespräch für beendet zu erklären.

Charlotte überlegte. Der Leiter des Kindersuchdienstes musste das Haus verlassen haben, während sie mit Monika beschäftigt gewesen war. Sie würde erst um die Wiederaufnahme des Falls bitten können, nachdem sie ihre Kündigung zurückgezogen hatte, zumindest für die Zeit, bis sie Monikas Mutter gefunden hatte.

»Hat er meinen Brief schon gelesen?«, fragte sie Frau Hahn.

Idealerweise war er noch nicht dazu gekommen, und der Umschlag mit ihrer Kündigung lag noch verschlossen auf seinem Tisch. Dann könnte sie ihn eben zurückholen und für gewisse Zeit verschwinden lassen.

Die Chefsekretärin sah wohl ein letztes Mal von ihrer Arbeit auf. »Ja.« Mehr hatte sie nicht zu sagen und vertiefte sich wieder in ihre Unterschriftenmappe.

Mit einem nachdenklichen »Auf Wiedersehen« verließ Charlotte das Vorzimmer. Sie würde gleich morgen früh mit Doktor Seppelfricke reden müssen. Ihr Hin und Her missfiel ihm sicherlich. Schon im Einstellungsgespräch hatte er betont, wie wichtig es ihm war, sich auf seine Mitarbeiterinnen verlassen zu können.

Bevor sie ging, wollte sie Annegret noch über die Notübernachtung informieren. Die stand am Tresen und schaute gerade den Blumenstrauß an, als Charlotte zurück in der Aula kam. Als Annegret sie sah, ließ sie von der Vase ab.

»Ich finde es schön, dass Sie den Fall übernehmen«, sagte sie nach einem verlegenen Räuspern.

»Danke, dass Sie mir das zutrauen«, gab Charlotte zurück und lächelte. Mit Monika an der Hand lief sie los.

Dieses Mal fühlten sich ihre Schritte leichter an. Sie ließ ihren Blick über die Danksagungen und fröhlichen Fotografien an den Wänden gleiten und spürte neue Hoffnung.

»Magst du Fischbrötchen?«, fragte sie Monika, als sie sich bei eiskaltem Wetter Richtung Wesselburer Weg aufmachten.

»Ich habe noch nie eins gegessen«, antwortete Monika. »Mögen Sie denn Fischbrötchen, Fräulein Charlotte?«

»Sehr gern sogar«, sagte Charlotte und fügte noch ein »neuerdings« hinzu. Femke hatte sie zur Aufmunterung letzte Woche auf ein Fischbrötchen eingeladen. Zu Hause bei den

Dahlhäusers hatte es so etwas Unkompliziertes nicht gegeben. In der Villa und in den Restaurants, in denen sie mit ihren Eltern verkehrt hatte, wurde Fisch als Kreation mit ausgefallenen Beilagen serviert und nicht in einem einfachen Brötchen, das man auch noch im Stehen aß.

»Dann mag ich Fischbrötchen bestimmt auch«, erklärte Monika.

Hand in Hand gingen sie durch Osdorf, was sich für Charlotte neu anfühlte. Wenn auch nur für eine Nacht, trug sie nun die Verantwortung für einen jungen Menschen. Unterwegs kamen ihnen immer wieder Kinder entgegen, die in ausrangierten Schiebehilfen Kohlen transportierten. Zwei schauten sehnsüchtig ihren Teddybären an, als hätten sie selbst gern so einen kuscheligen Freund.

Sie schafften es noch rechtzeitig vor Küchenschluss in jene kleine Holzhütte am Straßenrand der Langelohstraße, auf die Femke schwor und die schnörkellos »Fischladen« hieß. Der Laden war noch hell erleuchtet.

Charlotte hielt Monika fest an der Hand, als sie eintraten. In dem Holzhäuschen, in dem es vor allem nach geräuchertem Fisch roch, drängte sich die Kundschaft vor dem Verkaufstresen. Ihre Eltern wären entsetzt gewesen, sie in einem solchen Gedrängel zu sehen. Ganz zu schweigen von den Fußmärschen durch Hamburgs dunkle Straßen. Oder interessierte es sie nach einem Monat Funkstille schon gar nicht mehr? Charlotte wollte sich nicht vorstellen, dass ihre Eltern sie aus ihrem Leben gestrichen haben könnten. Aber reumütig zu ihnen zurückzukehren, das wäre auch keine Lösung, denn sie wollte Carl-Gustav immer noch nicht heiraten. Wenn sie daran dachte, wie sich die Situation entwickelt hatte, war ihr einfach nur danach, sich die Haare zu raufen.

Mit Blick auf Monika, die sich im Gedränge eng an sie schmiegte, beendete sie ihre Grübelei sofort und konzentrierte sich ganz darauf, für ihre Schutzbefohlene ein Abendessen zu besorgen.

Die zwei Mark fünfzig, die sie in der Tasche ihrer Regenjacke bei sich trug, reichten für zwei Brötchen. Eines würde sie Femke mitbringen und das andere mit Monika teilen. Das konnte sie sich nur leisten, weil sie vor ein paar Tagen eine ihrer mit Edelsteinen besetzten Haarspangen zum Pfandleiher gebracht hatte. Die erste Lohntüte würde es erst am Ende ihrer Probezeit geben.

Charlotte reckte sich und sah, dass noch vier Fischbrötchen mit Bratheringen in der Auslage warteten. Beim Anblick des goldbraun gebratenen Herings knurrte Charlotte der Magen. Aber es dauerte eine Weile, bis sie mit Monika an der Reihe war. Sie war die letzte Kundin, und genau zwei Brötchen mit Bratheringen waren nun noch übrig. Gerade als sie ihre Bestellung aufgeben wollte, betrat ein Mann den Laden und stellte sich am Verkaufstresen neben sie.

»Moin, Gitte, packst du mir schnell die zwei Bratheringe ein? Hab's eilig«, sagte er.

»Hast wohl selbst nichts gefangen? Ich mach dir die Tüte fertig, Rob«, entgegnete die Verkäuferin.

Charlotte verfolgte ungläubig, wie ihre Bratheringe über den Verkaufstresen gereicht wurden. »Moment mal!«, ging sie dazwischen. »Ich bin vor Ihnen dran! Mir stehen die letzten Bratheringe zu!«, erklärte sie. Sie wünschte, sie würde jetzt Absatzschuhe tragen, um mit dem Fremden gleichauf zu sein.

Der Mann, den die Verkäuferin »Rob« genannt hatte, schaute sie aufmerksam an. Seine stahlgrauen Augen waren ruhig und gleichzeitig so undurchdringlich wie Gewitterwolken, die die latente Gefahr eines Sturms bargen. In seinem zerknitterten Trenchcoat und mit den dunklen Bartstoppeln wirkte er, als wäre er gerade erst aufgestanden. Sie musste ihn trotzdem weiter ansehen. Er strahlte etwas aus, das sie nur schwer benennen konnte, etwas, das sie fesselte. Vielleicht war es seine raue Männlichkeit, vielleicht seine lockere Art, die sie von seinen Geschlechtsgenossen nicht kannte.

»Tut mir leid, aber Alter vor Schönheit«, sagte Rob, was sie weiter anstachelte, sein Benehmen nicht hinzunehmen. Doch sie brauchte einen Moment, sich aus ihrer Erstarrung und von seinem Anblick zu lösen.

Die Verkäuferin hielt die zwei eingepackten Brötchen noch einmal über den Tresen. Bevor Rob zugreifen konnte, schnappte Charlotte sich die Fische. »Ich habe zwanzig Minuten auf die Bratheringe gewartet. Ich gebe nicht so leicht auf!«

Die Verkäuferin zuckte unbeteiligt mit den Schultern und begann, die Auslage zu reinigen.

»Genau. Das sind unsere Brötchen!«, betonte Monika.

Charlotte war gerührt, dass sie eine neue kleine Fürsprecherin gewonnen hatte, und lächelte Monika an.

Diese Ablenkung kostete sie ihre Fischbrötchen, Rob nahm sie ihr einfach aus der Hand. »Beim nächsten Mal müssen Sie eben früher kommen«, sagte er und ging, ohne zu bezahlen, mit ihrem Abendbrot aus dem Laden.

Das setzte dem Ganzen die Krone auf! »Komm mit!«, sagte Charlotte an Monika gewandt und lief dem Fischdieb ziemlich undamenhaft hinterher. Erst sah sie gar nichts, weil sie sich nach dem grellen Licht im Laden an die Dunkelheit draußen gewöhnen musste.

»Wissen Sie eigentlich, dass Sie einem Kind sein Abendessen stehlen?«, rief sie ihm nach.

Er hielt an und drehte sich zu ihnen um. Sie standen fünf Meter voneinander entfernt. »Schönen Abend noch«, entgegnete er nur. In seinen Augen lag eine Kühle, als wären sie das Fenster zu einer Welt, die niemand betreten durfte.

Bevor sie reagieren konnte, ging er davon. Nach einigen Schritten hob er die Hand mit den Fischbrötchen und winkte ihr zum Abschied, als würde er sie verhöhnen wollen.

Monika zog an ihrer Hand. »Kriegen wir jetzt nichts mehr zu essen?«

»Keine Sorge, wir finden etwas anderes«, versprach Charlotte. In Gedanken war sie noch bei der aufwühlenden Begegnung und sah zu, wie dieser Rob um die Ecke bog. Sie ärgerte sich über seine Frechheit und seinen mangelnden Anstand. Vermutlich war das die Art von Hamburger, vor der ihre Eltern sie stets hatten beschützen wollen.

5

25. März 1955

Hardy fixierte das gegnerische Tor. Es war der alles entscheidende Moment kurz vor Ende des Spiels auf dem Sportplatz des FC Buxtehude. Seine Mannschaft hatte sich den Ball erobert und schnell nach vorne gepasst. Nun war er es, der in seinen nagelneuen Fußballschuhen dribbelnd auf das gegnerische Tor zulief. Jetzt nur kein Tempo verlieren! Er spürte, wie sein Herz gegen seine Brust hämmerte. Er war der schnellste Dribbler der Mannschaft und stand problemlos ein neunzigminütiges Spiel durch. Trainer Brodkorb hatte seine Kondition zuletzt als die eines Sechzehnjährigen gelobt, obwohl er erst vierzehn war.

Hardy erreichte den Elfmeter-Raum, in dem der gegnerische Tormann ihm mit ausgebreiteten Armen entgegenkam. Er guckte ihn sich genau aus und entschied sich für das rechte obere Eck des Kastens. Als er zum Schuss ansetzte, spürte er, wie seine Muskeln zum Bersten gespannt waren und ihm der Schweiß in die Achseln schoss. Wie aufgeregt und verschwitzt mussten erst die Nationalspieler im vergangenen Jahr bei der Weltmeisterschaft in Bern gewesen sein! Hardy hatte vor Glück über den Sieg zum ersten Mal ein Mädchen geküsst.

Als der Ball schließlich seinen Fuß verließ, vergaß er für einen Moment all das, was ihn zurzeit am meisten beschäftigte:

den hakeligen ersten Kuss, den Bartflaum, der nicht schnell genug wuchs, und seinen Traum von einer Karriere als Profifußballer.

Der Schuss gelang ihm gut. Mit einer Mischung aus Hoffnung und Entschlossenheit verfolgte er die Flugbahn der Lederknolle bis in die obere rechte Ecke des Tores. Als der Ball im Netz landete, ertönten die befreienden Rufe »Tor! Tor!«, und Hardy fiel lauthals mit ein.

Seine Mannschaftskollegen kamen auf ihn zugelaufen und umarmten ihn johlend. Sogar der Trainer, der bevorzugt über seine Trillerpfeife kommunizierte, tanzte an der Seitenlinie. So begeistert war der Jugendtrainer des Hamburger SV vergangene Woche beim Sichtungstraining leider nicht gewesen. Sichtungen dienten der Selektion von Nachwuchsspielern.

Sein Trainer Brodkorb rechnete frühestens nach Ostern mit dem Ergebnis, was noch zwei lange Wochen Wartezeit bedeutete! Hardys großer Traum war es, eines Tages wie sein Idol Uwe Seeler für den Hamburger SV auf dem Rasen zu stehen. Der Sportklub aus der Hansestadt spielte in einer der fünf höchsten deutschen Spielklassen, der Oberliga Nord.

Während der Jubel anhielt, lief er in die eigene Spielfeldhälfte zurück, um sich für die nächste Verteidigung bereit zu machen. Ein vorbildhafter Spieler konzentrierte sich jede einzelne der neunzig Minuten, hatte ein gutes Verhältnis zu seinen Mannschaftskollegen und eine positive Einstellung. Drei Punkte, die auch Uwe Seeler bei seinen Spielen beherzigte. Uwe hatte damals mit zehn Jahren in der Jugendmannschaft des Hamburger SV angefangen. Hardy war zwar älter – er hatte erst vor zwei Jahren mit dem Fußball begonnen –, aber er wollte es trotzdem schaffen. Genauso wie Uwe war er Mittelstürmer und kleiner als die meisten anderen Spieler.

Zwei erfolglose Angriffe später ertönte der Schlusspfiff. Hardy und seine Mitspieler klatschten mit der gegnerischen Mannschaft ab und gingen mit Trainer Brodkorb in die Kabine.

Unter der Dusche genoss Hardy das heiße Wasser auf seiner Haut. Er stand mit geschlossenen Augen da, den Kopf unter der Brause, aus der Tausende Tropfen auf ihn herabstürzten, und spürte, wie die Wärme des Wassers auf seine Muskeln überging.

Sein bester Freund Götz duschte neben ihm. »Dein Torschuss war echt 'ne Wucht!«, sagte der.

»Na ja ... ich hätte noch präziser schießen können«, sagte Hardy in das Rauschen des Wassers hinein. Es tat ihm leid, dass Götz heute wieder nur auf der Ersatzbank gesessen hatte. Er borgte ihm seine Seife, die herb und männlich roch, weil er wusste, dass Götz' Mutter ihm welche mit Rosenduft einsteckte.

Als die Mannschaft frisch geduscht und angezogen in der Umkleide saß, ergriff der Trainer das Wort. »Das war ein aufregendes Spiel heute«, sagte Herr Brodkorb, den Hardy für sein taktisches Wissen bewunderte, auch wenn es oft schwierig war, seinen Anforderungen gerecht zu werden. »Die An- und Mitnahme des Balls war heute aber nicht so doll«, rügte er, »wir werden das häufiger üben müssen!« Ein Pfiff folgte, wie zur Bestätigung der Aussage.

Hardy nickte sofort, obwohl er keine einzige Ballannahme verpatzt hatte. Wenn es nach ihm ginge, würde er jeden Tag nach der Schule trainieren, nicht nur zweimal die Woche, Montag und Donnerstag. Am Wochenende übte er mit den schwächeren Spielern, wenn kein Turnier anstand, und erklärte ihnen, was er aus seinem Fußballbuch über Taktik, Technik und Mannschaftssinn gelernt hatte.

»Obwohl wir gewonnen haben, waren wir nicht besser als

die Jungen aus Bremervörde«, erklärte der Trainer wenig begeistert.

Und trotzdem hatte es Hardy viel Spaß gemacht: die schnellen taktischen Wechsel, die sie heute ausprobiert hatten, das Gefühl, als Mannschaft zu kämpfen, alles zu geben bis zur Erschöpfung.

»Allein Hardys Tor hat uns den Sieg gebracht«, sagte Trainer Brodkorb mit der Trillerpfeife zwischen den Lippen. »Gut gemacht, Junge!«

Die Mitspieler nickten anerkennend, worüber sich Hardy fast noch mehr freute als über das Lob des Trainers. Anfangs, als er neu im Verein gewesen war, hatte es einige Rangeleien gegeben, aber das war vorbei. Inzwischen war egal, wer Stamm- und wer Auswechselspieler war. Die Mannschaft hielt zusammen wie Pech und Schwefel. Seit einiger Zeit trafen sie sich jeden Samstagabend im Wald hinterm Sportplatz und tranken Bier. Weil Hardy von Alkohol schnell schwindelig wurde und Pils ihm zu bitter war, griff er nur hin und wieder zu.

»Wir müssen noch härter trainieren!«, sagte der Trainer, woraufhin alle nickten und betretene Stille einkehrte.

Hardy kannte Herrn Brodkorb ausschließlich in seinem hellblauen Trainingsanzug. Man erzählte sich, dass er den Zweiteiler sogar auf Geburtstagsfeiern trug. Und dass er vor dem Krieg für die Nationalmannschaft nominiert gewesen sei. Aus dem Krieg war er jedoch humpelnd heimgekehrt, weswegen er nie für Deutschland hatte spielen dürfen. Den Fußball hatte er trotzdem nicht an den Nagel gehängt. Er war Trainer gleich mehrerer Jugendmannschaften des Buxtehuder FC und das sportliche Gewissen der Kleinstadt.

»Ich möchte noch eine gute Nachricht verkünden«, hob

Herr Brodkorb wieder an, die Pfeife noch immer zwischen den Lippen. »Der HSV möchte unseren Hardy aufnehmen.«

Die Hamburger hatten sich schon gemeldet? Er würde denselben Weg gehen wie Uwe Seeler? Vor Glück wusste Hardy nicht, was er sagen sollte. Götz und Rainer sprangen als Erste auf und jubelten so laut wie vorhin beim Torschuss. Kurz darauf fiel der Rest der Mannschaft mit ein. Sie hoben Hardy auf die Schultern und trugen ihn singend durch die Umkleide. Ihm fehlten die Worte. Er fühlte sich, als könnte er fliegen, als würde er auf einer Welle reiten, die ihn direkt in jene Zukunft trug, von der er immer geträumt hatte.

Mit einem lauten Pfiff rief der Trainer die Mannschaft zur Ordnung, und Hardy landete wieder auf seinen Füßen. Seine Eltern würden mächtig stolz auf ihn sein. Als er letztes Jahr der Mannschaft durch einen Torschuss die Kreismeisterschaft gesichert hatte, hatten sie ihn mit einer Torte in Form eines Fußballs überrascht, mit schwarzen und weißen Marzipanverzierungen.

Wie seine Freunde um ihn herumstanden, schaute er einen nach dem anderen an; einige noch mit rotem Kopf von der heißen Dusche und nassen, verstrubbelten Haaren. Zum Beispiel Anton, der Rechtsaußen, und Dieter, der Libero. »Ich werde euch vermissen«, sagte Hardy, obwohl das nicht gerade männlich wirkte.

Götz stieß ihn mit feuchten Augen aufmunternd an. »Wir sehen uns doch weiterhin in der Schule.«

»Der Verein ist sehr stolz auf dich«, verkündete Trainer Brodkorb. »Nutze diese Chance. Vermutlich ist es die einzige.«

Hardy lächelte breit. Sein Traum würde wahr werden. Als er in Buxtehude in die Volksschule gekommen war, im ersten Jahr bei seiner neuen Familie, hatte ihn ein Lehrer in die erste Reihe gesetzt, weil Pflegekinder als Problemkinder galten. Nur deswegen hatten seine Mitschüler von seinem Schicksal erfahren und ihn gefragt, ob er seine echten Eltern nicht vermissen würde. Erst da hatte Hardy begonnen, sich Gedanken über seine verstorbene leibliche Mutter zu machen, an die er sich kaum erinnern konnte. Im zweiten Jahr bei den Krauses, als er fest in die Pflegefamilie hineingewachsen war, waren die Fragezeichen in seinem Kopf verblasst. Im dritten Jahr hatte er sich bei den Krauses in Pippensen angekommen gefühlt, und sie hatten ihn adoptiert.

»Danke für Ihre Mühen mit mir«, sagte er zu Herrn Brodkorb. Bei seinem allerersten Training hatte Hardy sich ungeschickt angestellt. Zum Glück hatte Herr Brodkorb ihn nicht weggeschickt.

Der Trainer reichte ihm einen Umschlag. »Damit du nach Hamburg kannst, müssen deine Eltern diese Einwilligungserklärung unterschreiben. Am zweiten Mai geht es los.«

Götz stieß Hardy in die Seite. »In ein paar Wochen schon?«

Der Tainer pfiff einmal kurz und kräftig, seine Art, »Ja« zu sagen. »Jetzt macht euch alle nach Hause!«

Hardy packte den Umschlag und seine Sachen in die Sporttasche, die ihm Großmutter Krause aus alten Wehrmachtsdecken genäht hatte, verließ die Kabine und ging zum Geländer am Eingang des Sportplatzes, wo die Fahrradständer waren.

Er konnte es kaum erwarten, seinen Eltern von der Zusage zu erzählen. Sie hatten seine Fußballleidenschaft immer unterstützt. Zuletzt hatten sie für das Saisonabschlussfest Grillfleisch aus eigener Herstellung spendiert. Zu den neuen Fußballschuhen, die Stollen hatten und von Adidas waren, hatten sie die Hälfte dazugegeben. Von ihrem schwer verdienten Geld hatten sie sogar etwas beiseitegelegt, damit Hardy – sollte die Sichtung erfolgreich verlaufen – nach Hamburg zu den Trainings fahren konnte. In Hamburg fern seiner Familie wohnen, dort zur Schule gehen und damit einen kürzeren Trainingsweg haben, das wollte er nicht. Er wollte weiterhin auf dem elterlichen Hof in Pippensen bleiben und mit dem Zug zu den Trainings fahren. Die Wiesen, Wälder und Bäche um das Dorf herum boten endlose Abenteuer. Er liebte es, Fische mit bloßen Händen zu fangen, eine Sache, die ihm sein Vater gezeigt hatte. Bis heute fand Manfred Krause Zeit für seine drei Kinder, obwohl ihm der Hof viel abverlangte. Gemeinsam Fische zu fangen, war ein Heidenspaß, auch wenn sie hin und wieder ausrutschten und im Wasser landeten. So viel wie in den Stunden am Bach hatte Hardy nie gelacht.

»Sehen wir uns morgen früh vor der Schule?«, fragte Götz noch und radelte los, nachdem Hardy genickt hatte.

Er saß ebenfalls auf und trat in die Pedale. Als Einziger aus der Mannschaft wohnte er in Pippensen, eher Siedlung als Dorf, südlich von Buxtehude.

Er brauchte eine Viertelstunde, bis er auf dem Hof seiner Eltern ankam. Ilse und Manfred Krause waren Bauern in fünfter Generation.

Hardy stellte das Fahrrad, das ihm sein älterer Bruder vermacht hatte, neben das seiner Schwester und lief in den Stall. Um diese Jahreszeit waren seine Eltern meistens bei den Tieren.

»Mutter? Vater?«, rief er aufgeregt in das riesige Gebäude, in dem das Milchvieh der Familie stand. Die Sporttasche mit dem Brief aus Hamburg hielt er fest in der Hand.

Als keine Antwort kam, rannte er ins Wohnhaus, ein Bauernhaus, dessen Vergangenheit sich in jedem Winkel offenbarte. Er öffnete die Tür zur Küche, aber auch dort waren seine

Eltern nicht. Die Küche war der wärmste Raum im Haus. Nur sonntags wurde zusätzlich die Stube beheizt.

Großmutter Krause hievte sich am Stock aus ihrem Sessel.
»Junge, du bist ja ganz rot im Gesicht.«

Er drückte die alte Frau fest an sich – »Alles in Ordnung, Omi!« – und lief weiter in die Waschküche.

»Mutter?«

Auch keine Antwort.

Er stieg die Treppe in den Dachboden hinauf, öffnete die Dachluke und blickte über die Wiesen und Äcker von Pippensen. Seine Eltern sah er nicht. Vermutlich waren sie auf der alten Weide am Eichenweg beschäftigt, die von hier oben hinter einem Wäldchen verschwand. Hatte sein Vater beim Frühstück nicht davon gesprochen, dort einen Zaun ausbessern zu wollen?

Hardy überlegte, zur Weide zu laufen, um seine Neuigkeit endlich mit den Eltern zu teilen. Ihm kam noch eine bessere Idee, bei der sich seine Geschwister nicht benachteiligt fühlen würden. Er plante, den Tisch fürs Abendbrot zu decken und beim Essen allen gleichzeitig die frohe Botschaft zu verkünden. Zu den Mahlzeiten kamen alle drei Generationen und die Knechte zusammen.

Hardy ging zurück in die Küche und begann, Teller und Becher zum Esstisch zu tragen. Aus der Speisekammer holte er Brot, Mettwurst und einen Viertellaib Käse. Zum Trinken schaffte er für den Vater und die Knechte Bier herbei, für seine kleine Schwester eine Limonade. Er dachte an Hamburg und fragte sich, wie wohl die Spieler der dortigen Jugendmannschaft waren. Ob er schnell Freunde finden würde? Vom Hamburger Volksparkstadion hieß es, dass es achtzigtausend Zuschauer fassen würde, was er sich kaum vorstellen konnte. In

Pippensen wohnten keine einhundert Menschen, und Buxtehude mit seinen fünfzehntausend Einwohnern erschien ihm schon groß.

Am besten wäre es, seine Eltern würden den Brief aus Hamburg noch heute Abend unterschreiben. Er legte das Besteck auf den Esstisch und holte das Schreiben aus der Sporttasche. Es war das Formular zur Anmeldung als Jugendsportler beim HSV. Sein Name war bereits eingetragen: Eberhard Krause. Wie alle wichtigen Dokumente würden seine Eltern die Einwilligung mit ihrem guten Tintenfüller unterschreiben, dem einzigen im Haushalt.

Erst lehnte er das gefaltete Formular an die Blumenvase auf dem Esstisch, dann lief er ins Schlafzimmer seiner Eltern zu jenem Kleiderschrank, in dem sie zuunterst den Koffer mit dem wertvollen Besitz der Familie aufbewahrten. Hardy zog ihn aus dem Schrank, ging auf die Knie und öffnete die breiten Riemen. Dabei beschloss er, beim Abendbrot nicht gleich mit der Tür ins Haus zu fallen, sondern das Formular einfach an der Blumenvase stehen zu lassen, bis es seinen Eltern auffiel und sie es lasen und aus allen Wolken fielen.

Bevor Hardy den Deckel des Koffers aufklappte, zögerte er. Seiner Mutter war das braune Teil heilig. Es war immer sie, die den Füller samt Etui aus der Ansammlung von Gegenständen und Dokumenten herausholte. Darunter waren auch eine Goldkette aus einer Erbschaft und fünf silberne Löffel.

Hardy hatte noch nie zuvor in Mutters Koffer geschaut und kannte den Inhalt nur von Tischgesprächen. Er griff in ein Fach am Deckel, konnte aber den Füller nicht finden. Daraufhin durchstöberte er den Rest. Der Steinboden unter seinen Knien fühlte sich kalt an, als er an den silbernen Löffeln vorbei Dokumente zu fassen bekam. Er zog sie hervor. Die Papiere wirkten so abgestoßen und gelblich verfärbt, als würden sie schon seit Generationen hier liegen. Er entdeckte die Eheurkunde seiner Eltern und eine Mappe, auf der sein Name stand. Hardy konnte sich denken, was darin aufbewahrt wurde. Die Unterlagen zur Übernahme seiner Pflegschaft und alle Papiere der Adoption. Er öffnete die Mappe und blätterte sie durch. Bald blieb er an einem Schreiben des Jugendamtes hängen.

... teilen wir Ihnen mit, dass wir Hinweise darauf haben, dass die leibliche Mutter des von Ihnen adoptierten Eberhard Voss noch leben könnte.

Hardy ließ die Mappe sinken. Seine echte Mutter lebte noch? Sein Herz schlug schneller, wie vorhin beim Schuss auf das Tor.

Er wusste fast nichts aus der Zeit mit ihr, seiner frühesten Kindheit, empfand aber stets Hunger, wenn er daran zurückdachte. Und: Ihm wurde dann warm ums Herz. Ganz anders jetzt. Er war unfähig, sich zu bewegen. Sein Körper fühlte sich taub an, nicht einmal den kleinen Finger konnte er bewegen. Das Schreiben glitt ihm aus den Händen und segelte zu Boden. Er starrte es so erschrocken an, als wäre es die Todesanzeige von Uwe Seeler. Er brauchte eine Weile, um erneut nach dem Papier zu greifen und die Nachricht zu Ende zu lesen.

Bitte geben Sie uns Bescheid, ob wir weitere Schritte unternehmen und zum Beispiel den Kindersuchdienst informieren sollen oder ob Eberhard nicht wünscht, seine leibliche Mutter kennenzulernen.

»Seine leibliche Mutter kennenzulernen«, sprach Hardy vor sich hin. Sein Herz schlug schneller, aber schon im nächsten Moment fühlte es sich an, als würde es von einer Eisschicht überzogen. Er sprang auf und ging im Schlafzimmer auf und ab. Dabei sah er immer wieder vorwurfsvoll auf das Schreiben, das auf den sechsten Oktober 1954 datiert war. Ilse und Manfred Krause hatten nie ein Geheimnis daraus gemacht, dass sie nicht seine echten Eltern waren. Sie hatten ihn erst als Pflege- und dann als Adoptivkind aufgenommen und waren immer geduldig gewesen. Der Name Foss war Geschichte geworden. Sie hatten ihm eine große Familie geschenkt, mit Geschwistern und Großeltern. Sie glaubten an ihn trotz seiner Probleme in der Schule, und er hatte immer etwas zu essen gehabt. Aber sie hatten ihn belogen! Wie konnten sie so etwas tun? Wenn sie ihn wirklich liebten wie ihren eigenen Sohn, warum waren sie nicht ehrlich zu ihm? Warum hatten sie ihm nichts von dem Schreiben erzählt und beharrten bis heute darauf, dass seine echte Mutter tot sei? Je länger er darüber nachdachte, desto schlimmer fühlte sich der Schmerz an. Sein Herz schlug ihm bis zum Hals.

Nach einem letzten Blick auf das Schreiben war er überzeugt davon, seine Eltern zur Rede stellen zu müssen!

6

13. April 1955

Charlotte saß im Backsteinhof der alten Schule und versuchte, ruhiger zu atmen. Das Telefonat mit Monika hatte sie aufgewühlt, und sie brauchte erst einmal frische Luft. Es war noch kühl, aber der Schnee längst geschmolzen. Der Ahornbaum trug erste Blätter und zarte gelbe Blüten. Narzissen und Tulpen sprossen vor den Backsteinmauern. Es war ihr sehr schwergefallen, Monika vor einem Monat zurück ins Waisenhaus zu schicken, aber was hatte sie tun können? Sie hatte sie auf keinen Fall länger bei sich und Femke behalten dürfen. Erst nachdem sie dem Mädchen versprochen hatte, es anzurufen, sobald es Neuigkeiten über seine Eltern gab, spätestens aber in einem Monat, hatte die Kleine ihre Hand am Bahnhof losgelassen und war mit Teddy Mayer an der Brust in den Zug gestiegen. Charlotte hatte ihr ein Schild mit dem Fahrtziel »Paderborn« umgehängt und den Schaffner gebeten, sie dort aus dem Zug zu begleiten.

Eben am Telefon – einen Monat nach ihrer Verabschiedung – hatte sie Monika leider enttäuschen müssen, weil sie ihre Mutter noch nicht gefunden hatte. Das lag ihr schwer auf der Seele. Das Mädchen hatte überschwänglich geklungen, als es sich am anderen Ende der Leitung mit Namen gemeldet hatte. Charlotte hatte ihr gleich nach den schlechten Nachrichten versichert, weiterhin ihr Bestes zu geben, doch sie brauchte mehr Zeit. Dass Doktor Seppelfricke die Rücknahme ihrer Kündigung akzeptiert, ihre Probezeit als erfolgreich beendet bezeichnet und ihr die Wiederaufnahme des Suchfalls erlaubt hatte, war Ansporn. Frau Hahn hatte ihr den Gebäudeschlüssel überreicht, womit sie fortan fest zum Kollegium gehörte. Es fühlte sich an, als hätte sie die Kraft, Schwung zu nehmen, nur klebten ihre Füße am Boden fest. Wenigstens hatte sie die zurückliegenden Wochen dafür nutzen können, das Maschinenschreiben zu trainieren – auf einem alten, quietschenden Modell von Femkes Nachbarin, jeden Abend nach Arbeitsschluss. Inzwischen war sie zumindest bei Tempo dreihundert angekommen. Sie wollte nicht riskieren, dass ihre Notlüge aufflog, denn dann verlor sie nicht nur ihre Arbeit, sondern durfte auch Monika nicht länger helfen. Charlotte konnte an kaum mehr etwas anderes denken, als ihr Suchmädchen endlich glücklich zu sehen. Außerdem wollte sie ihre Kolleginnen nicht enttäuschen, mit denen sie sich seit einigen Tagen sogar duzte. Mit einer Lügnerin wollte bestimmt niemand zusammenarbeiten.

Tief sog sie den Geruch von feuchter Erde und den Blütenduft ein. Langsam beruhigte sich ihr trommelnder Herzschlag. Dass Monika den braunen Plüschbären so lange besaß, wie sie zurückdenken konnte, musste nicht bedeuten, dass sie ihn als Säugling von ihren Eltern bekommen hatte. Aber es war eben doch ein Hoffnungsschimmer, ihre Mutter zu finden, ein Licht am Ende des Tunnels. Charlotte fragte sich, welchen Namen die leibliche Mutter dem Mädchen wohl gegeben hatte. Sie fand, dass ein kürzerer, frecherer Name – vielleicht Ida, Frieda oder Elli – besser zu der Kleinen passte.

Sie stand auf, strich ihren Rock glatt und überlegte, ob sie wirklich schon alles getan hatte, um Monikas Mutter zu finden.

Gab es nicht doch noch eine Information in der zentralen Namenskartei, die sie vor einem Monat übersehen hatte? Es bestand immerhin die Möglichkeit, dass Monikas leibliche Mutter sie auch suchte. Weil sie jedoch einen fiktiven Namen hatte, würde Charlotte die gesamte Hamburger und Münchner Kartei durchsuchen müssen, um eventuell auf eine Suchkarte zu stoßen, auf der ein Kind in Monikas Alter mit einem braunen Teddybären und mit hellgrünen Augen vermisst gemeldet wurde. Das würde Wochen, nein, Monate dauern. Aber wenigstens anfangen konnte sie doch, oder?

Charlotte ging zurück in die Schule und lief die Treppe ins Obergeschoss hinauf, vorbei am Direktorat und den Büros der Abteilungsleiter, bis zur Tür am Ende des Flures. Als sie die Bibliothek betrat, hatte sie keinen Blick für das Deckengemälde, sondern steuerte direkt auf das Regal der Hamburger Kartei mit dem Buchstaben A zu. Sie begann den ersten Schuber zu durchsuchen. Ihre Finger glitten nervös über die vergilbten Ecken der Karteikarten. Im einfallenden Licht der Morgensonne schimmerten die Karteikästen, der Staub tanzte. Zum ersten Mal dachte Charlotte, dass der Staub kein gewöhnlicher Schmutz war. Er war der Staub der Zeit selbst, in dem die Schicksale der vergangenen Jahre bewahrt wurden. Sie putzte ihn nicht weg, sondern hockte sich vor den ersten Schuber. Kurz war sie versucht, wie Annegret die Augen zu schließen, konzentrierte sich aber dann doch lieber auf ihr Ziel.

Nach zwei Stunden Sucharbeit, sie war beim Nachnamen »Abraham« angekommen, verschwammen die Buchstaben. Sie seufzte, kam hoch und schob den Schuber zurück ins Holzregal. Alles durchzusehen, das würde sie niemals schaffen. Langsam blies sie die Luft aus und schaute an den unendlichen Holzregalen entlang, als ihr Blick am Bildnis eines Mannes hängen blieb, das in einem dicken Rahmen an der Wand gegenüber hing. Er war älter und trug einen Schnurrbart aus Kaisers Zeiten, aber sein milder Ausdruck erinnerte sie an ihren Vater.

Charlotte trat vor das Bildnis und strich sanft darüber. Das waren Ölfarben. Wer war dieser Mann mit dem Blick ihres Vaters? Auf der Vorderseite konnte sie seinen Namen nicht finden, weswegen sie es etwas von der Wand weghob, ohne es von der oberen Aufhängung zu lösen. Mit dunkler Tinte stand in der unteren rechten Ecke geschrieben:

Schuldirektor, Oberstudienrat Arthur Klöppel, 1943

Vermutlich handelte es sich um den letzten Leiter der Lehranstalt, bevor die Schule geschlossen worden war. Charlotte erinnerte sich daran, dass es nach dem Krieg wenige schulpflichtige Kinder im Gymnasialalter gegeben hatte, weswegen es nicht nur in Hamburg zu Schließungen gekommen war. Das Internat Pützchen hingegen, wo sie ihr Abitur gemacht hatte, war eine reine Mädchenschule gewesen, die Klassen nach dem Krieg voll.

Charlotte wollte das Bildnis gerade wieder an die Wand zurückgleiten lassen, als sie auf der Rückseite noch etwas ertastete. Eine papierne, dünne Tasche mit hartem Inhalt. Nur mit Daumen und Zeigefinger griff sie hinein und zog einen Gegenstand heraus. Es war ein altmodischer Eisenschlüssel mit kupferner Patina, dessen Bart mit Mustern durchbrochen und dessen Griff kunstvoll geformt war. Charlotte schaute sich um. Weswegen versteckte man hier einen Schlüssel? Er musste zu einem geheimen Raum führen – so zumindest war es in den Romanen, die sie gerne las. Nur wenige Schritte von ihr entfernt fiel ihr eine Tür auf, die sie bisher nicht bemerkt hatte. Sie befand sich hinter jenem schmalen Regal, das einen Teil der Suchkarten der unbekannten Kinder enthielt. Die kunstvolle Abdeckung des Schließzylinders, die in Form eines Eichenblatts beim Öffnen zur Seite geschoben werden musste, passte optisch zu dem altmodisch verspielten Schlüssel in ihrer Hand. Mit aller Kraft schob Charlotte das Regal so weit beiseite, dass sie eben an das alte Türschloss herankam. Der Schlüssel passte!

Aufgeregt betrat sie jenen Raum, den keine ihrer Kolleginnen bisher erwähnt hatte. Knarzend fiel die Tür hinter ihr ins Schloss. Das Innere des kleinen Zimmers wirkte, als wäre es in einer früheren Zeit vergessen worden. Die Bücher im Regal schimmerten matt und staubbeladen mit ihren goldverzierten Rücken. Am Fenster des kleinen Raumes stand ein lederner Ohrensessel, daneben ein kleiner Tisch mit verschnörkelter Leselampe. Beides war von Spinnweben zu einer festen Einheit verwoben worden. Zu Schulzeiten musste es ein Lesezimmer gewesen sein, ein Ort des Rückzugs für ausgewählte Personen.

Charlotte setzte sich in den Ohrensessel. Sie war versucht, sich eines der hübschen Bücher aus dem Regal zu ziehen, aber der Sessel war zu bequem, um nicht darin zu versinken und zu träumen. Sie stellte sich vor, dass sie durch die Bibliothek ging und dass dort, wo die Suchkarte von Monikas leiblicher Mutter ruhte, ein Licht leuchtete. Erneut seufzte sie. Es musste eine andere Lösung geben, als monatelang die Karteien zu durchsuchen.

Charlotte trat an das Fenster neben dem Sessel und sah hinab in den Backsteingarten, dessen Mauern vom Sonnenlicht in einem warmen Rotton schimmerten. Beeindruckender noch war die Aussicht in die Krone des alten Ahorns, die fast greifbar schien. Die gezackten Blätter glänzten in hellem Grün und warfen tanzende Schatten auf den Boden des kleinen Raumes. Sie hielt inne, um die Stimmung in sich aufzunehmen. Es wirkte, als würde der Baum mit seinen knorrigen Ästen in alle Richtungen greifen. Sie konnte ihre Augen nicht von der mächtigen Krone lösen, die ihr das Gefühl gab, das Schicksal würde alles zum Guten wenden. Sie öffnete das Fenster und sog die frische Luft ein.

Da ertönte Annegrets Stimme vom Flur. »Fräulein Peters, sind Sie hier?«

Charlotte verließ den Raum, den sie bei sich Baumkronenzimmer getauft hatte, so schnell sie konnte, schob von außen das Regal wieder vor die Tür und ließ den kunstvollen Eisenschlüssel in die Papiertasche an der Rückwand des gerahmten Bildnisses gleiten, als Annegret die Bibliothek betrat. »Telefon für Sie, Fräulein Peters.«

Charlotte lächelte die Kollegin an, für die sie in der Gemeinschaftsküche vergangene Woche einen Ostfriesentee samt Sahnewölkchen zubereitet hatte. Sie hatte sich für die Hilfe mit Monika bedanken wollen. Es war eine nette Pause gewesen, obwohl Annegret wortkarg gewesen war. Vielleicht ergab sich bald wieder die Möglichkeit, und dann wäre die Kollegin sicher schon gesprächiger. Sie war ein stilles Wasser, kannte wie kaum eine andere Kollegin die alten Akten, obwohl sie noch nicht so lange beim Suchdienst arbeitete wie Jutta oder Dagmar. Charlotte hatte das Gefühl, dass die Kollegin eigentlich Kontakt wollte und eine sehr zugewandte und aufmerksame Person war. Für ihr unglaubliches Gedächtnis bewunderte sie sie. Sie kannte niemanden, der so klug und gleichzeitig so zurückgenommen war. Mit ihrer ruhigen Art erinnerte Annegret sie an Libet, ihre Internatsfreundin. Seitdem sie ihr eigenes Leben führte, musste Charlotte wieder öfter an Libet denken. Sie hätte gerne gewusst, ob Annegret wie Libet auf eine selbstbestimmtere Zukunft für Frauen hoffte, aber für solche Fragen war jetzt nicht der richtige Zeitpunkt.

»Die Vermittlung hat ein Fräulein Brüderle angekündigt«, erklärte Annegret.

Charlotte straffte sich. Irmgard Brüderle war die Tochter der verstorbenen Bauersleute, auf deren Hof Monika gefunden worden war. Die inzwischen neunzehnjährige Frau wohnte seit der Flucht fünfundvierzig aus Baden-Württemberg im bayerischen Hof, wie Renate herausgefunden und auf Monikas Suchkarte festgehalten hatte, bevor sie dem Fall den Stempel »U« für unlösbar aufgedrückt hatte. Charlotte hatte Fräulein Brüderle bereits mehrfach zu erreichen versucht und sie letztendlich brieflich gebeten, mit ihr Kontakt aufzunehmen.

»Ich komme sofort«, sagte sie und verließ an Annegret vorbei die Bibliothek. Annegret war die einzige Kollegin in der Abteilung Findelkinder, mit der sie sich noch nicht duzte. Nur kurz schaute sie zum Bildnis von Oberstudienrat Klöppel zurück und lächelte so geheimnisvoll, wie der kleine Raum ihr erschienen war.

Auf dem Weg hinunter in die Aula rief sie sich die Hinweise für Telefonate aus dem Leitfaden in Erinnerung, den sie endlich fertig gelesen hatte. Ruhig und geduldig sollte man sein, immer sachlich bleiben und höflich. Das war gar nicht so einfach, wenn das Schicksal eines Kindes davon abhing.

Im Flur vor der Personaltür wurde Charlotte beinahe von Elli zur Seite gestoßen, was sonst gar nicht deren Art war. Sie hatte Elli Sander durchweg als rheinische Frohnatur kennengelernt, die selbst an grauen Tagen mit ihrer fröhlichen Art Licht ins Büro brachte. Mit ihrer knabenhaften Figur, den großen Augen und der frechen Frisur erinnerte sie Charlotte an die Schauspielerin Audrey Hepburn. Im letzten Moment wich sie der rasenden Elli aus.

»Dat jibbet nit!«, schimpfte die Kollegin und riss die Personaltür auf. »Wat muss sisch dat Hauptkommissar emme in allet inmische!«

Schon wieder ein Vorfall mit dem ungeliebten Hauptkommissar Hartmann? Charlotte blieb kurz stehen und legte Elli tröstend die Hand auf die Schulter. Aus ihrer Zeit im Internat erinnerte sie sich noch an einige rheinische Sprüche. »Dat Levve is ze kurz, um ze meckere. Laach lieven, dat is jood für de Seel!«, brachte sie etwas umständlich heraus.

Kurz zogen sich Ellis Mundwinkel hoch. »Hauptkommissar Hartmann kann mir doch nit ausjerechnet hück minge Fall wechnehme. Gerade jetz han ich neue Erkenntnisse un bin kurz vor einer Zosammeführung!«, ereiferte sie sich, schloss die Personaltür wieder und rauschte in entgegengesetzter Richtung davon.

Wenn dieser Hauptkommissar es wagen würde, ihr den Fall Monika Mayer wegzunehmen, dachte Charlotte, würde sie ihm die Leviten lesen! Zum Glück hatte sie mit ihm noch nicht zu tun gehabt, und es wäre gut, wenn das so bliebe. Wie konnte sie Elli jetzt helfen? Hatten Zusammenführungen nicht oberste Priorität?

Nach dem Telefonat mit Fräulein Brüderle würde sie noch mal mit Elli sprechen. Vielleicht gab es eine Möglichkeit, den schrecklichen Hauptkommissar in seine Schranken zu weisen. Immerhin lief es mit ihm – soweit sie das von Jutta wusste – von jeher holprig. Sie erinnerte sich an ein Gespräch während der Mittagspause, in dem sie über die Zusammenarbeit zwischen Suchdienst und Polizei aufgeklärt worden war. Man organisierte sich in einer gemeinsamen Ermittlungsgruppe, um Fälle aufzuklären, die sowohl Aspekte einer humanitären Katastrophe aufwiesen, wofür der Kindersuchdienst zuständig war, als auch kriminelle Aspekte. Die Ermittlungsgruppe sollte den

Austausch von ermittlungsrelevantem Wissen um Waisenkinder erleichtern. Jutta hatte von einem Fall berichtet, der die Gruppe im vergangenen Jahr monatelang in Atem gehalten hatte. Plötzlich waren Kinder aus einem Waisenhaus in Pinneberg – darunter auch ein Suchkind – verschwunden, und es gab Hinweise darauf, dass eine kriminelle Bande sie entführt hatte. Hauptkommissar Hartmann hatte die gemeinsame Ermittlungsgruppe geleitet, und Jutta, deren Suchkind involviert war, war immer froh gewesen, wenn sie aus der Bundespolizeiinspektion zurück an ihren Tisch am Blomkamp kam. Wenigstens hatte man die Verbrecher dingfest gemacht.

Dagmar schaute aus der Personaltür in den Flur. »Dein Telefonat wartet, Charlotte. Lange kann ich Fräulein Brüderle nicht mehr hinhalten.«

»Natürlich!«, entgegnete sie, in Gedanken noch bei dem unsäglichen Hauptkommissar Hartmann.

Charlotte betrat die Aula und eilte auf die Telefontische am Ende des Raumes zu. Mit pochendem Herzen nahm sie den Hörer entgegen und setzte sich auf den Hocker am mittleren Tisch. »Bitte stellen Sie durch«, bat sie die Vermittlung nervös.

Kurz stellte sie sich vor, um dann ohne Umschweife auf den Grund ihres Anrufes zu kommen. »Es geht um das Kind, das vor zehn Jahren auf dem Hof Ihrer Eltern in Heinsheim gefunden wurde, Fräulein Brüderle.«

»Was wollen Sie denn noch?«, kam es mürrisch vom anderen Ende der Leitung.

Plötzlich näherten sich Renates klackernde Schritte. »Rufst Du gerade *das* Fräulein Brüderle an, mit dem ich auch schon gesprochen habe?«, fragte die Kollegin, von der Charlotte überzeugt war, dass sie in Jochen Krüger verliebt war.

»Einen kleinen Moment, bitte«, sagte Charlotte in den

Hörer, legte ihre Hand auf die Muschel und drehte sich zu Kollegin Kunstmann um.

Die stand in bester Monroe-Pose hinter ihr. Renates hohe Absätze hätten sogar Dolores Dahlhäuser Respekt abverlangt. Der Blick der Kollegin glitt über Charlottes losen Haarknoten, über ihre abgeknabberten Fingernägel und ihre viel zu große Bluse. Sie schüttelte leicht den Kopf. Dann begann sie, Charlottes Haarknoten zu richten, während sie sagte: »Wir kontaktieren die Opfer so wenig wie möglich. Die Familie Brüderle musste fünfundvierzig wegen drohender Bombenangriffe flüchten, sie haben den Hof verloren, und die Eltern haben die Flucht nicht überlebt. Die Tochter hat sich bis heute nicht davon erholt.«

»Vielleicht erinnert sie sich inzwischen an etwas Neues«, rechtfertigte Charlotte ihren Vorstoß. »Ein Jahr ist eine lange Zeit.« Ihr Haarknoten war gerichtet.

»Erfahrungsgemäß passiert das nicht«, gab Renate zurück und entwirrte Charlottes Ausschnittbänder mit den Bommeln. »Es ist wichtig, dass wir sensibel mit den Betroffenen umgehen. Bitte, Charlotte, vergiss das im Eifer des Gefechts nicht«, empfahl sie noch. Dann ging sie wie auf einem Laufsteg an ihren Tisch zurück.

»Danke für den Hinweis«, murmelte Charlotte der Kollegin hinterher, die abends immer häufiger länger blieb. Vielleicht wollte Renate nicht in ihr leeres Zimmer zurückkehren?

Charlotte wandte sich wieder dem Telefon zu. Ihr Bauchgefühl sagte ihr, dass sie auf einer heißen Spur und dieses Gespräch notwendig war. »Fräulein Brüderle, bitte versuchen Sie, sich noch einmal daran zu erinnern, wer den Säugling zu Ihnen auf den Hof gebracht hat.«

Fräulein Brüderle schwieg, doch sie war noch am Apparat. Charlotte konnte ihre schnelle Atmung hören. Es dauerte eine Weile, bis die Bauerntochter sagte: »Je mehr Zeit vergeht, desto unschärfer sehe ich die Vergangenheit. Ich war doch erst neun, als ...« Sie sprach nicht weiter.

Hoffentlich legte Fräulein Brüderle jetzt nicht auf. Charlotte gab ihr Zeit, sich zu fangen. Ihr Blick wanderte zum Fenster in den Backsteinhof. Elli Sander saß niedergeschlagen unter dem Ahorn und wurde von zwei Kolleginnen aus der Abteilung Wolfskinder und von Jutta getröstet.

»Waren damals vielleicht andere Menschen auf dem Hof, die mir weiterhelfen könnten, die leiblichen Eltern für Monika ausfindig zu machen?«, fasste Charlotte nach einer Weile nach.

»Bitte lassen Sie mich ein für alle Mal in Ruhe!«

»Eine Magd vielleicht? Ein Koch?«, drängte Charlotte. Sie hatte keine Ahnung, wer alles auf einem Bauernhof arbeitete.

»Nein. Auf Wiedersehen!«

»Im Gegensatz zu Ihnen hat Monika keine einzige Erinnerung an ihre Eltern«, sagte Charlotte und wollte schon enttäuscht auflegen, als Fräulein Brüderle leise sagte: »Warten Sie.«

»Ja?« Charlotte hielt die Luft an und umklammerte den Telefonhörer.

»Unser Knecht war da, bis wir vor den Bomben fliehen mussten«, erinnerte sich Fräulein Brüderle.

Charlotte richtete sich auf. Über einen Knecht hatte Renate nichts notiert. Das war ein neuer Ansatzpunkt. »Erinnern Sie sich an seinen Namen?«, hakte sie aufgeregt nach.

»Pavel Koczek. Bis Heilbronn sind wir noch gemeinsam gereist. Er wollte zu Verwandten aufs Land bei Darmstadt, sich dort in Sicherheit bringen ...« Fräulein Brüderle verstummte, dann legte sie unvermutet auf.

»Pavel Koczek, Darmstadt«, sprach Charlotte vor sich hin, damit sie Namen und Ort nicht vergaß, bevor sie beides notiert hatte. Jetzt galt es, den Knecht zu finden und ihn zu befragen, was er über den elternlosen Säugling auf dem Hof wusste. Ein neuer Hoffnungsschimmer. Und dann war da ja noch der braune Teddybär! Er war ein markantes Wiedererkennungsmerkmal und musste zusammen mit dem ältesten Foto von Monika auf das nächste Rasterplakat.

Charlotte ging zurück an ihren Tisch, notierte kurz, was sie erfahren hatte, und setzte sofort einen Brief an die Meldebehörde in Darmstadt auf, mit der Bitte, dem Suchdienst die Kontaktdaten von Pavel Koczek zu schicken.

Plötzlich wurde die Besuchertür geöffnet, und jemand ging ohne Aufforderung um den Tresen herum, was Gästen verboten war.

Charlotte starrte wie die anderen Kolleginnen den Mann an, der sich neben dem Erinnerungsbaum in der Mitte der Aula aufbaute. Beinahe vollständig verdeckte er die Birkenfeige hinter sich. Er trug einen Zweireiher mit Goldknöpfen samt seidenem Halstuch und fuhr sich durch das feste weißblonde Haar, während er sich in dem holzgetäfelten Raum mit den alten Schulbänken umsah, als wäre er der Leiter des Kindersuchdienstes.

Charlotte spürte, wie sich eine Gänsehaut auf jedem Zentimeter ihrer Haut ausbreitete. Der Stift glitt ihr aus den Händen. Woher wusste er, dass sie hier arbeitete?

Carl-Gustav Johannson schritt auf sie zu. »Schön, dich endlich wiederzusehen«, sagte er. »Ich habe dich vermisst, Charlotte.«

Sie erhob sich. »Was willst du hier?«, fragte sie, um Haltung bemüht. Mit gestrafften Schultern ging sie rückwärts, bis sie von der Wand mit dem Bildnis von Bundeskanzler Adenauer gestoppt wurde.

Carl-Gustav kam ihr nach und hob mit dem Zeigefinger besitzergreifend ihr Kinn an. Sein Atem roch nach Kaviar. Angewidert drehte sie den Kopf weg. Dabei fiel ihr auf, dass Renate den Schweden fasziniert betrachtete. Vermutlich gefiel ihr sein geschniegelter Auftritt.

Dagmar am Tresen griff nach einem Keks, wobei ihre Armreife klimperten. Sie ließ den Blick nicht vom Geschehen. Die anderen Kolleginnen der Abteilung saßen regungslos da, eingeschüchtert und neugierig zugleich.

Carl-Gustav fasste Charlotte am Handgelenk und streichelte sie dort, wo ihre Pulsadern verliefen.

»Ich will das nicht!«, stieß sie hervor.

Annegret erhob sich mit verkniffenem Gesichtsausdruck.

»Herr ... ich kenne Ihren Namen nicht ... Aber können Sie Ihre Angelegenheit nicht friedlicher regeln?«, fragte Jutta mit einem versöhnlichen Lächeln herüber.

Dagmar deutete auf ihre Dose. »Möchten Sie vielleicht einen Keks? Schwarzer Sesam mit Ingwer.«

Charlottes Augen wanderten hilflos zwischen Carl-Gustav und Dagmar hin und her.

»Eine interessante Mischung aus dem nussigen, leicht bitteren Geschmack des schwarzen Sesams und der scharfen, würzigen Note des Ingwers«, erklärte Jutta aufmunternd.

Dagmar schüttelte die Büchse ein wenig, sodass die Gebäckteile raschelten. »Eine perfekte Balance zwischen süß und scharf. Probieren Sie, und danach reden wir alle versöhnlicher miteinander«, betonte sie mit ihrer einladend schönen Stimme.

»Das hier betrifft nur mich und meine Verlobte«, erklärte Carl-Gustav. »Und Kekse sind dabei nicht die Lösung.«

»Verlobte?«, entfloh es Renates Mund irritiert.

Es wurde getuschelt. Die Kolleginnen sahen einander verwirrt an.

Bei dem Wort »Verlobte« spürte Charlotte die alte Wut in sich aufsteigen, die sie geglaubt hatte, längst hinter sich gelassen zu haben. »Ich liebe dich nicht!«, rief sie wie schon in der Villa ihrer Eltern.

»Meine Verlobte erlaubt sich wohl einen kleinen Scherz«, sagte Carl-Gustav laut, den Blick weiter auf Charlotte gerichtet, als wollte er sie aufspießen. »Es ist höchste Zeit, dass sie nach Hause kommt, in unser neues Heim. Den Kaufvertrag für die Villa habe ich bereits unterschrieben. Du kannst dich freuen, Liebes.«

Charlotte wusste nicht, wie sie reagieren sollte. Er wusste jetzt, wo sie arbeitete. Beim Kindersuchdienst zu kündigen, war keine Option, dann würde sie Monika nicht mehr helfen dürfen. Sie versuchte, seiner Nähe zu entkommen, aber Carl-Gustav hielt sie daraufhin nur fester im Griff.

»Ich lasse dich nicht mehr los«, sagte er und belächelte ihre Bemühungen müde.

Jutta näherte sich, doch es war Annegret, die als Erste vor Charlotte und den Schweden trat. »Brauchen Sie Hilfe, Fräulein Peters?«, fragte die Kollegin. Sie sprach zwar leise, klang aber entschlossen.

»Fräulein wer?«, fragte Carl-Gustav.

»Bitte lassen Sie Fräulein Peters los!«, verlangte Annegret von dem Mann, der sie, so zierlich, wie sie war, auf einem Arm aus dem Büro hätte heraustragen können.

»Das hier ist nicht Fräulein *Peters*, sondern Fräulein *Dahl-*

häuser!«, erklärte Carl-Gustav. »Und wir sind rechtskräftig verlobt und werden heiraten. Das Standesamt ist für den siebzehnten September reserviert.«

Ein kollektives Raunen ging durch den Raum. Die bedrückende Stille, die daraufhin folgte, schmerzte Charlotte. Sie spürte, wie heftig sie errötete. Unter gesenkten Lidern sah sie an dem Schweden vorbei zu den Kolleginnen, die ihr in den letzten Tagen beinahe Freundinnen geworden waren. Renates Augen waren vor Entsetzen geweitet. Dagmar hielt inne, einen Keks halb in den Mund geschoben, und starrte sie an, als stünde Charlotte nackt vor ihr.

»Fräulein *Dahlhäuser*?« Annegret trat einen Schritt zurück.

»Du hast uns all die Zeit belogen?«, fragte Jutta leise.

Charlotte nickte beschämt, wagte aber nicht, sie anzuschauen. Jutta war stets um Harmonie bemüht und sorgte dafür, dass alle zum Freitagsfrühstück erschienen, für das Doktor Seppelfricke Mettbrötchen spendierte. Sie ermunterte zu Aussprachen und gegenseitigem Verständnis, wenn es zu Unstimmigkeiten kam. Charlotte mochte sie sehr. Umso schwerer kamen ihr nun die Worte über die Lippen. »Ja, ich habe euch belogen. Und Tempo fünfhundert werde ich wohl nie schaffen«, schob sie nach. Sie fühlte sich grässlich, auch wenn die ausbleibende Reaktion der Kolleginnen erahnen ließ, dass sie Letzteres bereits wussten.

Am liebsten wollte Charlotte im Boden versinken. Aber noch schlimmer fühlte sich die Tatsache an, dass Carl-Gustav weiterhin auf der Verlobung bestand und sogar schon einen Termin beim Standesamt gemacht hatte. Sie musste das Verlöbnis unbedingt lösen, auch wenn es in ihren früheren Kreisen einen Skandal bedeuten würde.

»Sie ist wirklich eine von der Reederei Dahlhäuser?«, fragte

Annegret mit zitternder Stimme. Nervös begann sie, die Knopfleiste ihrer gelben Strickjacke zu befingern.

Carl-Gustav Johannson nickte nicht ohne Stolz. »Sie ist die Tochter von Rudolph und Dolores Dahlhäuser.«

»Heiraten ...«, murmelte Renate in sehnsüchtigem Ton.

Bevor Charlotte noch etwas sagen konnte, verkündete der Schwede: »Eine ehrbare Frau gehört ins traute Heim und nicht in ein Büro.« Mit diesen Worten schob er sie zum Tresen, Richtung Ausgang.

Sie war zu niedergerungen, um sich zu wehren. »Ich will keinen Haushalt!«, protestierte sie wenigstens. »Ich arbeite jetzt als Suchdiensthelferin!«

»Widerspruch steht dir nicht zu!«, stellte Carl-Gustav klar, während er sie am Tresen vorbeiführte. »Und wenn wir zu Hause sind, ziehst du als Erstes diese schreckliche Bluse aus.« Er öffnete die Tür. »Zu Hause warten die teuersten Kleider auf dich, mein Liebling.«

»Nein!«, rief Charlotte mit letzter Verzweiflung. »Ich will das alles nicht!« Sie meinte plötzlich, kaum Luft zu bekommen, genauso wie damals in dem Abendkleid mit der zartrosa Schleife.

In der Besuchertür trat ihnen in Qualm eingehüllt Doktor Seppelfricke entgegen. »Was ist denn hier los? Bitte lassen Sie sofort meine Mitarbeiterin los!«, verlangte der Leiter des Kindersuchdienstes. Er war fast zwei Köpfe kleiner als Carl-Gustav, aber genauso breit.

»Wissen Sie, dass *Ihre* Mitarbeiterin falsche Angaben zu ihrem Namen und zum Familienstand gemacht hat?«, fragte der Schwede.

Betreten senkte Charlotte den Kopf. Sie spürte einen stechenden Schmerz in der Brust und hoffte, der Boden unter ihren Füßen würde sich auftun.

»In meinem Haus wird Frauen keine Gewalt angetan«, erklärte Doktor Seppelfricke und zog an seiner Mentholzigarette, »egal unter welchem Namen sie hier arbeiten.« Er schob sich zwischen Charlotte und Carl-Gustav, sodass der sie loslassen musste.

»Als ihr Verlobter verbiete ich Charlotte Dahlhäuser, hier zu arbeiten!«, entgegnete Carl-Gustav.

»Dieses Recht stünde Ihnen als Ehemann zu, aber das sind Sie noch nicht, sofern ich Sie recht verstanden habe«, entgegnete Doktor Seppelfricke. »Die junge Dame hier ist volljährig.« Er wandte sich Charlotte zu: »Oder haben Sie bei Ihrem Alter auch gelogen?«

Sie schüttelte den Kopf. »Im vergangenen November bin ich einundzwanzig geworden.«

Carl-Gustavs Kiefer mahlten unruhig.

»Ich begleite Sie jetzt nach draußen«, sagte Doktor Seppelfricke ihm in einem Ton, der keinen Widerspruch zuließ. »Kommen Sie! Ansonsten rufe ich die Polizei.«

Noch einmal sah Carl-Gustav zu Charlotte. In seinem Blick meinte sie, blanke Wut zu lesen, obwohl er sichtlich darum bemüht war, die Fassung zu bewahren. »Ich lasse mich von dir nicht abweisen!«, sagte er noch, dann ging er den Flur hinab.

Charlotte horchte darauf, wie die schwere Eichenholztür ins Schloss fiel. Endlich war er fort!

In der Aula blieb es mucksmäuschenstill. Als Charlotte wieder an ihren Tisch gehen wollte, schauten die Kolleginnen sie fragend an. Sie schienen auf eine Erklärung zu warten. Annegret stand vor der Wand mit den Landkarten, noch immer die Finger an den Knöpfen ihrer Strickjacke.

Doktor Seppelfricke trat neben den Erinnerungsbaum, strich über das ein oder andere Namensschild und nahm einen tiefen Zug von seiner Mentholzigarette. Beim Ausatmen wanderte sein Blick über seine Mitarbeiterinnen, bevor er an Charlotte hängen blieb. »Von nun an verlange ich absolute Ehrlichkeit von Ihnen!«, sagte er.

»Versprochen!«, antwortete Charlotte ohne Zögern. Sie hatte schon gedacht, sie würde ihre Sachen jetzt zusammenräumen müssen.

»Nicht nur von Ihnen, Fräulein Dahlhäuser, sondern von allen hier.« Doktor Seppelfricke sah sich erneut im Raum um. »Wir arbeiten in einem sensiblen Themengebiet, für das Vertrauen und Verlässlichkeit das Fundament sind. Wenn ich noch einmal von einer Lüge erfahre, muss ich anders reagieren!«

Charlotte nickte mehrmals, genau wie die anderen Kolleginnen. Sie schaute zu Annegret, die kreidebleich geworden war.

Nachdem Doktor Seppelfricke die Aula wieder verlassen hatte, blieb eine angespannte Stille zurück.

Charlotte stand noch an ihrem Tisch, als Annegret aufgelöst an ihr vorbei hinaus. Ihr selbst gingen nun neue Fragen durch den Kopf. Wenn bekannt war, dass sie am Blomkamp arbeitete, warum waren ihre Eltern noch nicht hier aufgetaucht? Es war unerklärlich, dass sie sich nicht meldeten. Als würde sie für sie nicht mehr existieren. Schon häufiger hatte sie sich mit ihrer Mutter und ihrem Vater gestritten, aber schlussendlich hatten sie immer wieder zueinandergefunden. Vor allem ihr Vater war ein versöhnlicher Charakter. Charlotte verstand, dass es nach der erneuten Absage an Carl-Gustav Johannson kein Zurück mehr zu ihrer Familie gab. Aber wie nur konnte sie sich entloben?

7

14. April 1955

Die Strahlen der Morgensonne tauchten den Schrebergarten in goldenes Licht. Annegret war früh aufgestanden. Endlich wieder Gartenarbeit, endlich wieder mit den Händen in der Erde wühlen und die Natur spüren. Oskar schlief noch, eingehüllt in seine warme Decke. Ihre Arbeit wurde von Vogelgezwitscher begleitet. Für die gefiederten Freunde hatte sie frisches Wasser in eine Schale gegossen und Körner unter den Kirschbaum gestreut.

Mit einer Hacke lockerte sie die feste Erde auf, in die die Saatkartoffeln reinkamen, und nahm immer wieder Brocken in die Hand, um sie zu zerbröseln. Wenn sie sah, wie die Saat spross und das Leben gedieh, glaubte sie gerne, dass alles gut werden würde. Nach der Aufregung des gestrigen Tages konnte sie ein wenig Zuversicht brauchen.

Nachdem der Verlobte von Fräulein Dahlhäuser beim Suchdienst aufgetaucht war, hatten die Kolleginnen ihr ihre Bewunderung dafür ausgesprochen, dem Mann so mutig entgegengetreten zu sein. Vielleicht war sie wirklich hin und wieder mutiger, als sie dachte. Diese Vorstellung half ihr, nicht vor Jochen Krüger einzuknicken. Mit aller Kraft stieß sie die Hacke in den Erdboden, während sie in ihrer Erinnerung ihren Vorgesetzten wie vorgestern an ihrem Tisch neben der Personaltür stehen sah. Er war wie aus dem Nichts aufgetaucht, hatte sie in den Physiksaal zitiert und ihr dort ein Exemplar der *Suchdienst-Zeitung* unter die Nase gehalten. Die meisten Seiten des Blattes füllten Namenslisten von Vermissten. Den Rest machten Artikel aus, die so zäh zu lesen waren wie der Rechenschaftsbericht eines Turnvereins.

»Sie werden einen Beitrag schreiben!«, hatte Jochen Krüger verlangt.

Sofort hatte sie gedacht, dass jede andere Kollegin besser geeignet wäre. Allen voran Elli Sander, die schon einige Artikel verfasst hatte. Gefolgt von Charlotte, die ihr beim gemeinsamen Tee, als sie noch Peters hieß, erzählt hatte, dass sie eine Zeit lang Journalistin werden wollte. Das Einzige, was Annegret mit der *Suchdienst-Zeitung* verband, war die Tatsache, dass sie sie las, wie es sich für eine Mitarbeiterin gehörte – und sie brauchte ewig für eine Ausgabe. Für sie war Zeitunglesen eine Qual, die eigentlich nur noch davon übertroffen wurde, selbst einen journalistischen Beitrag verfassen zu müssen.

»Wir brauchen wieder mehr Aufmerksamkeit in der Bevölkerung. Unsere Quote der Zusammenführungen ist vor allem deswegen rückläufig, weil die Menschen den Glauben an die Fähigkeiten des Kindersuchdienstes verloren haben«, hatte Jochen Krüger ausgeführt.

In Gedanken an die Ermutigung der Kolleginnen hatte sie geantwortet: »Ich werde es versuchen«, obwohl sie bereits so viel Arbeit von ihm übertragen bekommen hatte, dass sie davon etwas mit nach Hause nehmen musste. Sobald Oskar eingeschlafen war, arbeitete sie weiter, was zum Studium der Altakten noch hinzukam.

Jochen Krüger hatte nach ihrer Zusage kurz irritiert gewirkt, hatte nur knapp genickt und sie dann »rasch zurück an die

Arbeit« geschickt. Erwartete er, dass sie vor Überlastung aufgab?

Als Annegret die Hälfe des Beetes aufgelockert hatte, hielt sie inne. Sie wollte etwas schreiben, das die Menschen berührte und gleichzeitig den Suchenden Mut machen, sich in die Kartei aufnehmen zu lassen. Sie beobachtete, wie eine Meise sich auf den Rand der Wasserschale unter dem Kirschbaum setzte und trank. Immer mehr Vögel gesellten sich dazu. Sie versank in deren Anblick, ein magischer Moment.

Als sie wieder zu sich kam, dachte sie, dass sie etwas über die Magie von Zusammenführungen schreiben wollte, wie sie sie selbst erlebt hatte. Eine Saatkartoffel nach der anderen kam nun in die Erde. Annegret war überzeugt, ihr Thema gefunden zu haben, und sah zum Himmel hinauf. Der Tag versprach gutes Wetter.

Sie wischte sich ihre dreckigen Hände an der Schürze ab, harkte das Kartoffelbeet noch einmal ordentlich und ging in die Laube, ohne sich über den grimmigen Blick des Nachbarn zu ärgern. Wie jeden Tag hatte Herr Hansen seine Fensterläden bei Sonnenaufgang geöffnet. Immerhin zeigten sich schon ein paar Blätter an ihrer Ligusterhecke. In wenigen Wochen würde der Nachbar sie kaum noch sehen. Sie brauchte ihn nicht, um zu wissen, dass sie als Alleinerziehende ein Leben führte, das als schändlich betrachtet wurde.

Annegret legte ihre schmutzige Gartenschürze ab, wusch sich und machte sich für die Arbeit zurecht. Wie jeden Morgen kämmte sie ihre kurzen Stirnfransen und band sich ihr braunes, langes Haar am Hinterkopf zusammen. Bevor sie Oskar weckte, betrachtete sie ihn im Licht der Kerze wie immer eine Weile versunken.

Eine halbe Stunde später verließen sie Hand in Hand die

Schrebergartenanlage. Am Schultor winkte sie ihrem Sohn lange hinterher, als er zu seinen Freunden lief. Heute würden sie sich ausnahmsweise früher wiedersehen. Wegen ihrer vielen Überstunden hatte Doktor Seppelfricke ihr erlaubt, an diesem Tag eher Feierabend zu machen. Sie hatte Oskar versprochen, ihn von der Schule abzuholen, um mit ihm zum Spielplatz im Altonaer Volkspark zu fahren, zu dem auch ein Murmelparcours gehörte. Seit Wochen schwärmte er davon. Der Parcours stand unter den Erstklässlern seiner Schule hoch im Kurs. Als Überraschung hatte sie bereits zwei Fahrscheine für die Straßenbahn gekauft. Eine Karte ohne Umsteigen kostete fünfundzwanzig Pfennig.

In der alten Schule empfingen sie hektisches Treiben und aufgeregte Gespräche, sodass ihr leises »Guten Morgen« unterging. Es fielen Worte wie »Kanzler Adenauer« und »sympathische Tochter«. Elli Sander hatte die BILD-Zeitung aufgeschlagen, in der auf einer halben Seite eine Fotografie des Bundeskanzlers mit seiner Tochter Elisabeth abgebildet war. Die Zeitung titelte:

Deutschlands First Lady ist erst siebenundzwanzig Jahre alt

»Mit Elisabeth an seiner Seite wirkt unser alter Kanzler gleich viel jünger«, fand Dagmar.

»Alter Kanzler? Wat sull dat met dem Alter!«, brüskierte sich Elli und stemmte ihre dünnen Arme in die Hüften. »D'r is zwar neunundsiebzisch em Pass, ävver im Kopp esser noch fit wie e Tornschoh! Guckt euch nor diesen wachen Blick aan!« Sie zeigte wie so oft zum Adenauer-Bildnis an der Wand hinter sich.

Annegret sah es sich zum ersten Mal genauer an. Kanzler Adenauers helle Augen, tief unter dem markanten Bogen seiner

Brauen liegend, zeigten einen Ausdruck von Unnachgiebigkeit und Entschlossenheit. Die Falten drum herum erzählten von einem Leben voller Verantwortung und politischen Kämpfen. Trotz dieser Spuren strahlte er eine kühle Klarheit aus, die vermuten ließ, dass ihm nichts entging. Er schaute wie ein Mann in die Aula, der viel gesehen und erlebt hatte und der durch die Härten der Geschichte geschärft worden war.

Annegret fühlte sich klein neben ihm, senkte den Kopf und legte Mantel und Beutel an ihrem Tisch ab, während Charlotte schwärmte: »Was ich dafür geben würde, wie er die große, weite Welt bereisen zu dürfen, und seine Tochter ...« Sie brach ab, weil sie wohl merkte, dass die Kolleginnen sie ignorierten.

Annegret hatte das Gleiche vor. Wenn es einen Namen gab, der für sie ein rotes Tuch war, dann war es »Dahlhäuser«. Sie dachte sofort an ihre Mutter. Ruth Dietzel hätte sich eher vergiftet, als mit jemandem aus der Familie Dahlhäuser zusammenzuarbeiten.

»Ist es nicht tragisch, dass der Kanzler bereits zweimal verwitwet ist?«, fragte Renate in die Runde.

Elli Sander warf ein: »Bei m'r am Rhein sagen m'r: ›Et hätt noch emmer jot jejange‹, un d'r Adenauer es dat beste Beispiel doföör.«

Ihr Lachen erfüllte die Aula, sie warf ihren Kopf in den Nacken. Die Kolleginnen konnten nicht anders, als mitzulachen. Sogar Charlotte versuchte es.

Annegret machte sich an die Arbeit, kam aber heute nur langsam voran. Zuerst wurde sie ans Telefon gerufen. Danach musste sie eine Kollegin von den Wolfskindern dabei vertreten, mit einer ehemaligen Heimerzieherin aus Schlesien einen Band der Vermisstenlisten durchzugehen. Tausende winzige Buchstaben tanzten vor ihren Augen wild durcheinander. Immer wieder verwechselte sie »b« und »d« sowie »p« und »q« oder verdrehte die Reihenfolge der Buchstaben. Zusätzlich bekam sie heute gleich mehrere Briefe. Zwei stammten von Gemeinden, die auf ihrer Liste mit den provisorischen Krankenhäusern für ihr Suchkind Eberhard Voss standen. Charlotte hatte ihr vor dem Auffliegen ihrer Lüge geholfen, Dutzende Rathäuser und Gemeindeverwaltungen in den von Zerstörungen verschonten Orten in Ostpreußen durchzutelefonieren.

Sie öffnete den zuoberst liegenden Umschlag und las den Brief. Eine Absage! Kein Krankenhaus im Ort. Das nächste Schreiben trug das offizielle Siegel der Bundespolizei. Darin bat Hauptkommissar Hartmann um eine Liste aller Mitarbeiter des Suchdienstes, die für ein Seminar über Befragungstechniken infrage kämen. Wenn Hauptkommissar Hartmann persönlich das Seminar leitete, hätte sicher kaum eine Kollegin Lust darauf, davon war Annegret überzeugt. Nicht bei dem Unmut, den er neuerdings auf sich gezogen hatte, als er Elli ihren aussichtsreichsten Suchfall weggenommen hatte. Der Brief musste aus Versehen auf ihrem Stapel gelandet sein.

Der Umschlag vom Bürgermeister aus Selenogradsk war etwas dicker. Selenogradsk lag etwa dreißig Kilometer nördlich von Kaliningrad und war weitgehend vom Krieg verschont geblieben. Endlich eine Spur von Eberhard! Annegrets Aufregung wuchs, als sie den Umschlag öffnete. Der Bürgermeister schrieb, dass laut Patientenlisten ein Junge mit dem Vornamen Eberhard, Jahrgang zweiundvierzig, vom Sankt-Elisabeth-Krankenhaus in den Kursaal des Ortes gebracht, dort behandelt worden war und genesen sei. Der Kursaal war bereits vierundvierzig in einen provisorischen Krankensaal umgewandelt worden. Sie schaute sich die Fotografie, die dem Brief beilag, aufmerksam an. Bestimmt fünfzig Betten standen in einem hübschen Raum, in dem vor dem Krieg noch Kurkonzerte und Theatervorstellungen stattgefunden haben mussten. Da waren riesige, schmuckvolle Fenster, hübsch abgerundete Balkenträger und ein üppiger Lichtschacht, sodass der lang gezogene Raum sehr hell wirkte. Es war ein moderner Raum im Stil der Zeit zwischen den Kriegen. Rotkreuzschwestern und Ärzte gruppierten sich um die Patientenbetten, und Rollwägen mit Medikamenten und medizinischen Materialien standen herum.

Jutta trat neben Annegret und sah sich den mit Feldbetten vollgestellten Kursaal an. Hoch konzentriert schien sie jedes Detail zu erfassen. Erst gestern hatte die Kollegin ihr angeboten, ihren Artikelentwurf für die *Suchdienst-Zeitung* auf Rechtschreibung und Grammatik zu überprüfen. Nach einigem Zögern hatte Annegret zugesagt. So leicht wollte sie es Jochen Krüger nicht machen, sie loszuwerden!

»Am wahrscheinlichsten ist es, dass Ihr Suchkind, Fräulein Dietzel, vom Kursaal an ein Waisenhaus übergeben wurde«, grübelte Jutta laut. Sie trug eine Bluse, auf die mit goldenem Garn eine Rose gestickt war. »Allerdings, so wie Frau Voss hier gerne auftritt und Chefbehandlung fordert, glaube ich fast, sie verschweigt uns etwas«, sagte die Kollegin und setzte sich dann wieder an ihren Tisch.

Annegret hatte schon einen ähnlichen Gedanken gefasst. Frau Voss war vergangene Woche erneut hier gewesen. Eine ganze Stunde hatte sie oben im Physiksaal beim Abteilungsleiter verbracht, bevor Annegret sie über die laufenden Suchaktivitäten informieren durfte. Frau Voss war sehr ungeduldig gewesen, beinahe unhöflich. Ob sie ehrlich war und es ihr wirklich nur darum ging, Eberhard zu finden? Annegret war sich nicht sicher.

Ihre Gedanken sprangen zu Doktor Seppelfricke und dazu, wie er alle um Ehrlichkeit gebeten hatte. Bei dem Appell des

Chefs hatte sich ihr Magen verkrampft, und sie hatte das Gefühl gehabt, dass plötzlich alle Augen auf sie gerichtet waren. Sie hatte sich zwingen müssen, ruhig zu bleiben. Gerade half es ihr am meisten, sich in die Arbeit zu vertiefen. Dann schaute sie sich nicht ständig nervös um, ob sie vielleicht komisch beäugt wurde. Konnte man einer Frau ansehen, dass sie Mutter war? Sie meinte, ja. Mütter trugen oft praktischere Kleidung und größere Beutel, damit sie Spielzeug oder Taschentücher darin unterbekamen. Sie hatte auch die Erfahrung gemacht, dass Mütter oft eine größere Geduld und Gelassenheit bei unerwarteten Unterbrechungen zeigten, weil sie daran gewöhnt waren. Hoffentlich flog sie nicht auf.

Annegret legte die Fotografie aus Selenogradsk zu den Unterlagen. Als Nächstes würde sie sich die Listen mit ostpreußischen Waisenhäusern besorgen. Es hatte an diese schon so viele Suchanfragen gegeben, dass für die Jahre fünfundvierzig bis siebenundvierzig Namenslisten mit Zu- und Abgängen der Waisenhäuser im Archiv des Kindersuchdienstes existierten. Sie würde ein paar Tage brauchen, um die Kiste voll mit Endloslisten durchzugehen. Sie hatte mal wieder das Gefühl, zu wenig Zeit zu haben.

Annegret sah auf die Uhr an der Wand, die kurz vor zwölf anzeigte. Einige Kolleginnen verließen die Aula mit Brotdosen in den Händen. Charlotte wurde nicht eingeladen, mitzukommen, aber Annegret verspürte vor Aufregung keinen Hunger.

Sie ging hoch ins Archiv und wurde schnell fündig. Zurück an ihrem Tisch, breitete sie die Belegungslisten der ostpreußischen Waisenhäuser vor sich aus und bekam bald nichts mehr von dem mit, was um sie herum passierte.

Als sie von ihrer Arbeit aufschaute, bemerkte sie Charlottes Blick, die ihr zulächelte, aber Annegret gefror das Gesicht. Sofort beugte sie sich wieder über Hunderte von Kindernamen. Sobald der Name Eberhard – ein beliebter Name für Kinder der Kriegsjahre – auftauchte, zitterten ihre Finger vor freudiger Erwartung. Sie notierte alle Einrichtungen, in die Jungen mit Namen Eberhard, Jahrgang zweiundvierzig, übergeben worden waren.

»Fräulein Dietzel, darf ich Sie daran erinnern, den Suchdienst heute bereits um vierzehn Uhr zu verlassen?«, fragte Frau Hahn. Sie hatte vorgestern Annegrets kurze Nachricht zum früheren Feierabend aufgenommen – aus versicherungstechnischen Gründen. »Nicht, dass meine Notiz umsonst gewesen ist.«

Annegret sah von ihren Listen auf. »Wie bitte?«, fragte sie, mit den Gedanken noch nicht im Hier und Jetzt.

»Sie wollten heute doch früher los!«, erinnerte die Chefsekretärin. Sie stand so aufrecht, wie Annegret es gerne würde, und hielt in einer Hand Büroklammern, die sie nur stückweise verteilte. Annegret hatte mitbekommen, dass wegen weiterer Sparmaßnahmen das Büromaterial neuerdings im fensterlosen Karzer unter der Treppe zum Obergeschoss lagerte, den Frau Hahn so fest verschlossen hielt wie einen Tresor mit Wertpapieren.

»Na, dann: hopp, hopp!«, sagte Frau Hahn und ging wieder.

»Danke«, rief Annegret ihr hinterher. Sie schnappte sich ihren Mantel, verabschiedete sich bei den Kolleginnen und verließ den Kindersuchdienst.

*

Kurz vor drei stand sie vor Oskars Schule. Ihr Sohn trottete ihr traurig entgegen. Sein Anblick brach ihr das Herz. »Was ist denn passiert, mein Spatz?« Sie suchte ihn von oben bis unten nach Wunden ab. Es kam nicht selten vor, dass die jüngeren Schüler von älteren in die Mangel genommen wurden. Aber sie konnte nichts finden. Sie nahm ihn dennoch fest in die Arme. Oskar drückte sein Gesicht in ihren Mantel, während er sagte: »Eine Vier in Lesen.«

»Wenigstens keine Fünf!« Annegret lächelte. »Ab morgen üben wir noch mehr.«

Oskar nickte bedröppelt.

»Für den Rest des Tages vergessen wir die Buchstaben aber erst einmal«, sagte sie und fügte in Gedanken hinzu: »Und mein Geheimnis vor den Kolleginnen ebenso.« Sie zauberte aus ihrem Mantel die zwei Fahrscheine für die Straßenbahn hervor. »Wir fahren jetzt zum Murmeln.«

Oskars Laune stieg umgehend. »Oh ja, Mami!«

Sie nahm seinen Schulranzen und den Turnbeutel in die eine und ihn an die andere Hand und lief mit ihm zur Haltestelle, wo Hamburgs Straßenbahnen mit modernen Großraumwagen verkehrten.

»Darf ich am Fenster sitzen?«, fragte Oskar, als die Bahn quietschend angefahren kam.

Annegret nickte liebevoll. Es war ein Heidenspaß für den Jungen. Immer wieder flüsterte er ihr zu, dass er am liebsten bis zur Endhaltestelle gefahren wäre. Sie selbst mochte die öffentlichen Verkehrsmittel weniger, weil sie dort oft angestarrt wurde. Inzwischen war sie jedoch Meisterin darin, schiefe Blicke zu ignorieren. Es war immer dasselbe. Sobald die Augen zu ihrem ringlosen Finger wanderten, wurde der zauberhafte Ausdruck, mit dem ihr Sohn eben noch bedacht worden war, verächtlich.

Nachdem sie am Altonaer Volkspark, dem größten Park Hamburgs, ausgestiegen waren, schauten sie der Straßenbahn zu, wie sie weiterfuhr. Oskar war so fasziniert, als hätte es sich um ein Kreuzfahrtschiff gehandelt.

Der Spielplatz befand sich gegenüber der Haltestelle gleich am Eingang des Parks. Aufgeregt zog Oskar sie zum Murmelparcours. Dort angekommen, holte er seinen Murmelbeutel aus der Schultasche. Ein Dutzend Kinder waren bereits um die Löcher versammelt, viele aus der Mittelschicht, wie in Oskars Schule. Sie erkannte es an ihren guten Anziehsachen, die ohne Flicken waren, aber nicht mehr ganz neu. Ein etwa gleichaltriger Junge bot ihm sofort ein Spiel an, und Oskar geriet mitten hinein in den Kindertrubel. Es ging laut zu, und doch war der Altonaer Volkspark auch einer der ruhigsten Ort Hamburgs, dafür liebte Annegret ihn. Er war so riesig und vielfältig mit seinen Aussichtspunkten, unterschiedlichen Bepflanzungen, Grasflächen und hügeligen Waldgebieten, dass sich hier vieles verlief.

Als sie die Beziehung zu ihrer Mutter noch nicht abgebrochen hatte, waren sie öfters gemeinsam hergekommen. Ruth Dietzel liebte den Dahliengarten, der an der Stadionstraße des Parks lag. Unwillkürlich zog Annegret die Augenbrauen zusammen, als sich ein anderer Gedanke nach vorne drängte: Ganz sicher liebte ihre Mutter es ebenfalls immer noch, von anderen schreckliche Dinge zu verlangen. Ihr Vater war anders gewesen, doch er war verstorben. Von ihm hatte sie den Sinn für Ordnung, das ruhige Wesen und die Überzeugung, dass jeder nach eigener Manier lebten sollte.

Annegret setzte sich auf eine Bank am Murmelparcours und sah sich um. Neben ihr saß ein Elternpaar mit Kinderwagen, aus dem ein zufriedenes Schmatzen zu hören war. Ein Vater, der unter der Woche Zeit für sein Kind hatte? Sie lächelte angetan. Es war schön, zu sehen, dass es solche Männer gab, wenn auch nicht für sie. Unvorstellbar, dass sie jemanden finden könnte, der Oskar ein guter Vater war, gleichzeitig zu ihr passen würde und nicht davonlief, wenn Probleme auftauchten.

Sie dachte acht Jahre zurück. Herbert war ihre erste Liebe gewesen. Noch wenige Tage vor dem Besuch beim Frauenarzt hatte er ihr beteuert, wie sehr er sie lieben würde. Er war damals in Ausbildung zum Anlagenmechaniker bei der Sietas-Werft und drei Jahre älter als sie gewesen. Den Tag, als er von ihrer Schwangerschaft erfuhr, sie anschrie und dann sitzen ließ, würde sie nie vergessen.

»Hallo, Fräulein Dietzel«, hörte Annegret jemanden sagen.

Sie brauchte einen Moment, bis sich Herberts vor Wut gerötetes Gesicht in ihrer Erinnerung auflöste und sie zu der freundlichen Stimme aufschauen konnte.

»Guten Tag, Herr Nielsen«, sagte sie, überrascht davon, ausgerechnet ihn in der Millionenstadt zufällig wiederzusehen. Er hatte ihr Blumen geschenkt, und sie war unfähig gewesen, sich darüber zu freuen. Das war ihr jetzt unangenehm.

»Darf ich mich kurz zu Ihnen setzen?«, fragte er. Das Elternpaar mit dem Kinderwagen neben ihr war eben gegangen.

Erst zögerte sie, weil jedoch keine andere Bank frei war, sagte sie schließlich: »Ja«, und sah zu Oskar, der ihr zuwinkte.

Fritz Nielsen setzte sich. Sie war ihm dankbar für den respektvollen Abstand, den er wählte.

»Ernst und mir geht es nicht so gut wie erhofft«, sagte er nach einer stummen Weile, obwohl sie ihn nicht danach gefragt hatte.

Er schaute etwas verzweifelt zu seinem Sohn, der an einem Murmelloch stand und sich traurig nach einem Spielpartner umsah.

Annegret erkannte den Jungen sofort wieder, denn er sah seinem Vater sehr ähnlich mit dem schwarzen, gelockten Haar, den dunkelblauen Augen und der hellen Haut. Außerdem besaßen beide ein sehr auffälliges Kinngrübchen.

»Ich hatte gehofft, wir könnten nach der Zusammenführung als harmonische Familie leben, aber Ernst verhält sich, als wären wir einander fremd«, sagte Fritz Nielsen, den Blick weiterhin bei seinem Jungen. »Er isst nicht, was ich für ihn koche. Er reagiert immer noch nicht auf seinen Geburtsnamen Ernst. Die meiste Zeit sitzt er nur zurückgezogen in seinem Zimmer.« Er redete so leise und vertraut, als würde er mit einem Freund sprechen.

»Haben Sie ihn darauf angesprochen? Ihn zum Beispiel gefragt, warum er Ihre Gerichte nicht isst?«, fragte Annegret vorsichtig.

Fritz Nielsen schüttelte den Kopf und schaute nun wieder sie an. »Ich habe es versucht, aber er traut sich nicht, seine Ängste auszusprechen, und redet überhaupt wenig mit mir. Das macht es noch schwieriger, wieder zusammenzufinden. Mir graut es vor dem Besuch des Jugendamtes Mitte Mai, wenn sie prüfen, ob es meinem Sohn bei mir gut geht.«

»Dass der Junge verunsichert ist, ist nicht ungewöhnlich«, sagte Annegret. In mehreren Altakten hatte sie darüber gelesen, dass Eltern beim Suchdienst nach einer Zusammenführung um Hilfe baten.

»Sie beide sollten sich mehr Zeit geben, sich gründlich kennenzulernen. Ich denke, dass Sie falsche Erwartungen haben, wenn Sie spontan und sofort von Ihrem Sohn geliebt werden wollen«, sprach sie weiter.

Fritz Nielsen beugte den Kopf nach vorne und raufte sich die Haare, dabei seufzte er. »Ich hatte mir alles leichter vorgestellt.«

Annegret wusste, wie herausfordernd das Elterndasein sein konnte. Auch Oskar hatte launische Phasen und verhielt sich manchmal unberechenbar. Ihr und ihrem Sohn half es dann zu reden. »Ich glaube, es ist wichtig, dass Ihr Sohn offen sprechen kann. Schaffen Sie ein Umfeld, in dem er sich wirklich sicher fühlt, seine Gefühle und Bedenken zu äußern. Hören Sie genau zu, und fühlen Sie mit ihm. Es kann gut sein, dass er es im Waisenhaus nicht gewohnt war, seine Wünsche zu äußern und mitzubestimmen. Das muss er vielleicht erst lernen.«

Fritz Nielsen schaute sie mit zerwühlter Lockenfrisur eindringlich an. »Ja, das könnte sein.«

Dann schwiegen sie eine Weile, jeder in die Beobachtung des eigenen Kindes vertieft.

»Und, durfte Ihr Sohn schon in roter Limonade baden?«, wollte Annegret wissen.

»Ich habe ihm ein rötliches Schaumbad mit Kirschduft gekauft. Gleich am ersten Tag in meinem Haus hat er es ausprobiert«, antwortete Fritz Nielsen lächelnd.

Während Annegret ihn ansah, musste sie ebenfalls lächeln. Sie würde auch gerne einmal wieder mit Oskar in einer Badewanne sitzen.

»Aber das war wohl das Einzige, womit ich ihm bislang eine Freude bereiten konnte«, sagte Fritz Nielsen. »Haben Sie auch ein Kind hier, Fräulein Dietzel?«

»Der Junge mit der roten Mütze. Er heißt Oskar«, antwortete sie und biss sich gleich auf die Lippen. Zwar war es unwahrscheinlich, dass Herr Nielsen noch einmal beim Suchdienst auftauchen und sie verraten würde, doch genauso unwahrscheinlich war es gewesen, dass sie sich hier wiedersehen würden.

Im nächsten Moment deutete Fritz Nielsen zu den Kindern. Annegret beobachtete, wie Oskar zu Ernst ging, eine stählerne Walze aus seinem Murmelbeutel holte und dem Jungen ein

Spiel anbot. Ernst stellte sich nach kurzem Zögern auf die Startlinie. Er warf gekonnt, soweit Annegret das beurteilen konnte.

»Da haben wir beide wohl Murmelkünstler als Kinder«, sagte Herr Nielsen, nachdem sie das Spiel ihrer Söhne eine Weile verfolgt hatten.

»Oskar macht es noch nicht lange. Er verliert oft, gibt aber nicht auf«, sagte Annegret und wagte nicht, den Blick von den Kindern zu nehmen. Dann müsste sie wieder Fritz Nielsen anschauen, doch sie wollte nicht aufdringlich scheinen. Es war angenehm, sich mit ihm zu unterhalten.

»Nicht aufgeben, das finde ich gut«, sagte er.

Sie sah ihn nur kurz von der Seite an und fand, dass er lächelnd selbst wie ein Junge wirkte. Und sie konnte nichts dagegen tun, dass ihr warm ums Herz wurde.

Während die Jungen miteinander murmelten, erfuhr Annegret, dass Fritz Nielsen Möbeltischler war. Auf seiner Stammkarte beim Kindersuchdienst war nur von Tischler die Rede gewesen. In seinem Rollkragenpullover sah er eher wie ein Schriftsteller oder ein nachdenklicher Künstler aus, fand Annegret. Er wirkte nicht gebeugt oder zerschunden von körperlich anstrengender Arbeit, dafür aber sportlich trainiert. Fritz Nielsen baute Möbel in seiner Werkstatt gleich ums Eck beim Rosengarten, der ebenfalls zum Volkspark gehörte.

Oskar kam angelaufen: »Mami, schau mal, was Norbert mir geschenkt hat.«

»Er heißt Ernst«, erinnerte Fritz Nielsen leise.

Für Annegret war es ein deutliches Signal, welchen Namen der Junge nach wie vor bevorzugte.

Norbert zeigte ihr eine gläserne Murmel aus jenem Zwölferpack, das Annegret sich für ihren Sohn vergangene Weihnachten im Spielzeugladen nicht hatte leisten können. Oskar nahm die Murmel und hielt sie fasziniert gegen die Sonne, die im Gegenlicht einen schwarzen Rand darum malte.

Fritz Nielsen wandte sich an Oskar. »Wenn du Lust hast, komm Ernst doch mal im Garten meiner Werkstatt besuchen. Dort haben wir einen eignen Murmelparcours mit Brücken und Tunneln gebaut.«

»Ernst?«, fragte Oskar.

Fritz Nielsen sah Annegret an, dann sagte er: »Ich meine Norbert.« Er drückte die Hand seines Jungen zärtlich.

»Darf ich, Mami?«, drängelte Oskar.

Annegret zögerte, während ihr Sohn vor ihr auf und ab sprang und »Bitte, bitte!« bettelte.

»Ich weiß nicht ...« Die Nielsens zu besuchen, bedeutete, dass sie Fritz Nielsen wiedersehen würde, was sie nicht wollte. Sie fand es schon aufdringlich, ihn länger anzuschauen.

»Ach, Mami, komm schon!«, forderte Oskar. »Ich will bestimmt artig sein, versprochen.«

»Wir sind doch nur zwei Jungs, die murmeln wollen«, sagte Norbert nun auch noch.

Beim Blick in die vorfreudigen Augen beider Jungen schmolz Annegrets Widerstand. Aber sie würden das Treffen auf eine Stunde begrenzen und vor dem Abendessen nach Hause gehen.

»Gut, wir kommen«, sagte sie zu Fritz Nielsen, der daraufhin wieder lächelte wie ein kleiner Junge und sie lange ansah, sodass ihr schon wieder angenehm warm wurde.

8

17. April 1955

Charlotte wachte mit dem Duft von Frischgebackenem in der Nase auf. Sie schob ihre Decke beiseite, setzte sich auf die Bettkante und wollte ihre Füße schon in die viel zu großen Filzpantoffeln schieben, als sie im letzten Moment verhindern konnte, auf das Rasterplakat auf dem Boden zu treten. Sie hatte es sich vor dem Schlafen zum hundertsten Mal genauer angesehen, darüber musste sie eingenickt und das Poster zu Boden geglitten sein. Am Vorabend hatte sie es druckfrisch vom Suchdienst mitgebracht, um es Femke zu zeigen, aber die war da schon in ihrem Ohrensessel eingeschlummert.

Charlotte faltete das Plakat nun so vorsichtig, als bestünde es aus Seidenpapier, das sie noch zwanzigmal benutzen wollte, und stieg dann in die Filzpantoffeln. Im Nachthemd folgte sie dem Duft die knarzende Stiege hinab, das Plakat in den Händen.

In der Küche wuselte Femke vor dem Ofen herum. »Moin«, sagte sie. »Setz dich, es gibt Buttermilchstuten zum Frühstück.« Über ihrem weiten Kleid mit den obligatorischen Bommeln trug sie eine Kittelschürze, die mit Mehl bestäubt war.

Charlotte schaute auf die Uhr über dem Holzschrank. Schon acht? Sie hatte verschlafen! Acht Uhr war Arbeitsbeginn beim Suchdienst. Schon wollte sie wieder hochlaufen und sich ordentlich anziehen, als sie beim Anblick des ausgiebig gedeckten Tisches begriff, dass heute Sonntag war und sie gar nicht arbeiten musste. Sie seufzte. In ihrem früheren Leben hatte sich jeder Tag so unbeschwert und entspannt wie ein Sonntag angefühlt. Doch der Preis für Harmonie und Entspannung war unbedingte Folgsamkeit gewesen. In ihrem neuen Leben hingegen musste sie sich auf sehr unharmonische Weise damit auseinandersetzen, wie man eine Verlobung löste. Sie war noch keinen Schritt weitergekommen.

Bevor sie sich an den Frühstückstisch setzte, legte sie das Suchplakat darauf ab, ging zu ihrer Tasche, die sie gestern Abend im Flur abgestellt hatte, und holte zwei Scheine aus dem Seitenfach. Mitte des Monats war sie bei Femke eingezogen, Mitte des Monats zahlte sie ihre Miete. Mit Stolz übergab sie ihrer früheren Kinderfrau das Geld. Es war ein schönes Gefühl, auch ohne ihre Familie nicht hilflos zu sein.

Femke hielt ihr eine dampfende Tasse Kaffee entgegen, und Charlotte setzte sich zu ihr an den Tisch. »Was meinst du? Warum melden sich Mutter und Vater nicht? Haben sie mich wirklich aus ihrem Leben gestrichen?«, fragte sie nach einer Weile.

Femkes Gesichtsausdruck wurde ernst. Sie trank einen Schluck, bevor sie sagte: »Vermutlich haben sie dir nicht verziehen, dass du ihren Heiratsplänen widersprochen hast. Ich kann mir vorstellen, dass deine Eltern deinem Bräutigam ihr Wort für die Hochzeit gegeben haben. In ihren Kreisen ist das viel wert. Es zu brechen, kostet einiges, vielleicht sogar die Glaubwürdigkeit unter Hamburgs Kaufleuten.«

Charlotte erinnerte sich, dass ihr Vater häufig davon gesprochen hatte, einem Geschäftspartner sein Wort gegeben zu haben, zum Beispiel für den Preis einer einmonatigen Fahrt der *Dolores*, seines Lieblingsfrachters, der sich besonders für den

Transport von Massen- und Schwergütern eignete. Dem Ersten Bürgermeister von Hamburg hatte er einmal versprochen, beim großen Fest anlässlich der Aufhebung des Schiffsbauverbots für Deutschland sieben Jahre nach dem letzten Krieg die Sonderbeleuchtung zu spendieren. Die ganze Nacht hindurch hatte der Elbbereich bei Blankenese geleuchtet. Ihr Vater stand für sein Wort, und mit ihm fiel er auch. Das war ihr bisher nicht klar gewesen.

»So ein Vorfall spricht sich herum«, sprach Femke weiter, »und ebenso die Tatsache, dass man auf Versprechen der Dahlhäusers zukünftig vielleicht nichts mehr geben kann. Das ist schlecht fürs Geschäft und kann sogar zum Ruin führen.«

Charlotte nickte nachdenklich. Ihr Vater hatte immer hart gearbeitet. Nie hätte sie ihn ruinieren wollen.

»Es scheint so, dass du für deine Eltern erst an zweiter Stelle kommst. Die Reederei ist ihr Lebenswerk, der ganze Stolz deines Vaters.« Femke legte ihr eine Hand auf die Schulter. »Aber du bist stark genug, deinen eigenen Weg zu gehen. Lass die Gewitterwolken in deinem Kopf weiterziehen. Es ist Sonntag und schönes Wetter draußen, meen Deern«, sagte sie und lächelte ihre weiches, von Falten gesäumtes Lächeln.

Charlotte stellte sich ihre Gedanken als Wolken vor und dazu den Starkwind, der diese endlich wegblies. Nicht nur ihre Eltern beschäftigten sie, sie kämpfte auch damit, dass die Kolleginnen beim Kindersuchdienst ihr die kalte Schulter zeigten, seitdem Carl-Gustav sie vor allen als Lügnerin entlarvt hatte.

»Buttermilchstuten hat meine Mutter oft für mich gebacken«, sagte Femke und holte die Kastenform mit dem Hefegebäck aus dem Ofen. »Am besten, du schneidest dir gleich eine warme Scheibe ab und schmierst Butter darauf. So schmeckt er am besten.«

Charlotte schnitt sich eine Scheibe ab, schmierte dick Butter darauf und biss hinein. Wie konnte etwas, das so einfach aussah, so köstlich sein? Sie schmeckte, dass Femke dem Teig Stücke von getrockneten Aprikosen beigegeben hatte. Die erste Scheibe vertilgte sie, ohne zu reden, dann legte sie sich eine zweite auf den Teller, obwohl echte Damen normalerweise keinen Nachschlag verlangten.

»Ich hätte Lust, heute zur Dove-Elbe zu fahren«, sagte sie nach einer Weile, »vielleicht hilft es, die Gewitterwolken im Kopf zu vertreiben.« Die Dove-Elbe war ein eingedeichter Nebenarm der Elbe im Südosten Hamburgs, der sauberes Wasser führte, nur schwach strömte und damit zum Schwimmen gut geeignet war. Früher hatte Charlotte im Becken, das sich im Souterrain der elterlichen Villa befand, regelmäßig Bahnen gezogen.

Femke ließ ihre Kaffeetasse sinken. »Im Frühjahr schwimmen?« Sie legte sich gleich eines ihrer warmen Tücher um, das über der Stuhllehne hing, als würde sie allein bei dem Gedanken frieren. »Und dann allein als junge Frau?« Sie schaute wie früher, wenn Charlotte ihr erzählt hatte, in welche Überseehäfen sie eines Tages mit den Schiffen ihres Vaters zu reisen beabsichtigte.

Charlotte schob ihre Hand auf Femkes warme Finger. »Die vergangenen zwei Monate habe ich gelernt, auf mich selbst aufzupassen«, erklärte sie und klang dabei überzeugter, als sie es war.

»Bitte versprich es mir!«, bat Femke eindringlich. »Und bei Einbruch der Dunkelheit bist du wieder zu Hause.«

»Versprochen.« Charlotte aß noch eine dritte Scheibe vom Buttermilchstuten, dann nahm sie das Rasterplakat vom Tisch und hielt es Femke aufgeschlagen hin. Es war übertitelt mit:

Diese Kleinkinder suchen ihre Eltern. Bald würden die vierzig Gesichter in einer Auflage von zweihunderttausend Stück im Großraum Hamburg und im Rest des Landes verteilt werden. Jedes Poster zeigte zwanzig Jungen und zwanzig Mädchen mit Porträtfoto und Kurztext. In der alten Schule hatte Charlotte es von Anfang an vermieden, sich die aufgehängten Suchplakate anzusehen, weil sie sie zu stark rührten und das Schicksal auf einmal Gesichter bekam. So viele Kinder ohne Eltern. Vom neuen Plakat konnte sie jedoch kaum lassen.

Femke zeigte auf Monikas Foto, das in der untersten Reihe an mittlerer Stelle abgebildet war. Die Ostfriesin kannte die Kleine von der Nacht, die sie hier verbracht hatte, bevor sie nach Paderborn zurückmusste. Auf dem Bild war ihr ihr schweres Schicksal nicht anzusehen. Das Mädchen lächelte wie auf einer Geburtstagsfeier. Es wirkte schlau und lebhaft, lebenshungrig, obwohl es auf der Fotografie erst zwei Jahre alt war. Charlotte hatte dieses Bild ausgewählt, weil die leiblichen Eltern ihr Kind nur sehr jung kannten.

»Was für ein hübsches Kind«, sagte Femke.

Unter der Fotografie stand:

Monika Mayer, geb. 1944, hellgrüne Augen, rotblondes Haar, mittelgroß, Auffindeort: vor einem Stall in Heimsheim, brauner Plüschbär als Spielzeug.

»Und dazu das kleine Bild von ihrem Kuschelbären, den sie Teddy Mayer nennt«, erklärte Charlotte, »und auf den ich große Hoffnung setze. Die Chancen stehen gut, dass ihre Eltern den Bären wiedererkennen. Vielleicht bekomme ich den Suchfall schon in wenigen Tagen gelöst! Durch manche Plakate haben die Hälfte der abgebildeten Kinder ihre Eltern wiedergefunden.

Sie werden in Behörden und in öffentlichen Räumen wie Bahnhöfen und Postämtern aufgehängt, wo viele Menschen vorbeigehen.«

»Ich bin sehr stolz darauf, wie du dich durchbeißt, meen Deern«, sagte Femke nach einem weiteren Schluck Kaffee.

Charlotte meinte, Tränen der Rührung in ihren Augen zu sehen. Sie beugte sich über den Tisch und umarmte ihre einstige Kinderfrau.

Eine Weile sagten beide nichts, bis Femke wissen wollte: »Hast du eigentlich einen Badeanzug?«

Charlotte schüttelte den Kopf.

»Das dachte ich mir schon. Aber ich habe etwas Anständiges für dich!« Femke stand auf und stapfte in ihre Schlafkammer.

Kurz darauf drückte sie Charlotte ein Stoffknäuel vor die Brust. »Er ist dir vielleicht etwas groß, aber ansonsten sehr hübsch.«

Charlotte nickte und griff zu. Dann ging sie hoch ins Bad, um sich fertig zu machen. Zähneputzen, waschen und anziehen. Es war kalt in dem ungeheizten Raum. Wie an den Tagen zuvor, wollte sie ihr Haar erst zu einem Knoten am Hinterkopf stecken, entschied sich dann aber für eine andere Frisur. Sie band die Stirn- und die vorderen Seitensträhnen mit einem einfachen Gummiband am Oberkopf zusammen. Die übrigen hellblonden Haare hingen ihr offen den Rücken hinab. Es tat gut, einmal auf den üblichen Knoten zu verzichten, nachdem ihr am Abend oft die Kopfhaut wehtat.

Die Veränderung gefiel ihr, und auf einmal konnte sie es kaum erwarten, von ihrem Lohn etwas Geld für neue Kleidung auszugeben. Von den ersten selbst verdienten zehn Mark, die nicht für Wohnen und Essen draufgegangen waren, hatte sie sich ein Fahrrad zugelegt, damit sie sich schneller durch Hamburg bewegen konnte. Beim Kauf des alten Dings hatte es kostenlos einen Stadtplan von Hamburg dazugegeben, für den sie sehr dankbar war. Den Weg zur Dove-Elbe im Stadtteil Bergedorf kannte sie bisher lediglich auf den Wasserwegen von den Karten ihres Vaters.

Femke winkte ihr vor der blauen Haustür nach. »Bis zum Sonnenuntergang bist du wieder hier!«, erinnerte sie sie.

»Versprochen!« Charlotte klemmte den Beutel mit den Badesachen auf den Gepäckträger und setzte sich ungelenk auf den abgewetzten Ledersattel. Zugegeben, sie saß wackelig auf dem Drahtesel, und Hamburgs Verkehr war einschüchternd laut und geschäftig, wenn man selbst nur auf einem Fahrrad unterwegs war. Sie hatte sich den Stadtplan an den Lenker geklemmt, um sich jederzeit orientieren zu können, aber beim Fahren nach den richtigen Straßen zu suchen, war keine gute Idee.

Sie verfuhr sich mehrmals und stand plötzlich auf dem Jungfernstieg unweit des *Café Alsterpavillon*, einem vornehmen Traditionscafé der Stadt. Als Erstes fielen ihr die Schwäne auf der Alster auf, deren Rückkehr den Hamburger Frühling ankündigte. Unter Seemannsleuten, so hatte ihr Vater ihr vor vielen Jahren erzählt, ging die Sage um, dass, solange die stolzen Schwäne auf die Alster zurückkehrten, Hamburg eine reiche Hansestadt bleiben werde. Schon als kleines Mädchen hatte sie jedes Frühjahr nach den Schwänen sehen wollen. Sogar ihre steife Mutter hatte beim Anblick der eleganten Tiere hingebungsvoll von deren Stolz und Schönheit geschwärmt.

In diesem Moment breitete ein Schwan seine Flügel aus und flog auf die Stufen des *Café Alsterpavillon*. Und da sah Charlotte sie, die dort stand und den Schwan lange anschaute: ihre Mutter.

Schnell versteckte sie sich hinter dem nächsten Baum. Aus dem Versteck heraus beobachtete sie ihre Mutter. Dolores Dahlhäuser trug das hellgrüne Seidenkostüm von Dior aus Kaschmirwolle, das sie auf der Modenschau letzten Herbst noch gemeinsam bewundert hatten, dazu die passenden geknöpften Handschuhe. Viel lieber, als sich zu verstecken, wollte Charlotte ihre Mutter fragen, warum ihren Eltern die Reederei wichtiger war als ihre Tochter. Wenigstens hätten sie vor der Verlobung mit ihr darüber reden können. Sollte sie jetzt einen Vorstoß in diese Richtung unternehmen? Charlottes Herz schlug ihr bis in den Hals.

Dolores Dahlhäuser wirkte unglücklich, was Charlotte daran erkannte, dass sie, die stets auf eine perfekte Haltung bedacht war, heute ihre Schultern hängen ließ. Der Glanz, der sie früher umgeben hatte, und ihre zur Schau getragene Unerschütterlichkeit waren ihr abhandengekommen. Vielleicht sah sie ihren Fehler inzwischen ein?

Gerade als Charlotte aus ihrem Versteck hervortreten wollte, sah sie Carl-Gustav Johannson auf das *Café Alsterpavillon* zulaufen.

Sie hielt inne und verfolgte, wie der Schwede ihre Mutter ins Innere des Cafés führte.

Ihre Mutter so zu sehen, hatte sie gerührt, doch die Anwesenheit von Carl-Gustav Johannson ließ den Groll gegen ihn wieder hochkochen. Warum gab er sie nicht auf, obwohl sie ihn nicht liebte? Charlotte setzte sich auf ihr Rad und trat so heftig in die Pedale, dass sie beinahe gegen ein Taxi fuhr.

Sie stieg erst wieder ab, als sie im Hamburger Ortsteil Bergedorf vom Deichweg das Wasser der Dove-Elbe glitzern sah. Dieses Flussstück war ein Paradies, das die meisten Hamburger anscheinend nicht kannten, denn weit und breit war niemand zu sehen. Hier würde es nur sie, das Wasser und die Frühlingssonne geben. Die Bäume blühten weiß und rosa, am Ufer gegenüber lagen längst verlassene Ruderboote. Das alles, der blaue Himmel, das saftig grüne Gras an der Uferböschung und die Seerosenblätter auf dem dunkelgrünen Wasser, erinnerte sie an ein Gemälde im Büro ihres Vaters. Aber lange dachte sie nicht daran, denn sie sah ihre traurige Mutter wieder in der Erinnerung. Ob sie deswegen so gebrochen aussah, weil sie beschlossen hatte, ihre Tochter nicht mehr zu lieben?

Schwer atmend legte Charlotte ihr Fahrrad ab und nahm ihren Beutel vom Gepäckträger. Sie wollte jetzt nur noch schwimmen. Hinter einem Gebüsch zog sie ihre Sachen aus, griff in ihrem Beutel nach dem Badeanzug und entfaltete den blau-weiß gestreiften Stoff. Und erschrak! Modisch gesehen musste das Teil noch aus den Zeiten des Zwickelerlasses Anfang der Dreißiger stammen, mit seinen angeschnittenen Beinen und dem nicht vorhandenen Rückenausschnitt. Solche Badesachen kannte sie lediglich aus Modezeitschriften, die zeigten, was man heute nicht mehr trug. Außerdem war ihr der Badeanzug, wie alles von Femke, deutlich zu groß. Sie würde die Träger an den Schultern knoten müssen, damit ihr das Teil nicht sofort vom Körper rutschte. Dann könnte sie auch gleich nackt schwimmen. Sie schaute sich um. Wie es aussah, war sie mutterseelenallein hier. Niemand würde sie sehen.

Mit spitzen Fingern legte Charlotte Femkes Badeanzug auf den Beutel und ging zur nächsten Einstiegstelle. Sie stieß einen kurzen Schrei aus, weil sich das Wasser eiskalt auf ihrer Haut anfühlte, und musste all ihren Mut sammeln, um nicht sofort ans Ufer zurückzuspringen. Die Kälte war so intensiv, dass sie für einen Moment kaum atmen konnte. Langsam kroch sie ihr die Beine hinauf und erfasste beim Sprung ins Wasser ihren gesamten Körper.

Als sie wieder auftauchte, rang sie zitternd nach Luft. Erst beim Schwimmen ging es besser. Jeder Zug war ein Triumph über die Kälte. Bald hatte sie sich an die Wassertemperatur gewöhnt, und ihre Bewegungen wurden flüssiger. Sie schwamm parallel zum Ufer einige Hundert Meter flussabwärts und drehte erst um, als sie in der Ferne die Flusskreuzung sah, an der die Dove-Elbe in die Norderelbe floss. Auf dem Rückweg tauchte sie mit langen Zügen mehrere Meter. Nur von den Geräuschen unter Wasser umgeben, vergaß sie alles um sich herum.

Nahe der Einstiegsstelle ließ sie sich mit geschlossenen Augen auf dem Rücken treiben. Die Frühlingssonne wärmte ihr Gesicht, und sie genoss die Ruhe und Einsamkeit. Nacktbaden war angenehmer, als sie gedacht hätte. Nirgends am Körper schnitt etwas ein oder klebte nasser Stoff auf der Haut.

Erst als sie zu frieren begann, stieg sie aus dem Wasser. Sie zitterte, und ihre Zähne klapperten. Trotzdem hatte sie sich lange nicht so leicht gefühlt. Mit einem Lächeln hielt sie auf das Gebüsch zu, wo sie ihre Anziehsachen und den Beutel mit dem Handtuch abgelegt hatte.

Als ihr Blick den Deichweg streifte, entfuhr ihr ein hoher Laut des Erschreckens. Da stand ein Mann und starrte sie an! Er trug eine Wathose, ein kariertes Hemd mit hochgekrempelten Ärmeln und eine Angel in der Hand. Er kam ihr bekannt vor. War das etwa Rob aus dem Fischladen? Verdammt! Ausgerechnet dieser unangenehme Typ durfte sie nackt sehen?

Charlotte spürte, wie ihr die Schamesröte ins Gesicht schoss. Sie schlang die Arme um ihren Körper, konnte jedoch nicht alles bedecken, was nötig gewesen wäre. Ihre Beine zitterten heftig, aber nicht vor Kälte, sondern weil ihr der Auftritt unangenehm war.

»Nun schauen Sie schon weg!«, rief sie Rob zu. »Ich wusste nicht, dass jemand sich herangeschlichen hatte«, stammelte sie, während sie versuchte, sich hinter dem Busch in Sicherheit zu bringen. Im Gehen war es noch schwieriger, alles Wichtige mit Händen und Armen zu bedecken.

Rob drehte sich von ihr weg. »Ich habe mich nicht herangeschlichen. Flussaufwärts habe ich ein paar Fische gefangen. Ich wohne dort.« Er wies hinter sie. »Kann ich Ihnen irgendwie helfen?«

Wollte er ihr etwa den Rock halten? »Ich komme gut allein zurecht!«, entgegnete Charlotte brüskiert und fühlte, wie ihr Gesicht noch röter, noch wärmer wurde. Eilig zog sie sich an. Vollständig bekleidet, kam sie schließlich aus ihrer Deckung hervor.

Rob stand immer noch mit dem Rücken zu ihr oben auf dem Deichweg.

»Wollen Sie sich nicht bei mir dafür entschuldigen, dass Sie mich so lange ungebührlich angesehen haben?«, fragte sie und stopfte das nasse Handtuch in ihren Beutel. Sie hatte vieles aus ihrem alten Leben zurückgelassen, aber nicht das Wissen darum, wie sich ein Gentleman einer Dame gegenüber zu verhalten hatte.

»Warum müssen Sie auch ausgerechnet hier baden?«, fragte er und wandte ihr weiter den Rücken zu. »Hier kommen immer wieder Fliegenfischer vorbei.« Sein Angelköder flatterte im aufkommenden Wind, während sich die Sonne hinter eine Wolke zurückzog.

»Baden ist hier nicht verboten, oder sehen Sie irgendwo ein Schild?«, gab Charlotte zurück. Ihr war kalt, denn sie hatte nicht die Zeit gehabt, sich sorgfältig abzutrocknen. Rob hätte es gleich doppelt verdient, dass sie ihm mit ihrem Handtuch eins überzog, für sein freches Verhalten heute und im Fischladen gleich mit. Sie hob ihr Fahrrad auf.

Er schien eine Weile nach einer Antwort zu suchen. »Ich gehe jetzt«, sagte er nur und deutete zu dem Gaffelschoner, der flussaufwärts allein vor Anker lag und ihr bisher nicht aufgefallen war.

»Auf Wiedersehen«, sagte sie nur.

Der Wind wirbelte Blütenblätter durch die Luft wie Schneeflocken, während sie sich aufs Fahrrad setzte und in die Pedale trat. Als sie sich noch einmal umwandte, sah sie, dass Rob mit seinen Angelsachen in die entgegengesetzte Richtung davonging.

Nach wenigen Hundert Metern auf dem Rad war sie durchgefroren. Die Sonne war weg, und es wurde rasch kalt. Das *Fährhaus* am Deichweg kam ihr wie gerufen. Zitternd betrat sie die menschenleere Gaststätte. Wie sie es von früher kannte, nahm sie am Tisch mit der besten Aussicht Platz und bestellte sich eine heiße Zitrone.

Durstig trank sie, aber warm wurde ihr trotzdem nicht. Ihre Finger um das Glas geschlungen, schaute sie aus dem Fenster. Auf dem Deichweg fiel ihr ein Mädchen auf, das sie mit dem braunen Zopf und dem kurzen Stirnhaar an Annegret Dietzel erinnerte. Sie wünschte, dass sich wenigstens Annegret nicht mehr so abweisend verhalten würde. Die mied ihren Blick weiterhin, machte um ihren Tisch einen großen Bogen und grüßte, wenn überhaupt, dann nur sachlich. Charlotte glaubte sogar, mitbekommen zu haben, dass Annegret die Zusammenarbeit mit ihr an einem neuen Fall abgelehnt hatte.

Sie nippte am Rest der heißen Zitrone, in Gedanken weiter

bei der ungewöhnlichen Kollegin. Wie Annegret die viele Arbeit schaffen wollte, wenn sie Hilfe so einfach ausschlug? Regelmäßig türmten sich die Unterlagen auf ihrem Tisch, dabei wirkte er nie unaufgeräumt. Ihr Artikel in der *Suchdienst-Zeitung* über »Die Magie von Zusammenführungen« war ein Erfolg gewesen. Die Kolleginnen aller Abteilungen hatten ihr gratuliert, auch wenn in der Zeitung Jochen Krügers Name unter dem Beitrag gestanden hatte. Und nach Arbeitsschluss am selben Tag hatten die Kolleginnen Annegret im Backsteinhof auf ein Glas Perlwein eingeladen. Soweit Charlotte wusste, hatte Jutta bei dem Artikel mit der Rechtschreibung geholfen, was sie selbst auch gerne angeboten hätte. Nachdem jedenfalls die neueste Ausgabe der *Suchdienst-Zeitung* erschienen war, hatten sich in einer Woche so viele Suchende gemeldet wie sonst in einem ganzen Monat. Die Chancen standen gut, dass das Innenministerium die Mittel für den Kindersuchdienst nicht weiter kürzte. Charlotte hatte den Artikel gelesen und fand die Kernaussage überzeugend und wunderbar zugleich. Annegret zeigte nämlich auf, dass Wunder oft mit einer Meldung beim Suchdienst begannen.

Sie leerte ihr Glas und spie den letzten Schluck heiße Zitrone beinahe wieder aus, als sie durch das Fenster Rob auf das *Fährhaus* zukommen sah. Was wollte er denn hier? Sie überlegte kurz, sich vor ihm zu verstecken, weil er sie als einziger Mann in ihrem Leben nackt gesehen hatte, aber da knarzte die Tür zum Gastraum schon, und er trat ein.

Charlotte hoffte, dass er sie übersah, was jedoch unwahrscheinlich war, weil sie der einzige Gast war. Demonstrativ sah sie aus dem Fenster. Das Mädchen mit dem geflochtenen Zopf war draußen damit beschäftigt, Deichgras zu zupfen.

»Für mich einen schwarzen Kaffee, wie immer«, rief Rob zum Tresen.

»Jawohl!«, antwortete der Gastwirt.

Anscheinend war er in vielen Läden quer durch Hamburg Stammgast. Charlotte hörte, wie sich seine Schritte näherten, sah jedoch stur aus dem Fenster. Jetzt bitte nicht wieder rot werden!

»Als Entschädigung für den Schrecken, den ich Ihnen eingejagt habe«, sagte Rob und legte etwas vor ihr auf den Tisch, das in Zeitungspapier eingewickelt war.

Überrascht schaute sie auf das Geschenk und auf seine schönen, gebräunten Hände, die es nicht losließen. Ob er sie in seiner Vorstellung immer noch nackt sah? Mit glühenden Wangen sah sie zu ihm hoch und war sofort gefangen. Er trug keine Wathose mehr, sondern eine der neumodischen blauen Texashosen, eng anliegend und unkonventionell. Niemand, den sie kannte, hätte sich in dieser rebellischen Hose nach draußen gewagt. In Modezeitschriften wurde sie auch Bluejeans genannt. Außerdem war er in jenen schwarzen Trenchcoat gekleidet, der ihr wegen der vielen Falten schon im Fischladen aufgefallen war. Ihr Blick blieb lange an seinen stahlgrauen Augen hängen, die funkelten, aber so undurchdringlich wirkten, dass sie sich suchend darin verlor.

Vorsichtig, als befände sich eine ungesicherte Waffe darin, wickelte Rob das Geschenk aus dem Zeitungspapier. »Das ist Zander«, sagte er, ohne Anstalten zu machen, sich zu setzen. »Gehört zu den Strahlenflossern, den Actinopterygii.«

»Danke«, presste sie zwischen den Zähnen hervor. Was sollte sie nur mit dem Fisch anstellen? Sie wusste nicht, wie man ihn ausnahm. Aber sie wollte Rob, der anscheinend Fischer war, nicht danach fragen. Bestimmt konnte jede normale Hamburgerin einen Fisch entgräten.

»Ihre Haare sind noch nass. Kein Wunder, dass Sie noch

immer zittern.« Ohne ihre Antwort abzuwarten, zog er seinen Trenchcoat aus und legte ihn ihr um.

Charlotte ließ es geschehen. Die Jacke fühlte sich noch warm von seinem Körper an, und sie roch nach *Signature* von Max Factor, einem würzigen Eau de Cologne mit Zitrusnoten. Sie erkannte es sofort, weil ihr erster heimlicher Schwarm, ein Angestellter ihres Vaters, genau dieses Parfüm getragen hatte.

Erst als sein schwarzer Kaffee gebracht wurde, setzte Rob sich zu ihr. Stumm und mit steifer Miene sah er über die Dove-Elbe, als wäre Charlotte nicht anwesend.

Sie studierte sein Profil und fuhr die Linien seiner markanten Züge ab. Seine Lippen waren voll und kräftig, seine Haut wie seine Hände gebräunt.

»Ich arbeite beim Kindersuchdienst«, dachte sie, nein, sagte sie. Ihre Worte hingen in der Luft, und sie spürte sofort, wie sich ihr Herzschlag beschleunigte. Hatte sie damit etwas über sich verraten, das sie als geflüchtete Reederstochter doch besser für sich behalten hätte? Rob war ein Fremder! Aber wie sonst sollte sie das Gespräch zum Laufen bringen?

Ihn schien ihr Beruf nicht zu interessieren. »Mögen Sie Zander?«, fragte er zurück und sah sie nun doch an.

Sie wollte antworten: am liebsten mit Limettenspinat und Kaviarkrone vom Koch des *Atlantic-Hotels*. Doch sie musste sich räuspern, um überhaupt ein vernünftiges Wort herauszubekommen. »Femke wird sich freuen«, sagte sie etwas verlegen. Dass sein Blick nun länger auf ihr lag, machte sie nervös. Er fragte nicht nach, wer Femke war, nickte nur.

»Ich habe noch nie eine Frau im April in der Dove-Elbe schwimmen sehen«, sagte er.

»Einen Mann aber schon?«, fragte sie keck zurück.

Er lächelte kurz, und für einen einzigen Moment schien sich das kühle Grau in seinen Augen zu erwärmen.

»Hat Ihnen der Brathering neulich wenigstens geschmeckt?« Es war anstrengend, sich mit ihm zu unterhalten, aber sie wollte trotzdem nicht aufhören.

»Ja«, sagte er, offensichtlich bemüht, nicht zu lächeln. »Und Sie sind an jenem Abend bestimmt nicht verhungert. Zumindest sehen Sie heute sehr lebendig aus.« Wieder sah er sie an.

Dabei durchfuhr sie ein Blitz, der bis in ihre Fingerspitzen kribbelte. Es war ein berauschendes Gefühl, das sie gerne öfter erleben würde.

»Ich muss jetzt los«, sagte er und trank seinen Kaffee in einem Schluck aus.

Am liebsten wollte sie sagen: »Bleiben Sie bitte noch!«, doch Rob ging schon zum Tresen, legte einen Geldschein hin und verließ das *Fährhaus*, ohne sich noch einmal umzudrehen.

Charlotte schaute ihm durch das Fenster nach, während das Kribbeln nur langsam abebbte. Als sie ebenfalls bezahlen wollte, schüttelte der Mann hinterm Tresen den Kopf. »Rob hat das schon erledigt.«

Die Sonne ging bereits unter, als Charlotte lächelnd auf ihr Fahrrad stieg und sich mit dem Zander auf dem Gepäckträger zum Wesselburer Weg aufmachte. Rob, der Fischer, konnte also auch ein Mann sein, der eine Dame einlud? Dann war er doch mehr Gentleman, als sie vermutet hatte.

9

24. April 1955

Auf dem Weg zum Wasserholen genoss Annegret den Blick in die anderen Parzellen der Schrebergartenanlage. Seit sie hier wohnte, war sie überzeugt davon, dass jeder Garten das Wesen seines Pächters offenbarte. So unterschiedlich wie die Menschen waren ihre Gärten. Wild durcheinander, adrett angelegt, rankend, mit oder ohne Steine, bunt blühend oder farblich sortiert. Ihrer war geordnet, gepflegt und würde auch in diesem Gartenjahr ein Meer aus Farben und satt machendem Gemüse und Obst liefern – sofern der Frost nicht noch mal zuschlug. An der Pumpe war sie um diese Zeit die Einzige.

Während das Wasser in ihre Eimer floss, ging sie in Gedanken die Herausforderungen der kommenden Woche durch. Es galt herauszufinden, was mit Eberhard Voss geschehen war, nachdem er aus dem provisorischen Krankenhaus, dem Kursaal von Selenogradsk, entlassen worden war. Die ersten Heime, in die Jungen mit Namen Eberhard, Jahrgang zweiundvierzig, übergeben worden waren, hatte sie bereits angeschrieben und um weitere Informationen gebeten. Zum Glück hatte Jochen Krüger ihr nicht noch mehr Arbeit gegeben, sodass sie in den nächsten Tagen dazu kommen würde, den Aktenstapel auf ihrem Tisch zu verkleinern. Einige Wochen war sie sich sicher gewesen, ihr Vorgesetzter würde ihr deswegen die viele Arbeit und den Artikel für die *Suchdienst-Zeitung* übertragen, weil er sie unbedingt loswerden wollte, aber vielleicht irrte sie sich auch. Ohne seine Schikane – oder das, was sie dafür hielt – fühlte sie sich inzwischen beim Kindersuchdienst wohl. Jutta half ihr seit einigen Tagen bei diversen Schriftstücken mit der Rechtschreibung, ohne jemals ihre Schwäche zu thematisieren. Dabei hatte die Kollegin einmal heftige Kopfschmerzen bekommen. Sie sagte zwar, dass sie zu Migräne neigen würde, aber Annegret war sich nicht sicher, ob nicht doch ihre schreckliche Orthografie schuld daran war.

Es hatte Annegret Überwindung gekostet, weitere Hilfe zu erbitten, aber im Nachhinein war es richtig gewesen. Der enge Austausch gab ihr das Gefühl, dazuzugehören. Am Freitag hatte Renate sie sogar in einem anderen Fall um ihre Meinung gefragt, nachdem sie ihr gestanden hatte, wie gerne sie die *Magie von Zusammenführungen* gelesen hatte. Beim Freitagsfrühstück hatte Annegret sich getraut, zwei Mettbrötchen zu essen, und sich mit drei Kolleginnen zwanglos unterhalten. So gesprächig war sie beim Bürofrühstück noch nie gewesen.

Als sie mit den Eimern wieder bei ihrer Parzelle ankam, fiel Annegret auf, dass die Fensterläden an Herrn Hansens Laube noch geschlossen waren. Das war ungewöhnlich. Ob er verreist war? Soweit sie das mitbekommen hatte, konnte sich der alte, stets übel gelaunte Mann keinen Urlaub leisten.

Annegret kochte Kartoffeln zum Mittagessen und stellte Leberwurst dazu. Oskar hatte seinen Teller noch nicht einmal leer gegessen, da fragte er schon: »Können wir jetzt endlich zu Norbert gehen?« Er zeigte auf seinen Schulranzen, der bei der Laube stand. Die Fibel lag obenauf. »Lesen üben ist längst erledigt, Mami!«

»Erst noch aufessen, danach gehen wir los«, sagte sie. Solange sie zurückdenken konnte, hatte sie oder ihre Mutter nie Essen weggeworfen.

Während sie ihre Teller leer kratzten, überlegte sie, wie sie sich Fritz Nielsen gegenüber am besten verhalten sollte. Auf jeden Fall zurückhaltend und distanziert, und sie durfte ihn nicht zu lange anschauen.

Nach dem Essen räumte Oskar ab und wusch das Geschirr. Annegret zog sich eine ihrer weißen Blusen an und die gelbe Strickjacke darüber. Dann schlüpfte sie in ihre Gummistiefel.

»Mami, zieh doch lieber die an«, sagte Oskar, den Murmelbeutel schon vor der Brust. Er zeigte auf ein Paar weniger praktische schwarze Halbschuhe.

»Die Gummistiefel sind bequemer«, erklärte sie und verließ mit ihrem Sohn an der Hand die Laube.

Zu Oskars Begeisterung fuhren sie mit der Straßenbahn zu den Nielsens am Altonaer Volkspark.

»Mami, wenn ich mit Norbert spiele, wirst du dich dann nicht langweilen?«, fragte Oskar, während er die vorbeiziehenden Häuser betrachtete.

»Bestimmt nicht«, beruhigte Annegret ihn, »denn ich werde euch beim Murmeln zusehen. Das ist nicht langweilig.« Die Jungen würden ein Stündchen spielen, und noch vor dem Abendessen und bevor es dunkel wurde, wären sie wieder zurück in der Gartenanlage, und alles wäre durchgestanden. Das Kapitel Nielsen beendet.

Oskar schmiegte sich auf dem Doppelsitz der Straßenbahn an sie. »Es ist Wochenende. Da will ich, dass du es auch schön hast, Mami.«

»Danke, mein Spatz«, sagte Annegret und küsste ihn auf den Kopf. Ihr wurde flau im Magen, wenn sie an die bevorstehende Verabredung dachte, denn so leicht war es nicht, Fritz Nielsen gegenüber distanziert zu bleiben. Er hatte eine angenehme, unaufdringliche Art, die ihre hochgezogenen Mauern hoffentlich nicht einstürzen ließ.

Die Häuser am Volkspark versteckten sich hinter Bäumen und Sträuchern, und so suchten sie eine Weile nach der Tischlerei Nielsen.

»Wann sind wir denn endlich bei Norbert?«, fragte Oskar immer wieder.

Da tauchte am Ende eines Seitenwegs zwischen alten, hochgewachsenen Bäumen das unauffällige Schild *Möbeltischlerei Nielsen* auf. Annegret hielt mit pochendem Herzen darauf zu.

Das Grundstück wirkte, als würde es im Grün der Bäume und Sträucher schwimmen. Ein Lieferauto stand am Tor. Das Haus war sogar zweistöckig, und das Dach war mit echten Tonziegeln gedeckt. Ob Fritz Nielsen hier allein mit seinem Sohn wohnte? Oder hatte die Stadt wegen des anhaltenden Wohnungsmangels jemanden bei ihm einquartiert? Neben dem Haus stand ein Kirschbaum, ähnlich groß wie der auf ihrer Parzelle. Annegret fielen auch die Stromkabel am Haus auf und der Anschluss an das städtische Abwasser. Beeindruckend!

Oskar klingelte am Tor, und kurz darauf traten die Nielsens nebeneinander aus dem Haus. Fritz Nielsen sah heute anders aus, was wohl an seiner Kleidung lag. Er trug eine Schürze über seiner Wollhose und, anstatt des gedeckten Rollkragenpullovers, ein weißes Hemd.

»Schön, dass Sie da sind.« Er öffnete das Tor und bat sie mit freundlicher Geste herein.

»Es tut mir leid«, beeilte sich Annegret zu sagen, »wir sind wohl etwas früh dran.«

Norbert und Oskar lächelten sich kurz an, dann liefen sie schon um das Haus herum. Annegret und Fritz folgten den Kindern.

Sie hielt bewundernd inne, als sie hinter dem Haus ankamen. Dort befand sich ein Garten, doppelt so groß wie ihre Parzelle und doppelt so schön. Wege aus Kies, Beeteinfassungen aus Naturstein, Obstbäume, Rhododendren sowie Tulpen und Osterglocken bildeten bunte Farbtupfer entlang des saftig grünen Rasens. Allein es anschauen zu dürfen, fühlte sich wie eine Urlaubsreise an.

»Mami, sieh mal!«, rief Oskar vom Kopfende des Gartens und zeigte auf den Murmelparcours.

Annegret ging hin und sah eine kleine Landschaft mit Brücken und Tunneln, liebevoll geschnitzten und bemalten Palmen, Laub- und Nadelbäumen und einem Teich in der Mitte. Es sah so einladend aus, dass sie Lust bekam, selbst einmal eine Murmel zu werfen.

»Haben *Sie* das alles gemacht?«, fragte sie Fritz, der ihr mit Abstand gefolgt war.

»Norbert und ich haben gemeinsam die Brücken für den Parcours gebaut, und es hat uns großen Spaß gemacht, nicht wahr?«, erklärte Fritz, und Nobert nickte dazu.

Im nächsten Moment war Oskar schon dabei, sich neben Norbert an die Ausgangslinie für den ersten Wurf zu stellen. Trotz des Altersunterschiedes von fünf Jahren schienen sie sich gut zu verstehen.

Annegret war beeindruckt, dass Fritz sich ihren Ratschlag neulich auf dem Spielplatz zu Herzen genommen hatte.

Für die nächsten, leisen Worte beugte Fritz sich etwas näher zu ihr: »Und vor drei Tagen hat Norbert mir dann verraten, dass er unbedingt seinen Namen aus dem Waisenhaus behalten will.

Und dass er lieber Bohnensuppe isst, wie sie dort für ihn gekocht wurde, als meine Fischgerichte. Es war unser erstes vertrautes Gespräch.« Er lächelte verträumt zu seinem Sohn hin. »Vielleicht bin ich auch einfach ein miserabler Koch«, schob er noch schmunzelnd nach.

»Bestimmt nicht!«, rutschte es Annegret heraus, dabei konnte sie Fritz' Kochkünste gar nicht beurteilen. Bevor sie noch weiteren Unfug erzählte, verfolgte sie besser das Spiel der Kinder. Die Jungen wechselten einander ab und kicherten, wenn eine Murmel aus dem Miniaturteich gefischt werden musste.

Irgendwann fragte Fritz: »Fräulein Dietzel, darf ich Ihnen meine kleine Werkstatt zeigen?«

Annegret zögerte, obwohl es sie schon interessierte, wie der Arbeitsplatz eines Mannes aussah, der mit seinen Händen so filigrane Details wie auf dem Murmelparcours schuf. »Gerne«, sagte sie mit piepsiger Stimme, die in ihren eigenen Ohren lächerlich klang.

Sie folgte ihm. Die Werkstatt befand sich im Erdgeschoss des Hauses und roch herrlich nach getrocknetem Holz. Durch Glasfenster blickte man in den Garten, sie ließen viel Licht auf den Arbeitsplatz fallen. Es erweckte den Eindruck, als gehörten drinnen und draußen zusammen. An einer anderen Wand lehnten Hölzer mit unterschiedlichen Maserungen und von unterschiedlicher Breite. Auf der Werkbank neben dem Schraubstock entdeckte Annegret ein dünnes Büchlein. Sie strengte sich an, den Titel des Buchs rasch zu erfassen. *Die gestundete Zeit*, hieß es. Die Verfasserin konnte sie nicht so schnell entziffern, irgendeine Ingeborg. Dann schaute sie wieder auf.

Der Raum war weder dreckig noch unordentlich wie andere Werkstätten, die sie kannte. Sie wagte kaum, etwas zu berühren.

Dann strich sie doch über den Tisch, dessen ungewöhnlich zartes Äußeres sie fesselte. Das Möbel war elegant und modern, Gestell und Platte wirkten wie aus Holz gegossen. Unter ihrer flachen Hand fühlte es sich wunderbar weich an. Die Maserung der Platte war einzigartig kontrastreich mit ihrem rötlich weißen Rand und dem rotbraunen Farbkern. Sie erkannte rasch, dass hier teure Einzelstücke entstanden.

»Ich arbeite sehr gerne mit Apfelholz«, erklärte Fritz und strich nun ebenfalls mit der Hand so zärtlich über die Tischplatte, als wäre es der Rücken einer Frau.

Annegret erschauerte. Schnell nahm sie ihren Blick von seiner Hand und rief sich in Gedanken zur Ordnung.

»Es gibt nicht viele Apfelbäume, die hoch und gleichzeitig gerade wachsen, sodass man sie für Möbel verwenden kann«, erklärte Fritz. »Für solch einen Tisch braucht es einen Jahrhundertapfelbaum.« Er sah erst den Tisch und dann sie liebevoll an.

»Er ist wunderschön«, sagte Annegret versunken und kreuzte ihre Hände auf dem Rücken, damit sie nicht erneut etwas streichelten.

Fritz lächelte sie an. »Ich würde Ihnen den Tisch gern schenken, Fräulein Dietzel«, sagte er.

»Solch ein Tisch in einer Wohnung mit Wohnzimmer und separatem Schlafraum, das wäre wie im Schlaraffenland.« Hatte sie das gerade laut gesagt? Es war höchste Zeit, zu den Kindern zurückzukehren. »Das ist sehr nett, vielen Dank. Aber ich habe schon einen Tisch«, sagte sie, damit er nicht weiter insistierte, und wandte sich zum Garten. Die Wahrheit war, dass Oskar und sie ihre Mahlzeiten von einem Hocker aßen, weil jeder Tisch zu groß für die Laube war.

Annegret flüchtete in den Garten. Fritz folgte ihr nicht. Vermutlich wunderte er sich über ihr Verhalten. Sie schüttelte den

Gedanken ab und versuchte, sich auf Oskar und Norbert zu konzentrieren, während ihr das Blut in den Ohren rauschte. Was geschah hier mit ihr?

Die meisten Spiele gewann Norbert, was Oskar den Spaß aber nicht verdarb. Norbert traute sich nicht, wie Oskar zu johlen, er lächelte jedoch vorsichtig über seinen Sieg. Es würde noch etwas brauchen, bis er sich eingelebt hatte, dachte Annegret bei sich. Die Kolleginnen erzählten oft von Suchkindern, die wenig Selbstvertrauen besaßen und für die der Aufbau eines neuen sozialen Netzes eine enorme Herausforderung bedeutete. Vor allem ältere Kinder taten sich oft schwer damit, Nähe zuzulassen, wenn sie schon negative Erfahrungen mit Autoritätspersonen wie Erzieherinnen oder Mitarbeiterinnen vom Jugendamt gemacht hatten. Norberts Zurückhaltung war nachvollziehbar.

Annegret wusste, dass es Zeit war, sich auf den Heimweg zu machen. In ihrer Schrebergartenanlage bewegte sie sich auf sicherem Terrain, hier hingegen tat sie Dinge, die sie nicht wollte.

»Ich habe Franzbrötchen gebacken!«, rief Fritz Nielsen von der Terrasse herüber. Er trug ein Tablett vor der Brust, das er eben erst aus dem Ofen geholt haben musste, denn das Gebäck dampfte noch.

»Franzbrötchen?«, rutschte es ihr begeistert wie ein Kind heraus. Schon bei dem Wort lief ihr das Wasser im Mund zusammen. Zimt satt! Vor dem Krieg war sie süchtig nach Franzbrötchen gewesen. Damals war das Geld noch nicht so knapp gewesen, weil ihre Mutter bei der Reederei Dahlhäuser ausreichend zum Leben verdient hatte, bis sie entlassen worden war und es zu bösen Streitigkeiten kam.

»Oskar, Norbert, es gibt was aus dem Ofen!«, rief Fritz den Jungen zu.

Oskar vertröstete ihn mit einem Handzeichen auf später. Norbert schaute kurz auf, konzentrierte sich aber gleich wieder auf das Spiel.

Annegret betrachtete Fritz' Schürze genauer, die sie bei ihrer Ankunft für ein Kleidungsstück aus der Werkstatt gehalten hatte. In Wirklichkeit war es eine Kochschürze. Er war also nicht nur Gärtner und las gern, sondern konnte auch noch backen? Vermutlich konnte er tatsächlich einen hervorragenden Pannfisch zubereiten.

Wie von einer unsichtbaren Hand geführt, ging Annegret auf die Holzterrasse und griff nach einem Franzbrötchen. Genüsslich biss sie sich durch die knusprigen Schichten des Plunderteiges und kostete endlich wieder den Geschmack von Butter, Zimt und Zucker. Ihr entglitt ein wohliger Seufzer.

»Schön, dass es Ihnen schmeckt«, sagte Fritz schmunzelnd, schenkte Kaffee ein und nahm sich ebenfalls eines der Gebäckstücke. Es folgte eine wohlige Stille, während sie beide kauten.

»Seit einigen Tagen fragt Norbert mich immer wieder nach seiner Mutter«, sagte Fritz leiser, nachdem er sein Franzbrötchen aufgegessen hatte. »Und ich traue mich nicht, ihm die Wahrheit zu sagen.«

»Was ist denn die Wahrheit?«, fragte Annegret vorsichtig. Vor der Zusammenführung der Nielsens hatte sie nur die erste Seite der Fallakte lesen können, auf der lediglich von einer Familientrennung während des Feuersturms die Rede gewesen war.

Fritz Nielsen stand auf und trat an den Rand der Holzterrasse, wo jene rosafarbenen Anemonen wuchsen, die er ihr mit Ranunkeln zum Strauß gebunden in die alte Schule gebracht hatte. Er stand mit dem Rücken zu ihr, als er mit belegter Stimme sagte: »Hannah verbrannte.«

Annegret schluckte schwer. Es wurde still. Am liebsten wollte sie ihn trösten, ihn umarmen. Sie schaute ihn an, überlegte, schaute weg und wieder zu ihm hin. »Sie hieß Hannah?«, fragte sie dann. Wohl hatte sie den Namen schon gelesen, aber wieder vergessen.

Fritz nickte und verschwand im Haus. Annegret schalt sich für ihre unangebrachte Neugier. Hätte sie doch lieber Anteilnahme gezeigt! Nun war er allein mit seiner Trauer.

Doch während sie mit sich haderte, kam er mit einer gerahmten Fotografie zurück und hielt sie ihr hin.

Annegret griff nicht nach dem Bild. Sie sah auch so, dass Hannah Nielsen eine wunderschöne Frau mit einem einnehmenden Lächeln gewesen war. »Ich würde meinem Sohn die Wahrheit nicht vorenthalten«, riet sie leise, weil sie sich noch nicht daran gewöhnt hatte, nach ihrer Meinung gefragt zu werden. Erst von Renate, jetzt von Fritz, schon zum zweiten Mal. »Zumindest nicht die Tatsache, dass sie gestorben ist.«

Fritz sah sie nachdenklich und aus feuchten Augen an. Schließlich nickte er. »Ja, die Wahrheit.«

»Dass es durch einen schlimmen Brand passierte, kann er später erfahren, wenn er älter und gefestigter ist. Sagen Sie es ihm dann mit sanften Worten«, empfahl sie weiter.

»Sanft.« Seine Hand berührte Annegrets kleinen Finger, als er das Wort aussprach. Sie ließ es zu und genoss den Moment. Noch nie war sie so zärtlich, so behutsam von einem Mann berührt worden.

Fritz legte seine Hand an ihre Wange und streichelte sie. Sie hörte seinen schnellen Atem, als sein Gesicht sich ihrem näherte, spürte seine Wärme an der Brust und schloss ihre Augen. Es war ein Zustand, schwach und schwebend zugleich, der sich anfühlte wie eine Ewigkeit, bis seine Lippen ihre berührten. Sie meinte, den Rhythmus seines Herzschlags in seiner Zungenspitze zu spüren. Ihre Hände berührten seinen Kopf, fuhren ihm durch das schwarz gelockte Haar und streichelten seinen Hals. Der Kuss schmeckte so süß wie sommersatte Birnen. Sie spürte ein Verlangen nach Fritz, aber noch stärker war der Drang, sich vor den eigenen, unberechenbaren Gefühlen zu schützen.

Panik ergriff sie, und sie brach den Kuss ab. »Ich muss jetzt gehen!«, murmelte sie und fühlte sich wie zwischen den Welten eingeklemmt. »Oskar, komm bitte!«, rief sie.

Das musste sie nicht zweimal sagen. Oskar hatte das Spiel bereits abgebrochen und schaute mit weit aufgerissenen Augen zwischen ihr und Fritz hin und her. Sein fröhliches Gesicht verdunkelte sich.

Fritz schien nur langsam aus seiner Versunkenheit zu sich zu kommen. »Ihr wollt schon los?«

Oskar trat neben Annegret und nahm sie fest bei der Hand.

»Ja«, sagte sie nur.

Ihr Herz drohte ihr aus der Brust zu springen, als sie mit ihrem Sohn aus dem Garten eilte. Sie war verwirrt und erschrocken zugleich über das, was sie gerade getan hatte. Sie hatte sich vergessen und wagte es nicht, sich noch einmal nach Fritz umzudrehen, der nach dem Kuss wie beseelt gewirkt hatte.

Sie bestiegen die erste Straßenbahn, die an der Haltestelle einfuhr. Die Bahn war sehr voll, sodass sie keinen Sitzplatz bekamen. Oskar sagte keinen Ton, obwohl er sonst jede Fahrt auf Schienen fröhlich kommentierte. Eine große Kreuzung erschien in Sichtweite. Kurz darauf bremste die Straßenbahn so stark, dass Annegret Mühe hatte, nicht zu stürzen. Der Kuss war zum Verzweifeln schön gewesen, und sie hatte sich bei Fritz so geborgen gefühlt – so viel gestand sie sich immerhin ein. Aber Herbert war am Anfang auch liebevoll gewesen. Bevor die Bahn weiterfuhr, zog sie Oskar näher an sich heran und hielt ihn fester.

»Entschuldigen Sie bitte, ich muss an der nächsten Haltestelle aussteigen«, sagte eine Dame, die Annegret bislang nicht wahrgenommen hatte, weil sie so tief in Gedanken versunken war. Die Dame mit Hut und rosa Kostüm schob sich mühsam durch den überfüllten Wagen.

»Komm, Spatz, tritt ein Stück beiseite«, bat Annegret ihren Sohn, damit die Frau besser durchkam. Nur kurz sah sie dabei ihr Profil und erschrak: Es war Barbara Voss!

»Mami, du siehst so bleich aus. Ist alles in Ordnung?«, fragte Oskar mit heller Kinderstimme.

In diesem Moment drehte Barbara Voss sich zu ihnen um. Ihr Blick kreuzte sich mit Annegrets, die nicht schnell genug wegschaute. In der nächsten Kurve sah Eberhards Mutter wieder in Fahrtrichtung, weg von ihnen.

Annegret schoss kalter Schweiß auf die Stirn. Frau Voss musste gehört haben, dass Oskar sie Mami genannt hatte! Die Angst schnürte ihr die Kehle zu, und sie fragte sich, ob Frau Voss ihr Geheimnis an Jochen Krüger weitertragen würde. Alles, was sie bisher so mühsam verborgen hatte, drohte nun öffentlich zu werden. Die Straßenbahn fühlte sich mit einem Mal viel zu eng an. Annegret flimmerte es vor den Augen.

»Mami?«, fragte Oskar an der nächsten Haltestelle. »Wirst du krank? Ist Norberts Vater daran schuld? Besser, du redest nicht mehr mit ihm.«

»Mir geht es gut«, log Annegret und sah Frau Voss hinterher, als die die Straßenbahn verließ und stolz davonging.

Diese Begegnung konnte ihr Ende beim Kindersuchdienst bedeuten. Sie war viel zu leichtsinnig gewesen, in jeder Hinsicht. Sie hätte Fritz' Einladung niemals annehmen dürfen.

10

30. April 1955

Hardy stellte sich so ungeschickt an, als würde er das erste Mal auf dem Platz stehen. Er übte Dribbeln mit zwei Jungen aus dem Dorf, die beim FC Buxtehude auf der Bank saßen. Es war Sonntagnachmittag, und morgen sollte sein erstes Training in Hamburg stattfinden. Er würde den Zwei-Uhr-Zug nehmen.

»Ey, wat is'n los heute?«, fragte Heinz, den Ball in der Hand, den Hardy eben verloren hatte.

»Nichts«, rief er zurück und zwang sich, sich auf den Sport zu konzentrieren. Er hatte nur Götz, seinen besten Freund, in sein Problem eingeweiht. Für alle anderen in Pippensen und Buxtehude war er *der Fußballjunge, der zum HSV durfte*. Heute Abend galt es, die Sporttasche für Hamburg zu packen.

»Ich führe das Dribbeln mit der Außenseite des Fußes noch mal vor«, sagte er, ließ sich den Ball erneut zuwerfen und zeigte es verlangsamt.

Verlangsamt war auch das Essen an jenem Abend verlaufen, an dem er herausgefunden hatte, dass seine echte Mutter noch leben könnte. Er hatte keinen Bissen runterbekommen, während die Krauses seinen sportlichen Erfolg gefeiert hatten. Seine Eltern waren so stolz auf ihn gewesen, hatten ihn auf dem Stuhl in die Luft gehoben, dass er es einfach nicht übers Herz gebracht hatte, sie mit seiner Enttäuschung zu konfrontieren. Seitdem war er nicht mehr mit Normalpuls unterwegs. Immer wieder überlegte er, die Krauses auf ihre Lüge anzusprechen.

»Ja und dann?«, riss Jürgen ihn aus den Gedanken.

Hardy sah sich kurz verwirrt um, fing sich aber beim Anblick der Kirche unweit des Sportplatzes wieder. Die Glocken schlugen fünf.

»Wenn ihr schnell die Richtung wechseln wollt, dann dribbelt ihr mit dem Außenspann«, erklärte er weiter. »Ihr müsst dabei immer wieder vom Ball aufschauen ...«

Wie seine echte Mutter wohl war? Arm? Reich? Sportlich? Belesen? Liebevoll oder streng? Ob sie – wie er selbst – auch viel zu große Ohren hatte? Das Wissen darüber, dass sie noch lebte, war wie eine brennende Fackel in einem dunklen Raum. Hardy wollte lachen vor Glück und heulen vor Verzweiflung. Er war hin- und hergerissen zwischen dem Drang, sie kennenzulernen, und dem Wunsch, weiter zu den Krauses zu gehören.

Von ihr war ihm nichts geblieben außer sein Name und die Erinnerung daran, dass er bei ihr gehungert hatte. Sie hatte ihn allein durchbringen müssen. Sein Vater war vermutlich tot.

In Gedanken sagte Hardy sich einen seiner Lehrsätze aus seinem Fußballbuch auf, weil die ihm schon mehrmals auch fern des Sportplatzes geholfen hatten. *Ein guter Fußballer muss in der Lage sein, sich an neue Methoden, veränderte Situationen und Taktiken schnell anzupassen.* In einer veränderten Situation befand er sich. Wie aber sollte er sich anpassen? Wie konnte seine neue Taktik lauten?

»Weinst du etwa?«, fragte Heinz, den Ball wieder unter den Arm geklemmt.

Hardy wischte sich mit dem Handrücken über die Augen und tat so, als sei nichts gewesen. *Ein guter Fußballer denkt positiv.*

»Wirf schon her! Ihr müsst immer mit dem Fuß dribbeln, der vom Gegner weg zeigt«, sagte er und schob sich den Ball an den Außenspann seines linken Schuhs, weil die Jungen zu seiner Rechten standen. »Und das Wichtigste ist: viel üben. Dann wird eure Technik von allein besser.«

Die Jungen nickten eifrig.

»Sag mal, Hardy, wirst du in Hamburg eigentlich auch Uwe Seeler treffen?«, fragte Jürgen.

»Oder Jupp Posipal?«, fügte Heinz aufgeregt hinzu. Abwehrspieler Josef »Jupp« Posipal war vergangenes Jahr in Bern der einzige Hamburger im Weltmeisterschaftskader gewesen.

»Kannst du uns ein Autogramm besorgen?«, fragten die Jungen im Chor.

Hardys Kopf war voll mit anderen Sachen. Er hatte keinen Nerv dafür, Autogramme zu besorgen. »Sobald ich Jupp oder Uwe treffe, frage ich sie, versprochen.« Er lächelte bemüht.

»Ich glaube, für heute reicht es mir mit dem Training«, sagte Jürgen.

»Tut mir leid«, murmelte Hardy mit schlechtem Gewissen und zog seine Fußballschuhe aus, um die Stollen darunter nicht kaputt zu machen. Er knotete sie an den Schnürsenkeln zusammen und legte sie sich über die Schultern.

»Kommst noch mit auf'n Bier?«, fragte Heinz.

Jürgen zwinkerte mehrdeutig. »Erika ist auch da.«

Erika war das Mädchen mit den hübschen Sommersprossen, das er schon mal geküsst hatte. Aber Hardy schüttelte den Kopf. »Geht ohne mich.« Wenn er in seiner aktuellen Verfassung vor sie trat, hielt sie ihn bestimmt für einen Trottel und wollte sich nie wieder von ihm küssen lassen.

Die Jungen verabschiedeten sich, und Hardy blieb allein auf dem Rasen zurück. Vor allem durfte er seine große Chance beim

HSV nicht verspielen. Er nahm den Ball auf und versuchte sich vorzustellen, wie es im Stadion in Hamburg wäre. Zuerst sah er das gepflegte Grün, sah die gusseisernen Tore, die Zuschauerränge und die Trainerbank. Er zwang sich die Bilder fest vor die Augen, aber bald schoben sich die Gesichter von Ilse und Manfred Krause darüber.

Er musste endlich mit ihnen reden! Er hielt es keinen Tag länger aus, alles für sich zu behalten. Er drohte daran zu ersticken. Er konnte nicht einmal mehr vernünftig im Sprint einen Ball führen. Beim Abschiedstraining in Buxtehude war er peinlich unkonzentriert gewesen. Trainer Brodkorb hatte ihm ans Herz gelegt, jetzt wie ein Stürmer auf dem Weg zum Tor nur noch an das eine Ziel zu denken: Stammspieler in der Jugendmannschaft des HSV zu werden.

Aber das war nicht einfach, wenn einem immerzu die echte Mutter durch den Kopf geisterte. Nachts träumte er sogar von ihr. Erst gestern war er schweißgebadet aufgewacht und hatte »*Mamake, Mamake!*« gerufen. Wenn er Frauen mit Kindern sah, überlegte er neuerdings, ob sie einer von ihnen ähneln könnte. Wenn er Götz' blumige Seife im Waschraum der Umkleidekabine roch, fragte er sich, welche Seife sie wohl benutzte.

Lange stand Hardy in Gedanken versunken auf dem Rasen. Als die Kirchenglocken sechs schlugen, war er sich sicher: Um nichts in der Welt konnte er noch länger so weitermachen wie in den zurückliegenden fünf Wochen. Entschlossen klemmte er den Ball auf den Gepäckträger seines Fahrrads und radelte los. *Mamake, Mamake!*, hörte er sich in der Erinnerung rufen.

Seine Adoptivmutter fand er im Stall. Sie war gerade dabei, das Euter ihrer besten Milchkuh zu beschauen. Ilse Krause war breitschultrig, groß und besaß kantige Züge. Sogar der stärkste Bulle hatte Respekt vor ihr.

»Ich möchte mit dir reden«, sagte Hardy. »Mit dir und Vater.«

»Kann das nicht warten? Ich glaube, sie hat eine Euterentzündung.« Ilse zeigte auf die Kuh.

»Nein, kann es nicht!«, antwortete er und baute sich neben dem Melkhocker auf wie ein erwachsener Mann, die Fußballschuhe über der Schulter. »Es muss unbedingt jetzt sein!«

Seine Mutter ließ vom Euter ab und sah ihn überrascht an. Dann sagte sie: »Ich wasche mir noch die Hände. Danach reden wir in der Stube.«

»Wo ist Vater?«, fragte Hardy.

»Hinten bei den Maschinen. Ich gebe ihm Bescheid«, sagte seine Mutter.

Mit wachsweichen Beinen verließ Hardy den Stall. Auf dem Hof rannte er beinahe seine Brüder über den Haufen, die gerade kehrten.

»Was is'n mit dir los, Brüderchen?«, rief ihm Achim mit dem Besen in der Hand hinterher.

Im Alltag schimpften sie sich gerne mal »Klötenkopp«, aber gerade klang sein ältester Bruder eher feinfühlig. Sah er ihm an, dass er seit Wochen durch den Wind war? Oder hörte er sogar sein vor Aufregung hämmerndes Herz?

Hardy lief ins Haus und in die Stube. Der Raum war noch warm vom Kaffeetrinken, und der Geruch von süßem Kuchen hing in der Luft. Er legte seine Fußballschuhe ab und Holz im Ofen nach, während er überlegte, wie er das Gespräch am besten beginnen sollte.

Seine Eltern erschienen, und sein Vater schloss die Tür hinter sich.

»Was gibt es nun, mein Junge?«, fragte seine Mutter sofort.

Sein Vater trat neben ihn. »Hast du dich beim Fußball verletzt?« Er klang besorgt.

Hardy schüttelte den Kopf und räusperte sich. Nun mach schon! Rede mit ihnen, sei endlich kein Hasenfuß mehr! Götz hatte ihm das schon vor zwei Wochen geraten.

Ilse Krause war eine zähe Frau, die, egal, wie viel sie arbeitete und wie anstrengend das Leben war, nie aufgab, sich nie beklagte oder verzagte. Als Hardy nun erzählte, wie er das Schreiben vom Jugendamt gefunden hatte, begann sie in ihre Melkschürze zu weinen und sagte erst einmal nichts. Ihr Mann legte ihr die Hand auf die Schulter.

»Wie konntet ihr mir verschweigen, dass meine echte Mutter noch lebt?«, verlangte Hardy zu wissen. Als die Frage heraus war, war er trotzdem nicht erleichtert. Das Herz schlug ihm bis zum Hals.

»Echte Mutter?«, murmelte Ilse wie geschlagen.

»Es war nur zu deinem Besten!«, versicherte sein Vater, ebenfalls den Tränen nah.

Hardy verstand nicht. Wie konnte es zu seinem Besten sein, ihn zu belügen, ihm zu verschweigen, dass seine echte Mutter wahrscheinlich lebte? Er fühlte sich zum ersten Mal wie jemand, der nicht zu dieser Familie gehörte. Ohne es zu wollen, trat er ein paar Schritte zurück.

»Was soll das heißen?«, warf er ihnen an den Kopf.

»Hardy, mein Junge, wir wollten dir vor allem ersparen, enttäuscht und verletzt zu werden.« Seine Mutter schnäuzte sich in ihr Taschentuch, bevor sie weitersprach. »Stell dir nur vor, es kommt heraus, dass deine echte ...« Sie korrigierte sich gleich: »... dass deine *leibliche* Mutter dich freiwillig weggeben hat. Das verkraften die wenigsten Kinder.« Ilse griff nach Hardys Hand, aber der zog sie weg.

»Euer Plan ist nicht aufgegangen«, sagte er. »Ihr habt mir keine Verletzung erspart!«

»Wir haben dich großgezogen«, fuhr sein Vater fort, »dich aufgepäppelt, dich zu dem gemacht, der du heute bist. Lass die Vergangenheit ruhen. Lass uns unser Leben so weiterleben wie bisher.« Manfreds Hände, groß wie Schaufelblätter, zitterten.

Hardy spürte neue Wut in sich aufsteigen. »So weiterleben wie bisher?« Fassungslos schüttelte er den Kopf. »Was alles habt ihr mir noch verschwiegen? Haben meine echten Geschwister mir einen Brief geschrieben, den ihr vernichtet habt?«

»Nein!«, rief Ilse Krause empört. »Hör auf damit!«

Hardy schüttelte den Kopf. »Ich kann nicht so tun, als wäre meine echte Mutter tot, als gäbe es meine ...« Er überlegte, wie er sie nennen könnte. »... meine andere Familie nicht. Sie sind auch ein Teil von mir.«

»Sind sie nicht!«, sagte sein Vater leise, erschüttert. »Ein Kind kann nur zu einer Familie gehören.«

»Ich will nach meiner echten Mutter suchen!«, sagte Hardy in forderndem Ton. So hatte er noch nie mit seinen Eltern gesprochen. Er wollte endlich wissen, wer seine Mutter war. Wie konnte er sie finden? Er versuchte, sie sich als hagere, hungernde Frau vorzustellen. Ob wenigstens sie ehrlich gewesen war?

»Ich werde nicht zulassen, dass du in dein Unglück rennst!«, sagte sein Vater nun wieder mit festerer Stimme, obwohl seine Augen noch feucht waren.

Hardy erinnerte sich, wie ansteckend sein Vater lachen konnte: als er seine ersten ruckeligen Fahrversuche auf dem Traktor gemacht hatte, als die ganze Familie im schweren Erntejahr achtundvierzig bunte Drachen in den hellblauen Sommerhimmel hatte steigen lassen. Er hatte den Drachen heute noch, obwohl der kaputt war. Jetzt trat er vor seinen Vater: »Du kannst mir nicht verbieten, nach meiner echten Mutter zu suchen!«

Manfred Krause war sichtlich irritiert über den Tonfall, weswegen er einige Atemzüge brauchte, um zu antworten: »Und ob ich das kann! Und damit ist dieses Gespräch beendet.« Er ging in den Flur.

Hardy griff seine Fußballschuhe und lief seinem Vater bis auf Höhe der Kellertreppe nach. »Ich bin vierzehn und kein Kind mehr!«

»Du benimmst dich aber wie eines!«, sagte der.

Hardy trafen die Worte wie Messerstiche. Mit einer heftigen Bewegung schubste er seinen Vater beiseite, um an ihm vorbeizukommen, und rannte den Flur hinab. Hinter sich hörte er ein Poltern, begleitet von einem verzweifelten Schrei. Er drehte sich um und sah, wie Ilse die Treppe hinab zum Vater eilte, der das Gleichgewicht verloren haben musste. Hardys Herz schien für einen Moment stillzustehen.

»Er blutet und ist ohnmächtig«, rief seine Mutter.

Das hatte Hardy nicht gewollt! Aber seine Kehle war wie zugeschnürt, unfähig, Worte der Entschuldigung hervorzubringen.

Seine Brüder Achim und Siegfried kamen angelaufen. »Vater?« Brigitte folgte ihnen.

Hardy stürzte in sein Zimmer, riss seine Tasche aus dem Schrank und stopfte sein Sportzeug und die geliebten Turnschuhe hinein. Dazu legte er sein erspartes Geld, vierundzwanzig Mark, und etwas frische Wäsche. Er hörte sein Blut laut durch die Adern rauschen, sein Herz hämmerte wie wild.

Mit der Tasche in der Hand sprintete er aus dem Zimmer, an seiner kleinen Schwester vorbei, die heulend im Flur stand. Ein schneller Blick zeigte ihm, dass der Vater mit blutendem Kopf auf der Kellertreppe lag, umringt von Ilse und den Söhnen. Hardy spürte, dass er hier nicht mehr hingehörte. Wie sie ihn jetzt hassen mussten!

»Wir brauchen einen Arzt!«, rief seine Mutter.

Nein, hier konnte er nicht mehr bleiben. Hardy stürmte durch den Seitenausgang in den Hof. Er musste seine echte Mutter finden!

11

16. Mai 1955

Charlotte nahm es leichter als Femke, dass schon vor einer Woche der Strom im alten Reihenhaus ausgefallen war. Seitdem beleuchteten sie die Räume mit Petroleumlampen, die früher auf Schiffen verwendet worden waren. Die Lampen stanken, und es war eine dreckige, klebrige Angelegenheit, Petroleum nachzufüllen. Außerdem lieferten die Funzeln so wenig Licht, dass Bödenschrubben einer Strafarbeit gleichkam!

Sie hatte die Hausarbeit auf den frühen Morgen gelegt, denn abends fand sie keine Kraft mehr. Als sie jetzt an den Brief dachte, den sie unlängst von ihrer Familie erhalten hatte, schrubbte sie so heftig, dass der Boden verblasste. Ihre Eltern waren zum Verzweifeln stur! Nein, der Brief ihrer Mutter enthielt keine Bitte, sich einander wieder anzunähern, geschweige denn, sich zu versöhnen. Dolores Dahlhäuser bat sie darum, noch einmal tief in sich zu gehen, sich an den notwendigen Zusammenhalt der Familie zu erinnern und Carl-Gustav Johannson im September zu heiraten. Ihre Eltern beharrten weiterhin auf ihren Plänen. Das Glück ihrer Tochter war ihnen noch immer gleichgültig. Charlotte kam von den Knien hoch und klatschte den Scheuerlappen ins Wischwasser. Wie passte das trauernde Gesicht ihrer Mutter neulich im *Café Alsterpavillon* dazu?

Ihre Gedanken sprangen zum Suchdienst. Unbedingt musste sie die Kolleginnen wieder für sich gewinnen. Sie wünschte sich auf der Arbeit ein harmonisches Umfeld, in dem man sich half und bestärkte, beinahe wie eine zweite Familie.

Sie fuhr sich mit dem Handrücken über die verschwitzte Stirn. Dann ging sie ins Bad und goss das dreckige Wischwasser in die Toilette. Ihr Körper fühlte sich schwer an, und ihre Hände waren rau vom scharfen Putzmittel. Während die graubraune Brühe aus dem Eimer rann, wanderten ihre Gedanken zu den Kolleginnen, die sie enttäuscht hatte und die doch immer nett zu ihr gewesen waren.

Als sie aus ihrer Gedankenwelt wieder zu sich kam, goss sie das schmutzige Wischwasser neben die Toilette. Ihre Pantoffeln wurden nass. Oh nein! Genervt stellte sie den Eimer ab und machte sich daran, das Dreckwasser wieder aufzuwischen. Dabei musste sie sich langsam ranhalten, wenn sie nicht zu spät beim Suchdienst eintreffen wollte.

Nachdem die Böden sauber waren, wusch sie sich, steckte sich ein paar Strähnen zurück und wollte sich ankleiden. Als sie nach ihrer Bluse griff, berührte ihre Hand Robs Trenchcoat, der daneben auf einem Bügel im Schrank hing. Sie roch daran. *Signature* war noch nicht ganz verflogen.

Sie dachte an die Begegnung mit Rob im *Fährhaus*. Für einen Moment hatten seine kühlen, stahlgrauen Augen sie warm angeschaut. Da hatte sie eine Seite an ihm gesehen, die sanft und tief war, die sie ergründen wollte. Unvermittelt lächelte sie. Am Badetag in der Dove-Elbe war sie erst nach Anbruch der Dunkelheit heimgekehrt. Mit sorgenvollem Gesicht hatte Femke sie vor dem Haus erwartet und aufgeregt mit den Armen gefuchtelt. Der Zander hatte sie besänftigen können. Vor Erleichterung war ihr nicht einmal aufgefallen, dass Charlotte den übergroßen Trenchcoat eines Mannes getragen hatte. Seit ihrem Ausflug an die Dove-Elbe musste sie viel zu oft an Rob denken. Manchmal stellte sie sich vor, wie er früh am Morgen seinen Gaffelschoner losmachte und aufs Wasser hinausfuhr, den Wind im Haar und die Hände fest am Steuer, während die Lachmöwen über ihm kreisten. Sie sah ihn vor sich, wie er in seiner wortkargen Art Netze auswarf und später einen Fisch nach dem anderen ausnahm, ohne mit der Wimper zu zucken.

»Du kommst zu spät!«, rief Femke aus dem Wohnzimmer herauf.

Charlotte nahm einen tiefen Atemzug von dem schwarzen, knittrigen Stoff, dann eilte sie die Stiege ins Erdgeschoss hinunter.

Kurz darauf saß sie abgehetzt auf ihrem Fahrrad. Inzwischen kam sie besser mit Hamburgs Berufsverkehr zurecht. Für den Weg zur Arbeit brauchte sie keinen Stadtplan mehr. Während sie dem Blomkamp entgegenradelte, ging sie den Tag durch. Heute würde sie Elli Sander in zwei neue Waisenhäuser begleiten, die noch nicht mit dem Suchdienst zusammenarbeiteten. Es war wichtig, dass die Heimerzieherinnen dafür sensibilisiert wurden, alle Informationen festzuhalten, auch wenn die Schutzbefohlenen scheinbar nebensächliche Details erwähnten. Nicht wenige Waisenkinder waren Suchkinder. Außerdem wollte Charlotte sich im Fall Monika weiter um den Verbleib des Knechts Pavel Koczek kümmern, der nicht in und um Darmstadt gemeldet war. Wo steckte er nur? Er wusste vielleicht, wer Monika damals auf den Hof gebracht hatte. Wenn es sich dabei um die Mutter handelte und er ihren Namen kannte, wäre das ein Volltreffer. Zudem sollte sie ihre Kolleginnen bei neuen Amtshilfeverfahren unterstützen. Kurz überlegte sie, das Vertrauen der anderen Frauen mit selbst gebackenen Keksen zurückzugewinnen. Das Problem war nur, dass sie nicht backen konnte – das war Dagmars Metier. Sie musste sich etwas anderes einfallen lassen.

*

Als Charlotte am Blomkamp eintraf, fand sie kaum Platz, um ihr Fahrrad abzustellen. Bis zum Motorrad von Jochen Krüger hatte sich eine Schlange gebildet, überwiegend Frauen. Sie wirkten aufgeregt. Was war passiert? Neugierig schob sie sich durch die Menge und betrat die alte Schule.

Vom Eingang führte die Schlange über den Flur bis zur Tür mit dem Schild SUCHANFRAGEN HIER. Einige Frauen hielten Fotos in den Händen oder trugen gebündelte Schriftstücke bei sich. Einen derartigen Andrang hatte Charlotte noch nicht erlebt. Sie zog sich durch die Personaltür in die Aula zurück, aber auch hier herrschte Aufregung.

»Das jüngste Plakat war ein voller Erfolg!«, empfing Doktor Seppelfricke sie, umgeben vom Qualm seiner Mentholzigarette. »Wie es aussieht, gibt es mehr als nur *ein* Paar Eltern, das Monika Mayer zu sich nach Hause holen möchte.«

Charlotte lächelte bewegt. Nun bestand Hoffnung, dass ihr Suchkind bald nicht mehr allein sein würde.

Ähnlich begeistert hatte sie den Chef vor einer Woche gesehen, als er unter dem Bild von Bundeskanzler Adenauer das offizielle Ende der Besatzungszeit der BRD beschworen hatte. Seit dem fünften Mai waren die Pariser Verträge in Kraft, womit Deutschland weitgehend souverän war. Aus diesem Anlass hatte es im *Fischladen* kostenlose Bismarckbrötchen für die

Stammkundschaft gegeben. Charlotte war mit Femke hingegangen, und sie hatten einen ausgelassenen Feierabend verbracht.

Jochen Krüger kam in die Aula gerauscht: »Dieser Andrang interessiert womöglich die Zeitungen.« Er wies zur geschlossenen Tür beim Tresen, hinter der die Besucher warteten. »Ich könnte einen befreundeten Journalisten anrufen. Ein Artikel im *Hamburger Abendblatt* oder in der *BILD-Zeitung* wäre doch mal wieder was!«

Charlotte wusste, dass der Kindersuchdienst immer weniger Mittel aus dem Innenministerium bekam, aber Monikas Mutter unter den Augen von Fotografen ausfindig machen? Nein!

Doktor Seppelfricke schien auch nicht begeistert von der Idee. Nachdenklich sog er an seiner Zigarette.

»Warum nicht?«, mischte sich Renate ein und lächelte Jochen Krüger mit ihren knallroten Lippen an. Ihr Blick, umrahmt von dichten, angeklebten Wimpern, wirkte verzweifelt und sinnlich zugleich.

»Wir müssen jede Chance auf mehr Aufmerksamkeit in der Bevölkerung nutzen!«, setzte Jochen Krüger nach, ohne auf Renates Avancen einzugehen.

Charlotte vermutete, dass ihm nicht nur am Erfolg des Suchbüros gelegen war, sondern er selbst gerne mehr Beachtung hätte – so lautstark knatternd, wie er jeden Morgen mit dem Motorrad vor das Büro gefahren kam.

»Haben Sie nicht gestern erst unschöne Post vom Bund bekommen?«, erinnerte Jochen Krüger den Chef des Suchdienstes. »Dem müssen wir etwas entgegensetzen!«

Renate nickte mehrfach. Doktor Seppelfricke zuckte mit den Achseln und drückte seine Mentholzigarette im Ascher auf dem Suchtresen aus. Die Entscheidung schien ihm nicht leichtzufallen. Schließlich gab er sein Einverständnis und verließ die Aula.

Kurz war es still im Büro.

Hastig legte Charlotte Jacke und Tasche ab. Sie spürte, dass es so schnell keinen besseren Moment geben würde, um alle Kolleginnen und den Leiter der Abteilung versammelt zu wissen. Ihre Kehle zog sich zusammen, und sie schluckte mehrmals, um ihre Unsicherheit zu unterdrücken. Sie trat neben den Erinnerungsbaum in der Mitte der Aula, sah kurz zum Bildnis des Kanzlers an der Wand, dachte an Doktor Seppelfrickes Worte über Ehrlichkeit und sagte: »Liebe Kolleginnen, ich möchte euch sagen, dass es mir aus tiefstem Herzen leidtut, dass ich euch und Ihnen, Herrn Krüger, nicht die Wahrheit gesagt habe. Dass ich meinen richtigen Namen verschwiegen und eine andere Geschichte erzählt habe. Ich weiß, dass es falsch war.«

Annegret wandte sich ihr mit vor der Brust verschränkten Armen zu. Dagmar schaute von ihrer Keksdose auf. Jochen Krüger setzte sich auf die Ecke von Renates Tisch und fixierte Charlotte von dort aus.

Charlottes Hand wanderte an ihre Lippen, und sie knabberte an einem Fingernagel, bevor sie fortfuhr. »Ich wollte mich bei euch dafür entschuldigen, dass ich nicht aufrichtig gewesen bin.« Jetzt war es raus. Sie sah jede Kollegin und den Abteilungsleiter an. Renate, die hinter Jochen Krüger am Schreibtisch saß, schien gerade seinen Geruch aufzusaugen, zumindest schloss sie genießerisch die Augen und atmete tief ein.

Jutta trat vor Charlotte an den Erinnerungsbaum. »Warum hast du überhaupt gelogen?«

»Ich hatte Angst, dass mein Verlobter mich hier beim Suchdienst findet«, erklärte sie.

Jutta nahm ihre schwarze Brille ab, und es wirkte auf Charlotte, als würde die Kollegin sie am liebsten in den Arm nehmen. Jutta schluckte, als versuchte sie, Tränen zurückzuhalten.

»Er ist kein netter Mann«, fand Dagmar, »vor ihm hätte ich mich auch versteckt.«

»Aber er ist ein Mann!«, stellte der Abteilungsleiter klar und erhob sich von Renates Tisch. »Er hat andere Rechte als eine Frau. Gewiss haben Sie, Fräulein Dahlhäuser, aus dieser Episode gelernt, wohin Ungehorsam führen kann.« Er schaute sie bedeutungsschwer an.

Charlotte ließ ihren Finger vom Mund sinken. Sie hatte vor allem gelernt, wie gut es sich anfühlte, selbst Entscheidungen zu treffen, die das eigene Leben betrafen. Aber das sagte sie Krüger nicht.

»Ich schätze deinen Mut, vor uns allen deinen Fehler einzugestehen.« Jutta klang gerührt. Sie umarmte Charlotte.

»Danke.« Charlotte war erleichtert. »Ich hoffe, dass wir irgendwann wieder so zusammenarbeiten können wie vorher.« Ihr Blick wanderte zu Annegret, die stocksteif dastand und nicht nickte.

»Dann hätten wir das auch geklärt!« Zufrieden trat Jochen Krüger zur Besuchertür und ließ die ersten Wartenden ein.

»Das wird kein leichter Tag«, hörte Charlotte Dagmar am Tresen sagen. Die Kollegin griff sich mit den Händen ins Haar, um ihre Lockenpracht noch einmal in Form zu bringen. Dann lächelte sie Charlotte bestärkend an.

Krüger nickte den Kolleginnen reihum auffordernd zu, nur Annegret ignorierte er. Warum er wohl neulich Frau Hahn um Annegrets Bewerbungsunterlagen gebeten hatte? Charlotte war gerade auf dem Weg zur Kaffeemaschine gewesen, als er die Chefsekretärin mit gedämpfter Stimme angesprochen hatte.

Sie schüttelte den Gedanken ab. Jetzt ging es nur um ihr Suchkind!

Bang sah Charlotte zu den Besuchern am Tresen. »Wie kann ich nur herausfinden, wer die echte Mutter von Monika ist?«, fragte sie in die Runde. Sie trat an den Tisch von Renate, die eine erfahrene Suchdiensthelferin war. Die aber hatte nur Augen für den Abteilungsleiter. Sie blickte ihm nach, wie er die Aula verließ, dann stand sie ebenfalls auf und ging aus dem Raum. Ob sie Jochen Krüger folgte?

»Ich kann helfen«, bot Jutta an. »Zuerst werden wir von allen die Stammdaten aufnehmen«, erklärte sie.

»Ich hole die Formulare und Karteikarten!« Charlotte wollte jetzt keine Minute mehr verlieren, doch sie sagte Elli Sander noch Bescheid, dass sie sie heute nicht in die Waisenhäuser begleiten konnte.

Elli meinte zwinkernd: »Mädel, dat is wie en Karnevalswagen: Wenn du so weit jefahre bist, dann is der Rest nur noch en Jefälle! Dat krissde hin!« Sie lachte ihr ansteckendes Lachen, aber Charlotte war gerade nicht nach Lachen zumute.

Jutta begrüßte die ersten Wartenden am Tresen. Charlotte war sehr aufgeregt, als sie die Stammkarte für Familie Kokisch aus Lübeck auszufüllen begann. Jede weitere Karte war eine zusätzliche Chance, Monikas Eltern zu finden. Sie bekam kaum mit, wie Stunde um Stunde verging und die Kameras der angereisten Fotografen aufblitzten.

Als der Großteil der Kolleginnen sich in die Mittagspause verabschiedete, sprach sie gerade mit den letzten der vierundzwanzig erschienenen Sucheltern. Die zwei waren für Horst Sommer da, der auf demselben Suchplakat wie Monika abgebildet war.

Charlotte hätte sich gerne ein paar Minuten in einem der

Sessel in der Küche ausgeruht, aber dafür war keine Zeit. Außerdem hatte ein Reporter von der *BILD-Zeitung* es sich dort gemütlich gemacht und trank einen Kaffee nach dem anderen, während er die moderne Maschine bestaunte.

Bevor sie sich ärgern konnte, wurde sie zum Tresen gerufen, um sich vom *Hamburger Abendblatt* fotografieren zu lassen. Schon in ihrem alten Leben hatte sie es nicht gemocht, auf Befehl lächeln zu müssen. Jochen Krüger hingegen hatte kein Problem damit. Er stellte sich neben sie, berichtete über die aufreibende Arbeit beim Kindersuchdienst und welch gewichtige Rolle er als Abteilungsleiter dabei spielen würde.

Der Nachmittag war ausführlicheren Gesprächen mit den vorausgewählten Eltern vorbehalten. Nur sechs Paare hatten angegeben, dass Monika vor einem Schweinestall abgelegt worden war. Eine Information, die nur die leiblichen Eltern sicher wissen konnten, denn auf dem Suchplakat war lediglich von einem Stall die Rede gewesen. Nun galt es, die fünf von ihnen anhand einer klugen Fragestrategie auszusieben, die nur richtig geraten hatten.

Charlotte wünschte sich in diesem Moment, dass der ominöse Hauptkommissar Hartmann, den sie bis heute nicht kennengelernt hatte, das Seminar zu den Befragungstechniken bereits gehalten hätte. Dann wäre sie jetzt besser vorbereitet. Sie tat sich schwer mit dem Gedanken, dass unter den Angereisten auch kinderlose Paare sein konnten, die die Chance nutzten, an ein hübsches Kind zu kommen, das gar nicht ihres war. Von ähnlichen Vorfällen hatte Renate einmal in einer Mittagspause erzählt, als Charlotte sich noch nicht ins Abseits geschossen hatte. Wenn nur ihre eigene Mutter derart um sie kämpfen würde! Und Vater, warum hielt der sich so zurück? Ob er ähnlich trauerte wie Mutter? Ihm hatte sie sich näher gefühlt.

Charlotte schaute sich im Zeichenraum mit den gepolsterten Möbeln und der Strelitzie um und nahm neben Jutta am runden Tisch Platz.

In den folgenden Stunden folgte ein Gespräch auf das andere, in denen Charlotte hoch konzentriert bei der Sache war. Jutta, diese gute Seele der Abteilung, gab ihr das Gefühl, wichtig für die Klärung zu sein. Sie integrierte sie in jedes Gespräch, gab wortlos Zweifel oder Zustimmung zu erkennen und überließ ihr auch mal die Führung. Es war äußerst interessant, welch unterschiedliche Gründe die Sucheltern dafür nannten, warum sie ihren Säugling ausgerechnet vor dem Schweinestall der Familie Brüderle abgelegt haben wollten. Die Kokischs berichteten von der drohenden Bombardierung Heilbronns, vor der sie geflüchtet seien. Frau Hirsch erklärte, dass sie gehofft habe, ihre Tochter könne bei neuen Eltern auf einem Bauernhof besser ernährt werden, nachdem sie selbst keine Milch in den Brüsten gehabt habe.

»Wir melden uns in den nächsten Tagen bei Ihnen«, sagte Jutta schließlich zu den Eheleuten Braun, die sehr detailliert berichtet hatten, wie sie auf der Flucht vor den Nationalsozialisten ihr Kind vor dem Stall abgelegt hätten. Wieder einmal dachte Charlotte, dass Juttas Anwesenheit Gold wert war. Während der Gespräche blieb sie ruhig, überlegt und auf das Wesentliche konzentriert. Charlotte fragte sich, ob sie jemals in der Lage sein würde, vor Sucheltern genauso souverän aufzutreten.

Charlotte führte die Brauns aus dem Zeichenraum. Sie hatte nicht die leiseste Ahnung, ob sie Monikas leibliche Eltern waren. Es wäre leichter, wenn sie den Knecht Pavel Koczek bereits ausfindig gemacht hätte.

»So, jetzt ist aber Feierabend!« Jutta reinigte abschließend ihre schwarze Brille, stand vom runden Tisch auf und verließ den Zeichenraum.

Charlotte folgte ihr auf den Flur. »Aber wir haben noch nicht alle befragt. Wir können noch nicht aufhören!« Ihr fiel auf, dass Renate lächelnd die Treppe vom Obergeschoss herunterkam.

»Einen schönen Abend euch«, trällerte Renate und schwebte auf ihren hochhackigen Schuhen an ihnen vorbei.

»Hat sie etwa eine Verabredung?«, flüsterte Jutta Charlotte zu, dann ging sie in die Aula.

Charlotte folgte ihr weiter. »Warum sollten wir jetzt aufhören? Das verstehe ich nicht.«

Jutta zog sich ihren leichten Mantel an und setzte sich einen Hut mit breiter Krempe auf. Charlotte erkannte, dass er aus einem preiswerten Imitat anstatt aus echtem Wollfilz gemacht war.

»Wir treffen nur dann die richtigen Entscheidungen«, erklärte die Kollegin, »wenn wir nicht überarbeitet sind und fähig zu höchster Konzentration.« Sie verabschiedete sich und wandte sich vor der Personaltür noch einmal um. »Sucharbeit ist keine Akkordarbeit, das darfst du nie vergessen. Und: Wenn wir alle ständig überarbeitet sind, ist das nicht gut für die Stimmung hier.« Sie tätschelte Charlotte die Schulter, dann ging sie. »Ich schaue morgen nach Renate«, sagte sie auf dem Weg raus.

Während die meisten anderen Kolleginnen nun an ihr vorbei in den Feierabend spazierten, hatte sich Charlotte selten wacher gefühlt und meinte, sogar die Nacht durcharbeiten zu können. Trotzdem traute sie es sich nicht zu, die Gespräche allein weiterzuführen. Auf der Suche nach Unterstützung ließ sie ihren Blick durch die Aula schweifen. Nur Renate und Annegret waren noch anwesend. Renate wollte sie nicht fragen, weil die vermutlich eine Verabredung hatte. Also steuerte sie auf Annegret zu, die vor der Kartenwand in eine Darstellung der Bahnstrecken durch das ehemalige Ostpreußen vertieft war.

Annegret konnte schnell einen besonderen Draht zu Sucheltern aufbauen, was vor dem Hintergrund, dass die Kollegin selbst keine Mutter war, erstaunlich war. Dass sie seit Tagen nervös, ja fahrig auftrat, tat Charlottes Wertschätzung keinen Abbruch. Erst am Freitag hatte Annegret Kaffee verkippt, und tags zuvor wäre sie im Backsteinhof beinahe ins Beet mit den Pfingstrosen gestolpert, als Jochen Krüger im Hof auftauchte.

Auch auf die Gefahr hin, sich eine Abfuhr einzuholen, trat sie zu Annegret. »Ich brauche Ihre Hilfe, Fräulein Dietzel.«

»Ich bin beschäftigt«, entgegnete Annegret, ohne von der Karte aufzusehen. Sie setzte ihren rechten Zeigefinger auf einen Punkt der Bahnstrecke und fuhr sie ab.

»Allein traue ich mir die Gespräche mit Monikas möglichen Eltern nicht zu«, gestand Charlotte. So nah bei der Kollegin, erkannte sie, dass die weiße Bluse, die Annegret unter ihrer Strickjacke trug, am Kragen mehrmals gestopft war.

»Vielleicht hat Renate Zeit.« Annegret zeigte zum nunmehr leeren Stuhl der Kollegin, über dem deren pinke, taillierte Kostümjacke hing. »Sie ist sicher gleich wieder am Platz.«

Charlotte schüttelte den Kopf. »*Sie* haben ein besonderes Gespür für Sucheltern. Ich brauche *Sie*!«, sagte sie nun drängender.

Annegret hielt mit dem Finger auf der Karte inne.

»Monika wacht seit vielen Jahren jeden Morgen ohne ihre Mutter auf und braucht endlich liebende Eltern«, sprach Charlotte weiter.

Langsam wandte Annegret sich um und schloss kurz die Augen, bevor sie sagte: »Gut. Ich tu's für Monika.«

Charlottes Erleichterung war so groß, dass sie Annegret am liebsten umarmt hätte. Dankbar lächelte sie die Kollegin an, aber die schaute weiter so steif wie Rob, als er mit ihr am Tisch im *Fährhaus* gesessen hatte.

Charlotte holte Familie Roskoden in das Gesprächszimmer, während Annegret mit einem Lineal in Monikas Akte las. Die Roskodens waren ein Metzgerehepaar aus Stuttgart, das den Krieg in einem Luftschutzkeller überlebt hatte. Er hatte Sehprobleme, weswegen er am Arm seiner Frau ging. Sie erzählten, dass ihre Tochter Emma, wie Monika ihrer Meinung nach hieß, anfänglich mit offenen Augen geschlafen und mit sechs Monaten bevorzugt an ihren Zehen gelutscht habe. Sogar Annegret musste bei dieser Vorstellung lächeln. Die Liebe, die aus den Worten der Sucheltern sprach, war herzerwärmend. Die Roskodens erwähnten auch Teddy Mayer, den sie »den Bären« nannten, ein Geburtsgeschenk für ihre Emma.

Mit jedem Gespräch stellte Charlotte mutigere Fragen, die vor allem darauf abzielten, die Plausibilität der Erinnerungen zu überprüfen. So auch bei Herrn Uhlmann, der als Sechster das Gesprächszimmer betrat. Eine Stunde später war dieses letzte Gespräch des Tages geschafft und der Suchvater verabschiedet.

»Für mich kämen zwei der sechs Elternpaare infrage«, sagte Charlotte. »Familie Roskoden an erster Stelle.«

Annegret nickte. »Das sehe ich genauso. Und dann noch Familie Kokisch, die Jutta vorhin mit Ihnen befragt hat. Was Sie mir über das Gespräch erzählt haben, überzeugt mich.«

»Das heißt, Sie würden Frau Hirsch ausschließen?«, fragte Charlotte erstaunt. Frau Hirsch hatte gehofft, ihr Säugling würde auf einem Bauernhof mehr Milch bekommen, nachdem ihr Milchfluss versiegt war.

»Einen Säugling ausgerechnet bei Schweinebauern abzulegen, wenn es der Mutter doch wichtig war, dass das Kind Milch bekommt, das klingt für mich nicht logisch«, befand Annegret.

Charlotte nickte zustimmend. Ein Hof mit Kühen wäre in dem Fall besser gewesen.

»Ähnlich geht es mir mit den Brauns und ihrem Bericht darüber, dass ihr Kind direkt am Tag der Geburt mehrmals die Brust von Frau Braun leer getrunken hätte«, ergänzte Annegret und klang schon versöhnlicher.

»Aber das wäre doch möglich«, meinte Charlotte. »Monika könnte ein sehr hungriger Säugling gewesen sein.«

»Der Milcheinschuss kommt aber erst am dritten Tag nach der Geburt. Vorher fließen nur wenige Tropfen Kolostrum«, erklärte Annegret. »Da kann kein Neugeborenes die Mutterbrust leer trinken. Sie ist noch nicht einmal gut gefüllt gleich nach der Geburt. Außerdem ist ein Neugeborenes viel zu schwach und müde, um so lange am Stück zu trinken.«

Kurz war Charlotte irritiert. Woher wusste Annegret solche Details? »Dann laden wir die Familien Roskoden und Kokisch zu Zusammenführungen mit Monika ein«, schlug sie vor, ohne länger über unwichtige Details nachzudenken.

Annegret erhob sich. »Tun Sie das, Fräulein Dahlhäuser.« Sie ging zur Tür des Zeichenraumes.

»Fräulein Dietzel?«, fragte Charlotte wild entschlossen, jetzt oder nie. »Wenn Sie es irgendwie einrichten könnten, die zwei Zusammenführungen mit mir gemeinsam zu begleiten, das wäre ...«

»Was wäre es, Fräulein Dahlhäuser?«, fragte Annegret zurück.

»Das wäre sehr hilfreich«, antwortete Charlotte in vertraulichem Ton und fügte nach kurzem Zögern hinzu: »Hilfreich und ... und ... und nett.« Sie lächelte.

Im ersten Moment lächelte Annegret zurück. Doch dann schaute sie gleich wieder ernster, vergrub ihre Hände in den Taschen ihrer gelben Strickjacke und sagte: »Ich muss mal sehen.« Dann verließ sie den Zeichenraum.

Charlotte blieb noch eine Weile und räumte ihre Unterlagen auf. Als auch sie ging, war das Gebäude im Erdgeschoss wie leer gefegt. Als Einzige eilte noch Frau Hahn an ihr vorbei und hielt auf die Treppe hinauf ins Direktorat zu, ohne sie weiter zu beachten.

Jetzt spürte auch Charlotte die Erschöpfung des Tages, aber heute war es ein angenehmes Gefühl. Sie ging in die Küche und machte sich einen Kaffee. Um den früheren Besprechungstisch der Lehrer standen gemütliche Sessel, und beinahe wäre sie in einen hineingefallen, doch es zog sie ins Obergeschoss.

Mit der halb vollen Tasse in der Hand betrat sie die Bibliothek. Bedächtig schritt sie an der zentralen Namenskartei entlang. Kurz lauschte sie in den Raum, wie Annegret es gerne tat. Waren das etwa die Stimmen aus der Vergangenheit, die zwischen den Regalen wisperten? Dann sprang ihr Blick zum Sternenhimmel an der Decke, und sie bekam eine Gänsehaut. Dieser Ort strahlte eine stille Autorität aus, als ob er die Weisheit der Jahrhunderte in sich tragen würde.

Vor dem Bildnis von Oberstudienrat Klöppel stellte Charlotte ihre Kaffeetasse ab und holte den kleinen, altmodischen Schlüssel von der Rückseite des Kunstwerkes. Mit letzter Kraft schob sie das Regal mit den Suchkarten unbekannter Kinder gerade so weit beiseite, dass sich die Tür dahinter öffnen ließ.

Sie betrat ihr Baumkronenzimmer mit einem Lächeln, stellte ihre Kaffeetasse auf dem Fensterbrett ab und ließ sich mit einem wohligen Seufzer in den Ohrensessel sinken. Eine Weile genoss sie einfach nur die Aussicht auf die Krone des

Ahorns. Die letzten Sonnenstrahlen des Tages ließen das frische Grün der Blätter in einem sanften orangefarbenen Licht erstrahlen. Die Ruhe hier oben, wo die Zeit stehen geblieben zu sein schien, tat gut.

Charlotte trank ihren Kaffee Schluck für Schluck und dachte, dass sie am liebsten durch diesen kleinen Raum, in dem es nach alten Büchern roch, tanzen würde. Monika würde endlich ihre leiblichen Eltern treffen! Und sie fühlte sich auf eine seltsame Art glücklich und zufrieden hier. Sie war so überwältigt von dem Moment, dass sie beschloss, ihr neues Lebensgefühl nicht durch Gedanken an Petroleumlampen, Putzarbeit oder ihre Eltern unterbrechen zu lassen. Sie würde es sogar wagen, Rob auf seinem Segelschiff zu besuchen, schon nächstes Wochenende. Immerhin hütete sie noch seinen schwarzen Trenchcoat.

Sie trank den letzten Schluck Kaffee aus. Ob Rob seinen Mantel vermisste? Und sie auch? Bei der Erinnerung an ihre Begegnung im *Fährhaus* musste sie wieder einmal lächeln. Wie schockiert ihre Eltern wohl wären, wenn sie ihn vorstellen würde? Sie sah Rob in seiner Fischerkleidung am vornehm gedeckten Tisch in der Villa sitzen und musste kichern wie ein kleines Mädchen. Ähnlich hatte sie oft mit Libet im Internat gekichert. Die hatte mit zweiundzwanzig Jahren ihre große Liebe geheiratet. Charlotte war nun einundzwanzig, doch an eine Ehe wollte sie nicht denken, vor allem nicht mit Carl-Gustav. In der gemeinsamen Internatszeit hatte Libet ihr öfters geraten, immer ehrlich zu sein und Probleme am besten durch ein Gespräch zu klären. Sie hatte oft von »guten Gesprächen« mit ihrem Vater geschwärmt, den sie sehr verehrte. Charlotte konnte nicht sagen, was sie noch für ihren Vater empfand.

Sie erhob sich, ließ ihren Blick noch mal über die staubige Einrichtung gleiten und verließ das Baumkronenzimmer. Sie schloss es ab und steckte den Schlüssel in die Papiertasche auf der Rückseite des Bildes an der Wand. Schlussendlich schob sie das Regal vor die Tür.

Als sie in den Feierabend ging, knurrte ihr Magen lautstark, und es dämmerte. Sie radelte zur Langelohstraße, wo der *Fischladen* am Straßenrand noch hell erleuchtet war. Diesmal war die kleine Holzhütte fast leer, nur eine ältere Dame stand vor dem Verkaufstresen und ließ sich Zeit mit ihrer Bestellung. Beim Duft des geräucherten Fischs lief Charlotte das Wasser im Mund zusammen. Dann war sie an der Reihe und zeigte auf das verbliebene Brötchen mit Brathering in der Auslage.

»Soll ich's einpacken?«, fragte die Verkäuferin.

»Ich nehme es gleich auf die Hand«, entgegnete Charlotte, bezahlte und biss noch im Laden in ihren Brathering. Genüsslich kauend wandte sie sich zur Tür.

Da lehnte er im Türrahmen, die Arme lässig vor der Brust verschränkt. Sie blinzelte mehrmals, als könnte der Hunger ihren Augen einen Streich spielen. »Rob?«, entkam es ihren Lippen, an denen bestimmt Senfkörner oder Zwiebelstücke von der Marinade klebten.

Er trug Bluejeans und ein rot-schwarz kariertes Hemd. Sein Gesicht wurde von einem leichten Lächeln erhellt, das ihr Herz schneller schlagen ließ, und er löste die Arme vor seiner Brust.

Sie kaute nicht weiter, sondern starrte ihn nur reglos an.

»Schmeckt der Fisch nicht?«, fragte er und ließ seine Hände sinken. Seine Haut war noch gebräunter als im *Fährhaus*, vermutlich durch die Arbeit auf dem Wasser.

Charlottes Gedanken wirbelten wild durcheinander. Ob er zufällig hier war? Sie spürte, wie ihr Gesicht heiß wurde, und sah schnell auf das Brötchen in ihrer Hand. »Der Brathering schmeckt gut.« Ihre Stimme klang verräterisch hoch, aber sie hoffte, dass er ihre plötzliche Verwirrung trotzdem nicht bemerkte.

»Hast du dir zufällig gerade den letzten Brathering gekauft?«, fragte er mit süffisantem Unterton und einem vielsagenden Blick auf ihr Fischbrötchen.

»Ich hoffe, du bist nicht wieder hier, um ihn mir zu stehlen!«, antwortete Charlotte gespielt empört. Sie spürte, wie ihr heiß und kalt wurde, während sie ihm in die Augen sah.

»Ich habe noch einen letzten Bismarck, Rob. Willst du den mitnehmen?«, fragte die Verkäuferin, während sie bereits mit einem Lappen über die Vitrine mit der fast ausverkauften Auslage wischte.

»Gerne, Gitte«, rief Rob der Verkäuferin zu, schaute aber gleich wieder zu Charlotte. »Wie wäre es mit einem gemeinsamen Abendbrot während eines Spaziergangs an der frischen Luft?«

Charlotte nickte. Frische Luft würde ihr jetzt guttun. Sie spürte die unerwartete Nähe zu Rob wie ein Kribbeln auf ihrer Haut. Bei jedem Schritt, den sie auf dem Fußweg nebeneinanderher gingen, wurde das Kribbeln stärker. Obwohl sie nicht miteinander redeten, fühlte sie eine seltsame Mischung aus Vertrautheit und Unbehagen. Sie hatte das Bedürfnis, sich an ihn zu lehnen, wusste aber nicht, ob sie so weit gehen durfte.

Vor einer Bank hielt Rob an und setzte sich. »Ich mag, wie beharrlich du für dich einstehst. Der *Fischladen* erinnert mich immer daran.« Auf seinen sonst grauen Augen lag ein sanfter Schimmer, als würde die Rüstung, die er um seine Seele trug, bröckeln.

»Für sich selbst einzustehen, ist wichtig!«, antwortete Charlotte und hörte, wie ihre Stimme leicht zitterte. Sollten eines Tages, wovon Libet überzeugt war, Frauen ein selbstbestimmtes Leben führen, dann durften sie sich nicht alles von den Männern wegnehmen lassen. Angefangen beim Brathering.

Rob zog sie so vorsichtig neben sich auf die Bank, dass es sich anfühlte, als hätte eine Meeresbrise sie bewegt. Er sah sie mit warmer, unaufdringlicher Sanftheit an, die dennoch so kraftvoll war wie alles andere an ihm. Bevor sie dahinschmelzen konnte, küsste er sie. Das war ein anderer, viel forscherer Rob als der, der stumm neben ihr im *Fährhaus* gesessen hatte. Charlotte schloss die Augen. Sie öffnete ihre Lippen langsam und ließ ihre Zunge vorsichtig seine berühren. Ein aufregendes Prickeln strömte von ihrem Mund bis in ihren Bauch. Sie fühlte, wie ihre Knie schwach wurden. Als würde sie in eine neue, unbekannte Welt geschleudert werden, die sie nicht wieder verlassen wollte. Ihre rechte Hand fand wie von selbst den Weg zu seinem Nacken und streichelte seinen Haaransatz. Sie vergaß alles um sich herum – ihre Arbeit, ihre Eltern und ihren Brathering, der ihr in diesem Moment aus der Hand rutschte.

Nach einer Weile löste sich Charlotte von ihm. »Danke«, flüsterte sie, ohne genau zu wissen, wofür – für den Kuss, für seine Worte oder dafür, dass er sie nicht wie eine Dame behandelte, die nicht auf sich selbst achtgeben konnte.

Rob sagte nichts, sondern sah sie nur an. Sein Blick war ruhig und durchdringend.

»Ich verstehe nicht, warum meine Eltern mich vor Männern wie dir beschützen wollten«, sagte sie mit einem Lächeln.

»Wie sind deine Eltern?«, fragte Rob nach kurzem Zögern.

Charlotte lehnte sich leicht zurück, während sie über seine Frage nachdachte. »Meine Eltern sind vor allem eines: stur! Und ansonsten gehört Rudolph Dahlhäuser die Reederei Dahlhäuser. Oder besser gesagt: Sie ist sein Ein und Alles!«

»Und als Reederstochter musst du arbeiten?«, fragte er.

»Ich war eine Reederstochter. Jetzt bin ich nur noch ich. Wir haben uns zerstritten. Ich mache meine Arbeit sehr ...«

Rob küsste sie erneut, ohne dass sie ausreden konnte.

Sie erwiderte seinen Kuss stürmischer.

Als es längst dunkel war und die Sterne über ihnen so klar wie auf dem Deckengemälde in der Bibliothek funkelten, begleitete er sie in den Wesselburer Weg. Es war der schönste Abend in ihrem Leben.

12

22. Mai 1955

Annegret stand auf Zehenspitzen und lugte über ihre Ligusterhecke zu dem ungeliebten Nachbarn. Die Fensterläden von Herrn Hansens Laube waren noch immer geschlossen und der alte Herr nun schon seit Wochen nicht zu sehen. Ob er ausgezogen war und sie demnächst freundlichere Nachbarn bekommen würde? Vielleicht so freundlich wie ihre Kolleginnen beim Kindersuchdienst, mit denen sie in letzter Zeit immer häufiger die Mittagspause verbrachte?

»Herr Hansen?«, rief sie vorsichtig über die Hecke, aber niemand antwortete. Lediglich die Laubentür klapperte als Antwort im Wind. Sie dachte daran, wie zurückgezogen er gelebt hatte, beinahe unsichtbar für die Nachbarschaft. Ein flüchtiger Moment des Mitleids ergriff sie. Sollte sie hinübergehen und nachsehen, ob die Tür als Ziel für Einbrecher offen stand? Oder kümmerte sie sich besser nicht um Dinge, die sie nichts angingen? Bisher hatte der Nachbar kein herzliches Wort für sie übrig gehabt.

Annegret betrat das fremde Grundstück mit zögerlichen Schritten, als könnte ein Wildtier aus den von Unkraut übersäten Beeten springen. Der Garten war in diesem Jahr noch nicht beackert worden. Als sie vor der Laube ankam, sah sie, dass die

Tür zwei Handbreit offen stand. Ihr Blick sprang ins Innere des Häuschens. Um eine Pritsche herum standen Kisten, die vor Papieren und Briefen überquollen. »Herr Hansen? Sind Sie da?«

Es blieb still.

Annegret betrat die Laube und ging zur vordersten Kiste. Es mussten Hunderte Briefe darin sein, ein eigenes kleines Archiv. Das Papier war vergilbt, und die Briefmarke des zuoberst liegenden Umschlags stammte noch aus den Kriegsjahren.

»Was machen Sie da?«, kam es von draußen.

Annegret fuhr erschrocken herum und ging schnell aus der Laube. Draußen sah sie Herrn Dünnebeil, der zwei Parzellen weiter lebte, am Gartentor von Herrn Hansen stehen, mit einem Spaten in der Hand.

»Ich wollte lediglich die Tür schließen. Sie stand offen, obwohl niemand da ist«, erklärte Annegret. Mit deutlicher Geste drückte sie die fremde Laubentür ins Schloss.

»Erich Hansen ist wegen seines Diabetes im Krankenhaus. Sein Blutzuckerwert ist plötzlich explodiert. Es ist unklar, ob er es wieder rausschafft«, sagte der Nachbar.

»Das tut mir leid«, murmelte Annegret. Vermutlich war Herr Hansen am Tag, als er ins Krankenhaus musste, durcheinander gewesen und hatte deswegen die Tür nicht geschlossen. Sie nickte Herrn Dünnebeil zum Abschied zu und ging auf ihre Parzelle zurück.

Noch eine Weile dachte sie mit einem mulmigen Gefühl an Herrn Hansen, der seinen – wenn auch verwilderten – Garten vielleicht nie wiedersehen würde. Sie selbst war so froh über ihr kleines Stückchen Grün, dass sie es gar nicht mehr für eine Wohnung ohne Garten eingetauscht hätte.

Sie machte sich an die sonntägliche Gartenarbeit. In den meisten Parzellen suchte die Vogelmiere im Frühjahr die Beete heim, aber anstatt sie als Unkraut zu verteufeln, aß Annegret sie zum Abendbrot oder verfeinerte mit den Blättern ihre Kartoffelsuppe.

Sie goss gerade ihre jungen Tomatenpflanzen, als sie ein Räuspern hinter sich hörte. Sie drehte sich um und sah Fritz Nielsen am Gartentor stehen. Vor Schreck rutschte ihr die Gießkanne aus der Hand. Ihr Herz schlug schneller. Eine Mischung aus Freude und Angst stieg in ihr auf. Fritz musste ihre Adresse von Norbert und der sie von Oskar haben. Sie trat ihm entgegen.

Schweigend standen sie sich gegenüber, das Gartentor zwischen ihnen. Der Wind raschelte in den Blättern, und in der Felsenbirne an der Laube sang eine Amsel.

Fritz' Hände umklammerten das Eisen des Tores, als brächte ihn ihr Anblick ins Wanken.

Annegret wusste nicht, ob sie sich freuen oder ihm Vorwürfe machen sollte, dass er hier einfach aufgetaucht war.

Schließlich war es Fritz, der sagte: »Ich wollte dich endlich wiedersehen.« Seinen sehnsüchtigen Worten folgte ein Lächeln. »Und dir auch erzählen, dass der Besuch des Jugendamtes gut gelaufen ist.«

Dass Fritz sie duzte, fühlte sich so vertraut an wie neulich seine Berührungen und der Kuss. Annegret wurde bei der Erinnerung warm, doch beinahe genauso schnell rief sie sich zur Ordnung. Sie durfte nicht zulassen, dass Emotionen ihren Verstand trübten und sie darüber wieder unglücklich wurde. Sie straffte ihre Schultern.

»Das freut mich für dich und deinen Jungen, aber du solltest nicht hier sein«, sagte sie entschlossener, als sie sich fühlte. Sie hatte aus der Vergangenheit mit Herbert gelernt. Männer hielten es nicht lange bei einer einzigen Frau aus. Und sobald es schwierig wurde, machten sie sich sowieso aus dem Staub. Das

Risiko der Liebe war ihr zu hoch. Ihr Leben war kompliziert genug.

Sie fixierte Fritz, wie er trotz ihrer Abweisung liebevoll lächelte. Er trug einen dunkelblauen, langärmeligen Pullover und eine helle Sommerhose. Sie hatte sich vorgenommen, ihn nicht wiederzusehen. Genauso radikal hatte sie versucht, die Begegnung mit Frau Voss in der Straßenbahn zu vergessen. Aber das hatte ebenfalls nicht funktioniert. Sie wurde noch wahnsinnig vor Angst! Die nicht endende Grübelei darüber, ob Frau Voss sie bei Jochen Krüger verraten würde, hatte ihr schon viele schlaflose Nächte beschert.

»Darf ich reinkommen?«, fragte Fritz.

»Ich ... ich bin gerade beschäftigt«, sagte sie und wies auf ihre jungen Tomatenpflanzen und die Gießkanne auf dem Boden. Eigentlich hätte sie ihm klar und deutlich sagen sollen, dass sie ihn nicht mehr sehen wollte. Nur kamen die Worte nicht über ihre Lippen.

»Ich habe dir etwas mitgebracht«, sagte Fritz.

»Ich ...« Sie hatte sich längst die passenden Sätze zurechtgelegt, falls sie ihm auf einem von Hamburgs Spielplätzen erneut über den Weg lief. Wie noch mal hatte sie anfangen wollen?

Fritz schaute sich um. »Ich weiß, dass du deinen Garten liebst. Nur eine Sache fehlt noch.«

»Hier fehlt etwas?«, fragte sie irritiert zurück.

Fritz beugte sich zur Seite und klopfte auf etwas, das wie Holz klang. »Eine Bank, für eine gemütliche Pause.«

Annegret öffnete das Gartentor und sah das Möbelstück, das Fritz auf einer Schubkarre bis an ihre Parzelle geschoben hatte. Von dem seidenglatt geschliffenen Holz angetan, fuhr sie darüber. Es besaß eine ähnliche Maserung wie der Esstisch, den sie in seiner Werkstatt bewundert hatte, mit rötlich weißem Rand und rotbraunem Farbkern. Und es stimmte, sie hatte schon oft von einer Bank geträumt, auf der sie ihren Sonntagnachmittagstee trinken konnte, umgeben von Vogelgezwitscher, ihren Bäumen und dem wachsenden Gemüse.

»Ich habe sie aus dem Holz eines alten Apfelbaums gefertigt. Nur für dich«, sagte Fritz.

»Sie ist wunderschön«, entglitt es ihr gerührt.

»Ich weiß auch schon, wo der beste Platz für das Stück wäre.« Sein jungenhaftes Schmunzeln nahm sie gefangen. Es ließ sie vergessen, warum sie ihn nicht hatte wiedersehen wollen.

»Darf ich dir den passenden Platz für die Apfelbank zeigen?«, fragte Fritz und hob die Schubkarre an.

Annegret fühlte, wie sich ein Lächeln auf ihre Lippen schlich, während Fritz nach ihrem zaghaften Nicken die Bank unter den alten, knorrigen Apfelbaum schob, sie behutsam und mit viel Kraft ablud und platzierte. Dort wirkte sie modern, zart und doch stabil; Beine, Sitzfläche und Lehnen wie aus Holz gegossen. Ganz Gentleman, bot er ihr an, zuerst auf dem neuen Möbel Platz zu nehmen.

Annegret zögerte kurz. Der Duft von frischer Erde hing nach dem Regen letzte Nacht in der Luft. Das Summen der Bienen und der Gesang der Amseln verbanden sich zu einer hübschen Melodie. Sie setzte sich auf die Bank. Das Holz fühlte sich angenehm an.

Fritz blieb stehen. »Ich möchte Zeit mit dir verbringen.«

Seine Worte hallten in ihrem Inneren nach. Sie sah ihn an, diesen Mann, der mit einer Bank aus Apfelholz und einem offenen Herzen in ihren Garten getreten war.

»Ich weiß nicht, ob ich bereit dafür bin«, gestand sie.

»Wovor hast du Angst?«, fragte Fritz vorsichtig und setzte sich mit Abstand neben sie.

Sie stand auf, ging zu den Kartoffeln und betrachtete die ersten Triebe, unschlüssig, ob sie sich ihm anvertrauen durfte. Ihre Finger zitterten leicht, während sie eine winzige Raupe von einem Trieb entfernte und sie neben das Kartoffelbeet setzte. Das Geständnis, das ihr auf der Zunge lag, fühlte sich wie ein gefährlicher Abgrund an. Sie hätte ihm gerne gesagt, was sie von einem Mann erwartete, mit dem sie und Oskar ihre Zeit verbringen wollten, aber ihre Vergangenheit hielt sie davon ab.

Fritz kam langsam zu ihr herüber, nahm ihre zitternden Hände in seine und führte sie an seine Brust, wo sie das Trommeln seines Herzens spüren konnte. »Ich bin für dich da, Annegret. Ganz egal, was war oder noch kommen mag«, flüsterte er, seine Stimme gedämpft und fest zugleich.

»Ich wurde von Oskars Vater sehr enttäuscht«, sagte sie schließlich, wagte aber nicht, Fritz dabei anzusehen. Sie schaute auch dann noch an seiner Schulter vorbei, als sie von ihrer frühen Schwangerschaft erzählte und davon, wie Herbert sie erst anschrie und dann sitzen ließ, nachdem er erfahren hatte, dass er Vater werden würde. Vorsichtig sah Annegret auf.

Fritz war ruhig geblieben, seine Augen lagen aufmerksam auf ihr. Nun setzte er sich wieder auf die Bank.

Sie spürte, wie ihre Anspannung langsam nachließ. So offen hatte sie noch nie mit jemandem gesprochen. Sie setzte sich neben ihn auf die Bank.

»Das alles tut mir sehr leid«, sagte Fritz, ohne sie zu berühren.

Zum ersten Mal seit Langem fühlte Annegret sich nicht mehr allein mit der Last ihrer Vergangenheit. Sie sah auf ihre Hände, die in ihrem Schoß lagen, und bemerkte, dass sie nicht mehr zitterten. Ein leiser Seufzer entwich ihren Lippen. Vielleicht war es an der Zeit, die Vergangenheit loszulassen und neu zu vertrauen.

Fritz legte seine Hand vorsichtig auf ihre. »Lass es uns langsam angehen.«

Annegret ließ ihre Hand in seiner ruhen und lächelte.

Nach einer Weile holte Fritz ein Büchlein aus seiner Hosentasche. »Mir ist in der Werkstatt aufgefallen, wie neugierig du es angeschaut hast.«

Annegret erkannte es sofort wieder. Das war das kleine Buch von der Schriftstellerin Ingeborg, deren Nachnamen sie so schnell nicht hatte lesen können. Ehe sie sichs versah, hatte Fritz es aufgeschlagen und rezitierte in zärtlichem Ton: »Still grünt die Linde im eröffneten Sommer.«

Das war ein wunderschöner Satz. Annegret wiederholte ihn und prägte ihn sich ein, damit sie die Worte, genau wie dieses Wiedersehen mit Fritz, nie mehr vergaß.

»Weit aus den Städten gerückt, flirrt der matt glänzende Tagmond«, las er weiter.

Sie liebte seine Stimme und dass er ihr das Gefühl gab, viel mehr als nur das Mädchen mit dem Fleck auf der Lunge zu sein. Sie lehnte sich an seine Schulter. Sie hatte immer gedacht, dass sie stark genug wäre, allein zu sein, und dass sie keinen Partner an ihrer Seite bräuchte. Nun fiel das Frühlingssonnenlicht durch das Blätterdach ihres Apfelbaumes und wärmte sanft ihr Gesicht. Etwas in ihrem Inneren brach auf, ein zarter Riss in der Mauer, die sie so lange um ihr Herz gezogen hatte. Es war die kaum greifbare Hoffnung darauf, ihr Leben nicht mehr allein stemmen zu müssen. Vielleicht wäre es doch schöner, dachte sie zaghaft, wenn jemand neben ihr sitzen würde, der dieselben Vögel im Garten hörte, die gleiche milde Brise auf der Haut spürte, der das Leben mit ihr teilte – all die stillen und kostbaren Momente, die im Alleinsein oft verhallten.

Annegrets Gedanken wurde durch das Quietschen der Laubentür unterbrochen. Oskar kam auf sie zu. Sein Blick sprang von ihr zu Fritz und wurde dabei sehr düster.

»Na, Spatz, was gibt es?«, fragte sie.

Gerne hätte sie den schönen Moment allein mit Fritz noch etwas länger genossen. Aber Oskar drängelte sich zwischen sie und ihn auf die Apfelholzbank. Fritz' und ihre Hand trafen sich hinter Oskars Kopf auf der Lehne wieder. Sie lächelten sich an.

13

23. Mai 1955

Charlotte fühlte sich unverwundbar – seit dem Kuss mit Rob. Sie war inzwischen sogar überzeugt davon, dass ein Gespräch mit ihrem Vater sie einander wieder näherbringen könnte. Wenn sie erst einmal allein mit ihm sprach – statt gleich gegen beide, Mutter und Vater, anzutreten –, standen ihre Chancen nicht schlecht, dass ein sachlicher Austausch zustande kam. Ihr Vater war stets der versöhnlichere Elternteil gewesen. Und sie war nicht mehr nur die impulsive junge Dame. Sie hatte Verantwortung übernommen, bezahlte ihre Lebenshaltung selbst und hatte beim Suchdienst gelernt, strukturierter zu denken und zu arbeiten.

Wenn sie sich beeilte, traf sie ihren Vater noch in seinem Büro in der Speicherstadt an. Sie trat kräftig in die Pedale. Nicht einmal die Elbe am Altonaer Balkon würdigte sie eines Blickes, während sie daran vorbeirauschte. Gott stehe ihr bei, dass sie keinen Unfall verursachte.

Als sie über die Niederbaumbrücke in die Speicherstadt einfuhr, dämmerte es bereits. Zwischen Baumwall und Oberhafen gelegen und auf Eichenpfählen erbaut, schienen die Backsteinmauern des Viertels noch immer Geschichte zu atmen, obwohl noch nicht alle Zerstörungen des Krieges beseitigt waren. Charlotte dachte immer sofort an ihre Ahnen, wenn sie die Speicherstadt betrat. Eine ihrer ersten Erinnerungen handelte davon, wie ihre greise Urgroßmutter mit ihrem Bruder und ihr durch die Lagerräume ging und ihnen die Familiengeschichte erzählte. Hier hatten ihre Urgroßeltern einen Teehandel aufgebaut und an den ältesten Sohn weitervererbt. Charlottes Großvater war das jüngste Kind der Familie gewesen, weswegen ihr Vater nicht in den Teehandel, sondern ins Reedereigeschäft eingestiegen war. Den Teehandel führte ein anderer Familienzweig aus Holland fort, was Charlotte nicht schade fand. Die Schifffahrt fand sie interessanter, weil dabei technische Meisterschaft, Abenteuer und faszinierende, weit gereiste Menschen zusammenkamen.

Charlotte schaute sich fasziniert um. Bei Dämmerung war die Speicherstadt am schönsten. Dann kam auf den Straßen, Fleeten und stählernen Brücken eine zärtliche, weiche Lichtstimmung auf, und die Fassaden der Lagerhäuser spiegelten sich im Wasser.

Am Pickhuben stellte Charlotte ihr Fahrrad ab und sah an dem ehrwürdigen Backsteingebäude vor sich hinauf. Über sechs Etagen zogen sich halbrunde, stahlgerahmte Fenster und Giebeltürmchen. Die Reederei im Dachgeschoss war der einzige Mieter. In den restlichen Etagen lagerten vor allem Kaffee, Nüsse und Gewürze. Über der breiten Eingangstür des Hauses stand in goldenen Buchstaben: *Reederei R. Dahlhäuser.*

Charlotte strich sich die Haare glatt, die der Fahrtwind verwirbelt hatte. Unter anderen Umständen wäre sie ihrem Vater nicht so verschwitzt unter die Augen getreten. Wie so oft hatte sie keinen Plan, was sie gleich sagen wollte. Sie wusste schon genau, wie ihre ersten Worte bei der Zusammenführung von

Monika und den Kokischs lauten würden. Aber wie mit dem eigenen Vater umgehen?

Mit jeder Stufe, die sie im Treppenhaus erklomm, wurde Charlotte langsamer. Anders als früher konzentrierte sie sich nicht auf die betörenden Gerüche, die sich in jeder Etage änderten, sondern lauschte nach oben. Die Stimme ihres Vaters war tief und kräftig. Früher hatte sie sie zu beruhigen vermocht, wenn sie schlecht geträumt hatte. Vor der stählernen Tür zum Dachgeschoss hielt sie inne. Sollte sie doch lieber umkehren? Könnte sie es aushalten, wenn ihr Vater sie abwies?

Charlotte schloss die Augen, streckte ihre Hand aus und stellte sich vor, wie Monika sie in ihre nahm und sie mutig vor ihren Vater führte. Die Kleine war ihr Vorbild, bei allem, was sie schon durchgestanden hatte, ohne aufzugeben.

Als sie die Augen wieder öffnete, stand sie im düsteren Eingangsbereich der Reederei – unverkennbar der goldfarbene Namenszug an der Wand. Dahinter schlossen sich die offenen Lagerflächen an, auf denen Modelle aller Frachtschiffe auf gläsernen Tischen präsentiert wurden. Charlotte kannte sie alle. Ihr Blick sprang zu den Backsteinwänden, auf denen in blasser weißer Farbe noch die Hinweise darauf zu lesen waren, was ihre Urgroßeltern hier einst gelagert hatten: ganz links den Darjeeling, daneben den Oolong ...

An der Stirnseite des Lagerraumes befand sich jenes Büro, in dem ihr Urgroßvater den ersten Wohlstand der Familie erwirtschaftet hatte. Es war lediglich durch eine Glastür abgetrennt. Nur dort brannte noch Licht. Charlotte schaute von außen wie eine Diebin hinein. Nichts hatte sich verändert: Da hingen die goldgerahmten Ölbilder, die Schiffe zur See zeigten. Da standen die Schränke mit den Klassikern der Nautik, tief geprägte Buchrücken dicht aneinander, und der Garderobenschrank. Daneben warteten die gesteppten Ledersessel mit dem Barschrank, der die edelsten Brände und Schnäpse aus aller Welt enthielt. Dort hatte ihr Vater die wichtigsten Geschäfte abgeschlossen. Das Zentrum des Büros war der Schreibtisch aus Mahagoni.

Charlotte stockte. Das war nicht ihr Vater, der dort saß! Warum arbeitete ein anderer Mann hier? Sie sah ihn nur von hinten, aber er saß gebückt und schwächlich am Schreibtisch. Seine Haare waren überwiegend grau und länger als die von Rudolph Dahlhäuser.

Charlotte öffnete die Tür, um zu fragen, wo sie ihren Vater finden konnte. Als der Mann sich umwandte, erkannte sie, dass er vor ihr saß. Er wirkte um Jahre gealtert. Vor drei Monaten waren nur seine Schläfen weiß gewesen. Sein Gesicht war faltiger geworden, und seine Haut wirkte gelblich ungesund.

»Lotte?«, fragte Rudolph Dahlhäuser.

So kraftlos hatte sie ihren Vater noch nie reden hören. Nicht einmal, wenn er krank gewesen war. Für Rudolph Dahlhäuser waren keine Grippe und kein Fieber Grund genug gewesen, den Geschäften in der Speicherstadt fernzubleiben.

Sie schob die Tür weiter auf und trat ein. »Guten Abend, Papa.«

Ihr Vater sah sie an, erwiderte aber nichts.

»Ich hoffe, ich komme nicht ungelegen«, sagte sie, weil ihr nichts Besseres einfiel.

Er erhob sich vom Schreibtisch, kam beinahe ins Taumeln und musste sich am Schreibtisch abstützen. Während er auf sie zukam, schaute er ihr in die Augen. Ihre Mutter hätte wohl zuerst ihren Kleidungsstil begutachtet. Charlotte trug immer noch eine von den weiten Bommel-Blusen und dazu einen gemusterten Rock, den Femke ihr enger genäht hatte.

Vor ihr angekommen, drohte ihr Vater zusammenzubrechen, doch Charlotte fing ihn auf. Dankbar schlang er seine Arme um sie und verharrte einen Moment.

Sie spürte seine zitternden Hände auf ihrem Rücken. Der Druck seiner Finger, so kraftlos und doch verzweifelt, verriet ihr, dass er sie nicht vergessen hatte. Sie drückte ihn fester an sich. »Ich habe dich vermisst, Papa.«

Ihr Vater schniefte und nickte. Dann schob er sie an den Schultern von sich weg. »Bist du es wirklich, Lotte?«

Charlotte nickte. Ihre Augen waren feucht geworden.

Vom Lagerraum her näherten sich Schritte.

Rudolph Dahlhäuser wurde mit einem Mal so panisch, wie Charlotte ihn gar nicht kannte. »Schnell, versteck dich!«, verlangte er von ihr.

»Aber wieso?«, wollte Charlotte wissen.

»Bitte!«, flehte ihr Vater, schob sie in den Garderobenschrank und lehnte die Tür nur an.

Charlotte wusste kaum, wie ihr geschah, als sie zwischen Doppelreiher und Mäntel gedrückt wurde und in die Hocke ging. Ihr hing eine gewachste Regenjacke vor der Nase. Als sie kurz darauf die Stimme des Besuchers hörte, war sie plötzlich dankbar für das Versteck.

»Hast du die Unterlagen fertig?«, fragte Carl-Gustav Johannson.

Sie und er mussten sich um wenige Minuten unten am Pickhuben verpasst haben.

»Gib mir noch etwas Zeit«, bat ihr Vater in einem Ton, als wäre er angestellt und der Schwede Chef der *Reederei R. Dahlhäuser*. Es passte auch nicht, dass sie sich duzten, fand Charlotte.

»Wenn ich den Kredit bewilligen soll«, sagte der Schwede, »brauche ich die Geschäftsberichte der letzten fünf Jahre. Vergiss nicht: Ohne den Kredit meiner Bank muss deine Reederei Konkurs anmelden!«

Konkurs? Der Reederei ging es so schlecht? Charlotte schob sich die Regenjacke aus dem Gesicht und schaute durch den Türschlitz zum Schreibtisch, an dem ihr Vater mit hängenden Schultern vor Carl-Gustav stand.

»Du kümmerst dich um die Unterlagen und ich mich um meine Verlobte«, sagte Carl-Gustav. Sein Blick sprang auf die gerahmte Fotografie auf dem Schreibtisch, die Charlotte an ihrem einundzwanzigsten Geburtstag zeigte, und sein Blick wurde deutlich milder. Zärtlich strich er auf der Fotografie über ihre Lippen und ihr Haar, als würde sie ihn zurücklieben, als wären sie ein glückliches Paar. War er wahnsinnig?

Charlotte stieg ein Kratzen die Kehle hinauf, doch sie konnte den Reiz zu husten im letzten Moment unterdrücken. Sie verstand nicht, warum ihm überhaupt noch etwas an der Verlobung lag, wo sie doch seit ihrer Flucht aus dem Elternhaus alles andere als eine Vorzeigefrau für seine Kreise war.

»Du weißt ja, dass erst Charlottes Jawort am Hochzeitstag das Kreditgeschäft besiegeln wird«, sprach Carl-Gustav weiter, ohne seine Augen und Finger von der Fotografie zu lösen.

Den rettenden Kredit für die Reederei gab es nur, wenn sie Carl-Gustav heiratete? Charlotte sackte beinahe gegen die Rückwand des Schrankes. Sie musste sich an dem dunkelblauen Mantel ihres Vaters festhalten. Begleitet von einem leisen Rascheln, schob sie ihren Kopf wieder an den Türschlitz. Sie sah gerade noch, wie Rudolph ergeben nickte. Von dem stolzen Reeder war nichts mehr geblieben.

Charlotte hatte geahnt, dass sie zum Wohle der Reederei heiraten sollte, aber dass es um die Rettung vor dem Konkurs ging, war ihr neu. Wie schrecklich sich ihr Vater, einer von Hamburgs erfolgreichsten Reedern, in dieser Situation fühlen musste: dem Schweden völlig ausgeliefert.

»Habt ihr Neuigkeiten von Charlotte?«, fragte Carl-Gustav, nahm seine Hand von der Fotografie und strich sich durch das pomadisierte hellblonde Haar. »Hat sich meine Braut bei euch gemeldet?«

Ohne aufzusehen, schüttelte Rudolph den Kopf.

»Also war der Brief nutzlos, den Dolores geschrieben hat? So ein Dickschädel ist meine Charlotte!« Er schlug mit der Hand auf den Schreibtisch, sodass Charlotte und ihr Vater gleichzeitig zusammenzuckten. Der Regenmantel sackte raschelnd vom Bügel, und Carl-Gustav sah zur Garderobe hinüber.

Charlotte hielt die Luft an, konnte ihren Blick aber nicht von der Szenerie lösen. Sie hörte das Pochen ihres Herzens und wünschte sich Rob an ihre Seite. Er würde sie beschützen, wenn gleich die Tür des Schranks aufgerissen würde.

In rahmengenähten Schuhen kam Carl-Gustav auf den Schrank zu.

Ihre Finger krallten sich in die Bommeln ihrer Bluse, während sie versuchte, so ruhig wie möglich zu atmen. Carl-Gustav führte seine Hand mit der Patek Philippe am Gelenk zur Schranktür. Mehr sah sie nicht, weil sie ihren Kopf vom Türschlitz zurückzog und die Augen schloss.

Noch bevor die Tür geöffnet wurde, hörte Charlotte, dass ihr Vater plötzlich neben Carl-Gustav eilte. »In dem Schrank lagere ich nur alte Geschäftsunterlagen«, erklärte er nervös. »Dieses Durcheinander sollten wir im Moment lieber ruhen lassen, nicht wahr, verehrter Schwiegersohn?«

Die Garderobentür wurde einen Zentimeter weiter aufgezogen. Obwohl Charlotte meinte, das Herz bliebe ihr stehen, bekam sie ihre Augen geöffnet.

»Zudem möchte ich nun endlich damit beginnen, alles Nötige für deine Kreditprüfung zusammenzusuchen. Dafür brauche ich Ruhe und Ordnung«, schob Rudolph nach. Die Schranktür klappte wieder zu.

»Dann sehen wir uns morgen in meiner Bank«, sagte Carl-Gustav. »Ich erwarte dich dort mit sämtlichen Unterlagen. Wir wollen doch, dass bis September alles geregelt ist, oder?« Seine Schritte entfernten sich. Die Bürotür wurde zugezogen.

Charlotte hockte steif da und wagte keine Regung. Es war ihr Vater, der die Tür des Garderobenschranks öffnete und sie in seine Arme zog.

»Es tut mir leid«, sagte er. »Wir haben uns an den Teufel verkauft.«

Charlotte schob ihn von sich fort. »Du hast immer behauptet, dass sich mit der Frachtschifffahrt viel Geld verdienen lässt! Warum steht die Reederei plötzlich vor dem Aus?«

Ihr Vater trat an das große Fenster hinter dem Schreibtisch und schaute beinahe verträumt hinaus, als stünde er in der Villa am Süllberg am Salonfenster mit Blick auf die Elbe.

Charlotte trat neben ihn, sah aber nur ihren Vater an.

Nach einer Weile begann er mit schwacher Stimme zu erzählen: »In der Frachtschifffahrt hat die Konkurrenz massiv zugenommen, seitdem die Alliierten vor drei Jahren das Verbot aufgehoben haben, Schiffe zu bauen. Der neue Preiskampf hat uns das Genick gebrochen. Wir brauchen eine große Finanzspritze, um wieder auf die Beine zu kommen.«

»Warum habt ihr mir das nicht gesagt? Ich bin kein kleines Mädchen mehr«, sagte sie.

»Du hast recht, das bist du nicht, aber die Reederei ist *mein*

Geschäft. Und damit ist es allein *meine* Aufgabe, sie zu retten.«
Kurz holte Rudolph Luft, dann gestand er: »Wir brauchen vier Millionen Mark.«

Charlotte schluckte schwer, und ihre Stimme klang kratzig, als sie sprach, das schlaffe Profil des Vaters fest im Blick. »Vier Millionen Mark?«

»Carl-Gustavs Nordbank ist das einzige Institut, das uns diese hohe Kreditsumme gewähren würde«, erklärte er. Er wandte sich Charlotte zu. »Aber ich will das Geschäft mit ihm nicht mehr.« Er nahm ihre Hand und drückte sie. »Ich will meine Tochter zurück. Deswegen zögere ich die Einreichung der Kreditunterlagen immer wieder hinaus. Ich brauche etwas Zeit, in der ich Carl-Gustav noch nicht zum Gegner habe, um eine andere Lösung für mein Problem zu finden.«

Charlotte drückte die Hand ihres Vaters nun ebenfalls. »Eine Idee, wie wir die Reederei ohne Carl-Gustav retten können?«

»Was meinst du, woran ich seit drei Monaten jeden Tag und jede Nacht denke?«, sagte Rudolph verzweifelt.

»Wir könnten gemeinsam überlegen ...«

»Du willst ... Aber du kennst dich doch mit meinen Geschäften nicht gut genug aus, Lotte.« Er überlegte. »Obwohl, wenn ich an manches Gespräch denke ...«

»Vielleicht gibt es eine Lösung ganz anderer Art.« Entschlossen setzte sie sich auf den Lederstuhl am Mahagoni-Schreibtisch und sortierte ihre Gedanken, als würde sie einen Plan für die Klärung eines neuen Suchfalls entwerfen. Sie holte die Schreibmaschine vom Konsolentisch neben dem Fenster, spannte Papier ein und begann unter den verdutzten Blicken ihres Vaters im Tempo vierhundert ein paar Ideen festzuhalten.

Als sie das nächste Mal aufschaute, sah sie Rudolph neben sich stehen und berührt lächeln.

»Eine Sache ist da noch.« Sie hielt mit den Fingern auf den Tasten inne. »Ich wünsche mir, dass wir fortan ehrlich zueinander sind, sonst kann ich dir nie wieder vertrauen. Und Vertrauen ist das Wichtigste überhaupt.«

»Fortan ehrlich zueinander. Versprochen, Lotte«, bestätigte ihr Vater, ohne zu zögern.

14

30. Mai 1955

Vor Aufregung rutschte Hardy beinahe der Telefonhörer aus den verschwitzten Händen, als er ihn aus der Gabel des öffentlichen Fernsprechers nahm. Seit Tagen war er schon um das kleine Häuschen herumgeschlichen, aber erst heute traute er sich, hineinzugehen und tatsächlich eine Münze in den Schlitz einzuwerfen. Aus dem Schreiben des Jugendamtes wusste er vom Kindersuchdienst in Hamburg. Dessen Nummer hatte er sich von einem der Suchposter notiert, die am Bahnhof hingen. Er hätte auch direkt in das Büro gehen können, aber dann würden die Leute dort sehen, dass er allein unterwegs war, und seine Eltern benachrichtigen. Das wollte er nicht.

Mit zitternden Fingern wählte er die Nummer, die er sich auf einem Zettel notiert hatte.

Kurz darauf dröhnte das Rufzeichen in sein Ohr. Hardys Herz pochte wild.

»Kindersuchdienst Hamburg, Lührs am Apparat. Wie kann ich Ihnen helfen?«, meldete sich eine Frau, die dem Klang nach ähnlich alt sein musste wie seine Adoptivmutter – Ende dreißig. Ihre Stimme klang weich und melodisch und so einladend, als wollte sie sagen: Du kannst mir alles erzählen.

Hardy brauchte trotzdem mehrere Atemzüge, bevor er sprechen konnte. »Hier ist Hardy ... ich meine Eberhard.« Jetzt kam es auf jedes Wort an.

Frau Lührs schien zu merken, dass sie nicht mit einem Erwachsenen sprach, obwohl er schon im Stimmbruch gewesen war. Sie wechselte in eine höhere Tonlage, wie man typischerweise mit kleineren Kindern sprach: »Guten Tag, Eberhard. Suchst du jemanden?«

Hardy nickte vor Aufregung, was die Frau vom Kindersuchdienst natürlich nicht sehen konnte. Seine Antwort dauerte etwas. »Ich suche meine echte Mutter.« Es war ungewohnt, dass er nicht mit seinem Spitznamen angesprochen wurde. Wie seine Mutter ihn wohl liebevoll genannt hatte?

»Das ist gut, dass du suchst«, entgegnete Frau Lührs. »Ich werde dir dabei helfen. Zuerst nehmen wir deine Daten für die Stammkarte auf und dann die deiner Mutter für die Suchkarte.«

Er hörte, wie Papier zurechtgelegt wurde.

»Ich bin Eberhard Krause«, begann er mit pochendem Herzen, »die meisten nennen mich nur Hardy.« Er vermisste seine Freunde, allen voran Götz. Er fühlte sich schäbig, sich noch nicht wieder bei ihm gemeldet zu haben.

»Bitte buchstabiere deinen Namen«, bat Frau Lührs.

»E-B-E-R-H-A-R-D K-R-A-U-, nein, F-O-S-S«, korrigierte er kopfschüttelnd. »Ich wurde von Familie Krause adoptiert, aber früher hieß ich Foss.« Wenn er an die Krauses dachte, schäumten Schuldgefühle in ihm auf, weil er dem Vater nicht geholfen hatte, als der die Treppe hinuntergestürzt war. Wie es ihm jetzt wohl ging? Außerdem schämte er sich wegen des gestohlenen Geldes. In der Nacht nach dem großen Streit mit seinen Eltern war er auf den Hof zurückgekehrt und hatte sich den

Umschlag mit jenem Geld geholt, das für seine Fahrten zum Training nach Hamburg zurückgelegt worden war. Von irgendetwas musste er schließlich leben. Noch ein paar Tage würde er mit dem gestohlenen Geld über die Runden kommen.

Kurz nachdem er davongelaufen war, hatte er seiner Adoptivfamilie einen Brief geschrieben und ihr darin mitgeteilt, dass er seine echte Mutter suchen wolle. So riefen sie hoffentlich nicht die Polizei, um ihn ausfindig zu machen.

»Eberhard, bist du noch da?«, wollte die Frau am Telefon wissen.

»Ja, na klar«, sagte er. Die folgenden Auskünfte zu seiner Adresse, zu den mit ihm lebenden Personen und seinen körperlichen Merkmalen kamen ihm leichter über die Lippen. Sein Geburtsdatum kannte er nicht. »Ich bin etwas klein für mein Alter.« Genau wie Uwe Seeler, durchzuckte es ihn. Er hatte fast einen Monat vom Jugendtraining des HSV verpasst.

Hardy sah vom Fernsprecherhäuschen zum Sportplatz am Rothenbaum hinüber, der sich hinter den Bäumen auf der anderen Straßenseite auftat. Dort hätte er am zweiten Mai, vor fast einem Monat, antreten sollen. Trainer Brodkorb war sicher nicht mehr gut auf ihn zu sprechen. Vermutlich hatte er mit seinem Verhalten ganz Pippensen gegen sich aufgebracht.

»Das macht doch nichts«, antwortete Frau Lührs. »Meine Söhne haben erst mit sechzehn einen richtigen Wachstumssprung gemacht.«

Hardy lächelte nur kurz, weil der Fernsprechapparat plötzlich piepste und er schnell Geld nachlegen musste. Hastig kramte er in seiner Hosentasche, die vor Dreck steif war. Ein paar Nächte hatte er unter einer Brücke geschlafen. Zuletzt war er für eine Mark am Tag von einer Familie in einer Baracke am Stadtrand aufgenommen worden. Die suchte auch, und zwar den Vater, der aus dem Krieg nicht heimgekehrt war. Sie verstanden ihn und würden ihn nicht verpetzen.

»Was weißt du über deine leibliche Mutter? Wo habt ihr früher gewohnt? Sag mir einfach alles, was dir dazu einfällt und woran du dich erinnerst«, bat die Frau vom Kindersuchdienst, nachdem das Piepen im Hörer endlich verstummt war.

Ihre Stimme beruhigte ihn wie eine Decke, die einem um die Schultern gelegt wurde. »Sie war meine *Mamake*«, sagte er leise, sehnsüchtig. So wie er unlängst noch vom Besuch der großen Fußballstadien gesprochen hatte.

»Also Ostpreußin«, stellte Frau Lührs fest. »*Mamake* und *Papake*, so hat man dort früher gesagt.« Sie klang nun selbst etwas verträumt, als würde sie sich in diesem Moment an eine schöne Zeit erinnern.

Er und seine echte Mutter stammten aus Ostpreußen? Das hatte er nicht gewusst. Das war eine neue Information, die ihn seinen Wurzeln näher brachte. Er wollte unbedingt mehr über seine Heimat erfahren. Ob dort noch andere Familienmitglieder wohnten?

»Ich bin selbst aus Ostpreußen geflüchtet«, sprach Frau Lührs weiter, »aus Kaliningrad. Aber das tut hier nichts zur Sache.«

Hardy fand, dass ihre gemeinsame Herkunft sie auf eine gewisse Weise verband. Jetzt fiel es ihm noch leichter, sich der fremden Frau anzuvertrauen. »Meine echte Mutter war sehr arm. Ich hatte oft Hunger als Kind. An etwas anderes kann ich mich nicht erinnern. Vielleicht noch das Waisenhaus in Walsrode. Da war ich, bevor ich adoptiert wurde.« Er erzählte auch von seinen nächtlichen Träumen. Zuletzt hatte er sich in einem Krankenzimmer gesehen, in dem er mit vielen anderen Kindern gelegen hatte und dessen Wände gelb gewesen waren. Er hatte sich nach seiner Mutter rufen hören, als würde er sie nie wiedersehen. Vor Verzweiflung hatte er sich im Traum die Haut blutig gekratzt.

»Gelbe Wände, sagst du?«, fragte die Frau und klang nun erstaunt.

»Ja, so gelb wie der Fußball, der in Bern im Finale der Weltmeisterschaft verwendet wurde«, wusste Hardy sofort.

»Sprichst du vom deutschen Sankt-Elisabeth-Krankenhaus in Kaliningrad? Das kenne ich. Das hatte gelbe Patientensäle und wurde im Sommer fünfundvierzig von der Roten Armee zum Typhushospital umfunktioniert.«

»Typhus?« Hatte er als Kind an dieser Krankheit gelitten? Der älteste Bruder seiner Adoptivmutter war mit benebeltem Geisteszustand an Typhus gestorben.

»Ja, Typhus. Schlimme Sache. Meine Mutter litt daran und viele andere Menschen in Kaliningrad auch«, erklärte Frau Lührs.

»Auch meine echte Mutter?«, fragte Hardy mit erstickter Stimme, kleinlaut. Eigentlich hätte er zuerst sagen wollen, dass es ihm leidtat, dass die Frau vom Suchdienst ihre Mutter verloren hatte.

»Das weiß ich nicht«, antwortete sie. »Deswegen werde ich deine Anfrage jetzt einer Karteiprüfung unterziehen. Dann wissen wir, ob deine Mutter dich auch sucht und wo sie wohnt. Ruf bitte in einer halben Stunde wieder an, dann teile ich dir das Ergebnis mit.«

Hardy wurde der Hals trocken. Wieder nickte er nur und legte auf.

Die dreißig Minuten fühlten sich wie dreißig Stunden an. Erst ging er zum Zeitvertreib um das Fernsprecherhäuschen herum. Bald jedoch schauten ihn einige Passanten schief an. Er durfte nicht riskieren, dass jemand in ihm einen Stromer vermutete und die Polizei rief. Er wollte nicht nach Pippensen zurück, nicht jetzt, wo er so kurz davorstand, zu erfahren, wer und wo seine echte Mutter war. Er wollte zu ihr, sie sehen, sie berühren und ihr hundert Fragen stellen. Allen voran: warum sie ihn weggegeben hatte.

Er lief über die Straße zum Sportplatz hinüber. Dort zwängte er sich zwischen Sträuchern bis an den Zaun am Sportfeldrand heran. In wenigen Minuten würde das nächste Jugendtraining losgehen. Die Jungen waren bereits auf dem Platz, und einige Männer, vermutlich die Trainer, besprachen sich. Netze voller Fußbälle lagen beim Tor. Seine eigenen Fußballschuhe ruhten in der Sporttasche in der Baracke, wo er schlief.

Ob sie ihn noch nehmen würden, obwohl er den ersten Trainingsmonat verpasst hatte? Hardy versank in Gedanken an die Zeit bei seinem Heimatverein, sah sich mit seinen Mannschaftskameraden dribbeln, Tore schießen und von der Zukunft träumen. Inzwischen konnte er sich ein glückliches Leben nur vorstellen, wenn er Antworten auf seine hundert Fragen bekam. Er musste endlich wissen, wo seine Wurzeln lagen und wer seine echte Familie war.

Hardy kam etwas hinter den Sträuchern hervor, um auf die Stadionuhr sehen zu können. Kurz vor vier! Die dreißig Minuten waren vorüber. Nach einem sehnsüchtigen Blick auf das Netz mit den Fußbällen wandte er sich um, drängte sich durch die Sträucher und lief über die Straße zum Fernsprecher zurück.

Dieses Mal klingelte es länger, bevor jemand abnahm. Vor Aufregung hielt er es kaum aus und wischte sich seine Hände mehrmals an der Jacke ab.

»Kindersuchdienst Hamburg, Lührs am Apparat. Was kann ich für Sie tun?«

»Hier ist wieder Eberhard«, sagte er drängend in den Hörer und konnte nur daran denken, dass er bald seine echte Mutter treffen würde. Er würde noch heute alles arrangieren, selbst wenn er nach Österreich oder ins Elsass musste.

»Hallo, Eberhard, danke für deinen Rückruf. Eine Frau mit Namen Foss gibt es in unserer Kartei nicht. Deine Mutter hat also bei uns noch keine Suchanfrage gestellt«, sagte Frau Lührs. »Aber dein Anliegen ist jetzt in unserer Kartei festgehalten.«

»Was?«, stammelte Hardy ungläubig. Das durfte nicht sein! Er war doch so kurz davor gewesen. Er hatte sie schon auf sich zukommen sehen, mit einem Lächeln auf den Lippen, das nur ihm galt. In seiner Vorstellung hatte er ihren mütterlichen Duft gerochen, ihre warme Hand auf seiner Schulter gespürt, wie sie ihn zu sich zog. All diese Bilder zerbrachen nun wie Glas. Hardy spürte, wie ihm Tränen in die Augen stiegen. Seine Hände, die noch immer den Hörer festhielten, begannen zu zittern.

»Es tut mir sehr leid, Junge. Aber gib das Warten nicht auf. Sobald deine Mutter sich bei uns meldet, melden wir uns bei dir in Pippensen.«

»Ich will nicht warten!« Wütend hängte er den Hörer ein. Der Kindersuchdienst war für die Katz! Aber was ihn noch viel mehr enttäuschte, war die Tatsache, dass seine echte Mutter ihn nicht suchte, ihn nicht vermisste, vielleicht gar nichts von ihm wissen wollte. Trotzdem, er musste sie finden und mit ihr reden! Sie sollte ihm sagen, warum sie ihn aus ihrem Leben gestrichen hatte.

Hardy taumelte aus dem Fernsprecherhäuschen. Auf keinen Fall würde er warten. Was hatte Frau Lührs gesagt? Er hätte im Sankt-Elisabeth-Krankenhaus in Kaliningrad gelegen. Nur dort konnte er Antworten finden. Für einen Zugfahrschein reichte sein Geld nicht, aber er würde schon irgendwie zurück in den Krankensaal mit den gelben Wänden kommen. Er hatte es immerhin auch von Buxtehude nach Hamburg als blinder Passagier geschafft.

15

7. Juni 1955

Annegret war schon wach, als die ersten Sonnenstrahlen durch die dünnen Vorhänge der Laube fielen. Sie lag neben Oskar auf der schmalen Pritsche, weil er unruhig geschlafen und sich immer wieder herumgewälzt hatte. Er schien schlecht geträumt zu haben, wie die Nächte davor auch schon. Sie streichelte seine Wange so lange, bis er langsam die Augen aufschlug und sie verschlafen und mit dunklen Augenringen anblickte, die gar nicht zu einem Siebenjährigen passten.

»Guten Morgen, mein Spatz«, flüsterte sie und zog ihn nah an sich. »Willst du mir erzählen, was du geträumt hast?« Wenn er weiter so unruhig schlief, konnte er sich bald in der Schule nicht mehr konzentrieren.

Oskar drückte seinen Kopf gegen ihre Brust. »Der Traum war schrecklich.«

»Ist es wegen des Leseunterrichts?« Sie schloss nicht aus, dass er – wie sie früher – gehänselt wurde, obwohl er davon bisher nichts erzählt hatte.

Oskar schüttelte den Kopf. Auf seinem zauberhaften Gesicht lag ein dunkler Schatten.

»Hast du etwa wegen eines verlorenen Murmelspiels schlecht geträumt?«, fragte sie.

»Ich habe von Norbert geträumt«, flüsterte Oskar.

Als sie fragen wollte, warum ausgerechnet sein neuer, netter Freund ihm Albträume bescherte, sprach er noch leiser: »Und von Fritz.« Er wagte es kaum, den Namen auszusprechen.

Sie lächelte unvermittelt und dachte daran, wie Fritz mit der Bank vor ihrem Garten gestanden hatte. Schon mehrmals hatten sie seitdem unter dem knorrigen Apfelbaum gesessen, einen Tee getrunken und über Gott und die Welt geredet oder geschwiegen. Sie hatte ihre Sorgen vergessen und den Zauber der Natur und Fritz' Nähe genossen. Und auch sonst fühlte sich das Leben gerade gut an. Sie hatte morgens Hunger und lachte immer wieder unverhofft los. Ihr Leben war leichter geworden. Es trug sich nicht mehr wie ein schwerer Rucksack mit Kohlen drin, sondern wie ein dünner Beutel, gefüllt mit Luft und Liebe. Vergangenen Sonntag hatten sie und Fritz gemeinsam die ersten Karotten geerntet und Pat Boone und Little Richard im Radio gehört. Inzwischen besuchten sie sich sonntags wechselseitig. Wenn er nicht da war, stellte sie sich vor, wie er ihr vorlas.

»Was hat Fritz dir denn getan?«, fragte sie vorsichtig und genauso leise zurück. Beinahe hätte sie sich in ihrer Erinnerung verloren.

Oskar schaute sie aus feuchten Augen an. »Er nimmt dich mir weg, Mami.«

»Fritz nimmt mich dir nicht weg.« Annegret schlang ihre Arme um ihren Sohn. »Du und ich, wir sind unzertrennlich. Das wird immer so sein, egal, was passiert. Zwischen uns passt niemand, nur daneben.«

Oskar setzte sich auf der Pritsche auf. »Versprochen, Mami? Wir sind unzertrennlich?«

Sie küsste ihn auf die Stirn und flüsterte: »Ich schwöre«,

gefolgt von einem Lächeln. »Du bist der wichtigste Mensch in meinem Leben.«

»Ich habe Angst, dass du mich wegen ihm bald nicht mehr so lieb hast!«, sagte Oskar ernst.

»Niemals!« Annegret wiegte ihn. Noch eine Weile kuschelten sie, bevor sie aufstanden, Oskar etwas aß und sie bereit für den Tag waren.

Hand in Hand verließen sie die Laube. Oskar hielt sie fester als sonst, als hätte er nicht vor, sie jemals wieder loszulassen. Die Verabschiedung am Schultor funktionierte gut, nur war es heute Oskar, der eine Weile brauchte. Als jedoch seine Freunde nach ihm riefen, lief er auf sie zu.

Annegret ging zum Blomkamp weiter. Sie nahm sich vor, bei den nächsten Sonntagstreffen besonders darauf zu achten, dass Oskar sich nicht ausgeschlossen fühlte. Dabei war Fritz so ein einfühlsamer, bemühter Vater und Freund der Kinder. Norbert fühlte sich inzwischen wohl bei ihm, dessen war sie sich ziemlich sicher. Er wagte es sogar, Fritz ehrlich und offen zu sagen, wenn ihm etwas nicht passte. Sie unternahmen viel, zuletzt eine Hafenrundfahrt. Fritz hatte ihr gestanden, dass er endlich eingesehen hatte, dass er mit Norbert kein Abbild seiner früheren Familie schaffen konnte, dass er sich mit seinem Sohn auf etwas Neues einlassen musste. Nur an Norberts mangelndem Selbstvertrauen hatte sich noch nicht viel getan.

Als Annegret vor der alten Schule ankam, war sie immer noch in Gedanken versunken. An anderen Tagen kletterte ihr Blick gerne am Efeu hoch, der sich malerisch an der verklinkerten Schule hinauf- und um die Sprossenfenster wand. Heute sah sie nur Oskars trauriges Gesicht mit den Augenringen vor sich. Er war das Wichtigste für sie! Sie durfte nicht zulassen, dass es ihm wegen ihr schlecht ging.

Sie betrat die alte Schule und versuchte sich vorzustellen, wie Oskar gerade freudig über den Flur seiner Schule lief. Die wartenden Journalisten holten sie bald aus ihrem Tagtraum. Deren Anwesenheit erinnerte sie daran, dass heute die Zusammenführung von Monika und ihren vermutlichen Eltern anstand. An die zehn Männer, ausgestattet mit Fotoapparaten samt Blitzlichtern und mit Notizblöcken, hatten sich Annegret zugewandt, als sie durch die schwere Eichenholztür eingetreten war. Diese Belagerung musste sie Monika und ihren Eltern unbedingt ersparen, bevor sie nicht die Zusammenführung gemeistert hatte.

»Bitte folgen Sie mir zu einem guten Kaffee«, sagte Annegret und ging zur Küche voran. »Es dauert noch eine Weile, bis Sie die Gelegenheit bekommen, Fotos zu machen.« Sie zeigte ihnen, wie die Kaffeemaschine funktionierte und wo die Tassen standen. Einige sahen sie so auffordernd an, als erwarteten sie, dass sie ihnen die Getränke servieren würde. Aber Annegret lächelte nur höflich, schloss die Tür des Lehrerzimmers hinter sich und ging in die Aula.

Charlotte stand nagelkauend an ihrem Tisch. Zum ersten Mal trug sie keine ihrer weiten Blusen, sondern einen eng anliegenden weißen Pullover und einen ausgestellten hellblauen Faltenrock, der ihr bis zu den Waden reichte. Sie sah so schick aus, wie Annegret es neuerdings auch gerne wäre. Ihre gelbe Strickjacke hatte sie heute in der Laube gelassen.

»Ich weiß nicht, ob ich das gleich schaffe«, sagte Charlotte zu ihr. Dagmars Keksdose stand bei ihr, und sie begann, einen Keks nach dem anderen zu essen. »Ich bin so aufgeregt!«, murmelte Charlotte mit vollem Mund.

»Bei der ersten Zusammenführung darf man aufgeregt sein«, erwiderte Annegret in einem beinahe freundschaftlichen

Ton, den sie in Verbindung mit einer Dahlhäuser nie für möglich gehalten hätte.

Nachdem sie Fritz auf der Apfelholzbank von der ungewöhnlichen Charlotte Dahlhäuser erzählt hatte, meinte der, dass sie nach einer netten Person und einer motivierten Kollegin klingen würde. Außerdem könnten Kinder nichts für die Familie, in die sie hineingeboren wurden. Fritz hatte ihr empfohlen, sich vorzustellen, dass Charlotte einen anderen Familiennamen trug. Nach diesem Gespräch hatte Annegret beschlossen, dass Charlotte eine Chance verdient hatte, ihr zu beweisen, dass sie sich von ihren Eltern unterschied.

Charlotte lächelte schon wieder. »Wirklich? Sie waren auch aufgeregt?«

Annegret nickte. »Konzentrieren Sie sich jetzt nur noch auf das korrekte Vorgehen: Raum für Begegnung geben, gegebenenfalls moderieren, aufmerksam beobachten, schlussfolgern, Protokoll schreiben.« Genauso stand es im Leitfaden.

Charlotte atmete tief ein und aus. »Ich versuche es.«

»Ich hoffe, die Journalisten warten bis nach der Zusammenführung in der Küche«, sagte Annegret, »und betreten das Gesprächszimmer auf keinen Fall vorher.«

Charlotte nickte, brachte Dagmar die Keksdose an den Tresen zurück und verließ mit wehendem Faltenrock neben Annegret die Aula.

Im Flur kamen die Roskodens und Monika mit ihrer Begleitung fast gleichzeitig an. Die zweiten Eltern, die in die engere Auswahl gekommen waren, hatten kurz zuvor einen Rückzieher gemacht.

Monika riss sich von ihrer Erzieherin los und stürmte auf Charlotte zu, was Annegret sehr rührte. Die Kleine hatte ein helles Kleid mit Blumen am Ausschnitt an und glänzende

Schuhe für den großen Tag. Das rotblonde Haar trug sie zu Affenschaukeln geflochten über den Ohren, ihre hellgrünen Augen leuchteten vorfreudig. Sie sah zauberhaft aus, gewiss der Traum vieler Eltern.

Annegret wusste von einigen Waisenhäusern, dass sie für Adoptions- und Amtsgespräche besondere Kleidung vorrätig hatten: einen Satz für Jungen, einen für Mädchen. Direkt nach dem Termin wurde alles wieder in den Schrank gelegt.

Charlotte drückte Monika fest an sich. »Schön, dich wiederzusehen.«

Annegret wusste, wie schwierig es war, in solchen Situationen sachlich zu bleiben. Sie spähte zur Küchentür mit der Aufschrift *Für Schüler kein Zutritt*! hin. Zum Glück war sie noch verschlossen, und die Journalisten und Fotografen fielen nicht jetzt schon über Monika her.

»Aber wo ist Teddy Mayer?«, wollte Charlotte wissen.

»Es ist doch wichtig, dass ich heute einen erwachsenen Eindruck mache. Teddy Mayer musste deswegen im Heim bleiben.« Das Mädchen schien Charlotte gar nicht wieder loslassen zu wollen. »Ich wusste von Anfang an, dass Sie meine Eltern finden«, hörte Annegret Monika sagen.

Annegret führte Familie Roskoden in den Zeichenraum an den runden Tisch. Charlotte und Monika folgten ihnen. Die Roskodens waren das Metzgerehepaar aus Stuttgart, das den Krieg in einem Luftschutzkeller überlebt hatte. Herr Roskoden war sehbehindert, seine Augen eher starr. Dafür wurde Frau Roskodens Blick umso lebhafter, sobald sie die hübsche Monika entdeckte. »Mein Mädchen«, flüsterte sie bewegt, »endlich!«

Die Sucheltern hatten sie letztendlich mit ihrer unanfechtbaren Erzählung überzeugt, wie sie ihr Kind beim Schweinestall der Bauernfamilie Brüderle abgelegt hatten, und mit der

Herzenswärme, mit der sie von ihrer Tochter sprachen, die sie damals auf den Namen Emma hatten taufen lassen. Außerdem hatten sie Fotografien gezeigt, die kurz nach der Geburt ihrer Tochter gemacht worden waren: Frau Roskoden hielt einen winzigen Säugling auf dem Arm, ein kleines Mädchen mit einer hohen Stirn und vollem Haar, wie Monika heute.

Charlotte setzte sich der Erzieherin und Monika gegenüber, Annegret nahm neben ihr Platz, die Sucheltern nahe bei dem Mädchen.

»Ich begrüße Sie herzlich beim Kindersuchdienst«, begann Charlotte. »Meine Kollegin Fräulein Dietzel und ich, wir möchten, dass Sie sich Zeit nehmen für die nun folgende Begegnung.«

Frau Roskoden umklammerte den Arm ihres Mannes, sodass ihre Hände ganz knöchrig aussahen.

»Monika«, sagte der, »ich weiß, dass du ein besonderes Mädchen bist. Du kannst schnell rennen und bist gern draußen in der Natur, genauso wie ich, als ich so alt war wie du. Ich bin auf dem Dorf aufgewachsen. Ich bin dein Vater.«

»Können Sie Räucherdosen schwenken?«, fragte Monika, nach einem kurzen Blick zu Charlotte.

Annegret kannte das Spiel aus ihrer Kindheit. Man tat Laub und Papier in alte Konservendosen, zündete diese an und schwenkte die qualmende Dose um sich, sodass der Rauch kunstvolle Formen erschuf, die wie Wolken verschwammen.

»Oh ja, ich schaffe es sogar, Ringe zu zeichnen«, antwortete Herr Roskoden begeistert.

»Ich auch!«, entgegnete Monika gleich, dann war wieder Ruhe.

Annegret sah, dass Charlotte mit dem Schuh nervös auf den Boden tippte, wo blaue Farbspritzer die Zeit überdauerten.

»Wenn Sie mich nicht gut sehen, woher wissen Sie dann, dass ich Ihre Tochter bin?«, fragte Monika nach einer Weile.

»Ich sehe es mit dem Herzen«, sagte Herr Roskoden. »Du bist das netteste Mädchen, das ich jemals getroffen habe.«

Annegret beobachtete die Kleine aufmerksam, und Charlotte neben ihr tat es auch. Die Roskodens waren gut vorbereitet auf die Zusammenführung. Sie machten alles richtig. Sie nannten Monika beim angenommenen Namen, weil der für das Mädchen gewohnt war. Sie stellten Gemeinsamkeiten heraus, zeigten sich auch im weiteren Gesprächsverlauf liebevoll und nicht zu aufdringlich oder gar ungeduldig. Frau Roskoden versprach, dass Monika einen Hund haben durfte, so einen wie damals, als sie geboren wurde. Das sei ein drahtiger Terrier gewesen, der ihr gerne die Wangen geleckt habe. Monika schaute erst ihre Heimerzieherin an, dann noch einmal die Roskodens und zuletzt Charlotte. Sie wollte kaum mehr wegsehen.

»Kannst du dir vorstellen, dass die Roskodens fortan deine Eltern sind?«, fragte Charlotte, nachdem sie Annegrets Bestätigung mit fragendem Blick eingeholt hatte. Sie einigten sich mit einem Nicken darauf, die leiblichen Eltern wirklich gefunden zu haben. Annegret war überzeugt, dass Monika es bei den Roskodens gut haben würde.

Monikas Augen wurden feucht. »Ja, ich möchte bei den Roskodens wohnen.« Sie lief erst um den Tisch herum zu Charlotte und drückte sie, dann ging sie zu ihren Eltern und ließ sich lange und ergriffen im Arm halten.

Annegret konnte hören, wie Charlotte erleichtert aufatmete und endlich nicht mehr mit dem Schuh auf den Boden tippte. Weil ihre Kollegin im Anblick des Mädchens mit den Eltern versank, sagte sie an deren Stelle abschließend: »Wir kümmern uns jetzt noch um die Formalitäten. Bald wird Monika bei Ihnen leben.«

Die Roskodens waren so sehr in die Umarmung versunken, dass sie kaum in der Lage waren zu antworten.

Annegret lächelte. Das war unkompliziert gewesen. Sie hatten den Fall sogar ohne den früheren Knecht Pavel Koczek lösen können, von dem Charlotte nichts mehr gehört hatte. Annegret verabschiedete sich und verließ den Zeichenraum. Charlotte würde den Rest allein übernehmen können.

Das Gespräch eben hatte ihr vor Augen geführt, wie stark sie mit der Suche von Eberhard, ihrem Suchjungen mit dem Leberfleck am linken Ohrläppchen, hinterherhinkte. Noch immer hatte sie nicht herausgefunden, was mit ihm geschehen war, nachdem er aus dem provisorischen Krankenhaus, dem Kursaal von Selenogradsk, entlassen worden war. Es hatte sich herausgestellt, dass keines der Heime auf ihrer Liste den Voss-Jungen beherbergt hatte. Damit verlor sich seine Spur in Selenogradsk. Aber Annegret wollte nicht aufgeben, besonders jetzt nicht, wo ihr Charlotte bewiesen hatte, dass auch »U«-Fälle – unlösbare Fälle – noch aufgeklärt werden konnten. Lieber nach vorne flüchten, nach Selenogradsk!, dachte sie in diesem Moment.

Annegret lief zu Frau Hahn ins Vorzimmer des ehemaligen Direktorats. Ihr blieb noch etwas Zeit, bis das Freitagsfrühstück begann, an das Jutta gestern alle erinnert hatte. Bei warmem, trockenem Wetter fand es im Backsteinhof statt. Es ging das Gerücht um, dass Doktor Seppelfricke heute eine Überraschung verkünden wollte.

Annegret trat vor den Schreibtisch der Chefsekretärin. »Ich beantrage die Finanzierung einer Dienstreise«, sagte sie, wohl wissend, dass Dienstreisen wegen Mittelknappheit nur noch in Ausnahmefällen bewilligt wurden.

Frau Hahn zögerte keinen Moment, das dafür notwendige Formular aus einem ihrer verzogenen Aktenschränke zu holen. »Wohin?«

»Selenogradsk, Sowjetunion, früheres Ostpreußen. Suchfall Eberhard Voss. Ich muss mit den Menschen sprechen, die bei Kriegsende im Kursaal gearbeitet haben. Nur sie können jetzt noch weiterhelfen.« Ihr stieg der Geruch von Menthol in die Nase, der aus der Richtung des Chefbüros kam, und sie musste kurz husten.

»Sie wissen, dass Sie für die Sowjetunion eine Genehmigung von ganz oben brauchen?«, fragte Frau Hahn.

Es stand im Leitfaden, ja. Annegret nickte, obwohl es ihr unangenehm war, Umstände zu bereiten.

»Sie wissen auch, dass Reisen ins kommunistische Ausland gefährlich sind?«, fragte Frau Hahn in ihrer strengen Art weiter, als wäre Annegret ihr Prüfling. »Außerdem kommt erschwerend hinzu, dass die *Oblast* Kaliningrad, in der Selenogradsk sich befindet, militärisches Sperrgebiet ist. Für Ausländer ist es also doppelt schwierig, dorthin zu gelangen.«

Annegret spürte, wie ihr die Farbe aus dem Gesicht wich. Sie ließ sich auf einen der Stühle vor der Wand sinken. Das hatte sie nicht bedacht. Genauso überraschend tauchte jetzt die Frage in ihrem Kopf auf, wo sie Oskar für die Zeit der Dienstreise unterbringen konnte.

»Ich muss trotzdem hin!« Sie erhob sich wieder. Selenogradsk war ihre letzte Chance, bevor Eberhards Schicksal bald als unlösbar eingestuft wurde.

Die Chefsekretärin nickte wenig beeindruckt. »Wie viele Übernachtungen benötigen Sie?«

Annegret hatte ihren Sohn noch nie nachts allein gelassen. »Drei«, sagte sie, »auf keinen Fall mehr.«

Frau Hahn füllte das Formular aus. »Es muss nicht nur für die Sowjetunion, sondern auch für die Durchreise durch die DDR und Polen ein Visum beantragt werden«, sagte sie, bat Annegret um ihre Unterschrift und erklärte, dass sie ihr Bescheid geben würde, sobald die Entscheidung über die Dienstreise gefällt worden war. Dann schritt Frau Hahn, ohne anzuklopfen, in das Büro von Doktor Seppelfricke.

Während Annegret zurück in die Aula ging, fragte sie sich, ob sie nicht doch zu forsch gewesen war. Musste es gleich eine Reise in die Sowjetunion sein?

In der Aula fiel ihr als Erstes die traurige Renate auf, die mit starrem Blick dasaß. Jutta und Elli hatten gestern schon versucht, sie aufzumuntern, aber ohne Erfolg. Nicht einmal Dagmars Kekse mit cremiger Trüffelfüllung hatte sie probieren wollen. Annegret war es früher zugutegekommen, dass Renate dafür sorgte, dass keine Kollegin bei einem Termin mit Fusseln oder schiefer Frisur erschien. Sie hatte ihr sogar Schminke geborgt, teures Rouge, wie es in der *Constanze* angepriesen wurde. Das tat sie seit einigen Tagen nicht mehr, wie Annegret aufgefallen war. Sie lächelte der Kollegin aufmunternd zu, aber Renate reagierte nicht.

Annegret ging zum Schrank, wo sie die Namensschilder für den Erinnerungsbaum aufbewahrten. Es fühlte sich wie eine Ewigkeit an, bis sie die Namen Paul, Brigitte und Monika Roskoden einigermaßen leserlich geschrieben hatte. Als Charlotte die Aula betrat, lief Annegret ihr entgegen und hielt ihr das Schild und die dazugehörige Schlaufe mit einem Lächeln hin.

Begleitet von Applaus, hängte Charlotte das Schild an den Erinnerungsbaum in der Mitte des Raumes. Sie glühte vor Freude, das konnte Annegret ihr ansehen, und drehte eine kleine Pirouette mitten im Raum, ihre Arme ausgebreitet. Fröhlich lachte sie auf, und Elli Sander fiel mit ihrem ansteckenden Lachen ein, nachdem sie verkündet hatte: »Dat war ne harte Brocke, ävver jetz es et jejesse! Dä Konrad«, sie zeigte zum Kanzlerbildnis an der Wand hinter sich, »der wöhr stolz op dich, Scharlottsche!«

Annegret lachte mit. Beim Anblick der fröhlichen Charlotte fühlte sie plötzlich, wie sehr sie sie mochte, obwohl sie eine Dahlhäuser war: ihre Impulsivität, ihren Mut und ihre offene Art. Ihr Umgang mit Kindern, wie sie den Kleinen das Gefühl gab, ernst genommen zu werden, und stets einen mittleren Weg zwischen Emotionalität und Sachlichkeit fand, war einzigartig.

Die gelöste Stimmung in der Aula wurde erst durch Juttas Hinweis auf das obligatorische Freitagsfrühstück unterbrochen. Jutta, die vergangene Woche wegen Migräne mehrere Tage zu Hause geblieben war, hakte sich bei Annegret ein und ging mit ihr in den Backsteinhof. Draußen ließ Annegret ihren Blick über die farbenfrohen Kletterrosen gleiten, die die Backsteinmauer erklommen. Die Taglilien in den Beeten davor reckten der Sonne die Hälse entgegen, die Hortensienbüsche blühten, Glockenblumen und Grasnelken leuchteten im Sonnenlicht. Es roch nach Sommer.

Unter dem Ahorn waren die Tische bereits für das Frühstück gedeckt. Ellis Dekoration war genauso durcheinander und bunt wie der Karneval in Köln. Es wirkte, als hätte sie ein paar Blumen von den Beeten gepflückt und dann einen Sack buntes Konfetti über die Gedecke, die Körbe mit frischen Brötchen, über die Butter, das Mett, die Zwiebeln und die Kaffeekannen geworfen.

Bald waren alle Mitarbeiterinnen, drei der vier Abteilungsleiter und die Chefsekretärin unter dem Ahornbaum versammelt. Lediglich Doktor Seppelfricke und Jochen Krüger fehlten noch, obwohl der Leiter des Kindersuchdienstes derjenige war, der die Sachen für das Frühstück spendierte.

Charlotte trat neben Annegret, lehnte sich zu ihr und flüsterte: »Ihre Anwesenheit hat so gutgetan. Danke!«

Annegret konnte nicht anders, als die Reederstochter erneut anzulächeln.

»Also, ich fang dann mal an«, sagte Dagmar, während sie sich ein Brötchen nahm, es aufschnitt und großzügig Mett darauf verteilte. »Wer zuerst kommt, mahlt zuerst, oder wie heißt das?« Sie lachte und biss herzhaft hinein.

Mit gespielter Empörung verdrehte Charlotte die Augen. Eine Kollegin von den Zivilverschleppten tat es ihr gleich.

»Aber, Dagmar, wo bleibt denn deine Etikette?«, fragte Jutta und rückte ihre große schwarze Brille zurecht. »Wir sollten wenigstens warten, bis der Chef da ist.«

»Was kann ich dafür, wenn das Mett meinen Namen ruft?«, entgegnete Dagmar kauend.

»Dat ruft wahrscheinlich all unsere Namen.« Elli tat so, als würde sie mit der Hand am Ohr zum Tisch lauschen, und sorgte damit für Erheiterung. Sie griff nun ebenfalls zu.

Bis auf die Abteilungsleiter und Frau Hahn bedienten sich alle am Essen. Annegret mochte das Freitagsfrühstück sehr, weil es eine entspannte Angelegenheit war, bei der kein Protokoll existierte. Jeder durfte sagen, was ihm auf dem Herzen lag. Beim ersten Schluck Kaffee bemerkte sie, dass Renate fehlte. Sie wollte gerade nachschauen gehen, wo die Kollegin blieb, als Doktor Seppelfricke rauchend in den Backsteinhof trat.

»Was sehe ich denn da?«, fragte er mit erhobenem Finger. »Sie haben schon ohne mich angefangen? Das nenne ich mal eine Angestellten-Revolte.«

»Nur schon mal vorkosten, Herr Doktor«, rief Dagmar mit

einem charmanten Lächeln und hob ihr Brötchen zur Begrüßung.

Doktor Seppelfricke lachte und winkte ab. Sie rückten mit den Stühlen zusammen, um dem Chef Platz unter dem Ahorn zu machen.

Annegret eilte derweil in die Aula, fand Renate dort aber nicht. Auch im Gesprächszimmer und oben in der zentralen Namenskartei war sie nicht. Da hörte sie aus dem Physiksaal Krügers Stimme und trat näher an die Tür, weil niemand sonst zu sehen war.

»Ich habe dir nichts versprochen!« Da sprach der Abteilungsleiter.

Annegret hielt die Luft an, als sie Renates geschluchzte Erwiderung vernahm. »Bedeutet dir unsere gemeinsame Nacht denn gar nichts?«

»Es war doch nur eine Nacht«, entgegnete Krüger. Er klang herablassend.

»Ich liebe dich«, schwor Renate.

»Bitte geh jetzt, das Frühstück beginnt gleich«, erwiderte er kühl.

Annegret ballte gerade die Hände zu Fäusten, als sich Schritte der Tür näherten. So leise wie möglich machte sie sich aus dem Staub. Sie musste Renate irgendwie helfen, denn sie wollte nicht, dass Krüger noch ein einziges Mal so mit ihr sprach.

Die Hände noch zu Fäusten geballt, kehrte sie in den Backsteinhof zurück. Charlotte sah sie fragend an, aber Annegret konnte nur hilflos mit den Schultern zucken.

Doktor Seppelfricke erhob sich und ging an das Kopfende des Tisches. »Verzeihen Sie meine Verspätung, aber das Telefonat gerade war äußerst wichtig«, erklärte er.

Da stieß Jochen Krüger gut gelaunt zur Gruppe. Annegret war froh, dass er sich ans andere Ende der Tafel setzte, weit weg von ihr. Ansonsten hätte sie sich vielleicht vergessen und ihm ihre Meinung darüber gesagt, wie man Frauen nicht behandelte. Er hatte sich einen Kaffee in seiner grauen Rosenthal-Tasse samt Untertasse aus der Küche mitgebracht und begann, ihn genüsslich zu schlürfen wie ein Gourmet. Er war der Einzige beim Suchdienst, der eine private Tasse benutzte.

Annegret wandte den Kopf zur Tür, doch Renate tauchte nicht auf. Angesichts so einer Enttäuschung wollte sie sicher erst mal allein sein. Nach Herberts Abfuhr hatte Annegret mehr als die Zeit eines Frühstücks gebraucht, um die Sache zu verdauen.

»Wie Sie alle wissen, erleben wir keine leichten Zeiten im Suchdienst«, hob Doktor Seppelfricke an. Er klang so feierlich, als wäre es sein letzter Tag hier, als würde er fern von Hamburg eine neue Anstellung antreten.

Annegret hätte seinen Fortgang bedauert. In ihren Augen war er ein weiser, integrer Leiter, der sogar in solch einer bedrohlichen Situation wie mit dem Verlobten von Charlotte ruhig geblieben war. Bei genauerem Hinsehen fiel ihr auf, dass Doktor Seppelfricke heute gar nicht richtig rauchte, vielmehr paffte er. Mit schnellen, kurzen Zügen sog er an seiner Mentholzigarette. Dazwischen goss er sich mit unruhiger Hand Kaffee nach.

Die meisten Kolleginnen links und rechts von ihr hatten genickt, als der Chef von den schweren Zeiten sprach. Aber hatte er nicht eine Überraschung angekündigt?

»Was ich Ihnen bisher vorenthalten habe«, sagte Doktor Seppelfricke, »sind die Pläne des Innenministeriums, das Suchbüro in Hamburg zu schließen. Wenn das passiert, gehen unsere Fälle und der gesamte Akten- und Karteibestand zum

Schwesterbüro nach München. Wir haben nur die eine Chance, unsere Erfolgsquote zu erhöhen und damit unsere Existenz zu rechtfertigen.«

Annegret atmete scharf ein. Charlotte klammerte sich mit einer Hand an sie, als wären sie Freundinnen. Geschockt schauten sie sich an.

»Außerdem hat das Innenministerium in seinem Schreiben vom Juni eine weitere Budgetkürzung zum ersten August angekündigt«, erklärte Doktor Seppelfricke weiter.

»Wie sull dat dann gehe? Sulle mr dat Schreibmaschinpapier vun vier Seite beschrieve?«, fragte Elli Sander und sah nun gar nicht mehr fröhlich aus.

»Ich weiß es auch nicht«, antwortete Doktor Seppelfricke und unterließ das Rauchen für einen Moment.

Annegret nahm sich prompt vor, einen weiteren Artikel für die *Suchdienst-Zeitung* zu schreiben – auch wenn es ihr wenig Spaß machte. Sie wollte nicht, dass das Büro aufgelöst wurde. In dem Artikel könnte sie den Lesern berührende Geschichten aus der Anfangszeit des Suchdienstes näherbringen, als man noch *Zonenzentrale Hamburg* hieß und für die Menschen in der britischen Besatzungszone suchte, man noch im alten, eiskalten Gerichtsgebäude in Altona saß und die Anfragen säckeweise eintrafen, mehrere Tausend am Tag. Sie hatte inzwischen so viele alte Akten und Dokumente gelesen, dass sie lebhaft davon berichten konnte.

»Damit die Zeiten wieder besser werden, habe ich mir etwas Großes überlegt«, sprach Doktor Seppelfricke weiter und drückte seine Zigarette im Ascher aus. Sein Blick glitt über alle, die am Tisch saßen. Annegret ließ ihr Mettbrötchen sinken. Charlotte neben ihr sah erwartungsvoll zum Leiter des Kindersuchdienstes.

»Ich möchte, dass wir endlich wieder mehr Familien zusammenbringen«, verkündete Doktor Seppelfricke und ließ sich von Frau Hahn eine der gebundenen Vermisstenlisten reichen. Der kleine, untersetzte Mann hielt das schwere Teil leichthin hoch. »Das stundenlange Lesen von Namen, Feldpostnummern und Orten ist weder zielführend noch zeitgemäß.«

Annegret nickte unbewusst. Die meisten Besucher ermüdeten über dem Meer an Namen, Orten und Zahlen. Die Erfolgsquote der Endloslisten war gering. Sogar Karteitreffer kamen häufiger vor. Und für jemanden wie sie waren die Listen von Anfang an ein Albtraum gewesen.

»Deshalb plane ich, die Vermisstenlisten durch Bildlisten zu ersetzen«, verkündete Doktor Seppelfricke.

Annegret hielt mit dem Mund an der Kaffeetasse inne. Die Chance, jemanden zu finden, von dem ein Bild vorlag, war deutlich höher. Sie hatte es in den vergangenen Monaten erlebt. Die Rasterplakate erreichten viel mehr Zusammenführungen als die Listen.

»Insgesamt vierzig Mütter hatten sich auf das Plakat im April allein für Monika Mayer gemeldet«, erklärte Doktor Seppelfricke. »Für Adolf Wendeking zehn, für Roderich König vier. Wir konnten fünfzehn der vierzig abgebildeten Kinder zu ihren Eltern bringen, und das zehn Jahre nach Kriegsende. Die sechzehnte Zusammenführung fand heute statt.« Doktor Seppelfricke nickte Charlotte anerkennend zu.

Annegret setzte ihre Tasse ab, bevor sie etwas verschüttete, und beobachtete, dass Charlotte Doktor Seppelfrickes Dankeschön mit einem magazinreifen Lächeln entgegennahm. Vielleicht waren es Charlottes neue Leidenschaft für die Sucharbeit und ihre aufmerksame Recherche und Vorbereitung, die sie mit der Reederstochter aussöhnten. Wie es aussah, hatte Charlotte nichts mehr mit ihrer Familie zu tun. Das bedeutete für Annegret jedoch nicht, dass sie den Dahlhäusers verzieh. Auf jeden Fall wollte sie weiter vorsichtig sein. Ihrer Mutter war es damals, vor dem Krieg, in der Reederei auch erst gut gegangen, und sie war aufgestiegen, bis sie dann urplötzlich entlassen wurde und damit die Not der Familie begann. Vermutlich hätte Annegrets geliebter Vater länger gelebt, wenn es nicht so gekommen wäre. Als Lackierer war er wegen giftiger Dämpfe krank geworden und verstorben, weil kein Geld für eine heilende Lungenkur da gewesen war.

Doktor Seppelfricke zog Annegrets Aufmerksamkeit wieder auf sich und seinen Plan. »Ich möchte, dass wir in Zukunft nicht mehr gezwungen sind, Zusammenführungen mit der Presse und der Öffentlichkeit zu teilen«, sagte er und senkte betreten den Kopf. »Für die Sucheltern war das sicher unangenehm.«

»Und auch für Monika, der man vor dem Waisenhaus in Paderborn aufgelauert hat, um ein Foto von ihr zu machen!«, ergänzte Charlotte.

»Verstehe ich das richtig: Sie wollen *alle* Vermisstenlisten durch Bildlisten ersetzen?«, fragte Jochen Krüger überrascht, was selten vorkam. »Das würde Millionen kosten!«

Einer Kollegin aus der Abteilung für unbegleitete Kinder aus Konzentrationslagern fiel das Brötchen aus der Hand und auf ihren Rock.

»Ausnahmslos alle!«, bestätigte Doktor Seppelfricke stolz. »Ja, es wird mehrere Millionen Mark kosten, von allen Gesuchten Fotos heranzuschaffen und diese in ein identisches Format zu bringen.«

»Das könnte Jahre dauern, aber den Suchdienst auf eine ganz neue Stufe heben! Dann gäbe es viel mehr Zusammenführungen.« Charlotte klang begeistert und biss nach ihrer Wortmeldung herzhaft in ihr Mettbrötchen.

»Für den Erfolg bedarf es einer bundesweiten Umstellung der Suchbasis«, erklärte Doktor Seppelfricke. »Um das zu stemmen, werden wir mit dem Münchner Büro Hand in Hand arbeiten müssen. Der dortige Leiter Herr Trossin ist ebenfalls sehr angetan von dem Vorhaben. Ich habe gerade mit ihm telefoniert.«

Annegret hatte bisher fast nichts mit den Kolleginnen aus München zu tun gehabt. Dort war man spezialisiert auf Ostvermisste und Kriegsgefangene. Deren zentrale Namenskartei war um ein Vielfaches größer als die Hamburger, weil im Krieg deutlich mehr Erwachsene als Kinder verschwunden waren. Die Suchanfragen, die nicht Kinder und Zivilverschleppte betrafen, schickte Frau Hahn wöchentlich nach München. Im Gegenzug erhielten sie vom bayerischen Schwesterbüro alle Fälle, die in ihre Zuständigkeit fielen. So standen die beiden Karteien, die Hamburger und die Münchner, oben in der Bibliothek nebeneinander. Beide Karteien Karte für Karte zu einer einzigen zu verschmelzen, würde Monate dauern, und dafür war schon vor fünf Jahren kein Geld da gewesen.

»Aber wir erhalten jedes Jahr weniger finanzielle Unterstützung vom Ministerium. Warum sollen sie uns jetzt plötzlich Millionen geben?« Jutta setzte jenen fragenden Blick einer Bibliothekarin auf, die nicht verstand, warum Bücher zu spät abgegeben wurden.

Annegret nickte. Sie stellte sich die gleiche Frage.

»Weil wir mit der Bildersuche ganz neue Aussichten haben. Kollege Trossin und ich schätzen den Gesamtaufwand auf sechzig Millionen Mark«, erklärte Doktor Seppelfricke, woraufhin ein Raunen durch den Backsteinhof ging. »München will dreißig Millionen Fördergelder besorgen, und wir ebenfalls.«

Annegret wurde allein von dem Versuch schwindelig, sich sechzig Millionen Mark auf einem Haufen vorzustellen. Dennoch gefiel ihr die Idee, durch die neue Bildersuche zukünftig viel mehr Familien zueinanderzubringen. Außerdem gab es Entlassungsgerüchte. Was würde Fritz sagen, wenn sie arbeitslos werden würde? Diese Gerüchte würden hoffentlich verklingen, wenn das große Projekt anlief.

»Ich habe gestern mit der Hamburger Hafenbank telefoniert. Diesem Telefonat sind in den zurückliegenden Wochen einige Treffen vorausgegangen. Die Bank hätte Interesse, die neue Bildersuche als Hauptförderer zu unterstützen«, berichtete Doktor Seppelfricke begeistert. »Die Inhaber wollen ihr Ansehen in der Bevölkerung aufwerten und versprechen sich aus der Förderung neue Impulse für ihr Privatkundengeschäft. Außerdem hat der Direktor der Bank seine Schwester, eine Zivilverschleppte, über den Suchdienst wiedergefunden. Er glaubt an uns!«

»Sollte das Vorhaben scheitern, könnte der Ruf des Kindersuchdienstes für immer beschädigt sein.« Annegret war selbst überrascht, wie forsch sie ihre Meinung vortrug. »Vielleicht stellen wir erst einmal nur ein paar Jahrgänge auf Bildmaterial um, am besten die jüngeren.«

»In diesem Punkt stimme ich Fräulein Dietzel zu«, sagte Jochen Krüger vom anderen Ende der Tafel. Nur kurz streifte sein Blick Annegret. »Zudem ist es eine massive Herausforderung, überhaupt verwendbare Porträtfotografien von den Familien der Vermissten zu bekommen.«

Annegret glaubte, ihren Ohren nicht zu trauen. Krüger hatte ihr zugestimmt? Vorsichtig wagte sie zu hoffen, dass dies der Beginn einer möglichen Allianz war.

»Aber die öffentliche Aufmerksamkeit, die die vollständige

Umstellung mit sich brächte, würde vermutlich alles übertreffen, was wir mit der *Suchdienst-Zeitung* jemals erreichen könnten«, sagte Charlotte. »Das würde dem Suchdienst mehr helfen als ein zögerlicher Start. Wie in der Personenschifffahrt: Man nutzt Taufen und Stapelfahrten, um das Schiff bei den zukünftigen Passagieren bekannter zu machen.«

»Es kämen bestimmt viele Journalisten, wenn sie von der neuen Chance für den Suchdienst hören«, sagte Dagmar, und die Runde nickte zuversichtlich – bis auf Frau Hahn. Die saß weiter korrekt und steif da, die Serviette ordentlich auf dem Kostümrock drapiert.

»Ich weiß, es klingt wie eine übergroße Herausforderung«, sagte Doktor Seppelfricke, »doch nur mit Wagnissen können wir den Kindersuchdienst in eine neue Zeit führen. Gehen Sie alle, wie Sie hier versammelt sind, diesen herausfordernden Weg mit mir. Ich bitte Sie innigst darum!«, sagte er, griff nach seiner Kaffeetasse und prostete in die Runde. »Wenn Sie demnächst weitere Gedanken zur neuen Bildersuche haben und Ideen, wie wir Förderer gewinnen können, lassen Sie es mich wissen. Über Ihre Kritik werde ich ebenfalls nachdenken.« Nach diesen Worten setzte sich Doktor Seppelfricke, griff nach einem Brötchen und bestrich es großzügig mit Butter und Mett.

Die Kolleginnen applaudierten, während Jutta und Charlotte allen Kaffee nachschenkten.

Elli sagte noch: »Wisst ehr, wann dr Adenauer jetz he wör, he wör sagen: ›Mädels und Jungs, macht et einfach!‹«

Alle lachten, sogar Jochen Krüger, und die Anspannung löste sich allmählich. Die Kolleginnen begannen nun, unbefangen miteinander zu plaudern. Annegret, mittendrin, genoss jede Minute, während sie bemerkte, wie sich der Duft der Rosen mit dem des frisch gebrühten Kaffees vermischte. Die Sonne stieg höher, und der Schatten des Ahorns verkürzte sich. Sie konnte die neue Hoffnung am Tisch spüren, dass sie alle noch viele Jahre miteinander arbeiten durften.

Am Ende des Freitagsfrühstücks war der Mettteller leer, und in den Brötchenkörben sammelten sich lediglich noch Krümel. Die Kolleginnen räumten gemeinsam auf, und Abteilungsleiter Klingbeil half sogar, das dreckige Geschirr abzuwaschen.

Annegret atmete noch einmal die weiche Sommerluft ein, bevor sie den anderen in die Aula folgte. Vor ihrer Schreibmaschine überlegte sie, was sie alles für ihre Reise nach Russland organisieren musste. Sie war optimistisch, dass sie die Zustimmung von der Leitung des Deutschen Roten Kreuzes, von ganz oben, bekommen würde. An erster Stelle stand nun ein Gespräch mit Oskar über ihre Abwesenheit. Danach galt es, Fritz um seine Unterstützung zu bitten. Nur zu ihm und Norbert könnte sie Oskar während ihrer Abwesenheit geben. Am liebsten wäre sie sofort zu ihm gegangen. »Ihr« Sonntag war noch zwei Tage hin.

Frau Hahn stand plötzlich vor ihr.

»Ein Anruf für Sie«, sagte die Chefsekretärin. »Auf meinem Apparat!« Sie ließ es klingen wie eine Dreistigkeit.

Annegrets Brust verengte sich. Fritz hatte sie die Nummer des Suchdienstes nicht gegeben, aber bei einem Notfall ließ sie sich natürlich herausfinden. Ob Oskar in der Schule etwas passiert war und nun der Direktor anrief? »Wer ist es?«, fragte sie.

»Ich stelle den Anruf runter«, sagte Frau Hahn nur und deutete auf eines der Recherchetelefone. Ohne weitere Erklärung verließ sie die Aula wieder.

Annegrets Finger zitterten, als sie nach dem Klingeln den Hörer des Recherchetelefons abnahm. »Kindersuchdienst Hamburg, Annegret Dietzel«, sagte sie zaghaft und bat still und inständig: Bitte, lass es nicht den Direktor von Oskars Schule sein.

»Fräulein Dietzel, hier spricht Hauptkommissar Hartmann«, meldete sich eine tiefe Stimme.

Der ungeliebte Hauptkommissar?

»Ich wollte Ihnen nur mitteilen, dass wir von der Bundeskriminalpolizei den Suchfall von Barbara Voss übernehmen werden«, sagte er.

»Nein!«, protestierte Annegret. »Ich reise bald nach Russland, um den Sohn von Frau Voss zu finden. Ich weiß, dass ich kurz vor der Lösung stehe.«

»Das geht nicht«, antwortete der Hauptkommissar seelenruhig. Er klang, als wäre er es gewohnt, die Frauen des Suchdienstes zu brüskieren. »Es liegen Hinweise auf ein gesetzeswidriges Verhalten gewisser Beteiligter vor.«

Annegret verspürte den Drang, den Hörer auf die Gabel zu knallen, aber sie wusste, dass das nichts bringen würde. »Sie meinen, Frau Voss könnte kriminell sein?«, fragte sie. Sie erinnerte sich daran, dass Jutta einmal den Verdacht geäußert hatte, Barbara Voss würde lügen. Bei dem Gedanken an die Gefahr, die für sie persönlich von Eberhards Mutter ausging, weil die ihr Geheimnis kannte, wurde Annegret beinahe übel. Sie verspürte den Impuls, zur Strelitzie zu laufen.

»Über meine Ermittlungen darf ich Sie nicht informieren. Deswegen kann ich zu diesem Zeitpunkt nicht mehr sagen«, erklärte der Hauptkommissar.

Wie in Trance legte Annegret den Hörer ab und stand auf. »Er nimmt mir meinen Fall weg«, murmelte sie, während sie zu ihrem Tisch wankte und ihre Jacke anzog. Sie musste hier raus!

Charlotte verhinderte, dass Annegret die Klinke der Personaltür auf der falschen Seite der Tür suchte. »Was ist mit Ihnen los? Wer war der Anrufer?«

»Hauptkommissar Hartmann will verhindern, dass ich Eberhard finde«, stotterte sie und schaute kaum zu Charlotte auf.

»Schon wieder funkt dieser schreckliche Kerl dazwischen?«, ereiferte sich Charlotte. »Das lassen wir jetzt endlich nicht mehr zu!« Sie holte ihre Jacke, nahm Annegret bei der Hand, fand die Klinke der Personaltür auf Anhieb und zog die Kollegin mit energischen Schritten aus der Aula. Jutta, Dagmar und Elli folgten ihnen.

»Bitte, tu nichts Unüberlegtes«, bat Jutta.

»Was haben Sie vor?«, wollte Annegret wissen. Die frische Luft vor der alten Schule klärte ihre Gedanken.

»Wir werden Hauptkommissar Hartmann die Hölle heißmachen!«, konstatierte Charlotte. Ihre Augen funkelten.

»Ich bin dabei, Scharlottsche«, rief Elli, »un hol dä Wage. Je schneller mer et dem Esel zeige, desto besser.«

Kurz darauf saßen Charlotte, Annegret sowie Dagmar und Jutta eingepfercht in Ellis knatterndem Lloyd-Kleinwagen. Die Kölner Frohnatur war eine waghalsige Autofahrerin. Annegret musste in den Kurven die Luft anhalten, so knapp wurde es. Jutta rutschte vor Schreck zweimal die Brille von der Nase.

Als die Bundespolizeiinspektion am Bahnhof von Altona in Sichtweite kam, sagte Charlotte: »Jetzt zeige ich euch mal, wie Charlotte Dahlhäuser mit Ungerechtigkeiten umzugehen versteht.«

»Jawoll!«, konstatierte Elli und trat quietschend auf die Bremsen. Sie parkte den Lloyd auf dem Bordstein.

Annegret hatte noch keine Zeit gehabt, sich eine Meinung über diese aufrührerische Aktion zu bilden. Sie war zu beschäftigt gewesen, sich um die Fahrsicherheit in Ellis Auto Gedanken zu machen.

Als Charlotte wie ein Staatsgast aus dem Kleinwagen stieg und zu den anderen sagte: »Folgt mir bitte, Kolleginnen«, huschte dennoch ein Lächeln über Annegrets Lippen. Vielleicht würde es doch noch eine Chance geben, Eberhard alsbald zu seiner Mutter zu bringen, bevor ihr Schicksal in den Archiven der Kriminalpolizei unterging.

Charlotte betrat das beeindruckende Haus der Oberpolizeiinspektion mit so sicheren, zielstrebigen Schritten, dass es Annegret fast unheimlich war. Sie hatte Mühe, zu ihr aufzuschließen. Jutta und Elli folgten langsamer. Sie stoppten beim Pförtner, einem älteren Mann mit gebeugtem Rücken und abgewetzter Uniform.

»Wir sind vom Kindersuchdienst und müssen unverzüglich Hauptkommissar Hartmann sprechen!«, trug Charlotte vor.

Der Pförtner schielte kurz zu den anderen Frauen, die sich hinter ihr versammelt hatten, dann sah er Charlotte respektvoll an. »Sind Sie denn bei ihm angemeldet?«

»Es ist Gefahr im Verzug!«, erklärte Charlotte und ballte die Finger zu Fäusten. »Es geht um Diebstahl!«

»Würden Sie uns bitte anmelden?«, fragte Jutta diplomatischer.

Der Pförtner griff nach seinem Schlüsselbund. Annegret fand, dass er beinahe ängstlich wirkte, als er die Tür zum langen Flur der Bundespolizeiinspektion aufschloss. Dankbar nickte sie ihm zu.

»Der Herr Hauptkommissar sitzt in Zimmer 1.34«, erklärte der Pförtner und wies zum Ende des Flures, der der Höhe und Breite nach einem Ballsaal glich.

Charlotte führte die Gruppe Frauen an. Ihre energischen Schritte hallten auf dem kalten Steinboden wider. In ihrem engen weißen Pullover und dem wehenden hellblauen Faltenrock wirkte sie wie eine Amazone. Annegret hielt sich dicht hinter ihr. Ihr Blick sprang über die Fahndungsaufrufe, die die Wände pflasterten. Wie grausam die Welt sein konnte. Sie las »Versuchter Mord« und musste einen Wimpernschlag lang an ihre Mutter denken. Dann sprangen ihr Worte wie »Mehrfacher Mord« und »Fahndung nach Tötungsdelikt« ins Auge.

»Nicht gerade ein Ort der Herzlichkeit«, bemerkte Jutta bedrückt.

Jetzt verstand Annegret noch besser, warum Jutta nach dem Fall aus Pinneberg im vergangenen Jahr stets froh gewesen war, wieder in die alte Schule zurückzukehren. Hoffentlich kamen sie hier schnell wieder raus. Die Atmosphäre innerhalb der hohen, kalten Mauern war bedrückend und kalt. Annegret bereute, ihre Strickjacke in der Laube gelassen zu haben.

»Es ist Zeit, mit Herrn Hartmann abzurechnen!«, erklärte Charlotte, als sie vor der Tür des ungeliebten Hauptkommissars angekommen waren. »Er kann uns nicht immer wieder bei unserer Arbeit ausbremsen! Hat er denn gar kein Herz für Waisenkinder? Was für ein Monster er ist!« Ohne zu zögern, drückte sie den Türgriff des Büros mit der Nummer 1.34 hinab und betrat den Raum.

Elli, Jutta und Annegret schlüpften mehr hinterher, als dass sie selbstbewusst eintraten, und stolperten direkt in Charlotte hinein.

Die war abrupt stehen geblieben, sobald sie den Hauptkommissar an seinem Schreibtisch sah. Sie wirkte, als wäre sie festgefroren oder gegen eine unsichtbare Wand gelaufen. »Aber ...«, brachte sie nur hervor.

Annegret trat neben Charlotte und sah, wie der Kollegin die Entschlossenheit aus den Zügen rutschte. Sie schaute von Charlotte zu Hauptkommissar Hartmann, der hinter seinem Schreibtisch saß und nur langsam von seiner Akte aufblickte. So also sah der Mann aus, der für sie und einige andere Kolleginnen bisher nur ein leidiges Phantom gewesen war. Er war mittelgroß, muskulös und unrasiert.

Sein Büro passte zu einem Menschen, der anderen eiskalt Fälle wegnahm, ein Mensch ohne Mitgefühl für Waisen. Es war ein schmuckloser Raum mit kahlen Wänden, hässlichen Stühlen und grauen, geschlossenen Büroschränken. Auf dem Schreibtisch lagen Papiere, Stifte und aufgeschlagene Akten. Annegret erkannte nichts Persönliches, weder einen Bilderrahmen, wie ihn Renate bis vor Kurzem mit einer Fotografie von Marilyn Monroe auf dem Schreibtisch stehen hatte, noch ein privates Buch, wie etwa Dagmars ostpreußische Rezeptsammlung, die sie unter dem Tresen hortete und in der sie immer wieder stöberte, wenn die Arbeit es zuließ.

Annegret stupste Charlotte an, damit sie ihm zeigen konnte, wie sie mit Ungerechtigkeiten umging, aber die regte sich noch immer nicht, sondern starrte den Hauptkommissar nur weiter an.

Auch er schien irritiert, während er sich erhob. Er sah an ihrem engen Pullover und dem hellblauen Faltenrock hinab und wieder hinauf.

Annegret las Überraschung sowie Verwirrung in seinen Augen und noch etwas anderes, das sie nicht einordnen konnte. Weil sie während der Autofahrt keinen Gedanken daran verschwendet hatte, was sie nun sagen könnte, sondern vor allem um ihr Leben gebangt hatte, stand sie nun genauso stumm wie Charlotte da.

Jutta schritt vor den Schreibtisch. »Herr Hauptkommissar«, sagte sie, und ihre Stimme klang aufgeregt. Sie hatte schon mit Hartmann gearbeitet. Annegret meinte, auch Respekt herauszuhören. »Sie können Fräulein Dietzel den Fall Voss nicht wegnehmen«, erklärte Jutta.

Hauptkommissar Hartmann führte seinen Blick offensichtlich widerstrebend von Charlotte auf Jutta.

»Es wäre unfair, sie so kurz vor ihrer Reise nach Russland zu stoppen«, fügte Dagmar an und gab sich alle Mühe, so weich und einnehmend zu klingen wie am Telefon.

Annegret trat vor. »Ich bin übrigens Annegret Dietzel, um deren Suchkind es hier geht.« Sie hielt dem Hauptkommissar die Hand hin, der sie mit lockerem Druck schüttelte, dann aber wieder Charlotte anstarrte.

»Seid ihr euch doch schon mal begegnet?«, fragte Annegret, an Charlotte gewandt, weil Hauptkommissar Hartmann noch immer schwieg.

»Ja«, sagte er, während sie zeitgleich »Nein!« rief. Zumindest kam Charlotte so aus ihrer Erstarrung wieder zu sich.

»Es ist komplizierter«, fügte Charlotte an und schaute den Hauptkommissar mit undefinierbarem Blick an. Langsam schien sie sich zu fangen. »Ich glaube, Herr Hartmann, dass Fräulein Dietzel Frau Voss bald mit ihrem Sohn vereinen kann, wenn Sie ihr nur etwas mehr Zeit geben würden. Sie hat eine vielversprechende Spur, der sie in der Sowjetunion nachgehen wird.« Charlotte klang nicht wie die Furie, als die sie in die Bundespolizeiinspektion hineingerauscht war. Ihre Stimme hatte plötzlich etwas Weiches.

»Vier Wochen sind alles, was ich brauche!«, bestätigte Annegret. »Ich weiß, dass ich Eberhard Voss finden kann! Auch wenn seine Mutter sich gesetzeswidrig verhalten haben sollte, ist das doch kein Grund, ihr ihr Kind vorzuenthalten.«

Jutta nickte auffordernd.

Kommissar Hartmann sah von Charlotte zu den anderen Frauen. Sein Ausdruck war jetzt ernst, aber in seinen stahlgrauen Augen blitzte etwas auf, das Annegret Hoffnung gab.

»Vier Wochen, mehr nicht!«, sagte er schließlich. »Danach übernehme ich!«

Die Frauen nickten gleichzeitig, bis auf Charlotte. Die lächelte merkwürdig verträumt.

»Vielen Dank!« Annegret konnte es kaum fassen.

»Herr Hauptkommissar«, sagte Dagmar unvermittelt, »mögen Sie eigentlich Rhabarber und Vanille?«

Er runzelte die Stirn. »Ähm ... Wie bitte?«

»Ich backe nämlich leidenschaftlich gerne«, erklärte Dagmar mit hektisch klimpernden Armreifen, weil sie die Hände vor der Brust faltete. »Morgen stehen Rhabarber-Vanille-Kekse auf dem Programm, und ich würde Ihnen als Dankeschön gerne eine Schachtel davon vorbeibringen.«

»Ich darf keine Geschenke annehmen«, antwortete Hartmann, »das könnte als Bestechung ausgelegt werden. Sie verstehen?«

»Wenn Fisch in deinen Keksen wäre, Dagmar, würde er vielleicht eine Ausnahme machen«, sagte Charlotte, führte aber im nächsten Moment schon die Hand vor den Mund, als hätte sie ein Geheimnis verraten.

Hauptkommissar Hartmann schmunzelte.

Annegret konnte sich keinen Reim auf das Verhalten der beiden machen. Sie wusste nur, dass sie sich den ungeliebten Polizisten ganz anders vorgestellt hatte. Und Charlotte anscheinend auch. Sie konnte kaum von ihm wegsehen.

16

25. Juni 1955

Die Hamburger Hafenbank hatte ihren eindrucksvollen Sitz am Jungfernstieg, im Nebengebäude des *Vier Jahreszeiten* mit Blick auf die Schwäne an der Binnenalster. Aber für Kurzweil hatte Charlotte gerade keine Zeit. Aufgeregt rieb sie ihre Waden aneinander, wobei sie sich hoffentlich keine Laufmasche in die neuen Perlons zog. Jetzt warteten sie schon fünfzehn Minuten im getäfelten Kaminzimmer auf den Bankdirektor. Und mit jeder weiteren Verzögerung wurde sie unruhiger.

Ihre Gedanken sprangen wie so oft in den letzten Tagen zur Bundespolizeiinspektion und zu der peinlichen Begegnung mit Rob. Dass er kein Fischer, sondern Hauptkommissar Hartmann war, damit hatte sie im Leben nicht gerechnet! Als sie mit wehendem Rock in sein Büro gestürmt war, fest entschlossen, für Annegret zu kämpfen, hatte seine Anwesenheit ihr einfach die Sprache verschlagen. Ihr Herzschlag hatte ausgesetzt, und sie war unfähig gewesen, einen einzigen klaren Gedanken zu fassen. Verwirrung hätte ihren Zustand nur ungenau beschrieben. Sie war hin- und hergerissen gewesen, wem gegenüber sie loyal sein wollte. Die Kolleginnen durfte sie kein weiteres Mal anlügen, aber auch Robert nicht mit ihrem Überfall in die Enge treiben, ihn gar bloßstellen. In der Hoffnung, dass auch er den

Wunsch verspürte, ihren Zusammenstoß zu besprechen, war sie noch am selben Tag nach Arbeitsende auf Verdacht in den *Fischladen* gefahren. Und: Er war auch gekommen.

Sie hatten sich geküsst, zwei Backfische gegessen und sich unterhalten. Robert hatte ihr erklärt, dass er nur dann gezwungen war, einen Fall vom Suchdienst zu übernehmen, wenn es Hinweise auf Menschenhandel oder organisierte Kriminalität gab. Solche Fälle erforderten die Expertise der Bundespolizei – auch zum Schutz der Suchdiensthelferinnen. Es wurde ein anregendes Gespräch, auch über andere Themen, zum Beispiel, was das zwischen ihnen war. Sie verblieben so, dass Charlotte ihren Kolleginnen von ihrer »Sympathie« für ihn erzählen sollte. Bisher hatte sie nur noch nicht den richtigen Zeitpunkt dafür gefunden. Und richtig verarbeitet hatte sie die neue Situation noch immer nicht. Als Kriminalbeamter lebte Robert in einer Welt, die ihr fremd war. Seit jenem Tag erwischte sie sich immer wieder dabei, wie sie ihn in Gedanken auf Verbrecherjagd in dunklen Gassen ermitteln sah. Diese Vorstellung erfüllte sie mit prickelnder Bewunderung.

Doktor Seppelfricke räusperte sich und holte Charlotte aus ihrer Gedankenwelt zurück in die Hamburger Hafenbank. Der Leiter des Kindersuchdienstes stand am Fenster und tippte die Finger der rechten Hand in kurzen Abständen abwechselnd gegen den Daumen. Die vier Abteilungsleiter saßen angespannt neben Charlotte und waren mindestens genauso aufgeregt wie sie.

Sie konnte nicht sagen, ob Doktor Seppelfricke deshalb so nervös war, weil sie gleich die Unterschrift des Fördervertrages für die neue Bildersuche einholen würden oder weil er seine Zigaretten vergessen hatte. Ohne seine Rauchwolke wirkte er wie ein anderer Mensch, wie ein liebevoller, wenn auch unruhiger Großvater. Letzteres war nicht verwunderlich, ging es doch heute um die unglaubliche Fördersumme von fünfundzwanzig Millionen Mark. Wenn die erst zugesagt wären, fehlten dem Kindersuchdienst lediglich noch fünf der benötigten dreißig Millionen Mark. Aller Voraussicht nach könnten sie die von der Kirche bekommen. Die Rettung war zum Greifen nah.

Charlotte spürte den prüfenden Blick von Jochen Krüger auf ihrem hellblauen Kleid. Das und den Petticoat darunter, der das Kleid hübsch aufbauschte, hatte sie getragen gekauft. Sie wollte für den Kindersuchdienst glänzen und hatte einen Vorschuss auf ihr Gehalt in die Kleidung investiert. Jetzt musste sie sich nur noch beruhigen, was für eine Charlotte Dahlhäuser leichter gesagt als getan war. Ihr wäre es lieber gewesen, Annegret hätte sie begleitet. Ihre ruhige Ausstrahlung wirkte Wunder und hatte sie schon mehrmals bestärkt. Nur leider musste Annegret wegen der bevorstehenden Reise vorarbeiten und hatte den Tisch sowieso noch voll mit unerledigten Anfragen. Zudem hatte der Bankdirektor ausschließlich jenes Fräulein kennenlernen wollen, das für die hübsche Monika Mayer die Eltern wiedergefunden hatte, obwohl der Suchfall als aussichtslos gegolten hatte.

Die *BILD-Zeitung* hatte am Tag nach der Zusammenführung getitelt: »Der Hoffnungsengel vom Kindersuchdienst«, daneben ein Foto von Charlotte bei der Verabschiedung von Monika. Dabei hatte sie im Gespräch mit den Journalisten betont, dass der Erfolg nur wegen vieler Vorarbeiten anderer Kolleginnen möglich gewesen war. Das hatte die *BILD-Zeitung* nicht erwähnt.

»Ich verstehe nicht, warum es so lange dauert«, sagte Doktor Seppelfricke und verschwand kurzerhand im Flur.

»Jetzt warten wir schon fast eine halbe Stunde!« Jochen Krüger stand auf. Die anderen drei Abteilungsleiter hielt es auch nicht länger auf den vornehmen Lederstühlen. Ziellos gingen sie im Raum umher.

»Vielleicht ist dem Bankdirektor etwas Wichtiges dazwischengekommen?«, sagte Charlotte. »Das kann schon mal vorkommen.« Es brachte doch nichts, wenn sie jetzt alle wie aufgescheuchte Hühner umherliefen. Sie hätte sich auch gerne bewegt, aber das machte keinen guten Eindruck. Wenn ihr noch etwas aus ihrem alten Leben nutzte, dann das Wissen um die Etikette in gehobenen Kreisen. Ruhe, Distanz und Zurückhaltung waren Schlagworte, die ihre Mutter ihr jahrelang gepredigt hatte. Unweigerlich dachte Charlotte auch an ihren Vater. Als sie ihn in der Speicherstadt besucht hatte, hatte sie ihm versprochen, einen Ausweg für sein finanzielles Problem zu finden. Und langsam nahm ihre Idee Gestalt an, zumindest theoretisch: Sie wollte einen schwarzen Fleck auf Carl-Gustavs reiner Weste finden, mit dem sie ihn erpressen konnte, eine moralisch verwerfliche Vergangenheit oder einen Aufstieg mit unrechtmäßigen Mitteln. Vielleicht hatte er seine Position als Leiter der Kreditabteilung der Nordbank nur durch Bestechung erhalten? Nur, wie kam sie an solche Informationen? Immerhin hatte sich Carl-Gustav seit dem Auftritt beim Kindersuchdienst vor mehr als zwei Monaten nicht wieder in ihr Leben eingemischt. Das wunderte sie, hatte es doch im Büro ihres Vaters nicht danach geklungen, als würde er in absehbarer Zeit aufgeben. Sie könnte einen Teil ihres Verdienstes beiseitelegen, um einen Detektiv zu bezahlen. Ja, das war eine blendende Idee! Und dieser würde unauffällig die Vergangenheit des Schweden durchforsten. Irgendetwas stimmte nicht daran, dass er nie seine Familie erwähnt hatte. Und warum war er aus Schweden fortgegangen? Karriere hätte er auch in seinem Heimatland machen können.

Doktor Seppelfricke kam in das Kaminzimmer zurück, in der Hand einen Glimmstängel. Den hatte er sich wohl irgendwo geschnorrt. Er schaute auf seine Uhr, rauchte und schaute wieder auf seine Uhr. »Warum lässt uns Direktor von Zitzewitz so lange warten?«

Da kam ein hochgewachsener und vornehm gekleideter Herr in das Kaminzimmer. »Meine Herren, entschuldigen Sie die Wartezeit. Mein Name ist Gisbert Rehwald, und ich bin der Prokurist hier im Haus.« Er trug Anzug mit Weste und eine hellblaue Seidenkrawatte, im gleichen Farbton wie Charlottes Kleid.

Als er sie erblickte, trat er sogleich vor sie. »Und Sie müssen der Hoffnungsengel sein.«

Sie erhob sich elegant. »Ich bin Charlotte Dahlhäuser und stellvertretend für meine Kolleginnen gekommen, die den Sucherfolg, auf den Sie anspielen, mitzuverantworten haben.«

Gisbert Rehwald ergriff ihre Hand, drehte sie mit dem Handrücken nach oben und deutete einen Kuss darüber an. Roch er nach *Signature*?

»Wir waren zu zwei Uhr mit Herrn von Zitzewitz verabredet«, sagte Doktor Seppelfricke und trat neben Charlotte.

Erst jetzt wandte sich der Prokurist wieder den anderen Anwesenden zu. »Bankdirektor von Zitzewitz lässt sich entschuldigen. *Ich* werde das Gespräch mit Ihnen führen«, erklärte er. »Bitte setzen Sie sich doch.« Er wies auf den wuchtigen, mit einer getönten Glasplatte bedeckten Tisch. Der Aschenbecher darauf war ein Kunstwerk aus getriebenen Bronzemünzen.

Charlotte setzte sich an ein Kopfende des Tisches. Sie wurde flankiert von den Abteilungsleitern Klingbeil und Krüger.

»Wir haben den Fördervertrag geprüft und sind mit dieser dritten Version einverstanden«, erklärte Doktor Seppelfricke und holte eine Abschrift der Unterlagen aus seiner Tasche. »Ich hatte dies Herrn von Zitzewitz bereits mitgeteilt, damit wir heute die Verträge unterzeichnen können.« Seine weisen Augen leuchteten vor freudiger Erwartung. Für den weiteren Nachmittag stand Sekt in der alten Schule kalt. Charlotte freute sich schon darauf, die Kolleginnen mit der frohen Botschaft zu überraschen.

»Jeder Tag zählt. Umso früher wir mit der neuen Bildersuche beginnen können, desto mehr Erfolge werden wir haben«, betonte Charlotte.

Der Prokurist sah verwundert zu ihr. Vermutlich war er es nicht gewohnt, dass sich Frauen in geschäftliche Belange einmischten.

Charlotte lächelte charmant. »Die Bildersuche eröffnet uns die Chance, bundesweit mehrere Tausend Menschen innerhalb kürzester Zeit wieder mit ihren Familien zusammenzuführen.«

»Das wäre in der Tat beachtlich«, gab Gisbert Rehwald zurück. »Aber so vielversprechend Ihre Zahlen auch klingen, Doktor Seppelfricke und Fräulein Dahlhäuser«, er nickte erst dem Leiter des Kindersuchdienstes zu und dann Charlotte, »ich muss Ihnen trotzdem mitteilen, dass wir die geplante Unterstützung nun doch nicht mehr leisten können.«

Doktor Seppelfricke ließ seine Zigarette in den Aschenbecher fallen und stand auf. »Was? Sie erteilen uns eine Absage?«

Jochen Krüger erhob sich ebenfalls. »Wie kann das sein? Wir haben die Sache doch lange besprochen, und unsere Planung über die Mittelverwendung ist genauso belastbar wie aussagekräftig!«

»Wir benötigen die fünfundzwanzig Millionen nun doch anderweitig«, erklärte der Prokurist.

»Ich möchte Herrn von Zitzewitz sprechen, sofort!«, verlangte Doktor Seppelfricke in einem aufgeregten Tonfall, den Charlotte nicht von ihm kannte. Er griff nach seiner Zigarette, seine Hand bebte.

»Ohne das Geld kann der Kindersuchdienst dichtmachen!«, erklärte Krüger, wozu die anderen Abteilungsleiter nickten. »Könnten Sie mit dieser Schuld wirklich leben?«

Mit der linken Hand schob Gisbert Rehwald den Aschenbecher näher an Doktor Seppelfricke heran. Verglommene Tabakstreusel waren bereits auf dem Glasaufsatz des Tisches gelandet. »Es tut mir leid, aber unsere Bankgeschäfte gehen vor, davon leben wir.«

Unsere Bankgeschäfte gehen vor!, hallte es in Charlotte wider. Wie sie diese Aussage auf die Palme brachte!

Doktor Seppelfricke trat rauchend auf den Prokuristen zu. »Wo ist das Büro von Direktor von Zitzewitz?«

Die Abteilungsleiter schauten ihren Chef erschrocken an. Auch Charlotte fragte sich, was er vorhatte.

»Herr von Zitzewitz ist heute leider nicht im Haus«, erklärte der Prokurist anscheinend unerschütterlich. »Tut mir leid.« Er lächelte höflich.

»Das glaube ich Ihnen nicht!«, schoss es aus Charlotte hervor. Jetzt hielt es auch sie nicht mehr auf dem Stuhl, Benimm hin oder her. »Eine kurzfristige Absage sollte derjenige überbringen, der zuvor die Zusage gemacht hat. Das gebietet die Höflichkeit unter Geschäftsleuten«, sagte sie. So jedenfalls war es in der Schifffahrtsbranche Usus.

Doktor Seppelfricke wandte sich mit hochrotem Gesicht an sie. »Sie haben recht, Fräulein Dahlhäuser, trotzdem ist es besser, wenn wir jetzt gehen. Offensichtlich will Herr von Zitzewitz nicht mit uns sprechen!«

Charlotte nickte schweren Herzens, weil ihr Chef sie bittend ansah. Ein Eklat, der den Suchdienst in Verruf brachte, war das Letzte, was sie brauchen konnten. Ihre Hände zitterten vor unterdrückter Wut, als sie das Kaminzimmer hinter Doktor Seppelfricke und den Abteilungsleitern verließ. Sie vermied es, den Prokuristen noch einmal anzusehen.

Draußen im Flur blieb sie stehen. Ihr Atem ging kurz und flach. Sie fragte sich, wie es weitergehen sollte. Doktor Seppelfricke hatte mit allen infrage kommenden Förderern bereits gesprochen. Es gab niemanden, der an die Stelle der Hamburger Hafenbank treten konnte. Also blieb ihnen zur Spendensammlung nur noch die Schüttelbüchse? Bis sie damit Millionenbeträge gesammelt hätten, wären die Gesuchten längst an Altersschwäche gestorben.

Sie verließen die Bank.

Am Jungfernstieg schien die Sonne am wolkenlosen blauen Himmel, als wäre die Welt noch in Ordnung.

»Es ist vorbei«, brummte Doktor Seppelfricke, der im grellen Sonnenlicht leichenblass aussah, und winkte nach einem Taxi. Die Abteilungsleiter verabschiedeten sich in gedrückter Stimmung.

Charlotte ließ ihren Blick über die Binnenalster schweifen, nahm aber weder die bunten Schirme über den Tischen am *Café Alsterpavillon* wahr, noch die schmuckvollen Fassaden und kupfergedeckten Dächer der schönsten Häuser Hamburgs, die den Alstersee rahmten. Sie machte ihr Fahrrad los und schob es am Wasser entlang. Würde sie schon nach dem Jahreswechsel nicht mehr beim Kindersuchdienst arbeiten, nie mehr Kinder und Eltern zusammenbringen dürfen?

Sie entschied, heute nicht mehr zum Suchdienst zu fahren. Warum dem gekühlten Sekt beim Frieren zuschauen? Sie ertrug es nicht, die Überbringerin der Hiobsbotschaft zu sein. Sie stieg auf ihr Fahrrad und fuhr in den Wesselburer Weg, während sie sich immer wieder sagte, dass sie den Mut jetzt nicht verlieren durfte.

Leider fand sie Femke ähnlich erschüttert vor. Sie saß mit schmerzverzerrtem Gesicht am Küchentisch und hatte ihr rechtes Bein auf einen Hocker hochgelegt. Es war bis unter die Hüfte eingegipst. An ihrem Stuhl lehnte ein Paar Krücken.

Charlotte eilte zu ihr. »Was ist denn nur passiert?«

»Ich bin die Stiege runtergefallen«, berichtete Femke. »Frau Claasen von nebenan hat meinen Schrei gehört und mich gleich zum Arzt gebracht. Der Doktor hat einen Unterschenkelbruch diagnostiziert und mich eingipsen lassen.«

Charlotte tätschelte ihrer früheren Kinderfrau die Schulter. »Du Arme! Hast du große Schmerzen?«

Femke zuckte mit den Schultern. »Schlimmer ist, dass ich das schrecklich steife Teil«, sie zeigte auf den Gips, »nun mindestens drei Monate tragen muss.«

»Ich werde dich gut versorgen«, versprach Charlotte. Als sie die Bank verlassen hatte, war ihr zum Weinen zumute gewesen. Jetzt galt es, die Stimmung für Femke wieder aufzuhellen.

Charlotte setzte Teewasser auf und stellte alles zusammen, was sie für einen Ostfriesentee benötigten, der den Blick auf die schwierige Welt vielleicht zu ändern vermochte. Zum Glück funktionierte der Herd noch. Sie erhitzte das Wasser im Kessel und legte gleich Holz nach. Ein kleines Feuer brannte hier Tag und Nacht, selbst im Sommer. Die Probleme mit der Elektrik hatten sie zwischenzeitlich beheben können, aber es hatte nur wenige Tage gedauert, bis sie wieder ausgefallen war. Das alte

Reihenhaus kam in die Jahre, und Charlotte hatte sich fast schon an den Gestank der Petroleumlampen gewöhnt.

Sie trug das Tablett mit den hübschen Sammeltassen, der Sahne, der Teekanne und dem Sahnelöffel in die enge Stube, den gemütlichsten Raum des Hauses, und führte Femke mit ihrem Gipsbein langsamen Schrittes hinüber. Nebeneinander setzten sie sich auf das Sofa. Wortlos goss Charlotte Tee in die Tassen und gab einen Löffel dicke Sahne dazu. Während sie das Wölkchen beim Absinken beobachtete, wiederholte sie jenen Satz, mit dem ihre Kinderfrau sie vor mehr als vier Monaten ermutigt hatte: »Das Leben kann wie Ostfriesentee sein: erst bitter, dann süß.« Sie schmiegte sich an Femke. »Dein Bein wird schon wieder! Und die Hausarbeit bekomme ich allein hin.« Die Vorstellung, im Licht einer Petroleumlampe die Böden des ganzen Hauses zu schrubben, war nicht gerade erfreulich, aber für drei Monate würde es wohl gehen.

»Vielleicht wäre es einfacher, das alte Haus zu verkaufen«, sagte Femke, in den Anblick des Wölkchens versunken.

»Nein, du liebst dieses Haus!«, widersprach Charlotte umgehend und sah von ihrer grünen, goldgerahmten Tasse auf.

Femke trank Tee, anstatt zu antworten.

»Und es ist mir ein Zuhause geworden«, sagte Charlotte. »Ich möchte nirgendwo anders wohnen.«

»Ja?« Femke lächelte. »Das freut mich, meen Deern.« Sie streichelte ihr über die Wange. »Aber mit dem Gips schaffe ich es kaum die Stiege hoch.«

»Dann richten wir dir hier unten auf dem Sofa ein Bett her«, schlug Charlotte vor, stand auf und vermaß in Gedanken den wenigen freien Platz im Raum. »Hier passt vielleicht noch dein Nachtschränkchen hin. Das Sofa ist breit genug, um darauf zu schlafen.«

»Und mein Kleiderschrank?«, fragte Femke.

Charlotte trat ans Fenster. Mitnichten passte in diesen kleinen Raum ein wuchtiger Bauernschrank, wie in jedem der beiden Schlafzimmer einer stand. »Du sagst mir einfach jeden Abend, was ich dir herunterholen soll.« Sie begleitete ihren Vorschlag mit einem aufmunternden Lächeln.

Femke schaute zu ihr auf. »Weißt du eigentlich, dass du wunderschön aussiehst in deinem gebauschten hellblauen Kleid? Du bist das schönste Mädchen, das ich kenne.«

Charlotte sah an sich hinab. »Ich muss mich erst noch an das Volumen gewöhnen«, gestand sie, setzte sich wieder auf das Sofa und umarmte Femke. Schon früher hatte die ihr gerne gesagt, dass sie das schönste Mädchen sei. Dolores hingegen hatte oft etwas an ihr auszusetzen gehabt. Viel zu selten hatte sie ihrer Mutter einfach genügt.

»Habt ihr den Fördervertrag bei der Bank heute unterschrieben?«, fragte Femke.

Charlotte wollte jetzt nicht über die Absage reden, da sich ihre Nerven gerade ein wenig beruhigt hatten. »Das erzähl ich dir später«, sagte sie. »Lass uns erst mal Tee trinken.«

Genau diesen Satz hatte sie neulich auch zu Renate gesagt, als sie sie weinend auf der Toilette gefunden hatte. Erst hatte sie ihr ein Taschentuch gereicht und sie dann in die Küche zu einem Tee überredet. Viel hatte Renate dabei nicht preisgegeben, aber Charlotte hatte gespürt, dass die Kollegin schrecklich verzweifelt war. Der Abteilungsleiter schien sie kaum zu beachten; er wirkte eher genervt, wenn er mit ihr reden musste. Ihre platinblonde Frisur war noch ausladender als früher, ihre knallroten Lippen noch dicker nachgezogen. Charlotte meinte auch, dass Renates Rock kürzer und ihre Bluse enger ausfiel. Man konnte ihre gesamten Knie sehen. Charlotte erinnerte sich, wie Annegret vor Kurzem den Gedanken geäußert hatte, der Kollegin ihre Strickjacke um die Hüften zu binden, damit sie ihre Knie und den Ansatz ihrer Oberschenkel verbarg. Aber sie hatte es unterlassen, weil Renate so verzweifelt gewirkt hatte. Kritik wäre da sicher erschütternd gewesen. Seit einiger Zeit ging Renate wenigstens wieder pünktlich in den Feierabend, kam allerdings am nächsten Morgen müde zur Arbeit. Ihre Verabredungen schienen bis in die Nacht hinein zu dauern.

Charlotte nahm einen letzten Schluck Tee. »Ich will noch mal an die frische Luft«, erklärte sie dann. Ein solch dramatischer Tag brauchte einen anderen Abschluss, als zu Hause zu hocken und die Absage zu betrauern. Sie bereitete Femke ein Abendbrot vor. Dann holte sie Bettwäsche und Anziehsachen für den Folgetag herunter und verwandelte die Stube in ein Schlafzimmer. Femkes Nachtschrank, der neben das Sofa kam, wäre ihr beinahe die Stiege hinuntergepoltert. Sie legte noch ein Buch dazu.

Bevor Charlotte die blaue Haustür zuzog, schnappte sie sich Roberts Trenchcoat. Mit klopfendem Herzen radelte sie zur Dove-Elbe, wo um diese Jahreszeit Gräser im Wind wehten und Seerosenteppiche sich auf dem Wasser wiegten.

Sie sah das Deck des Gaffelschoners schon von Weitem in der Sonne blitzen. Die Vorfreude prickelte in ihr. Vielleicht war es auch dieses friedliche Stück Elbe, das sie anzog und in das sie sich verliebt hatte.

Vor dem alten Segelboot angekommen, legte sie ihr Fahrrad ins Gras. Sie konnte nichts dagegen tun, dass ihre Füße wie von selbst zu Robert gingen. Sie war schon auf vielen Booten gewesen – auf Segeljachten, auf Frachtschiffen mit zigtausend Bruttoregistertonnen und auf Jollen –, aber einen Zweimaster, der, so alt, wie er wirkte, schon von Piraten hätte gesteuert werden können, war nicht darunter gewesen.

Sie musste ihre Augen mit der Hand vor der Sonne abschirmen. »Rob, bist du da?« Ihre Beine wurden weich, und ihr Herz schlug noch einmal schneller, als sie seinen Namen aussprach.

Als niemand antwortete, schickte sie ein ungeduldiges »Herr Hauptkommissar?!« hinterher.

Auch dieses Mal blieb die Antwort aus.

Charlotte spürte, wie die Enttäuschung sie wie Gewichte an den Armen herunterzog. Ob Robert in diesem Moment Verbrecher jagte? Auf jeden Fall wollte sie seinen Trenchcoat nicht wieder mit nach Hause nehmen. Mit ausgebreiteten Armen balancierte sie über eine wackelige Holzplanke auf den Gaffelschoner. Nur das sanfte Stoßen des Elbwassers gegen den Bootsrumpf war zu hören.

Sie ging vor das Deckshaus, von dem aus man einen Rundumblick hatte. Die Tür war nur angelehnt. Sie konnte dem Versuch nicht widerstehen, einen Einblick in Roberts Leben zu erhaschen. Wie einen Schutzmantel zog sie sich den zerknitterten Trenchcoat an, schob die Tür des Deckshauses quietschend auf und stieg eine durchgetretene Treppe in die Kajüte hinab.

Was sie im Rumpf des Bootes vorfand, wirkte wie ein Versteck vor der Außenwelt. Nah bei ihr standen eine alte Ledercouch, darauf eine grob gestrickte Wolldecke und einige Bücher, und ein halbhoher Tisch mit einem Tumbler-Glas. Wegen der dunkelgelben Farbe der Flüssigkeit tippte sie auf Whiskey. Er besaß den gleichen Ton wie die warm wirkenden, hölzern beplankten Wände des Schiffsraumes, an die alte Seekarten genagelt waren. An der Bootswand zum Ufer befand sich eine Küchenzeile mit Frischwasserpumpe. Am Bug lag eine Matratze mit ungemachtem Bettzeug, daneben lehnten Angelruten in unterschiedlicher Größe. Der Raum wirkte gemütlich und ganz anders als Roberts graues Büro in der Bundespolizeiinspektion. Sie konnte ihn hier spüren.

Da stand er plötzlich im Türrahmen des Deckshauses. Ob er sie schon länger beobachtet hatte? Er trug wieder seine Bluejeans und dazu ein schwarzes, lockeres Hemd mit Kragen.

»Diesmal wieder ohne Verstärkung?«, fragte er schmunzelnd und stieg die Stufen in die Kajüte hinab.

Sie nickte nur und dachte, dass sie ihn gerne küssen würde, ohne große Vorrede.

Als er an ihr vorbei zur Couch ging, streifte sein Arm sie. Ihr Herz schlug schneller.

»Willst du was trinken?«, fragte er und zeigte zum Tumbler-Glas. Seine stahlgrauen Augen funkelten so wunderschön, dass sie sich darin zu verlieren drohte.

»Hast du auch etwas weniger Stechendes?« Sie fand, dass sie viel zu aufgeregt klang für eine junge Dame, die Hauptkommissare gerne auch mal in ihren Büros überfiel.

Er nickte und stand kurz darauf mit zwei Emaillebechern vor ihr, aus denen es dampfte.

Charlotte griff zu, obwohl sie am späten Nachmittag keinen Kaffee mehr vertrug. Aber was sollte es. Nach allem, was dieser Tag heute mit sich brachte, würde sie in der Nacht ohnehin stundenlang wach liegen.

Sie tranken den Kaffee im Stehen und schauten sich immer wieder an und verlegen in der Kajüte um. Robert wirkte in seiner halb unterdrückten Nervosität, als wäre er das erste Mal hier.

»Ich bin gekommen, um dir deinen Trenchcoat zu bringen«, sagte Charlotte, um die Stille zu durchbrechen. Sie zog sich das Kleidungsstück aus, was mit einem zerbeulten Kaffeebecher in der Hand wenig elegant aussah.

Er warf den Trenchcoat aufs Bett. »Wollen wir uns setzen?« Er deutete zur Ledercouch und sah Charlotte eine, zwei, drei unendlich lange Sekunden an.

Sie nickte.

Nun, wo sie saß, wurde es wieder still zwischen ihnen. Auf der Herfahrt hatte sie gehofft, dass er ihr noch vor dem Boot gestehen würde, wie oft er seit dem Wiedersehen im *Fischladen* an sie gedacht hatte.

Berühre mich!, durchfuhr es sie wie ein Blitz. Sie musste verrückt sein, solche Gedanken zu haben. Sie stellte den Kaffeebecher auf dem Couchtisch ab, erhob sich und ging zur Treppe. »Ich muss los.« Wenigstens für einen Moment sollte ihre Vernunft regieren.

Er kam ihr nach und hielt sie an der rechten Schulter fest. Noch bevor sie den Fuß auf die erste Stufe setzen konnte, zog er sie zu sich. Der Stahl in seinen Augen wurde fast durchsichtig, als ob Licht durch Wolken bräche. »Du willst schon los?«, fragte er.

»Es dämmert langsam«, sagte sie mit erstickter Stimme, ohne die Treppe weiter zu beachten. Sie sah nur noch ihn. »Ich will nicht, dass Femke sich Sorgen macht«, sagte sie, klang aber wenig zielstrebig. Sie konnte die Wärme spüren, die von Roberts Körper und der Hand auf ihrer Schulter ausging.

Sacht, aber bestimmt zog er sie näher zu sich heran. Sie konnte seinen heißen Atem auf ihrer Nase spüren.

»Bitte, bleib«, bat er. Seine Hand kletterte ihre Schulter bis zum Hals hinauf und strich darüber.

Sie schloss die Augen und erschauerte unter seiner Berührung.

Er küsste sie wie ein Sturm, der übers Meer fegte, wild und

ungestüm, voller Kraft. Für einen Moment fühlte sie sich ihm näher, als sie es durch Gespräche jemals sein könnte.

Er löste seine Lippen von ihren. »Verzeih meinen Überfall.« Er lächelte und sah gefährlich anziehend dabei aus.

»Verzeih *du* mein unerlaubtes Eindringen hier«, erwiderte sie. »Musst du mich jetzt festnehmen?« Sie versuchte, kühn und verwegen zu schauen, wie eine Piratin.

Er lächelte schief, während er sie erneut küsste. »Ja, das muss ich leider. Bitte folge mir!«, sprach er in gespielt strengem Ton, seine Lippen weiter nah an ihren. Er führte sie zur Couch. Dort ließ er seine Finger über ihren Hals gleiten.

Sie stöhnte auf, als er nur mit den Kuppen über ihre Schlüsselbeine fuhr. Sie hatte nicht gewusst, dass sie dort empfindlich war. Erst zog er sich das schwarze Hemd aus, dann öffnete er den Reißverschluss ihres Kleides am Rücken mit einer Geschicklichkeit, die sie nicht einmal dem Schneider der Dalhäusers zugetraut hätte. Während er ihr das Kleid bis zur Hüfte auszog, bedeckte er jede frei werdende Hautstelle mit Zärtlichkeiten. Sie legte ihren Büstenhalter ab und stand nun halb nackt vor ihm.

Er betrachtete sie wie in Trance und vergaß beinahe das Atmen darüber.

Eine Hitze durchströmte ihren Körper, ein Verlangen, das sie kaum kontrollieren konnte. Liebkose meine Brüste!, konnte sie nur denken, aber Robert erfüllte ihr diesen Wunsch nicht. Verlangend fuhren ihre Finger seine Wangen ab und erforschten die harten Konturen seines Gesichts mit der Zärtlichkeit einer Liebenden. Ihre Hände wanderten zu seinem Rücken und seiner festen Brust, strichen über jeden Muskel. Als sie an seinem Bauchnabel angekommen war, schlichen sich Bedenken in ihren Kopf. Was, wenn jemand hiervon erfuhr? Was, wenn Robert sie danach nie wieder so ansah wie jetzt? Doch dann dachte sie nicht länger an die Zukunft. Roberts Nähe und seine Zärtlichkeiten waren es, was sie jetzt auskosten wollte.

»Ich will ...«, raunte er und konnte den Blick nicht von ihren harten Brustwarzen nehmen.

»Du willst mich jetzt bestrafen, Herr Hauptkommissar?«, führte sie seinen Satz flüsternd fort und lächelte.

»Ich will dich lieben, Charlotte Dahlhäuser. Mit jeder Faser meines Körpers.« Wieder küsste er sie fordernd und fest, stoppte dann jedoch plötzlich. »Aber nur, wenn du es auch willst.«

Sie schloss die Augen. Ihr Verstand und ihr Körper rangen miteinander. Es war genau das, wovor sie all die Jahre gewarnt worden war: unverheiratet mit einem Mann zusammen zu sein, ohne jemals über eine gemeinsame Zukunft gesprochen zu haben. Die Worte ihrer Eltern, ihrer früheren Freundinnen und der geistlichen Lehrerinnen in Pützchen hallten mahnend in ihren Ohren nach. Aber dann sah sie wieder in Roberts stahlgraue Augen. Sie waren wie ein stiller See im Morgengrauen, klar und tief und bereit, eine Welt mit ihr zu teilen. Warum nach den Regeln der anderen leben, wenn das, was sie fühlte, so viel stärker war? Die Vorstellung, ihr Beisammensein an dieser Stelle abzubrechen, fühlte sich unerträglich an.

»Ich will dich spüren«, flüsterte sie. »Jetzt.« Sie zog ihm die Bluejeans aus und er ihr die Perlons und ihre Unterwäsche. Sie legte sich rücklings auf die Couch, die weiche Wolldecke unter sich.

Er beugte sich über sie: »Bist du dir wirklich sicher?« Es war kaum mehr als ein Raunen, sie ahnte die Zurückhaltung in seiner Bewegung.

Sie nickte, zog ihn zu sich heran und spürte sein Gewicht

auf sich, schwer und begierig. Seine Küsse wurden tiefer und intensiver, während ihre Hände über seinen Rücken glitten, ihn noch näher an sich heranzogen, als könnten sie über die Haut verschmelzen. Seine Lippen fanden ihren Hals, wanderten über ihre Schultern und verharrten an ihrer Brust, wo er endlich ihre Brustwarzen liebkoste. Sie spürte das Brennen ihrer Lust im Schoß.

Während er in sie eindrang, löste sich alles um sie herum auf, als würde die Welt nur noch aus diesem Moment auf dem Piratenboot bestehen. Kurz brannte es. Robert begann, sich vorsichtig in ihr zu bewegen. Sie drängte sich rhythmisch an ihn wie eine Tanzpartnerin. Ihre Finger krallten sich in seine Schultern, während ein lustvoller Seufzer ihren Lippen entwich. Auch Robert atmete heftiger, schwitzte und stöhnte ihren Namen. Sie spürte seine Muskeln unter ihren Händen, bis das Liebesspiel glühend wie ein Feuerwerk endete und sie erschöpft und glücklich vereinte.

Nach einer Weile legte Robert sich neben sie, wischte Liebesflüssigkeit von ihren Schenkeln und zog die Wolldecke über sie beide. Nur der Rhythmus ihrer sich verlangsamenden Atemzüge war zu hören.

Es fühlte sich berauschend an, geliebt und begehrt zu werden für das, was man wirklich war. Charlotte konnte nicht mehr sagen, wann er sie mit dem Rücken vor seine Brust zog, von hinten die Arme um sie legte und meinte: »Erzähl mir von dir, Charlotte.«

Sie lächelte und spürte seinen Atem im Nacken, als sie, von dem Tag zu berichten begann, an den sie ihre älteste Erinnerung besaß – ihr vierter Geburtstag, auf dem Schoß von Femke –, und mit dem Abend endete, an dem sie ihrem Verlobten davongelaufen war.

»Sag mir, was dich beschäftigt und wovon du träumst«, flüsterte er und streichelte die Seite ihres Oberschenkels unter der Wolldecke.

»Meine Eltern sind immer in meinen Gedanken, auch wenn ich nicht mehr in mein früheres Leben zurückwill«, sagte sie.

»Dann müsstest du die Freiheit aufgeben, so selbstbestimmte Entscheidungen zu treffen wie heute Abend«, murmelte er.

Sie nickte, glücklich darüber, wie sehr er sie verstand. »Ich denke, ich würde auch die geistige Herausforderung vermissen, die die Arbeit beim Suchdienst mir jeden Tag aufs Neue bietet, und den Kontakt mit den Kindern.« Mit einem kurzen Lächeln dachte sie an Monika. Sie hatte gleich mehrere neue Suchfälle auf dem Tisch.

»Wie leidenschaftlich du deine Arbeit machst, durfte ich ja schon erleben«, sagte er, und es war seiner Stimme anzuhören, dass er sich darüber amüsierte. »Du hast unseren armen Pförtner ziemlich eingeschüchtert.«

»Ich werde mich bei ihm entschuldigen«, sagte Charlotte leise. »Ich konnte ja nicht ahnen, dass du hinter dem ungeliebten Kommissar Hartmann steckst.«

Er räusperte sich gespielt auffällig. »Ungeliebt, also ...«

Charlotte zögerte, dann sagte sie: »Nicht von mir.«

Er küsste sie in den Nacken.

»Manchmal stell ich mir vor, in fernen Häfen anzulegen und fremde Kulturen zu erkunden. Gerne auch auf einem Segelboot.« Sie lächelte verträumt bei der Vorstellung, Robert als Matrosen mit an Bord zu nehmen.

In den folgenden Stunden erzählte er ihr, dass er im Ruhrgebiet aufgewachsen war. Seine ganze Familie war im Widerstand gegen die Nationalsozialisten gewesen. Er hatte als Einziger überlebt und die meiste Zeit des Krieges in Siegburg im Gefängnis gesessen, wo er mit einer Strickmaschine Militärsocken herstellen musste. Seine ältere Schwester und seine Eltern waren hingerichtet worden. Er drückte sie fest an sich, während er erzählte. Sie bewunderte, wie sehr er für seine Überzeugungen eingetreten war. Er hatte sein Leben riskiert.

An diesem Abend nannte er sie »Charlie«. Aneinandergeschmiegt schliefen sie auf der Couch ein, obwohl sie noch so viel mehr über ihn wissen wollte.

*

Als Charlotte aufwachte, umschlangen Roberts Arme sie, als wollte er sie nie wieder loslassen. Sie machte sich vorsichtig frei, um ihn nicht zu wecken. Sanft küsste sie ihn auf den Mund. Ihr war bisher nicht aufgefallen, dass er schon ein paar graue Härchen an den Schläfen hatte, obwohl er erst dreißig war. Sie wollte jedes einzelne berühren.

Sie stand auf, zog sich das nächstbeste Kleidungsstück – sein schwarzes Hemd – an, schlich auf Zehenspitzen ins Deckshaus und sah sich um. Am Ufer wiegte der Morgenwind das Schilf. Sie wollte noch nicht gehen, aber Femke machte sich bestimmt Sorgen.

Am liebsten hätte sie den ganzen Tag mit Robert verbracht, wäre mit ihm am Altonaer Balkon spazieren gegangen und hätte sich am Mittag einen Brathering aus dem *Fischladen* mit ihm geteilt. Schließlich war Sonntag, und sie hatte frei. Er war der Mann, den sie sich auf dem Bug eines Schiffes hinter sich vorstellen konnte, damit er sie auffing, sollten Wind oder Wellen sie von den Beinen holen. Ihre früheren Freundinnen wären über ihre Wahl entsetzt und brüskiert zugleich, aber sie hatten schon längst nichts mehr gemeinsam. An ihre Eltern wollte sie erst gar nicht denken. Anders die Frauen vom Suchdienst: Auch wenn sie Robert als Hauptkommissar nicht mochten, würde sie ihnen von ihrer Zuneigung erzählen müssen. Das war sie ihnen schuldig. Sie wollte keine Mauscheleien während der Arbeit.

Charlotte ging in die Bootsküche und strich verträumt über den Tisch, den Spültrog und die Hängeschränke, die sie wegen des dünnen Bleches an Briefkästen erinnerten. Sie machte sich leise daran, die Kaffeebecher vom Vorabend abzuwaschen und in den Schrank zurückzustellen, aber der war voll. Deswegen öffnete sie einen anderen und wollte die Becher gerade hineinschieben, als sie bemerkte, dass dort Papiere lagen. Um diese nicht zu zerknittern, nahm sie sie vorsichtig aus dem Küchenschrank. *Kinderhilfe e. V.* lautete die Überschrift darauf. Was genau hatte ihr Hauptkommissar mit einem Verein zu tun, der dem Namen nach soziale Zwecke verfolgte? Ging es um die Arbeit der gemeinsamen Ermittlungsgruppe? Inzwischen war sie ganz versessen darauf, auch mal mit Robert gemeinsam zu ermitteln.

Kurz schaute sie zur Couch, wo Robert noch immer schlief, und dann wieder auf die Unterlagen des Kinderhilfe-Vereins. Neugierig überflog sie die erste Seite, die mit Datumsangaben, Namen und Geldbeträgen vollgeschrieben war. In der Seitenmitte hielt sie die Luft an. Da standen die Namen ihrer Eltern. Daneben war ein Geldbetrag von fünfzehntausend Reichsmark notiert. Was hatte ihre Familie mit dem Verein zu tun?

Mit einem Ruck wurde ihr die Liste aus der Hand gerissen. Robert stand neben ihr, nur mit den Bluejeans bekleidet. »Das ist Beweismaterial, Charlie, und streng vertraulich.« Er faltete die Papiere mehrmals, stopfte sie sich in die Hosentasche und pumpte Frischwasser in einen Teekessel, als wäre nichts.

»In den Unterlagen stehen die Namen meiner Eltern: Rudolph und Dolores Dahlhäuser«, rechtfertigte Charlotte ihre Neugier. Konnte es sein, dass der Verein Kinderfrauen wie Femke vermittelte und dafür hohe Provisionen kassierte? Das würde die Spalte mit den horrenden Geldbeträgen erklären.

»Was bedeuten diese vielen Namen und die Daten?«, verlangte Charlotte zu wissen, weil Robert sich weiter nur auf seinen Teekessel konzentrierte. »Was daran ist kriminell, sodass du ermitteln musst?«

Sie trat neben ihn und führte seinen Kopf mit den Händen zu sich, damit er für den Moment den verdammten Teekessel vergaß. »Robert, du musst es mir sagen. Ich bekomme ein komisches Gefühl!«

»Es wäre besser, wenn du so tun würdest, als hättest du die Unterlagen nie gesehen«, sagte er. Sein Versuch zu lächeln misslang.

»Wenn ich dir wichtig bin, sag es mir!«, verlangte sie mit zitternder Stimme.

Robert trat weg von ihr und hin zur Couch. Sie sah nur seinen Rücken, während er sagte: »Der Verein hat Säuglinge armer Mütter, die ungewollt schwanger wurden, an reiche, kinderlose Familien verkauft. Teure, inoffizielle Adoptionen. Wir ermitteln wegen Menschenhandels.«

»Inoffizielle … A…Adoptionen?«, wiederholte Charlotte und meinte zu spüren, wie das Boot zu schwanken begann, als hätten sie Kurs aufgenommen.

Robert nickte, ohne sie anzusehen. »Sobald die Kinder geboren waren, wurden sie fotografiert. Die zahlungskräftigen Ehepaare konnten sich ihren Nachwuchs dann anhand der Bilder aussuchen. Die Daten auf der Liste sind die Geburtstage der Kinder.«

»Dass meine Familie auf der Liste steht, kann nur ein Missverständnis sein!«, konstatierte sie. »Ich habe keine adoptierten Geschwister. Mein Bruder Claas war meinem Vater wie aus dem Gesicht geschnitten, und ich sehe aus wie meine Mutter. Das hellblonde Haar, die hohen Wangenknochen, die hellblauen Augen, alles wie sie!«

Nur zögerlich holte Robert die Liste wieder aus seiner Hosentasche, entfaltete sie. Er hielt ihr die Liste entgegen und tippte auf die rechte Spalte der ersten Seite, der sie beim ersten Betrachten keine Beachtung geschenkt hatte. Den Namen ihrer Eltern dort zu sehen, hatte sie zu sehr geschockt. »Hast du am ... elften Januar Geburtstag? Jahrgang vierunddreißig?«

Charlotte nickte mit Unbehagen.

Robert wandte sich ihr zu. Er schluckte. »Du bist das adoptierte Kind«, sagte er. »Die reichen Frauen konnten Vorlieben benennen: Haarfarbe, Geschlecht, Gesichtsform ... Sie konnten sich den ähnlichsten Säugling raussuchen«, erklärte er, wobei sich seine Stimme fast auflöste.

Charlotte schüttelte heftig den Kopf. »Das muss ein Irrtum sein!« Nur mit seinem schwarzen Hemd bekleidet, taumelte sie zur Treppe. Auf der Suche nach einer Erklärung rasten ihre Gedanken wild durcheinander. Sie bekam das Geländer nicht zu fassen.

Im letzten Moment hielt Robert sie fest, bevor sie stolperte und mit dem Kopf gegen die Treppe schlug. Charlotte sah nur noch verschwommen. Sie konnte sich nicht vorstellen, dass ihre Eltern mit einem kriminellen Verein zu tun hatten. Und ihr geliebter Papa sollte gar nicht ihr Vater sein? Es musste eine andere Erklärung dafür geben, dass die Namen ihrer Eltern auf der Liste standen.

Charlotte hielt inne und versuchte verzweifelt, die Vergangenheit in die richtige Reihenfolge zu bringen. »Warum hast du mir nichts von der Liste gesagt? Spätestens nach unserem ersten Kuss hättest du sie mir zeigen müssen. Oder habe ich keine Ehrlichkeit verdient?«, warf sie ihm entgegen. Je länger sie Robert anschaute, umso klarer wurde ihr eine Sache: Er war der größte Betrüger von allen.

Er schüttelte den Kopf. »Das ist kompliziert«, antwortete er.

Abrupt befreite sie sich aus seinen Armen, zog sich sein Hemd aus und ihre Sachen an. Während sie sich verrenkte, um den Reißverschluss ihres Kleides zu schließen, sprangen ihre Gedanken weiter zurück in die Vergangenheit. Roberts und ihre erste Annäherung war im *Fährhaus* passiert. Da hatte er gerade erfahren, dass sie Charlotte Dahlhäuser hieß. Sie hatte sich ihm selbst vorgestellt und auch erwähnt, dass sie beim Kindersuchdienst arbeitete. Wahrscheinlich hatte er – mit der Liste des Kinderhilfe-Vereins im Hinterkopf – zu diesem Zeitpunkt den Entschluss gefasst, sich mit ihr einzulassen, um an Informationen über ihre Eltern zu kommen, die Verdächtige in seinem heißesten Kriminalfall waren.

»Du hast dich doch nur mit mir eingelassen, weil ich relevant für deinen Fall sein könnte. Du hast mich ausgenutzt!«, spie sie jenem Mann ins Gesicht, der vor wenigen Minuten noch ihre Zukunft gewesen war.

»Charlotte, du bist verwirrt. Das verstehe ich gut, nach solch einer Nachricht«, sagte Robert und wollte nach ihr greifen, aber sie stolperte panisch von ihm weg.

Es war unglaublich, dass er jetzt auch noch den Unschuldigen spielte. Dass sie so dumm gewesen war, auf ihn reinzufallen. Damit war ab sofort Schluss! Ohne ihn noch einmal anzusehen, stürzte sie ins Deckshaus hinauf. Sie fühlte sich noch benommen, doch sie war schon einmal in einem ähnlichen Zustand quer durch Hamburg an ihr Ziel gelangt.

Die Holzplanke, die vom Gaffelschoner an Land führte, schien noch mehr zu schwanken als gestern. Robert kam ihr nicht nach. Er traute sich wohl nicht mehr, ihr ins Gesicht zu schauen, jetzt, wo sie ihn entlarvt hatte.

Charlotte hievte sich auf ihr Rad und trat so kräftig in die Pedale, als könnten die Bewegungen ihre bösen Gefühle vertreiben. Besser, sie strich Robert hier und jetzt aus ihren Gedanken.

Sie musste zu ihren Eltern, sofort! Sie hätten ihr doch längst von der Adoption erzählt, wenn tatsächlich stimmte, was auf der Liste stand. Außerdem war sie beiden viel zu ähnlich, als dass sie nicht ihre leiblichen Eltern hätten sein können. Von ihrer Mutter hatte sie neben den Äußerlichkeiten auch das ungeduldige Wesen – von ihrem Vater die Liebe zum Wasser, zu Schiffen und zu Hamburg, und seinen Hang zum Risiko. So ähnlich konnte sie doch keinen Adoptiveltern sein!

Du bist das adoptierte Kind, hallten Roberts Worte in ihr nach, lauter und lauter.

Erschöpft kam sie zur Mittagszeit am Süllberg an. Am Fuße des Hügels stieg sie vom Rad und schob den Rest. Vergiss Robert und seine Berührungen, seine Leidenschaft! Er war noch schlimmer als Carl-Gustav Johannson. Der Schwede hatte wenigstens offen und ehrlich gesagt, was er von ihr erwartete, und sie nicht benutzt.

Charlotte richtete den Blick zur Villa. In ihrem früheren Leben hatte sie die sommerlichen Sonntage auf der großen Terrasse am Haus bei Federball und Tortenkreationen verbracht und die Leichtigkeit des sorgenfreien Lebens genossen. Ihr Herz schlug mit jedem Schritt schneller. Das elterliche Haus lag in friedlicher Ruhe da.

Sie ließ das Rad im Vorgarten stehen und läutete mit zitternden Fingern die Türglocke. Sie hatte weniger Angst davor, dass Carl-Gustav jetzt auftauchen könnte, als dass ihre Eltern Roberts unglaubliche Behauptung bestätigen könnten. *Du bist das adoptierte Kind!*

Das Dienstmädchen öffnete die Eingangstür und starrte sie mit großen Augen und offenem Mund wie einen Geist an.

»Guten Tag, Rike«, sagte Charlotte und betrat an der jungen Frau vorbei die Eingangshalle. Ihre Hände waren feucht, und ihre Atmung ging viel zu schnell. War alles, an das sie bisher geglaubt hatte, eine Lüge?

»Sind meine El...« Sie korrigierte sich nach einem Schlucken vorsichtshalber: »Sind Rudolph und Dolores da?«

Rike nickte wie hypnotisiert. »Ihr Vater sitzt auf der Terrasse, und Ihre Mutter ist oben im Ankleidezimmer, Fräulein Charlotte.«

»Bitte holen Sie Dolores auch nach draußen. Ich muss mit beiden reden!«, wies Charlotte an und sah sich in der Eingangshalle um. Die Möbel standen unverändert, aber die Blumenarrangements von früher fehlten, und das Licht brannte nicht. Der große Spiegel an der Wand fing ihr Bild ein. Ihr blickte nicht mehr das flüchtende Mädchen von einst entgegen, sondern eine erwachsene junge Frau, die auf Antworten bestand und letzte Nacht die wichtigste Regel ihrer Eltern gebrochen hatte. Was für ein Fehler! Robert war ein schamloser Verbrecher, ein durchtriebener Herzensdieb.

Die Bedienstete kam zurück und fragte neugierig: »Ziehen Sie jetzt wieder hier ein, Fräulein Charlotte?«

Charlotte schüttelte den Kopf, dann ging sie an der jungen Frau vorbei durch den Eingangsbereich und über den langen Flur zur Terrasse. Da standen wie eh und je der ausladende

Tisch, der Sonnenschirm aus Veroneser Tuch, die gläserne Bar in Sylter Stil und Sonnenliegen mit Auflagen und Kissen von Modezar Oestergaard. Früher hatten ihre Freundinnen und sie sich hier die neueste Sommermode vorgeführt, weil die Terrasse so lang und glatt wie ein Laufsteg war. Heute kam ihr dieser Zeitvertreib lächerlich vor.

Charlotte ging leise auf ihren Vater zu, der am weißen Tisch saß, die Zeitung neben sich und den Blick gedankenversunken auf die Elbe gerichtet. Er war noch magerer geworden. Im nächsten Moment hörte sie, wie Absatzschuhe auf die marmornen Terrassenfliesen klopften.

»Charlotte, du bist es wirklich«, sagte ihre Mutter und kam auf sie zu. Dolores wollte sie in den Arm nehmen, doch Charlotte ließ es nicht zu. Mutter trug eines ihrer geliebten einfarbigen, schmalen Sonntagskleider mit angedeuteten Ärmeln, die Haare frisch frisiert. Puder und Lippenstift waren perfekt aufgetragen, aber zum ersten Mal erlebte Charlotte sie ohne Parfüm.

Ihr Vater stand auf. »Lotte?«

»Du siehst nicht gut aus«, bemerkte ihre Mutter. »Du trägst ein Kleid von der Stange und –« Sie brachte ihre Kritik nicht zu Ende, als sie in das entschlossene Gesicht ihrer Tochter sah.

»Was genau habt ihr mit dem Verein Kinderhilfe zu tun?«, fragte Charlotte in schroffem Ton.

Ihre Mutter erblasste sofort und schaute mit einem Mal todernst, dann wandte sie sich mit einer fahrigen Bewegung um und eilte ins Haus zurück. Das hatte Charlotte nicht anders erwartet. Am liebsten kehrte Dolores Dahlhäuser Probleme unter den Teppich oder setzte sich ans Klavier, um sie zu übertönen.

»Das ist lange her. Lass uns nicht drüber reden«, bat ihr Vater.

»Papa, du hast mir doch jüngst versprochen, ehrlich zu mir zu sein!«, erinnerte Charlotte ihn und dachte dabei auch an Robert. Sie fühlte sich wie ein dummes kleines Mädchen, auf ihn hereingefallen zu sein.

Rudolph Dahlhäuser kniff die Lippen zusammen, obwohl er anscheinend etwas sagen wollte. Wie auf der Flucht sprang sein Blick auf der Terrasse umher.

»Leider kenne ich einen Hauptkommissar, der wegen Menschenhandels gegen den Verein ermittelt«, sagte sie drängend. Besser, sie sprach Robert Hartmanns Namen nie wieder aus. »Ihr seid darin verwickelt. Ich habe es schwarz auf weiß gesehen! Bitte sage mir nicht, dass wir nicht darüber sprechen sollen!« Ihr Herz schlug ihr bis zum Hals. »Was habt ihr mit diesen Kriminellen zu tun? Bin ich adoptiert?«, verlangte sie zu wissen.

Ihre Frage hing lange unbeantwortet in der Luft. Ihr Vater stand reglos da, den Kopf gesenkt wie ein reuiger Sünder.

Dolores kam auf die Terrasse zurück. Mit Tränen in den Augen nahm sie ihre Tochter bei der Hand. Mehrmals setzte sie an, etwas zu sagen, seufzte jedoch nur. Ihre Lippen bebten, als sie schließlich hervorbrachte: »Ja, du bist adoptiert.«

Charlotte rang um Luft. Sie war tatsächlich nicht das leibliche Kind dieser beiden Menschen? Die Tochter einer anderen Mutter, einer anderen Familie? Noch dazu auf kriminelle Weise adoptiert? Sie spürte in sich eine Welle der Wut zusammenschlagen, Wut auf alle, die an dem Verbrechen beteiligt waren: ihre Eltern und all jene, die zum Kinderhilfe-Verein gehörten. Sie stieß ihre Mutter von sich fort, sodass die sich am Ständer des Sonnenschirms festhalten musste, um nicht zu Boden zu gehen.

Ihr Vater stand mit hängenden Schultern in einem seiner

unzähligen Doppelreiher da, der ihm viel zu groß geworden war.

»Aber warum eine Adoption?«, wollte Charlotte wissen. »Claas war doch auch nicht ... oder doch?«

Ihre Mutter schüttelte den Kopf, aber ihr Vater ergriff das Wort. »Deine Mutter konnte nach der Geburt deines Bruders keine Kinder mehr bekommen.«

Dolores übernahm mit bebender Stimme: »Aber ich wünschte mir so sehr eine Tochter, ein kleines hübsches Mädchen.«

Charlotte spürte Tränen aufsteigen. »Warum auf diese kriminelle Weise? Das Jugendamt vermittelt legale Adoptionen. Sie arbeiten gut!«

»Gut, aber langsam«, entgegnete ihre Mutter und ging schweren Schrittes zur gläsernen Bar. Eigenhändig holte sie einen Cocktailspitz aus dem Barschrank und goss sich gekonnt einen Martini ein, als würde sie das täglich tun. Sie trank ihn in einem Zug aus, dann kam sie zu ihnen zurück.

Rudolph nahm die Hand seiner Frau. »Wir wollten nicht, dass jemand von der Adoption erfährt, was beim offiziellen Weg übers Amt jedoch nicht sicher gewesen wäre. Wir wollten«, sprach er in zärtlichem Ton weiter, »dass unser Mädchen uns als echte Eltern lieben lernt, nicht nur als Adoptiveltern. Wir wollten dir den Schmerz ersparen, als angenommenes Kind gehänselt und verletzt zu werden.«

»Aber vor allem«, ergriff Dolores wieder das Wort, »wollte ich keinen Tag länger auf meine Tochter warten, die ich mir in meiner Vorstellung wie einen Engel ausgemalt hatte. Und ein Engel warst du ... bist du.«

»Wir lieben dich«, sagte ihr Vater und nahm ihre Hand.

Charlotte ließ es zu. »Papa, du hattest mir erst neulich im Büro fest versprochen, fortan ehrlich zu sein.«

»Dass du unsere echte Tochter bist, das war mir, uns, schnell zur Wahrheit geworden, weil sich das Leben mit dir richtig anfühlte. Als Familie waren wir vollständig«, sagte er.

»... und perfekt«, ergänzte Dolores.

»... bis die Reederei in finanzielle Schwierigkeiten geriet«, dachte Charlotte laut. Auf der Elbe hupte eines von Rudolphs Frachtschiffen mit der Tonfolge lang-lang-kurz-lang, aber Dolores und Rudolph schauten nicht hin.

»Es tut mir leid, Lotte, dass wir nicht ehrlich zu dir waren«, sagte ihr Vater. Er nickte beschämt und wirkte klein und gebrochen.

Heiße Tränen liefen ihr die Wangen hinab. »Und wer sind dann meine leiblichen Eltern?«

Dolores sah beschämt zur Seite. »Wir kennen ihre Namen nicht.«

Charlotte schüttelte ungläubig den Kopf. »Das soll ich euch glauben?«

»Das ist die Wahrheit, Lotte!«, versicherte ihr Vater. »So wahr ich Rudolph Dahlhäuser heiße.«

Sein Gesichtsausdruck wirkte aufrichtig, und doch wusste Charlotte nicht, ob sie ihren Eltern jemals wieder vertrauen konnte.

»Ich möchte mit dir noch einmal ganz von vorne anfangen«, sagte Rudolph, und Dolores nickte. »Carl-Gustav Johannson haben wir übrigens eine Absage erteilt.«

»Ihr verlangt nicht mehr, dass ich ihn heirate?«, fragte sie irritiert.

»Nein«, bestätigte Dolores.

»Lieber schließen wir die Reederei«, versicherte ihr Vater

ihr, »als uns länger auf deine Kosten erpressen zu lassen. Du kannst deine Verlobung als gelöst betrachten.«

Charlotte wandte sich ab. Lange hatte sie sich nichts sehnlicher gewünscht, als die Verlobung zu annullieren. Warum konnte sie sich jetzt nicht darüber freuen? Weil ihre Eltern oder die, die sie einundzwanzig Jahre dafür gehalten hatte, sie belogen hatten und kriminell waren! Unter diesen neuen Umständen war sie auch nicht mehr bereit, ihren Eltern dabei zu helfen, etwas herauszufinden, was sie gegen Carl-Gustav verwenden könnten. Sie würde keine Detektei beauftragen, denn wie es aussah, kamen ihre Eltern mit kriminellen Methoden bestens allein zurecht. Sollten *sie* den Schweden doch erpressen!

Ihre Mutter trat auf sie zu. »Komm wieder zurück nach Hause.« Dolores lächelte nicht stolz oder vornehm, sondern liebevoll. »Wir werden aus dem Haus hier ausziehen müssen, aber egal, wo wir in Zukunft wohnen, du kannst immer bei uns leben.«

»Bitte komm zu uns zurück, Lotte!«, bat ihr Vater eindringlich.

Charlotte blickte zwischen ihren Eltern hin und her. Sie wusste nicht, was sie noch denken oder fühlen sollte. In den letzten vierundzwanzig Stunden hatte sich in ihrem Leben so vieles geändert. Und nun kam auch noch die Adoption hinzu. Das war einfach zu viel für einen einzigen Tag.

Wortlos ging sie von der Terrasse und durch den Flur in die Eingangshalle. Für immer verließ sie die Villa am Süllberg, die zu ihrer Familie gehört hatte, wie die Elbe zu Hamburg.

17

3. Juli 1955

Die Nachmittagssonne tauchte den Garten in goldenes Licht. Annegret saß mit Fritz auf der Bank unter dem knorrigen Apfelbaum, während die Blätter über ihnen raschelten. Die Dahlien, Sonnenhüte und Rittersporne standen in voller Blütenpracht. Es war, als hätte sich das Gartenbild, an dem die Kinder gerade in der Laube puzzelten, direkt vor ihren Augen zusammengefügt. Fritz hatte seinen Arm um sie gelegt. Sie übten ein wenig Russisch, weil ihre Reise von ganz oben genehmigt worden war. Es war vorgesehen, dass Jutta sie aus Sicherheitsgründen begleiten würde. Sobald ihre Visa vollständig waren, ging es los.

»Dobryi djen«, sagte Annegret, während befreites Kinderlachen aus der Laube zu ihnen drang. Das kam auch daher, dass die Sommerferien kommende Woche begannen und Oskar auf seinem Zeugnis in Lesen wenigstens eine Vier geschafft hatte, wie er Norbert gerade zeigte.

»Kak djela?«, fragte Fritz zurück.

»Ochen horoscho«, antwortete Annegret vorfreudig. Ihr Blick fiel auf die Hecke, hinter der Herr Hansen seit Ende Mai wieder wohnte. Anders als in der Zeit vor seinem Krankenhausaufenthalt schaute er nun nicht mehr stundenlang aus dem Fenster, sondern verkroch sich ganz in seiner Laube.

»Spricht deine Kollegin eigentlich Russisch?«, fragte Fritz.

»Ja, Jutta sagt, sie spreche es ›ganz passabel‹. Außerdem kann sie kyrillische Buchstaben lesen«, erklärte Annegret. Sie zollte ihr dafür einen Heidenrespekt.

Fritz zwinkerte. »Na, dann seid ihr eine unschlagbare Reisegruppe.«

Annegret lächelte geschmeichelt. »Stimmt!« Sie hätte sich nie vorgestellt, dass die Arbeit in einem Büro so viel Erfüllung bringen konnte. Und dass es dort so nette Kolleginnen geben würde. Sie schätzte Juttas fürsorgliche Art, Dagmars heilige Keksdose, Ellis ansteckendes Lachen und Renates Auge für Details, das sie hoffentlich bald wiederfand. Und Charlotte? Die hatte sie richtig ins Herz geschlossen. Umso neugieriger war sie auf die nächste gemeinsame Teepause, in der Charlotte hoffentlich endlich Zeit finden würde, ihr zu erklären, warum sie dieser Tage abwesend und unkonzentriert wirkte, beinahe wie bei ihrem Start beim Kindersuchdienst. Sogar Jochen Krüger war zuletzt freundlich zu Annegret gewesen. Neulich hatte er ihr im Lehrerzimmer einen Kaffee aus der Maschine gereicht. Wie es aussah, hatte er sie als Mitarbeiterin akzeptiert.

»Und wo Oskar nun eingewilligt hat, bei mir zu bleiben, wenn du in Russland bist, steht der Reise – bis auf die Visa – nichts mehr im Weg!« Fritz sah ihr tief in die Augen. »Wobei ich dich sehr ungern hergebe.«

Sie legte ihren Kopf an seinen Arm auf der Rückenlehne und dachte an ihren Sohn und wie sie vor wenigen Tagen über ihre Abwesenheit gesprochen hatten. Erst hatte Oskar nicht bei Fritz bleiben wollen, weil er immer noch ein bisschen eifersüchtig war, aber als sie ihm erklärt hatte, dass sie den jungen Eberhard finden und mit seiner Mama zusammenbringen wollte und dafür in die Sowjetunion reisen musste, hatte er zugestimmt.

Sie hatte ihm versprochen, dass nur sie beide nach ihrer Rückkehr Zuckerwatte im Hafen essen gehen würden. Nur sie zwei.

Auch wegen der düsteren Zukunftsaussichten des Suchdienstes musste sie die Reise unbedingt antreten, aber davon hatte sie Oskar nichts gesagt. Mit ihrer Fahrt nach Selenogradsk hatten Jutta und sie die Möglichkeit, ein Wunder zu bewirken, das der Kindersuchdienst unbedingt brauchte und auf das die Presse sofort anspringen würde. Sie mussten auf jeden Fall verhindern, dass das Hamburger Büro geschlossen wurde.

Von drinnen hörte Annegret Norberts Stimme. In den zurückliegenden Wochen hatte sie auch Fritz' Sohn besser kennengelernt. Sie hatte mit ihm ein Glücksheft angelegt, in das sie tageweise schrieben, was ihm heute besonders gut gelungen war und wann er sich glücklich gefühlt hatte. Vielleicht bekamen sie auf diesem Weg sein Selbstvertrauen gestärkt.

»Danke, dass du mich unterstützt«, sagte Annegret leise, während ihr Kopf weiter auf Fritz' Arm ruhte.

Er streichelte sanft ihre Wange. Die Berührung fühlte sich für Annegret so vertraut an, als ob er schon immer an ihrer Seite gewesen wäre. Sie schloss die Augen und genoss den Moment, während zwei Amseln über ihnen im Apfelbaum um die Wette sangen.

»Ich geh dann mal Wasser holen«, sagte Fritz nach einer Weile und stand von der Bank auf. »Dann könnten wir vor dem Abendbrot noch das Geschirr waschen. Es sind nicht mehr genügend Teller da.«

»Wie wäre es mit einem frischen Salat aus Gurken, Radieschen und Kräutern?«, schlug Annegret vor.

»Klingt gut«, sagte Fritz und klopfte auf die Bank. »Bis dahin entspannst du hier noch ein bisschen. Die Kinder kommen schon zurecht.«

»Gern.« Annegret lehnte sich zurück und sah ihm hinterher, wie er die Zinkeimer holte und durch das Gartentor ging.

»Ucker ...«, hörte sie plötzlich von nebenan. Es klang, als würde jemand schlecht Luft bekommen. Herr Hansen?

Annegret lief auf die Parzelle des Nachbarn. Der Rasen war ungemäht, zwischen den vernachlässigten Beeten wucherte Unkraut, und Bohnen hingen welk am Rankgerüst. Eine angerostete Hacke lehnte neben der Tür der Laube.

»Ucker ...«, erklang es erneut durch das geöffnete Fenster.

Annegret fand den alten Nachbarn auf dem Boden neben einem umgekippten Stuhl vor, in einem Meer aus Briefen und Feldpostkarten. Was hat der andere Nachbar neulich gesagt? Erich Hansen sei wegen Diabetes im Krankenhaus gewesen? Wenn Diabetiker ohnmächtig wurden, lag es meistens an fehlendem Zucker. Das war aber auch schon alles, was Annegret in diesem Moment einfiel.

»Brauchen Sie Zucker?«, fragte sie.

Herr Hansen rang nach Luft, bevor er ein »Ja« herauspressen konnte, das eher wie »Aaarrrg« klang.

Annegret schaute sich auf dem Küchentisch um. Dort standen benutzte Töpfe, dreckige Teller und halb volle Gläser herum. Der Hängeschrank darüber, dessen Tür offen stand, war vollgestopft mit Konserven. Auf die Schnelle fand sie in dem Durcheinander keinen Zucker.

»Ich hole welchen von drüben«, sagte sie und war keine Minute später mit Oskars Weichkaramellen zurück, dem einzigen Zucker, den sie auf die Schnelle gefunden hatte. Sie schob dem Nachbarn zwei der Bonbons zwischen die blutleeren Lippen.

Herr Hansen hustete erst und kaute mit verzerrtem Gesicht, aber nach wenigen Atemzügen schien es ihm etwas besser zu gehen. Er schaute bald klarer. Während sie ihm zurück auf den Stuhl half, streifte ihr Blick die Körbe und Regale voll mit Post, die in der Mitte des Raumes standen, als wären sie das wichtigste Möbel. Dann fielen ihr einige Spritzen auf der Fensterbank auf.

»Sie können jetzt wieder gehen«, sagte der Nachbar mit abgewandtem Gesicht.

Annegret nickte kurz, obwohl er sie nicht ansah, und verließ die Gartenlaube erleichtert, wenn auch mit keinem wirklich guten Gefühl. Einen Moment noch blieb sie stehen und schaute sich in dem wilden Garten um, bevor sie wieder ihre eigene Parzelle betrat.

*

Am nächsten Tag saß Annegret nach einer anstrengenden Arbeitsschicht mit Oskar an dem Hocker, der ihnen von jeher als Tisch diente, das Mensch-ärgere-Dich-nicht-Brett vor ihnen. Mit einem Lächeln beobachtete sie den Eifer ihres Sohnes, doch ihre Gedanken schweiften immer wieder ab und reisten schon voraus in die Sowjetunion. In ihrem Kopf kreisten Karten von der Gegend und Eindrücke aus dem Stadtführer von Selenogradsk, den sie sich in der Altonaer Bibliothek besorgt hatte. Dort hatte sie erfahren, dass die Stadt, in der sich Eberhards Spur verlor, bis zum Kriegsende ein ruhiger und vornehmer Kurort mit beinahe dreißig Hotels gewesen war. Es hatte dort viele Strandkörbe und hübsche Villen gegeben, in denen Zimmer vermietet wurden.

Oskar jubelte lauthals, als er seine Mutter mit dem nächsten Zug aus dem Spiel warf. »Jetzt musst du noch einmal von vorn anfangen!«, rief er fröhlich, sprang schwungvoll auf und klatschte in die Hände.

In seinen Jubel hinein rief eine Frauenstimme vom Gartentor her: »Fräulein Dietzel, sind Sie da?«

Annegret fiel der Würfel aus der Hand. Sie duckte sich und zog Oskar mit auf den Boden. Hoffentlich hatte die Kollegin nicht schon länger dagestanden und sie belauscht. Ihr Herz schlug schneller, als das Gartentor quietschend geöffnet wurde. Schritte näherten sich der Laube.

»Fräulein Dietzel?«, wiederholte die Besucherin und war der Lautstärke nach zu urteilen auf der Höhe des Apfelbaumes angekommen.

Die Stimme gehörte eindeutig Charlotte, auch wenn sie längst nicht so lebendig und frisch wie normalerweise klang. In den letzten Tagen hatte Charlotte sich oft in die zentrale Namenskartei zurückgezogen, weswegen sie wenig miteinander geredet hatten. Woher wusste ihre Kollegin, wo sie wohnte? Annegret hatte es im Büro nie erwähnt.

»Mami, was ist los?«, fragte Oskar mit aufgerissenen Augen. Er musste den Eindruck haben, dass jemand mit einer Waffe auf sie zielte.

Annegret presste sich den Zeigefinger vor die Lippen. »Sie darf uns nicht sehen.«

»Wer ist sie?«, flüsterte Oskar, den Finger nun ebenfalls vor dem Mund.

»Sie ist …«, setzte Annegret gerade an, als Charlottes Gesicht an der Fensterscheibe direkt über ihnen erschien.

Die Angst, entdeckt zu werden, schnürte Annegret die Kehle zu, und sie wagte kaum zu atmen, während sie hoffte, Oskar würde ruhig bleiben.

»Was machen Sie auf dem Boden, Fräulein Dietzel?«, fragte Charlotte verwundert. »Und wer ist dieser Junge in Ihrem Arm?«

Ertappt kam Annegret mit Oskar aus der Hocke hoch. Jetzt gab es kein Zurück mehr. Sie atmete tief ein und aus, dann öffnete sie die Tür.

Charlotte trat vom Fenster zurück. Ihr Rad stand an den Gartenzaun gelehnt.

»Hallo«, presste Annegret peinlich berührt hervor. Am liebsten wäre sie jetzt im Boden versunken, gleich neben dem ausgefransten Abtreter. Sie überlegte, Oskar als den Jungen einer Nachbarin vorzustellen, auf den sie hin und wieder aufpasste. Aber sie wollte Charlotte nicht anlügen.

Oskar drängelte sich neben sie. »Mama, wer ist die Frau nun? Sag schon.«

»Ma-ma?«, fragte Charlotte überrascht.

Annegret schob Oskar in die Laube zurück, dann zog sie die Tür von außen zu. Sie fühlte, wie ihr Gesicht heiß wurde.

»Ja, Oskar ist mein Sohn«, presste sie hervor.

»Und warum sehen Sie deswegen so bedrückt aus?«, wollte Charlotte wissen und winkte Richtung Laube.

Als Annegret sich umwandte, hatte ihr Sohn sein Gesicht gegen die Scheibe gepresst. Amüsiert winkte er zurück.

»Ich lüge ungern«, erklärte Annegret. »Aber als ledige Mutter hätte ich nie eine Anstellung beim Kindersuchdienst bekommen.«

Charlotte trat wieder näher und legte ihre Hand auf Annegrets Schulter. »Ihr Geheimnis ist bei mir gut aufgehoben. Versprochen.«

»Danke«, sagte Annegret und spürte, wie eine Last von ihren Schultern fiel.

»Warum sind Sie nach Feierabend hergekommen?«, fragte sie, um das Gespräch in berechenbare Bahnen zu lenken. »Und woher wissen Sie, wo ich wohne?«

»Frau Hahn hat mir Ihre Adresse im Vertrauen gegeben«, erklärte Charlotte. »Ich habe ihr gesagt, dass es ein Notfall ist. Sagt Ihnen der Kinderhilfe e. V. etwas?«

Annegret hatte beim Suchdienst schon mit einigen Vereinen zu tun gehabt. Aber einer, der sich Kinderhilfe nannte, war ihr nicht bekannt. Sie schüttelte den Kopf.

»Dieser Verein organisiert schon seit Jahrzehnten kriminelle Adoptionen, bei denen reiche Leute sich Wunschkinder von in Not geratenen Frauen …« Charlotte räusperte sich umständlich und ballte ihre Hände zu Fäusten. »… von in Not geratenen Frauen *kaufen*.«

»Kaufen? Das wäre Menschenhandel. Das wäre …« Annegret fand keine Worte dafür. »Schrecklich« beschrieb es nur unzureichend.

Bei genauerem Hinsehen fiel ihr auf, dass Charlottes Augen gerötet und ihre sonst so makellose Haut unrein war. Schon seit Tagen stand sie nicht mehr in jener eleganten Haltung da, um die sie einige Kolleginnen beneideten. Sie wirkte beschwert und mit den Gedanken weit weg.

»Was bedrückt Sie?«, fragte Annegret vorsichtig.

Charlotte weinte fast. »Viel zu viel«, presste sie hervor.

Annegret wies in die Laube. »Möchten Sie … möchtest du … einen Tee mit uns trinken?« Es fühlte sich falsch an, die Kollegin in dieser vertraulichen Situation weiter zu siezen.

Charlotte nickte, wischte sich ihre Tränen fort und trat ein.

»Ist Hagebuttentee recht?«, fragte Annegret und setzte Teewasser auf.

»Das ist mein Lieblingstee, weil er so schön rot ist«, erklärte Oskar grinsend.

»Na dann«, erwiderte Charlotte mit neuerlich feuchten Augen.

Kurz darauf stellte Oskar stolz eine Tasse Hagebuttentee vor Charlotte auf dem Hocker ab. Das Spielbrett und die Hütchen hatte er auf den Boden gelegt.

Charlotte schaute nach draußen. »Du hast es schön hier, inmitten der Natur«, sagte sie gedankenversunken. Sie war auch zum Du übergegangen. Gleiches galt für Oskar.

»Möchtest du mit mir eine Runde Mensch ärgere Dich nicht spielen?«, fragte er begeistert und ließ den Würfel in der Hand kreisen. »Mama ist nicht so eine gute Spielerin. Vielleicht bist du besser.«

Es gelang ihm, Charlotte die Spur eines Lächelns zu entlocken.

Annegret legte Oskar die Hand auf die Schulter. »Würdest du Charlotte und mich kurz allein lassen, mein Spatz?«

»Und das Spiel, Mama?«

»Das machen wir später«, versicherte Annegret.

»Dann habe ich noch etwas Galgenfrist«, sagte Charlotte und zwinkerte Oskar mit tränenbehangenen Wimpern zu.

Oskar nickte nachdrücklich und ging in den Garten hinaus.

Annegret ließ Charlotte Zeit.

Die blickte wieder nach draußen. »Ich habe vor Kurzem erfahren, dass ich adoptiert bin.« Sie sagte es so leise, als wäre es erst sicher, nachdem es laut ausgesprochen war.

Annegret versuchte, ruhig zu bleiben, damit sie Charlotte nicht noch mehr aufwühlte. Sie sah hinaus zu Oskar, der in den unteren Ästen des Kirschbaums kletterte. Sie hatte ihn noch nie belogen und würde es auch nicht tun. Einem Kind war man die Wahrheit schuldig. Lügen gehörten nicht in eine Familie. Gelogen zu haben, war eines der wenigen Dinge, die sie ihrer Mutter, bei allem, was zwischen ihnen stand, nicht vorwerfen konnte.

Charlotte erzählte ihr, wie sie die Liste auf dem Segelboot von Hauptkommissar Hartmann entdeckt hatte. Annegret hielt es für den falschen Zeitpunkt, zu fragen, welche Art von Verbindung zwischen den beiden bestand. Dass da etwas war, war in der Bundespolizeiinspektion nicht zu übersehen gewesen.

Mit finsterer Miene berichtete Charlotte von dem kriminellen Verein und wie quälend die Tage nach dem Gespräch mit ihren Eltern auf dem Süllberg vergangen waren. »Plötzlich zu erfahren, dass man adoptiert ist, fühlt sich an, als wären das bisherige Leben und die bisherige Identität wie ausgelöscht.« Sie starrte auf ihre geröteten Hände, während sie weitererzählte. »Ich fühle mich leer und weiß nicht mehr, wer ich bin und ob ich meinen Eltern jemals wieder vertrauen kann.« Sie seufzte. »Wenigstens habe ich noch meine Femke.«

Annegret wollte jetzt nicht schmerzhaft nachbohren, ob Charlotte sich für ihre leiblichen Eltern interessierte. Vermutlich tat ihr etwas Ablenkung gut. »Ich habe noch eine Ersatzmatratze im Schuppen. Die könnte ich vorne neben den Gaskocher für dich hinlegen, dann kannst du heute Nacht hier schlafen. Wenn wir sie morgen früh an die Wand lehnen, kommen wir auch wieder zur Tür raus.« Annegret lächelte aufmunternd.

Charlotte nippte am Hagebuttentee, dann sagte sie: »Danke. Aber Femke würde sich nur Sorgen machen. Neulich hat sie geweint, als ich über Nacht weg war.«

Aus vorangegangenen Gesprächen wusste Annegret, dass es sich bei Femke um die ehemalige Kinderfrau handelte, bei der Charlotte seit Februar in einem alten Reihenhaus untergekommen war.

»Femke meint, die Adoption sei lange her. Ich solle Gras über die Sache wachsen lassen und einfach nach vorne sehen«, berichtete Charlotte schluchzend und drückte ihr Gesicht in die Hände. »Wenn das nur so einfach wäre.«

Oskar kam in die Laube und hielt Charlotte einen selbst gepflückten Strauß hin. »Weil du so traurig aussiehst«, sagte er.

Charlotte hob den Kopf aus ihren Händen. »Darf ich dich kurz drücken, kleiner Mann?«

Oskar nickte, und Charlotte schlang die Arme um ihn. »Du bist entzückend und sehr lieb.«

»Können wir jetzt endlich spielen?«, fragte Oskar.

Nach einer gemeinsamen Runde Mensch ärgere Dich nicht, die natürlich Oskar gewann, machte Annegret für alle Brot mit Schinkenwürfeln und Spiegelei. Während Oskar bald auf der Pritsche einschlief, unterhielten sich Annegret und Charlotte noch eine Weile. Sie sprachen auch über den Schmerz anderer Adoptivkinder, den sie nur zu gut von den Hamburger Suchfällen kannten. Annegret erzählte vom Bruch mit ihrer Mutter und davon, wie Ruth Dietzel zur Salzsäule erstarrt war, als sie ihr damals vor acht Jahren die Schwangerschaft gebeichtet hatte. Ruth hatte sich schnell wieder gefasst, ihre Tochter dann aber noch im fünften Monat zu einer Abtreibung gedrängt, obwohl Annegret sich längst in ihr Kind verliebt und erste Tritte gespürt hatte. Als Antwort zog sie von zu Hause aus und mied seitdem jeden Kontakt. Für sie war Ruth Dietzel ein Unmensch. Sie hatte nie mehr an sie denken wollen, aber das gelang ihr genauso wenig, wie ihre Rechtschreibfehler durch eine unleserliche Schrift zu vertuschen.

Charlotte gestand ihr, mit Robert Hartmann schon eine Nacht verbracht zu haben, dass er sie aber nur ausgenutzt habe und es deswegen vorbei sei. Wie konnte er nur! Annegret war entsetzt über sein Verhalten.

Bei einem letzten Hagebuttentee sprachen sie schließlich über die Zukunft des Kindersuchdienstes. Indem sie Antworten auf Eberhards Schicksal in der Sowjetunion suchte, versprach Annegret, ihren Teil zur Rettung beizutragen.

Es war längst dunkel, als die beiden Frauen sich am Gartentor kurz umarmten.

18

7. Juli 1955

Annegret war, als bräuchte Hamburg hier, wo das dampfende Herz der Stadt qualmend schlug, nie eine Pause. Der Hamburger Hauptbahnhof war trotz der noch immer sichtbaren Kriegsschäden ein beeindruckender Palast aus Stahlfachwerk und Glas. Es herrschte ein buntes Durcheinander aus Menschen, eiligen Schritten und dem Rattern schwerer Gepäckwagen. Dampf zischte aus Lokomotiven, und der Geruch von Kohle und frischem Kaffee lag in der Luft. Reisende schoben sich aneinander vorbei, Zeitungen unter die Arme geklemmt, während Ansagen durch die Lautsprecher hallten und das Gedränge vor den Fahrkartenschaltern und in den Wartesälen der Wandelhalle nicht abebbte.

Mit Fritz an der Hand, der ihren Koffer trug, hielt Annegret aufgeregt auf Gleis drei zu, wo sie mit Jutta verabredet war. Sie waren mit dem Lieferauto hergekommen und spät dran. Es war ihr schwergefallen, sich von Oskar zu verabschieden.

Annegret schaute sich nach Jutta um. »Sie müsste längst hier sein. Jutta ist nie unpünktlich«, sagte sie, während vom Nebengleis der Dampf einer einfahrenden Lokomotive über den Bahnsteig schwebte.

Aus den Lautsprechern dröhnte eine Durchsage, die Annegret erst bei der Wiederholung verstand: »Fräulein Annegret Dietzel, bitte kommen Sie zum Telefon am Informationsschalter der Wandelhalle. Fräulein Annegret Dietzel, zum Telefon!«

Annegret und Fritz tauschten einen besorgten Blick. In fünf Minuten sollte der Zug nach Berlin einfahren.

In der Wandelhalle reichte ihr ein Bahnangestellter den Telefonhörer an einem langen Kabel durch das kleine Glasfenster des Informationsschalters.

»Hier ist Hahn, Kindersuchdienst, Fräulein Dietzel, sind Sie dran?«

»Ja«, sagte Annegret mit Unbehagen. Jeden Moment müsste ihr Zug einfahren. Warum rief die Chefsekretärin sie hier an?

»Frau Seidenschwanz kann Sie leider nicht begleiten, Fräulein Dietzel. Sie hatte einen schlimmen Migräneanfall und liegt jetzt zu Hause mit Fieber im Bett«, berichtete Frau Hahn. »Leider können wir niemand anderen als Ersatz schicken, da die Neubeantragung der Visa Wochen dauern würde«, erklärte sie weiter. »Wir stellen Ihnen aber frei, die Reise zu verschieben oder ganz abzusagen.« Sie legte auf, ohne eine Antwort abzuwarten.

Annegret spürte, wie ihr das Blut aus dem Gesicht wich. Kreidebleich sank sie auf ihren Koffer. »Ich soll allein fahren?«, murmelte sie und sah durch die Menschenmenge in Richtung der Gleise, wo qualmend eine Dampflock nach der anderen einfuhr. Allein in Russland ohne Jutta, die übersetzte und die kyrillische Schrift lesen konnte, wie sollte das gut gehen? Mit einem Mal wurde ihr die Gefährlichkeit der Reise, von der die Kolleginnen mehrfach gesprochen hatten, erst bewusst.

Fritz nahm ihre Hände in seine und sah ihr tief in die Augen. »Du bist stärker, als du glaubst, Anne. Du wirst die Reise meistern.«

Seine eindringlichen Worte übertönten die Geräusche des Bahnhofs. Stumm nickte sie und drängelte sich mit ihm und dem Koffer an Gleis drei. Der Schaffner stand schon bereit, die Kelle für die Abfahrt zu heben.

Fritz zog sie schnell noch einmal zu sich heran und küsste sie. »Ich warte auf dich«, flüsterte er ihr ins Ohr, warm und beruhigend. »Du wirst Eberhard finden, ganz sicher.«

Wenn sie jetzt nicht losfuhr, würde sie Frau Voss ihren Sohn nie zurückgeben können! Annegret nahm ihren Koffer und stieg ein.

Der Zug nach Berlin verließ den Hamburger Hauptbahnhof pünktlich. Das rhythmische Klacken der Räder im Ohr, winkte sie Fritz am Fenster, bis er nicht mehr zu sehen war. Sie fand einen Platz im Abteil gleich bei der Tür, in dem bereits zwei Herren saßen. Sie halfen ihr, den Koffer auf die Gepäckablage zu legen, und boten ihr einen Fensterplatz an.

Annegret presste sich ihren Beutel fest auf den Schoß. Er enthielt auch die wichtigen Reiseunterlagen mit den Visa, das Spesenportemonnaie mit den Devisen und die Erklärung ihrer Mission im Auftrag des Deutschen Roten Kreuzes. Die Durchreisevisa für die Deutsche Demokratische Republik und Polen waren fünf Tage gültig und die für die Sowjetunion sieben Tage.

Sie versuchte, sich entspannt zurückzulehnen, und griff in ihrem Beutel nach der kleinen Dose, die ihr Dagmar gestern vor Feierabend noch zugesteckt hatte. Als sie den Deckel öffnete, strömte ihr der Duft von Schwarztee-Orangen-Keksen entgegen. Sie nahm einen heraus, ließ ihn sich auf der Zunge zergehen und bot auch den beiden Herren einen an, die gerne zugriffen.

Fritz hatte ihr Brote belegt und einen Stapel Franzbrötchen gebacken, der für die gesamte Reise reichen würde. Das letzte

Mal war sie kurz vor dem Hamburger Feuersturm Zug gefahren, als sie und ihre Mutter zu Verwandten gereist waren. Wie lange das her war! Wenn sie an den Feuersturm dachte, erschien ihr zuletzt immer wieder das Bild von Hannah Nielsen mit dem schönen Lächeln – Fritz' erste Ehefrau.

Annegret dachte lieber an Oskar. Sie vermisste ihn schon, obwohl sie noch nicht einmal das Stadtgebiet von Hamburg verlassen hatte. Wenigstens hatte Fritz die Telefonnummer ihrer Unterkunft in Selenogradsk, wo er sie im Notfall erreichen konnte. Ein Ferngespräch in die Sowjetunion kostete ein Vermögen.

Annegret biss in eines von Fritz' Franzbrötchen, dachte sehnsüchtig an ihn und schaute aus dem Fenster. Als der Zug Hamburg verließ, wollte sie nur noch nach vorne, gen Osten blicken. In ihrem Koffer trug sie neben etwas Kleidung und ihrem Kulturbeutel noch Schreibzeug, Eberhards Akte und ein halbes Dutzend Bücher mit sich. Sie musste in Berlin, Danzig und Kaliningrad den Zug wechseln. Zur Mittagszeit des Folgetags würde sie in Selenogradsk einfahren, wenn die Grenzpolizisten sie denn passieren ließen.

»Haben Sie schon von dem Bundesdeutschen gehört, der von den Sowjets in Moskau weggeschnappt wurde? Er war ein ehrbarer Bürger«, sagte der Herr, der ihr schräg gegenübersaß. Er trug einen Schnurrbart und einen gewachsten Seitenscheitel und erinnerte Annegret mit seiner ernsten Art an Bundeskanzler Adenauer auf Staatsbesuch.

Der andere meinte: »Vor zwei Jahren war das, ja, ich erinnere mich. Der wurde in Moskau zu neugierig, und plötzlich war er weg.« Der Mann legte zwei Finger an den Hals und machte quer eine Schnittbewegung.

»Die Sowjets haben schon immer jedem den Garaus gemacht, der ihnen nicht passte«, meinte der andere wieder und lächelte Annegret nett an.

Annegrets Hände klammerten sich um den Henkel ihres Beutels. Sollte sie doch noch umkehren? Die Vorstellung, Oskar, Fritz und Norbert sowie ihre Kolleginnen nie wiederzusehen, ließ sie erstarren. Für den Rest des ersten Reiseabschnitts saß sie stocksteif da.

Der Zug traf im Dunkeln in Berlin ein. Annegret hievte ihr Gepäck in den Nachtzug nach Danzig, der völlig überfüllt war. Sie fand lediglich auf ihrem Koffer am Rande des Ganges Platz, den Beutel mit den Reisedokumenten und der Verpflegung fest an der Brust.

Sie nahm sich vor, im Sitzen etwas zu schlafen und dann in den frühen Morgenstunden die Einfahrt des Zuges in Danzig zu verfolgen, aber sie fand keine Ruhe. Immer wieder dachte sie an das belauschte Gespräch über die Sowjets. Außerdem fühlte sie sich unwohl, mit so vielen Menschen lange auf engem Raum im Dunkeln zu hocken. Es brachte ihre Erinnerungen an den letzten Krieg zurück.

Als Annegret sich nach ein paar Stunden mit ihrem Beutel zur Toilette durchkämpfte, hörte sie hinter sich jemanden durch den Wagen rufen: »Fahrkarten- und Passkontrolle!« Sie hielt an und sah kurz zurück, obwohl sie dringend musste. Der Schaffner wurde von einem Mann in Uniform begleitet, vermutlich ein Grenzpolizist der Deutschen Demokratischen Republik.

Zum Glück war die Toilette unbesetzt. Annegret presste sich rückwärts in den schmalen Raum. Sie fand kaum mehr als ein Loch im Boden vor, durch das sie auf die Gleise sehen konnte. Sie verriegelte die Tür und wollte sich gerade die Hose herunterziehen, da sprang sie vor Schreck mit dem Rücken ans Fenster. Hinter der Tür stand ein Kind. Es war ein vielleicht dreizehn- oder vierzehnjähriger Junge, mit einem Bartflaum über der Oberlippe. Er schaute sie bittend an und presste sich den Finger auf die Lippen, genau so, wie sie es vor Oskar in der Laube getan hatte, als Charlotte plötzlich aufgetaucht war. Es sah ganz so aus, als hätte Annegret es mit einem blinden Passagier zu tun. Kurz musste sie an Monika denken, die auch versteckt nach Hamburg gereist war. Zum Glück hatte das Mädchen seine Eltern endlich wiedergefunden.

»Wo willst du hinfahren?«, fragte Annegret den Jungen. Vielleicht konnte sie ihm irgendwie helfen.

Er schüttelte den Kopf und zeigte dabei auf seinen Mund.

Er konnte nicht reden? »Nach Danzig?«, fragte sie.

Wieder schüttelte er den Kopf, sein Magen knurrte. Er stand etwas erhöht, was an seinen Fußballschuhen lag, solche mit drei gezackten Streifen und Stollen darunter. Und neben ihm lag eine dreckige Sporttasche auf dem Boden.

Jemand klopfte gegen die Tür. »Fahrschein- und Passkontrolle!«, tönte es. »Bitte öffnen Sie!«

Der Junge griff nach ihrer Hand und drückte sie fest. Seine Augen weiteten sich angsterfüllt.

Ruhig bleiben!, ermahnte Annegret sich. Jetzt nichts überstürzen. Sie war hin- und hergerissen. Einerseits rührte sie die Not des Jungen. Andererseits würde ihre Reise hier enden, wenn aufflog, dass sie einen blinden Passagier deckte. Es wäre ein Skandal für den Kindersuchdienst, der doch Erfolgserlebnisse nötig hatte. Als Mitarbeiterin des Deutschen Rotes Kreuzes durfte sie sich vor allem politisch nichts zuschulden kommen lassen. Aber ein hilfsbedürftiges, noch dazu taubstummes Kind im Stich zu lassen, wäre genauso schlimm.

Kurz entschlossen zog Annegret ihre gelbe Strickjacke aus

und warf sie dem Jungen über. So fiel er nicht gleich auf, falls die Beamten in den engen Toilettenraum sehen wollten.

Vorsichtig öffnete sie die Tür, um den Jungen dahinter nicht einzuquetschen. »Verzeihen Sie, ich bin noch nicht fertig ...«, sagte sie zu dem Schaffner, nestelte am Reißverschluss ihrer Hose und hob unschuldig die Schultern. Ihr Puls raste.

»Ihre Papiere bitte, Fräulein!«, verlangte der Schaffner, während er den halb geöffneten Reißverschluss ihrer Hose anstarrte.

Mit zitternden Fingern holte Annegret den Fahrschein, ihre Visa und die Reiseerklärung ihres Arbeitgebers aus dem Beutel und streckte sie den Herren so weit wie möglich aus dem engen Toilettenraum entgegen.

»Sie sind also vom Deutschen Roten Kreuz«, stellte der Grenzer fest und rief einen Kollegen hinzu. Mehrmals lasen sie das Missionsschreiben, das Mitarbeitern des Deutschen Roten Kreuzes fast überall auf der Welt freies Geleit in ihrer unpolitischen Aufgabe gewährte. Der zweite Grenzpolizist verschwand kurz darauf mit ihren Unterlagen, und es fühlte sich wie eine Ewigkeit an, bis er zurück war.

Der Grenzer spähte hinter sie. »Sind Sie allein dadrin?«

Annegrets Puls hämmerte ihr in den Schläfen, als sie log: »Natürlich bin ich allein!« Sie versuchte so brüskiert zu klingen, wie all die Menschen, die sie schon angegangen waren, weil sie Oskar allein aufzog.

Ihr Fahrschein wurde mit der Zange geknipst, und sie erhielt ihre Papiere wieder zurück. »Dann gute Reise, Fräulein Dietzel«, sagte der Schaffner, riskierte erneut einen Blick auf ihren halb geöffneten Reißverschluss und trat mit den Grenzpolizisten zu den nächsten Reisenden.

Annegret schaute, in welche Richtung sich die Uniformierten bewegten, und zog sich dann wieder in die Toilette zurück.

Erst einmal erleichterte sie sich. Ohne den blinden Passagier wäre ihr das lieber gewesen, aber aus Luftschutzkellern kannte sie Situationen, in denen das Fehlen jeglicher Privatsphäre bald nicht mehr peinlich gewesen war.

Der Junge lugte vorsichtig unter Annegrets Strickjacke hervor.

»Wie kann ich dir noch helfen?«, fragte sie ihn. Es schimmerte in seinen warmen braunen Augen, und er deutete auf seinen Bauch.

Sofort kramte sie in ihrem Beutel und gab ihm eine Butterschnitte und alle Franzbrötchen von Fritz. »Der Schaffner und die Grenzpolizisten kontrollieren weiter Richtung Lokomotive. Ich denke, wenn du ans Ende des Zuges gehst, bist du vor ihnen sicher.«

Der Junge nickte und lockerte sich etwas. Ihre Strickjacke hing noch über seinen Schultern. Er war klein geraten für jemanden, dem schon erste Barthaare wuchsen.

»Alles Gute«, sagte sie noch, dann verließ sie die Toilette und ging zu ihrem Koffer zurück. Eberhard war in einem ähnlichen Alter wie der stumme Junge. Was sie wohl vor Ort über ihn herausfinden würde? Hoffentlich war er in dem improvisierten Krankenhaus nicht ums Leben gekommen. Er könnte von einer russischen Familie adoptiert wurden sein, die ihn liebevoll aufzog.

Annegret holte ihr Buch über Kaliningrad aus dem Koffer, jene Stadt, in der Eberhards Reise ihren Ausgang genommen hatte. Der Text über das Schicksal der Stadt zog sie derart in den Bann, dass sie alles um sich herum vergaß und der Schaffner sie an ihren Ausstieg in Danzig erinnern musste. Er war doch wieder im hinteren Zugteil? Und der stumme Junge? Sie hatte ihn nicht vorbeihuschen sehen.

Im Zug nach Kaliningrad senkte sie den Kopf erneut über ihr Buch. Das frühere Königsberg war im Krieg so vollständig untergegangen wie keine andere deutsche Stadt. Es musste ein mittelalterliches Kleinod, ein zauberhafter Ort mit langer Geschichte gewesen sein, bevor die Briten dort ihre Brandstrahlbomben erprobten. Die alten Bilder in ihrem Buch belegten es. Was sie über die Zeit nach Kriegsende las, als die Sowjets an der Stadt und ihren Bewohnern Vergeltung für die Verbrechen der Nationalsozialisten übten, war kaum zu ertragen und passte zu dem, was die beiden Herren im Zug nach Berlin erzählt hatten. Der Bericht in ihrem Buch handelte von Schändungen, Plünderungen, Misshandlungen, einer rechtlosen Zeit, die vor allem Frauen, Kinder und Alte ertragen mussten. Nach dem Krieg wurde der unter sowjetischer Kontrolle stehende Bereich Ostpreußens, wozu auch Selenogradsk gehörte, mit Menschen aus verschiedenen Teilen der Sowjetunion neu besiedelt. Das Königsberg, in dem Eberhard seine ersten drei Lebensjahre verbracht hatte, gab es nicht mehr, es wurde ausradiert. Dagmar und ein Abteilungsleiter hatten Annegret zuletzt vor den Sowjets, den Kommunisten, gewarnt. Sie würden keine Empathie kennen, was die Einnahme von Königsberg zu belegen schien. Ihr blieb kaum mehr übrig, als auf die schützende Neutralität des Deutschen Roten Kreuzes zu vertrauen.

Beim Umstieg in Kaliningrad am Vormittag des zweiten Reisetages wollte sie nur schnell weiter in den Anschlusszug nach Selenogradsk. Erst auf dem zugigen Bahnsteig merkte sie, dass ihr ihre Strickjacke fehlte. Sie musste sie in der Toilette im Danziger Zug vergessen haben, nachdem sie sie dem stummen Jungen übergeworfen hatte. Das durfte nicht wahr sein, ihre geliebte gelbe Strickjacke, das Erbstück ihrer Großmutter, das sie viele Jahre treu begleitet hatte!

Wehmütig stieg Annegret in den Zug nach Selenogradsk und vertiefte sich wieder in ihre Bücher, während sie noch überlegte, die polnische Eisenbahnverwaltung zu kontaktieren, um ihre Strickjacke zurückzubekommen.

Als sie in Selenogradsk einfuhr, hob sie den Kopf. Der Ort lag an einer weiten Bucht, die eine eindrucksvolle Aussicht auf die Küste bot. Jetzt war sie endlich da! Annegret nahm ihren Koffer an sich, hielt ihren Beutel fest und stieg aus dem Zug. Die Bahnhofshalle wirkte marode und verschlafen, ganz anders als der Hamburger Hauptbahnhof. Die Gebäude am Platz vor dem Bahnhof waren schmucklos und funktional, aus grauem Beton und ohne Charme. In den Fenstern spiegelte sich die dichte Wolkendecke, die keinen Sonnenstrahl durchließ. Die wenigen Menschen, die sie antraf, bewegten sich seltsam steif und kontrolliert. Ihre Gesichter strahlten etwas Ernstes aus. Annegret stolperte die unebene Straße entlang, die vom Bahnhof wegführte. Die Beschilderung in kyrillischen Buchstaben war ihr ein einziges, unlösbares Rätsel.

Vor einem Kiosk blieb Annegret stehen und starrte auf die langen, verschlungenen Buchstaben auf den zuoberst liegenden Tageszeitungen und fühlte sich verloren in der grauen Welt, in die sie unbedingt hatte reisen wollen. Wie sehr sie Jutta an ihrer Seite vermisste!

Sie lächelte der Kioskverkäuferin vorsichtig zu, schlug ihren Stadtplan auf und zeigte mit dem Finger auf die Unterkunft, die für sie reserviert worden war. Sie war noch zu überwältigt von den vielen Eindrücken, um sich auf dem Stadtplan mit den lateinischen Buchstaben und übersetzten Straßennamen wirklich zurechtzufinden.

Die Kioskverkäuferin sah sie erst griesgrämig an, zeigte dann aber in eine Richtung.

»Spasibo«, bekam Annegret zum Dank heraus.

Sie hatte noch nie in einem Hotel übernachtet. Ihres lag in einer unauffälligen Seitenstraße, eingeklemmt zwischen zwei anderen schmucklosen Häusern. Die Fassade war von kräftigen Rissen durchzogen, und über dem Eingang hing ein schlichtes Schild, ebenfalls mit kyrillischen Buchstaben. Es musste »Alt-Moskau« heißen, wie Frau Hahn es ihr in den Reiseunterlagen notiert hatte.

Mit gesenktem Kopf betrat sie das Hotel. Im Inneren brannte schummriges Licht, und der Geruch von abgestandenem Tabak hing in der Luft. Am Tresen wartete ein Mann mit ungekämmtem, brustlangem Bart. Er rauchte eine Zigarre, die er allein mit den Lippen festhielt. Er schaute so finster wie ein Tannenwald. Mit knapper Geste wies er auf den Schlüssel auf dem Tresen und dann die Treppe hinauf.

Annegret nahm den Schlüssel, an dem eine Pappkarte mit der Nummer zwölf hing, und machte, dass sie mit ihrem Koffer in der Hand schnell die Stufen hinaufkam. Bildete sie sich nur ein, dass sie beobachtet wurde?

Das helle Zimmer zwölf mit dem breiten Bett und dem großen Fenster gefiel ihr. Sie stellte ihr Gepäck ab, setzte sich auf das niedrige Bett, in das sie beinahe bis auf den Boden einsank, und atmete erst ein paarmal tief ein und aus. Aber was sollte sie hier lange herumsitzen?

Sie steckte Eberhards Akte, das Wörterbuch, das ihr Charlotte mitgegeben hatte, und ihr Schreibzeug in den Beutel zu ihren Reiseunterlagen. Mit dem Stadtplan in der Hand verließ sie ihre Unterkunft gleich wieder.

Ihr Ziel war das Kurhaus des Ortes. Es würde wohl noch etwas dauern, bis sie sich mit dem Stadtplan zurechtfand. Zunächst versuchte sie, sich an markanten, visuellen Orientierungspunkten wie dem Bahnhofsgebäude, Springbrunnen und Denkmälern zu orientieren, die klar auf ihrem Stadtplan erkennbar waren. Die Straßennamen auf den Schildern waren kaum zu entziffern, weswegen sie vor allem auf Symbole wie Pfeile achtete. Sie gab sich auch einige Mühe, die kyrillischen Buchstaben mit lateinischen zu vergleichen, um wiederkehrende Muster zu erkennen, verstand aber kaum mehr, als dass das kyrillische »Р« dem lateinischen »R« und das »С« dem »S« entsprach. Endlich fand sie trotzdem jene Straße zum Kurhaus, die in ihrem Plan Hohenzollernstraße hieß.

Zu ihrer Erleichterung standen dort jene Villen, die sie schon in ihren Büchern gesehen hatte. Die alte Bäderarchitektur existierte in diesem Teil des Ortes noch. Die Villen trugen deutsche Namen wie »Ostseeglück« oder »Waldesruh«. Nur hatten die einst schönen Häuser Farbe und Anmut verloren wie ausgeblichene Fotografien.

Annegret schloss die Augen und versuchte sich vorzustellen, wie es vor zehn Jahren hier ausgesehen haben musste, als Eberhard mit Krätze herverlegt worden war. Um sie herum wuchs ein Ort, farbenprächtig, detailreich und voller Menschen.

Als sie die Augen wieder aufschlug, hörte sie die Brandung der Ostsee vermischt mit einem in der Ferne spielenden Kurorchester. Es war Hochsaison, aber der Ort bisher recht leer. Es roch nach würzig duftenden Wiesen und dem Meer.

Annegret ging zur Straße, die auf ihrem Stadtplan noch Königsberger Straße hieß. Dort befand sich das mit kunstvollen Erkern und Turmdächern verzierte vierstöckige Kurhaus. Es hatte einst zahlungskräftige Badegäste willkommen geheißen. Und heute?

Die Tür des Kurhauses war nur angelehnt und niemand am Empfangstresen. Sie wartete eine Weile und sah sich um. Da fiel ihr die geschnitzte Doppeltür auf, die vom Empfangsbereich abging. Sie knarzte, als Annegret sie aufschob, und gab ihr den Blick in jenen Saal frei, den sie bisher nur von einer Fotografie kannte: den prächtigen Kursaal. Da waren die hübschen, halbrunden Fenster, die abgerundeten Deckenträger und der Lichtschacht in dem ansonsten leeren Raum. Kein Möbelstück war mehr da.

Annegret ging den lang gestreckten Raum ab. »Eberhard, gib mir ein Zeichen«, sprach sie vor sich hin. In ihrer Vorstellung konnte sie die jüngere Frau Voss sehen, wie sie ihren dreijährigen Sohn in Königsberg als angeblichen Waisen im Sankt-Elisabeth-Krankenhaus abgegeben hatte. Es war unvorstellbar, wie schrecklich sie sich gefühlt haben musste, als sie ihr Kind wenige Tage danach nicht wiederfand.

Annegret wagte sich die Treppe des Kurhauses hinauf. Auch die oberen Geschosse waren leer geräumt. Früher pulsierte hier das Leben, jetzt war das Klagen der Möwen und das Rauschen der Wellen durch die kaputten Fenster zu hören. Hier kam sie nicht weiter.

Sie holte Eberhards Akte aus ihrem Beutel und entnahm den beiliegenden Papieren die Adresse des Bürgermeisters, mit dem sie korrespondiert hatte. Mit dem alten Stadtplan in der Hand machte sie sich auf den Weg zum Rathaus. Und wieder hatte sie das Gefühl, beobachtet zu werden, obwohl niemand zu sehen war.

*

Bürgermeister Alexander Popow empfing sie ohne Wartezeit. Sein Arbeitszimmer im Rathaus war holzvertäfelt, aber die Vergoldung über dem Stuck blätterte ab wie trockene Baumrinde. Alexander Popow war groß, trug Bauch und Glatze. Das Auffälligste an ihm war jedoch sein breiter, dunkler Schnauzbart über der Oberlippe. Er suchte die Korrespondenz mit dem Kindersuchdienst eigenhändig aus seinem wurmstichigen Holzschrank heraus.

»Ich spreche etwas Deutsch«, sagte er dabei und bot ihr den Schemel vor seinem Schreibtisch an. Er schaute genauso ernst wie die anderen trübseligen Menschen, die Annegret bisher in Selenogradsk begegnet waren. Keine Emotionen, keine Empathie, ging es ihr wieder durch den Kopf. Annegret verbot sich, jetzt an die Plünderung Königsbergs durch die Rote Armee zu denken, wo man sogar Verwundete im Lazarett beraubt und Kinder bei Vergewaltigungen hatte zuschauen lassen. Sie versuchte, dem Bürgermeister dankbar für seine Mühen zu sein, und nahm Platz. Der erste Schritt auf dem Weg zum Ziel waren Verbündete, nicht Gegner.

Langsam und mit deutlicher Aussprache trug sie vor, dass sie vom Deutschen Roten Kreuz kam und hier vor Ort hoffte, mehr als nur die Belegungslisten des Kursaal-Krankenhauses zu finden.

Bürgermeister Popow nickte sachlich, während sie sprach.

Mehrmals betonte sie, wie sehr Eberhards Mutter litt und bangte. Nachdem sie geendet hatte, begann er zu telefonieren.

Sie lauschte auf die russische Sprachmelodie. Es war eine Mischung aus weich fließenden Tönen und scharfen, markanten Akzenten, leicht singend und dynamisch. Das gefiel ihr und passte nicht zur unfrohen Art der Menschen hier.

»Es tut mir leid, Fräulein Anja«, sagte der Bürgermeister, nachdem er den Hörer wieder aufgelegt hatte, »aber es gibt keine neue Information.«

Fräulein Anja? »Aber jemand muss doch aufgeschrieben

haben, was mit den elternlosen Kindern damals passierte«, beharrte Annegret.

Bürgermeister Popow strich sich über den breiten Schnauzer und sah sie todernst an. »Nicht in Kriegszeiten!«

Also war alles umsonst gewesen? Sie hatte gehofft, wenn sie herkäme, würden sich ihr Türen öffnen, die am Telefon verschlossen geblieben waren. Sie fühlte sich schlecht und einsam, fern von Oskar, fern von Fritz und ohne Aussicht darauf, ihren Suchfall doch noch zu lösen.

Der Bürgermeister stand von seinem Schemel auf. Annegret sah ihm nach, wie er auf die Tür mit der abgegriffenen Klinke zuging. Er hatte ihr sehr schnell abgesagt und wollte sie nun auch rasch wieder loswerden. Wie seltsam! Ob er mehr wusste, als er preisgab? Sie folgte ihm in sicherem Abstand.

»Haben Sie noch Zeit für unseren schönen Ort?«, fragte Alexander Popow, während er die Tür seines Arbeitszimmers hinter ihnen zuzog. »Unser Sand am Strand ist weich wie Puderzucker.«

Annegret bemühte sich um ein Lächeln, obwohl ihr nicht danach war. Ihr Zug ging zwar erst übermorgen zurück, aber sicher würde sie bis dahin nicht an der Strandpromenade schlendern oder baden gehen. Lieber verkroch sie sich in ihrem durchgelegenen Hotelbett.

Zum Abschied reichte ihr der Bürgermeister die Hand. »Kommen Sie heute Abend in mein Haus, Fräulein Anja? Meine *Schena*, meine Frau, kocht die besten Pelmeni der ganzen Oblast.«

Annegret schaute verwundert auf. Er wollte sie zum Abendessen einladen? Wozu? Wollte er sie aushorchen, weil er sie für einen westlichen Spitzel hielt?

»Heute Abend um acht in der Villa ›Waldfrieden‹, in der Wohnung unten rechts«, sagte der Bürgermeister noch, bevor er wieder in sein Arbeitszimmer ging. Es hatte eher wie ein Befehl denn wie eine herzliche Einladung geklungen.

Mit bangem Gefühl überquerte Annegret die Straße vor dem Rathaus. Mehr denn je wünschte sie sich Jutta an ihre Seite.

Zurück im Hotel, beschloss sie, die Einladung des Bürgermeisters anzunehmen, obwohl ihr Bauchgefühl ihr etwas anderes empfahl. Das Abendessen wäre die letzte Chance, von Alexander Popow vielleicht doch mehr über die Kinder aus dem Kursaal zu erfahren.

Unruhig und erschöpft betrat sie Zimmer zwölf. Sie hatte länger als vierundzwanzig Stunden nicht mehr geschlafen. Für heute Abend brauchte sie Kraft und musste vor allem wachsam sein. Sie legte sich hin und schlief noch mit dem Beutel an der Brust ein.

*

Annegret wachte auf, weil jemand gegen die Tür hämmerte. Wie lange sie geschlafen hatte, konnte sie nicht sagen. »Telefon!«, drang es vom Flur an ihre Ohren.

Oskar! Annegret sprang aus dem Bett, öffnete die Tür und folgte dem Hauswirt zum Tresen. Dort bekam sie den Hörer des alten Wandtelefons mit Kurbel gereicht.

»Ich versuche gleich, meinen Zug umzubuchen!«, versprach sie schon, obwohl die Vermittlung das Ferngespräch noch nicht einmal durchgestellt hatte.

Es knarzte, bis sich schließlich Fritz meldete.

»Was ist mit Oskar? Wie geht es ihm?«, fragte Annegret aufgeregt.

»Oskar geht es blendend«, berichtete Fritz, »er wollte lieber mit Norbert im Garten murmeln, als mich zum Fernsprecher des Postamtes zu begleiten.«

»Ich dachte, du rufst an, weil ...« Annegret war ganz durcheinander.

»... weil ich dich vermisst habe.«

Sie vermisste ihn auch, war aber kaum dazu gekommen, an ihn zu denken. »Und mit Oskar ist wirklich alles in Ordnung?«

»Wirklich. Ich wollte dich nur kurz hören, Anne.«

Langsam fing sie sich wieder. Sie ließ den Hörer ein Stück sinken und schloss die Augen. Der schnelle Schlag ihres Herzens beruhigte sich langsam.

»Danke, Fritz«, flüsterte sie schließlich, »ich weiß nicht, was ich ohne dich tun würde.«

»Ich habe mir auch ein Glücksheft angelegt«, sagte Fritz in zärtlichem Ton.

Annegret lächelte. »Und was hast du heute reingeschrieben?«

Sie konnte Fritz durch die knisternde Leitung lächeln sehen. »Dass ich froh bin, dich an meiner Seite zu haben. Ich bin *wieder* glücklich«, sagte er leise und so vorsichtig, als könnte er es selbst kaum glauben.

»Ich auch«, wagte Annegret zu erwidern. »Aber jetzt müssen wir aufhören zu telefonieren. Der Anruf kostet dich einen Monatslohn.«

»Das ist mir egal«, beharrte er.

»Ich liebe dich«, sagte Annegret. Es war raus, bevor sie es verhindern konnte. Nach dem Reinfall mit Oskars leiblichem Vater hatte sie einem Mann diese bedeutenden Worte nie wieder sagen wollen.

»Ich dich auch«, entgegnete Fritz. »Wie verrückt.«

Zärtlich strich sie mit der Hand über die Wand neben dem Telefon, als wäre sie sein Hals. »Bitte drück beide Jungen von mir.«

»Mach ich«, sagte Fritz, »ich kann deine Rückkehr kaum erwarten.«

Annegret lächelte verträumt, dann hängte sie den Hörer ein. Ein paar Schritte tippelte sie verliebt am Tresen entlang. Sie verstand inzwischen, dass es nichts Wichtigeres gab, als zu dem zu stehen, was einem am Herzen lag. Deswegen durfte sie dem Kindersuchdienst auch nicht länger verheimlichen, dass sie Mutter war. Es wurde höchste Zeit, ehrlich zu sein. Mit Fritz an ihrer Seite würde sie alles Schlimme, das auf ihr Geständnis bei Doktor Seppelfricke folgen könnte, durchstehen. Ihr Blick fiel auf die Uhr über dem Tresen. Es war schon nach acht!

Sie lief in ihr Zimmer zurück, kämmte sich ihr Haar, zupfte den Kragen ihrer Bluse zurecht und verließ mit dem Beutel in der Hand das Hotel. Sie hoffte, dass das Essen mit Familie Popow schnell vorbei sein würde. Die Aussicht, doch Neues über Eberhard zu erfahren, schien ihr jetzt illusorisch. Sie würde absolut neutral bleiben, stets höflich, aber verschlossen.

Bevor sie losging, prüfte sie noch, ob sie ihr Missionsschreiben vom Deutschen Roten Kreuz noch im Beutel bei sich trug. Sie wollte nicht ausschließen, dass sie heute Abend in ein Gefecht geraten könnte, bei dem ihre Neutralität sie retten musste.

*

Die Villa »Waldfrieden« befand sich auf der Hohenzollernstraße und war Annegret wegen ihrer imposanten Erscheinung und des deutschen Namens bereits am Nachmittag aufgefallen. Aus ihrem Wörterbuch klaubte sie sich ein paar russische Vokabeln zusammen, um sich für ihre Verspätung beim Bürgermeister zu entschuldigen.

Sie klopfte an der Tür der unteren Wohnung und wurde mit einem breiten Lächeln von einer noch breiteren Frau umstandslos in die Wohnung gezogen. Sie stieß einen kurzen Schrei aus und wollte schon um Hilfe rufen, aber zu ihrer Überraschung war das Wohnzimmer, in dem sie sich gleich darauf wiederfand, weder Gefängnis noch Verhörraum, sondern gefüllt mit gut gelaunten Menschen in Feierstimmung. Bürgermeister Popow nickte ihr zur Begrüßung zu, während er seine Balalaika stimmte. Auf dem Tisch standen Teigtaschen bereit, eingelegter Fisch, verzierte Eierhälften und diverse Suppen, eine Art Gulasch und noch mehr Fleisch. Annegret roch auch Kohl.

Bevor sie ihre Entschuldigung vortragen konnte, wurde sie auf einen Stuhl verfrachtet und bekam einen Teller mit einem Essensberg hingestellt, den sie nicht in einer Woche geschafft hätte.

»Das ist nur die Vorspeise!«, rief ihr der Bürgermeister zu. An seinem breiten Schnauzer hing Sahne.

Annegret spürte erwartungsvolle Blicke auf sich gerichtet, während sie zögerlich eine Teigtasche probierte. Als sie mit vollem Mund nickte, wurde sofort ihr Glas gefüllt. Sie hatte den ganzen Tag noch nichts getrunken und setzte durstig an. Zwei Schlucke, dann wurde ihr bewusst, dass Wodka wie Wasser aussah. Sie hustete, was zu allgemeiner Belustigung führte.

Bürgermeister Popow stellte ihr seine Frau *Schena* Ludmilla und die feierlaunigen Nachbarn vor. Schnell fand Annegret heraus, dass Mischa zu ihrer Rechten als junger Mann in Stuttgart studiert hatte und deswegen ebenfalls Deutsch sprach. Er übersetzte für sie, so gut er konnte. Bürgermeister Popows Vater, Papa Maxim, der mit ihm aus Magnitogorsk nach Selenogradsk umgesiedelt worden war, hatte Stalingrad mit erfrorenen Beinen überlebt. Deswegen wurde er samt Rollstuhl rhythmisch hin und her geschoben, als die Hausgemeinschaft zu tanzen begann.

Schena Ludmilla, die Annegret so schwungvoll an der Tür begrüßt hatte, tanzte, von allen angefeuert, bald sogar den Kasatschok, den Tanz in der Hocke im Zweivierteltakt, der Ludmilla, wie sie Annegret mit ihrem Mann als Übersetzer zu verstehen gab, an alte russische Volkslieder erinnerte.

Bürgermeister Popow war ein Virtuose auf der Balalaika, dem gefühlvollsten Instrument, dem Annegret jemals gelauscht hatte. Sie bekam eine Gänsehaut, so sehnsüchtig, schmerztrunken und schön zugleich klangen die Melodien, die er zum Besten gab. Obwohl sie den russischen Text nicht verstand, ahnte sie, dass die Lieder von Abschied und Wiedersehen, von Liebe und Sehnsucht handelten. Das Gulasch Stroganoff mit seiner cremig-säuerlichen Soße war köstlich. Wo war sie hier hineingeraten? Sie mahnte sich weiterhin zur Vorsicht, aber die Musik sog sie ganz auf.

Während sie den Volksliedern gebannt lauschte, schob sich von hinten eine Hand auf ihre und umklammerte sie. Annegret zuckte zusammen und wagte nicht, sich umzudrehen. Das fröhliche Lachen um sie herum wirkte plötzlich fern. Ihr Blick wanderte suchend durch den Raum, aber niemand schien den Zwischenfall zu bemerken. Sie sah auf die Hand, die knochig und von Falten gefurcht war. Die Haut wirkte fast durchsichtig, die Adern traten bläulich hervor.

Annegret wurde eiskalt, als sie sich umwandte und die Besitzerin der Hand anschaute. Es war die ungefähr sechzigjährige Frau, die ihr vorab als Mama Olga vorgestellt worden war. Sie war die Mutter des Bürgermeisters und trug ein dunkelgrünes Kopftuch mit Blumenmuster. Sie sagte etwas auf Russisch, worauf Annegret nur »Ja nje ponimaju« entgegnen konnte. Es besagte, dass sie nichts verstand. Während der Bürgermeister sein Instrument zur Seite stellte, sprach Mama Olga weiter.

Alexander Popow kam jetzt zu ihnen und übersetzte: »Sie sagt, dass es gut ist, dass Sie hergekommen sind, Fräulein Anja.«

Der Blick von Mama Olga schien tief und weise, als hätte sie die Geschichten vieler Generationen in sich aufgesogen. Ihre Augen strahlten Güte und zugleich unaufdringliche Schärfe aus – als könnten sie sofort erkennen, wer ehrlich war und wer nicht.

Annegret entschied sich, ehrlich zu Mama Olga zu sein und ihr Misstrauen zurückzustellen. »Sagen Sie Mama Olga bitte, dass ich leider umsonst angereist bin. Ich habe im Kurhaus keine neuen Hinweise auf Eberhard gefunden«, erklärte sie. Es war das erste Mal, dass sie an ihren Misserfolg dachte, seitdem sie auf der Feier war.

Wieder sagte Mama Olga etwas. Erneut übersetzte ihr Sohn: »Sie sagt, dass nicht mehr viele Deutsche nach Selenogradsk kommen. Aus den Westzonen niemand. Sie müssen, Fräulein Anja, *ochen* ... ich meine ... Sie müssen *sehr* mutig sein.«

»Ich bin nicht mutig, aber ich muss diesen Jungen namens Eberhard finden!«, betonte Annegret. »Seine Spur verliert sich hier im Kursaal!«

Was Bürgermeister Popow im Folgenden übersetzte, klang nach mehr als nur dem, was Annegret geantwortet hatte. Er schien etwas zu erläutern, und Mama Olga fragte immer wieder nach, die aufmerksamen Augen weiter bei Annegret.

»Njet«, wiederholte ihr Sohn dann mehrmals mit Nachdruck, doch sein Gesichtsausdruck wurde immer ungläubiger.

Annegret dachte schon, sie würden sich inzwischen über etwas anderes unterhalten.

Dann wandte der Bürgermeister sich wieder an sie. »Mama kam nach Kriegsende mit uns her. Sie sagt, sie hat geholfen, das Kurhaus leer zu räumen. Sie war stark, sagt sie, bevor Wasser in ihre Beine kam.«

Annegret lächelte die faszinierende Alte mit den dicken Beinen an.

»Sie sagt, es gab im Keller Kisten voll mit Akten über Kranke«, erklärte der Bürgermeister. »Ich wusste nichts davon.«

»Ist das wahr?«, fragte Annegret plötzlich hellwach.

Alexander Popow nickte. »Mama sagt, sie hätten das viele Papier nicht weggeworfen, weil es zur Geschichte des Kurhauses gehört. Es ist im Keller.«

»Die Dokumente sind also noch dort«, dachte Annegret laut.

Mama Olga wiederholte etwas, das sie vorhin bereits gesagt hatte. Es klang wie: Eto horoscho, schto wyi prischli sjuda.

»Es ist gut, dass Sie hier sind«, übersetzte der Bürgermeister.

Annegret fiel der Frau mit dem Kopftuch um den Hals. »Spasibo«, sagte sie und fragte dann ihren Gastgeber: »Kann ich heute Abend noch mal in das Kurhaus?«

»Allein im Kurhaus ist es gefährlich! Es ist ein altes Haus, das lange leer steht!«, sagte er. »Wenn, dann begleite ich Sie, Fräulein Anja, aber erst nach einer kleinen Stärkung.« Alexander Popow hielt ihr auffordernd ein Glas mit durchsichtiger Flüssigkeit hin. Sicher kein Wasser. Und klein war es auch nicht.

»Gut!« Der Wodka brannte sich ein zweites Mal durch ihren Hals, aber das war ihr egal.

Schena Ludmilla reichte ihr ein Behältnis mit Teigtaschen als Verpflegung und zog sie an ihren Busen. »Gutes Mädchen«, sagte sie und schlug ihr auf den Rücken wie einem Bauarbeiter nach getaner Arbeit.

Als Annegret die Villa »Waldfrieden« mit Bürgermeister Popow verließ, steckte ihr Mama Olga noch eine Taschenlampe zu.

Selenogradsk schlief bereits. Irgendwo heulten Katzen. Annegret war schummrig vom Wodka, was für eine nächtliche Hausbegehung nicht gerade hilfreich war. Hoffentlich musste sie sich nicht übergeben. Sie schaffte es ohne Magenrevolte in die Königsberger Straße. Bürgermeister Popow ging voran in den dunklen Kursaal. Annegret konnte den Mond durch das Oberlicht sehen, als wäre er ihr Beschützer und verfolgte, was sie tat. Die Kellertreppe war rutschig, und es wurde kälter. Der Geruch von Moder und Salz hing in der Luft.

Annegret schaltete Mama Olgas Taschenlampe ein und leuchtete in einen langen Flur, von dem viele Türen abgingen. An den Wänden breiteten sich schwarze Flecken aus, die sie unwillkürlich nach frischer Luft schnappen ließen. Sie und Popow begannen, durch die Räume zu schauen, die feucht waren und immer übler rochen, je weiter sie kamen. Der Boden unter Annegrets Schuhen fühlte sich bröselig und nass an. Sie überlegte schon, ob Mama Olga sich geirrt haben könnte, als sie in einem der hinteren Kellerräume, in dem Wasser stand, durchweichte Kisten fanden.

Der Bürgermeister trat neben sie. »Da müssen die Papiere drin sein, von denen Mama gesprochen hat.«

Annegret nickte wenig begeistert. Es würde Tage dauern, diese dreißig oder vierzig ineinander gesackten Kisten durchzusehen. Ihr Zustand war schlechter als gedacht. Sie waren von Schmutz bedeckt und von der Feuchtigkeit des Raumes aufgequollen und instabil. Die Chancen standen nicht gut, dass man die Papiere überhaupt noch lesen konnte.

Bürgermeister Popow betrachtete eine der Kisten genauer. »Nass und riecht nicht gut.« Er rümpfte die Nase.

Annegret öffnete eine andere und blätterte durch den zuoberst liegenden Papierstapel. »Das sind tatsächlich Krankenakten!«

»Aber Wasser ist in die Kisten gezogen«, sagte der Bürgermeister.

»Wir müssen sie ins Trockene bringen«, schlug Annegret vor. »Ich will sie Blatt für Blatt durchschauen und sehen, was ich entziffern kann.« Die oberste Akte gehörte einem Franz Gutzeit, Geburtsdatum und Erkrankung waren unleserlich. Entlassen worden war er am siebten Juni fünfundvierzig, um zu seiner Familie nach Svetlogorsk zurückzukehren.

»Warten Sie hier!«, verlangte der Bürgermeister nach einigem Überlegen und ließ Annegret allein in dem kalten, feuchten Keller zurück.

Sie zählte zweiundvierzig Kisten und rechnete, wie viele Stunden ihr für die Durchsicht bleiben würden, bis ihr Zug nach Hause fuhr: dreiunddreißig. Das bedeutete, dass sie für jeden Karton weniger als eine Stunde Zeit hatte.

Nachdem sie die erste Kiste erfolglos durchgesehen hatte, kam der Bürgermeister zurück in den Keller. Er hatte die versammelte Festgemeinde im Schlepptau. Sie wirkten angeheitert, doch willens zu helfen. Aber wie hatten sie Papa Maxim im Rollstuhl die schmale Kellertreppe runterbekommen?

»Wo soll alles hin?«, fragte Nachbar Mischa. Er trug schon seine Schlafanzughose, als hätte der Bürgermeister ihn aus dem Bett geholt.

»Wir bringen sie ins Rathaus. Da ist es trocken, und Licht gibt es auch«, wies Alexander Popow ihn an und begann, jedem, auch Mama Olga, eine Kiste vor die Brust zu drücken. Papa

Maxim hielt die Tür hinauf ins Erdgeschoss mit seinem Rollstuhl offen.

Am Eingang des Kursaals luden die vielen Helfer alles auf Handwagen. Einige Kartons brachen schon auf dem Weg hinauf unter der Last der Papiere und geschwächt von der Feuchtigkeit auseinander. *Schena* Ludmilla trug einzelne Bündel nach. Annegret spürte Tränen der Rührung. Spontan umarmte sie die Frau des Bürgermeisters.

Gegen zwei Uhr morgens hockte sie im Festsaal des Rathauses zwischen zweiundvierzig Kisten, erschöpft und glücklich zugleich. Die bunte Hausgemeinschaft wollte noch helfen, die Akten durchzuschauen, aber die meisten Papiere waren, wie es aussah, in lateinischer Schrift geführt worden, die sie nicht lesen konnten.

Annegret bedankte sich vielmals und umarmte jeden Einzelnen. Dann begann genau die Arbeit, für die sie den weiten Weg auf sich genommen hatte. Im hell erleuchteten Saal des Rathauses legte sie die Akten sorgsam nacheinander zum Trocknen auf Zeitungspapier aus. Akte für Akte, Kiste für Kiste, und sie wurde mit jedem Blatt Papier unsicherer, ob sie es mit ihrer Leseschwäche jemals schaffen könnte, alles durchzuackern. Zumindest anfangen wollte sie. Zunächst legte sie eine Liste an, in der sie die Namen und Geburtsdaten der Patienten laut den Akten notierte. Sie konnten für andere Suchfälle entscheidend sein. Die Liste sah schrecklich krakelig aus, aber für die Reinschrift würde sie sich, zurück in Hamburg, Zeit nehmen. Zwischen der Arbeit stärkte sie sich mit den Teigtaschen von *Schena* Ludmilla und trank Wasser, das der Bürgermeister ihr in einem Krug hereingereicht hatte.

Bei der neunten Kiste schlief sie ermattet ein und wachte erst wieder auf, als die Kirchenglocke Mittag schlug. Sie hatte wertvolle Zeit verloren! Ihr blieben noch zweiundzwanzig Stunden, bis sie zum Bahnhof musste. Ihr Zug nach Kaliningrad fuhr zehn Uhr sechsunddreißig.

Alles zog sich, und über mancher Akte brütete sie eine Ewigkeit, so unleserlich war sie geworden. Je tiefer eine Kiste unten gestanden hatte, desto feuchter und schlechter lesbar war deren Inhalt. Bald war der gesamte Boden um den Festtisch des Saales mit den Deckblättern der Akten gepflastert.

Bei der neununddreißigsten Kiste hielt Annegret plötzlich die Luft an. Ein Papier daraus erwähnte einen Waisen namens Eberhard, aber der war mit der Ruhr in den Kursaal verlegt worden und kam auch nicht aus Königsberg. Das war nicht ihr Suchkind mit dem Leberfleck am linken Ohrläppchen. Annegret sah auf die alte Uhr an der Wand. In einer Stunde musste sie am Bahnhof sein! Die Zeit lief ihr davon!

Der Bürgermeister guckte zur Tür rein. »Brauchen Sie Wodka?«

Annegret schüttelte den Kopf. »Ich muss die letzten drei Kisten noch mit klarem Kopf schaffen.« Sie wusste, dass das rechnerisch gesehen unmöglich war. Die Kisten waren sehr feucht. Es würde mehrere Stunden dauern, sie durchzusehen.

Alexander Popow holte erst ihren Koffer für sie aus dem Hotel, dann hockte er sich neben sie auf den Boden. Annegret nahm sich die vierzigste und der Bürgermeister die einundvierzigste Kiste vor. Während sie den Deckel hob, zitterten ihre Hände. Eberhards Schicksal musste hier irgendwo versteckt sein.

»Eberhard, geboren neunzehnhundertzweiundvierzig, Krätze«, sprach sie vor sich hin.

Die Akten waren kaum noch lesbar und die Tinte von der Feuchtigkeit verschmiert. Die untersten Papiere von Kiste vierzig klebten aneinander und waren besonders fleckig. Annegret ließ sich die Lupe reichen, die Bürgermeister Popow aus seinem Arbeitszimmer geholt hatte.

Sie las einen Namen und blätterte die Akte durch, das Geburtsdatum, die körperliche Beschreibung, die Vorgeschichte vor der Verlegung nach Selenogradsk. Die Buchstaben tanzten vor ihren Augen. Sie begann zu schwitzen, sodass ihr die Lupe aus der Hand glitt.

»Ich habe meinen Eberhard gefunden!«, rief sie, küsste die Akte und umarmte Bürgermeister Popow vor Glück. Sie las den Krankenbericht so aufmerksam, wie es die Aufregung zuließ. Am Ende stand: Entlassen für Transport nach Walsrode, Unterbringung im dortigen Waisenhaus aussichtsreich.

Ihr blieben noch fünfzehn Minuten bis zur Abfahrt des Zuges. Hektisch schlug sie einige Wörter in ihrem Wörterbuch nach, denn sie wollte zum Abschied noch etwas in Alexander Popows Sprache sagen: »Spasibo vam ott vsjego serdza!« Es war ein von Herzen kommendes Dankeschön.

Bürgermeister Popow sah nun gar nicht mehr ungerührt aus, strich sich seinen Schnurrbart an den Enden glatt und sagte: »Auf Wiedersehen, Fräulein Anja! Bis bald! Bitte kommen Sie wieder!« Er lächelte breit.

»Dann aber im Urlaub!«, rief Annegret, griff ihren Beutel, verstaute die kaum lesbare Liste mit den Namen der Kursaalpatienten in ihrem Koffer und lief vollgepackt aus dem Festsaal. Ihr blieben noch zehn Minuten, bis der Zug zurück nach Hause fuhr.

19

9. Juli 1955

Das Zentrum von Königsberg breitete sich nördlich vom Bahnhofsvorplatz aus. Für Hardy fühlte es sich wie warmer Regen auf der Haut an, endlich hier zu sein, obwohl kein Tropfen Wasser vom Himmel fiel. Es war ein trockener Sommertag, und er hatte es wirklich hergeschafft. Für einen Moment vergaß er, dass ihm alles wehtat: die Gelenke, die Gliedmaßen und der Hungerbauch. Seine Füße brannten vom vielen Stehen auf den Fußballschuhen. Die Halbschuhe, mit denen er Pippensen verlassen hatte, waren ihm noch in Hamburg geklaut worden.

Jetzt musste er nur noch das Sankt-Elisabeth-Krankenhaus mit den gelben Räumen finden und seinen Zettel vorzeigen. Er wusste nicht, was er dort von der Vergangenheit noch vorfinden würde, aber es war die einzige Verbindung zu seiner *Mamake*. Von einem obdachlosen russischen Mädchen, das die meiste Zeit auf der zweiten Zugtoilette im Nachtzug nach Danzig gehockt hatte, hatte er sich sein Anliegen am Sankt-Elisabeth-Krankenhaus aufschreiben lassen, genauso wie in kyrillischen Buchstaben die Frage nach dem Weg zum Krankenhaus. Das Mädchen hatte Deutsch, Russisch und Polnisch gesprochen. Alles als Streunerin gelernt, das Schreiben auch.

Unter Stöhnen nahm Hardy seine Sporttasche auf. Dieser Abschnitt seiner Reise fühlte sich an wie das Finale der Jugendmeisterschaft. Jetzt hieß es Zähne zusammenbeißen und noch einmal das Letzte aus sich herausholen, obwohl ihm alle Muskeln brannten. Wehmütig dachte er an Trainer Brodkorb, der ihm wie eine Gestalt aus einem anderen Leben vorkam. Was er jetzt dafür geben würde, von seinem besten Freund Götz gestützt zu werden. Und seine Adoptivfamilie? Ihm fehlten die fröhliche Art seiner Schwester und die Schlagabtausche mit seinen Brüdern Achim und Siegfried, den ollen Klöttenköppen.

Bevor er zum Krankenhaus ging, wollte er zum Marktplatz. An den offenen Ständen ließ es sich am einfachsten stehlen. Das hatte er gelernt, als er in Berlin unter Straßenkindern gelebt hatte. Ansonsten wäre er inzwischen verhungert. Sein Geld war längst ausgegeben. Immer wenn er etwas klaute, flüsterte er schnell noch »Entschuldigung« hinterher.

Vor Schwäche verschwamm ihm Kaliningrad vor den Augen. Es dauerte, bis er ins Stadtzentrum fand. Einen Marktplatz wie in Buxtehude gab es hier nicht. Die Frauen boten ihre Produkte auf einer grünen Wiese an. Ihm lief das Wasser im Mund zusammen.

Während er mithilfe seines Zettels nach dem Sankt-Elisabeth-Krankenhaus fragte, verschwanden zwei Kohlrabis in den Gesäßtaschen seiner Hose. Er aß nicht mehr gerne süß, nachdem er von den Franzbrötchen, die ihm die Frau in der Zugtoilette geschenkt hatte, drei Tage lang Bauchschmerzen gehabt hatte. Er hatte die leckeren Teile auf leeren Magen gegessen, alle auf einmal. Sie war nett gewesen, die Frau mit dem Zopf und der gelben Strickjacke.

Auf dem Weg zum Krankenhaus verschlang er beide Kohlrabis und schaute jedes Haus und jede Brücke an, um sich zu erinnern. Aber nichts hier sah so aus, wie er es in einem seiner letzten Träume gesehen hatte. Er hatte gehofft, es wären nicht nur Träume, sondern auch Erinnerungen gewesen. Darin hatte seine echte Mutter ihn durch alte, enge Gassen getragen. Sein ganzer Körper hatte schrecklich gejuckt, seine Hände waren verbunden gewesen, und er hatte gefiebert. In seinem Traum hatten Menschen Trinkwasser aus Bombentrichtern geschöpft. Dabei hatte seine *Mamake* immer wieder zu ihm gesagt: »Wir schaffen das, Eberhard. Gleich wird dir geholfen.« In seiner Erinnerung stank es nach Müll, vergammeltem Fisch und verbranntem Fleisch.

Am Ziel angekommen, sah Hardy vor Erschöpfung nur noch die Umrisse dessen, was früher das Sankt-Elisabeth-Krankenhaus gewesen sein musste. Seine Wangen fühlten sich glühend heiß an, als er in das Gebäude hineinstolperte, seine Sporttasche lose in der Hand. Er durfte jetzt nicht auffallen und nahm Haltung an wie auf dem Platz. Wenn man wegen ihm die Polizei rief, wäre alles vorbei. Er besaß weder Papiere noch eine Einreiseerlaubnis in die Sowjetunion.

Hardy zog sich die gelbe Strickjacke aus seiner Sporttasche an, die die nette Frau auf der Zugtoilette vergessen hatte. Die Jacke hatte ihn schon angenehm gewärmt, als er Schüttelfrost gehabt hatte. Er biss die Zähne zusammen, nahm die Sporttasche wieder auf und ging zum Auskunftsfenster des Krankenhauses. Die Frau mit der weißen Haube und dem weißen Kleid sprach ihn auf Russisch an. Er reichte ihr seinen Zettel mit den kyrillischen Buchstaben.

Was die Schwester antwortete, bekam Hardy nicht mehr mit, denn plötzlich wurde alles schwarz.

*

Hardy öffnete langsam die Augen und blickte auf eine gelbe Wand. Träumte er? Mehrmals blinzelte er, dann richtete er sich auf und sah sich um. Alle Wände waren gelb, und er war sicher, dass er sich in einem Krankenzimmer befand. Seine Sachen, auch die gelbe Strickjacke und seine Fußballschuhe, lagen auf einem Hocker neben seinem Bett. Er trug ein Krankenhaushemd, und mehrere andere Kranke mit dem gleichen Hemd waren links und rechts von ihm untergebracht.

Vom Fenster fiel taghelles Licht auf Hardys Bett. Seine Schmerzen waren nicht mehr so stark, aber er hatte schrecklichen Hunger. Er lauschte auf die Geräusche im Flur. Hoffentlich kam die Polizei nicht, um ihn mitzunehmen. Bei der Aufnahme in eine Krankenstation wurden doch Papiere verlangt, die er nicht besaß! Fieberhaft überlegte er, wie er entkommen konnte, aber sein Körper war zu schwach, um überhaupt aufzustehen.

Hardy hielt den Atem an, als die Tür geöffnet wurde. Statt eines Polizisten trat eine Krankenschwester ein. Sie lächelte freundlich und trug ein Tablett in der Hand. »Dobryi djen, malchik.« Sie nahm eine Tasse mit dampfendem Inhalt vom Tablett und hielt sie ihm hin.

Hardy trank die stärkende Brühe gleich aus. Dann maß die Krankenschwester seinen Blutdruck und ging zum nächsten Bett weiter.

Kurz darauf kam eine weitere Krankenschwester zu ihm und reichte ihm seinen Zettel zurück. »Ich bin Bruni Schlohbitten. Du suchst doch jemanden, der schon länger hier arbeitet. So zumindest steht es auf deinem Zettel.«

»Sie sprechen Deutsch?«, fragte Hardy, womit seine Maskerade aufgeflogen war. Den Trick, sich stumm zu stellen, hatte er sich von den Bahnhofskindern in Hamburg abgeschaut. Es half, Mitleid zu erwecken, und verhinderte, Auskunft geben zu müssen.

Die Frau mit den dünnen Haaren unter der Schwesternhaube nickte. Sie war zierlich und klein mit hageren Gesichtszügen. »Ich arbeite schon seit fünfzehn Jahren in diesem Krankenhaus. Schwester Irina am Auskunftsfenster hat mir deinen Zettel gezeigt.« Sie zog sich einen Stuhl an Hardys Bett.

»Ich bin hier, weil ich meine *Mamake* suche«, erklärte Hardy. Das Krankenzimmer war in seinen Träumen viel größer, aber er war sich sicher: »Ich wurde hier schon einmal behandelt. Damals muss ich drei oder vier gewesen sein.«

Bruni Schlohbitten lächelte. Ihr fehlte ein Vorderzahn, obwohl sie keine alte Frau war. »Wir haben Hunderte Kleinkinder behandelt. Ich kann mich nicht an jedes erinnern.«

»Es war zu der Zeit, als Menschen Wasser aus Bombentrichtern tranken«, sagte Hardy nachdrücklich. Seine Träume mussten Erinnerungen gewesen sein.

Das Gesicht der Krankenschwester verdunkelte sich mit einem Mal. »Das ist passiert, nachdem die Sowjets Königsberg eingenommen hatten«, antwortete sie leise und sah sich wie auf der Hut vor den anderen Schwestern im Krankenzimmer mit den gelben Wänden vorsichtig um.

Hardy ergriff ihre Hand, die so zerbrechlich wirkte. »Wann war das?«

»Im Januar fünfundvierzig wurde Königsberg von den Sowjets beschossen und die Stadt zur Verteidigungsfestung. Anfang April begann dann der Großangriff«, flüsterte sie. Sie fixierte einen Punkt irgendwo in der Luft über Hardys Krankenbett. »Das eigentliche Inferno kam erst, als die Stadt offiziell zur Plünderung freigegeben wurde, und die ...« Sie zögerte und kam mit ihren schmalen Lippen nah an Hardys Ohr, ehe sie weitersprach: »Bevor die Sowjets als Rache für die Verbrechen der Nationalsozialisten mit uns Deutschen machten, was sie wollten.«

Hardy begann zu frieren, als er sich ausmalte, was Bruni meinen könnte.

Sie erklärte es ihm flüsternd: »Wir hatten Lepra, Typhus und Fleckfieber mit hoher Mortalität, aber die meisten Königsberger starben an Gewalt, Kälte, Hunger und Erschöpfung.«

Hardy wollte das nicht hören. »Meine echte Mutter hieß Foss«, sagte er.

Die Krankenschwester überlegte. »Foss gab es einige in Königsberg. Aber ich kenne keine Foss, die überlebten«, sagte sie und drückte Hardy sanft in sein Kissen zurück.

»In meiner Erinnerung sehe ich, wie meine *Mamake* mich ins Krankenhaus trägt. Sie muss hier gewesen sein. Sie ist nicht tot«, sagte Hardy vor Aufregung so laut, dass die Patienten in den Nachbarbetten ihn anschauten.

Schwester Bruni schloss die dünnen, papiernen Lider. »Es waren so viele Kinder in dieser Zeit. Wenn ich mich doch nur daran erinnern könnte.«

Hardy setzte sich wieder im Bett auf. »Bitte versuchen Sie es!«, bat er eindringlich, griff sich die gelbe Strickjacke am Ärmel vom Stuhl und zog sie sich über.

»Warte, meen Junke«, sagte Bruni Schlohbitten in der alten Sprache so leise, dass es die anderen nicht verstehen konnten. »Da war eine Frau Foss, jetzt erinnere ich mich, aber sie brachte ein Waisenkind.«

»Ich war keine Waise. Ganz bestimmt war meine echte Mutter bei mir, als ich herkam.« Bruni musste von einem anderen Jungen sprechen. Enttäuscht ließ er sich wieder zurück in sein Kissen fallen. Tränen stiegen in seine Augen.

»Es könnte sein«, sagte Bruni dann, »dass deine Mutter dich damals als Waise ausgegeben hat. Weil die Nahrungsmittel so knapp waren, haben wir ab Jahresende nur noch Kinder aufgenommen, die Lebensmittelrationen abgeben konnten. Das waren vor allem Waisenkinder.«

Hardy horchte auf und vergaß allen Schmerz und Hunger sofort. Also gab es doch eine Spur zurück zu seiner *Mamake*. Er wollte jubeln wie beim 3:2 gegen die C-Jugend von Stade, aber er durfte keine Aufmerksamkeit erregen. Ein Gefühl der Euphorie durchströmte ihn, als er sich vorstellte, bald die Frau kennenzulernen, die ihm das Leben geschenkt hatte. Es war, als würde sich die Leere, die er seit dem Verlassen von Pippensen empfand, mit Sinn und neuer Liebe füllen.

Schwester Bruni betrachtete ihn Zentimeter für Zentimeter, als suchte sie nach Ähnlichkeiten. »Ich glaube, ich kann mich an die Frau erinnern, die dich abgegeben hat. Sie trug ein altes, vom harten Alltag zerfleddertes Kleid mit dem gleichen Rosenmuster, wie meine Tochter auch eins besaß.«

»Rosenmuster«, wiederholte Hardy so zärtlich, als würde er bereits die Hand seiner echten Mutter berühren.

»Was wissen Sie noch über meine *Mamake*? Bitte sagen Sie mir alles, woran Sie sich erinnern. Und ihren Namen natürlich!«

»Ihr fiel der Abschied nicht leicht«, erinnerte sich Schwester Bruni. »Du riefst so verzweifelt nach ihr, dass es weit über den Flur halte. *Mamake, Mamake!*«

»Was wurde aus ihr?«, fragte Hardy zittrig.

»Einige Frauen kamen in ein Lager weit weg von hier im Osten«, murmelte Bruni, »andere starben an Hunger und …« Die Stimme brach ihr. »Aber sie könnte auch unter den letzten deutschen Königsbergern gewesen sein, die die Stadt zwei Jahre später verlassen durften.«

Obwohl er nicht wusste, welches ihr Schicksal gewesen war, war er überzeugt, dass jetzt alles gut werden würde. »Und, wie lautet nun ihr Name?« Hardy begann sich auszumalen, wie das Zusammentreffen verlaufen könnte. Vielleicht würde sie ihn in die Arme schließen und ihm von all den Dingen erzählen, die sie an ihm vermisst hatte. Jetzt würde er endlich Antworten auf die Fragen finden, die ihn so lange gequält hatten.

Plötzlich ging die Tür auf, und zwei Uniformierte betraten das Krankenzimmer. Sie sagten auf Russisch etwas im Befehlston.

Bruni Schlohbitten stellte sich schützend vor Hardys Bett, wurde jedoch beiseitegestoßen, sodass sie stürzte. »Njet, njet!«, flehte sie, aber die Polizisten zückten die Handschellen.

»Er ist kein Spitzel des kapitalistischen Westens!«, beteuerte Bruni auf Deutsch, auf dem Boden liegend.

»Wie lautet der Name meiner echten Mutter?«, rief Hardy noch einmal, da hatten die Uniformierten die deutsche Krankenschwester schon in den Flur gezerrt.

Das metallische Klicken der Handschellen hallte in Hardys Kopf wider, während ihm klar wurde, dass er erneut gefangen war – gefangen nicht nur von den Sowjets, sondern auch von der Ungewissheit über seine Herkunft. Er war so nah dran gewesen, aber jetzt war er weiter weg als jemals zuvor.

20

9. Juli 1955

Charlotte schrubbte so fest, dass sich die blaue Farbe von der Haustür löste. Je länger sie über die Lebenslüge ihrer Eltern nachdachte, desto wütender wurde sie. Die ersten Tage nach dem Geständnis ihrer kriminellen Adoption war sie noch mit Roberts miesem Täuschungsmanöver beschäftigt gewesen, sodass die Adoption zunächst wenig Platz in ihren Gedanken gehabt hatte.

Robert. Sofort schrubbte sie fester, als könnte sie ihn genauso wie den Dreck von Femkes Haustür aus ihrem Leben entfernen. Ihr lief trotzdem noch ein Schauer über den Rücken, wenn sie an die Nacht auf dem Segelboot dachte, an seine Berührungen und den Einblick, den er ihr in seine Gefühlswelt und Vergangenheit gegeben hatte. Er hatte verletzlich gewirkt. Hervorragend getäuscht, Herr Hauptkommissar! Wie gut, dass sie bis auf Annegret noch niemandem von ihrer kurzen Liaison oder was das gewesen war, erzählt hatte. Sie war lächerlich leichtgläubig gewesen. Schluss, aus, vorbei. So dumm würde sie nie wieder sein.

Seitdem sie nun auch noch den Verlobungsring zu Händen von Carl-Gustav Johannson zurückgeschickt hatte, war in ihrem Kopf Platz, um über die Adoption zu brüten. Sie, kaum geboren, war Menschenhändlern in die Hände gefallen, oder sollte sie sagen: in deren Hände übergeben worden? Sie vermied es, an ihre leibliche Mutter und ihren leiblichen Vater zu denken. Umso mehr beschäftigten sie ihre falschen Eltern. Wie hatten die Dahlhäusers sie nur all die Jahre belügen können? Verzweifelt schlug Charlotte gegen die Haustür.

»Meen Deern, was ist los?«, rief Femke vom Sofa in der Stube her, das Bein noch immer im Gips.

»Es geht schon«, rief sie ins Haus und schrubbte weiter. Seit sie von der Arbeit zurück war, putzte sie.

»Fräulein Charlotte!«, rief jemand von der Straße her. Auch diese Stimme konnte sie auf Anhieb zuordnen.

Charlotte wandte sich um. Mit dem Putzlappen in der Hand ging sie Monika Mayer entgegen. »Was machst du denn hier? Und warum bist du nicht bei deinen Eltern in deinem neuen Zuhause?« Sie hatte Fotografien des Wohnhauses der Roskodens gesehen. Es war ein Häuschen mit Garten, Schaukel und einem hübschen Jägerzaun drum herum in einer gepflegten Wohnsiedlung ohne Kriegsspuren.

»Sie sind nicht meine Eltern!«, erklärte Monika, Teddy Mayer in der Hand.

»Was?« Charlottes Herzschlag setzte für einen Moment aus. Als sie wieder denken konnte, sagte sie: »Wenn man seine Eltern viele Jahre nicht gesehen hat, dauert es ein bisschen, bis man wieder mit ihnen zusammenfindet.« Sie umarmte Monika.

»Ich habe die beiden neulich reden hören«, berichtete das Mädchen und machte sich aufgeregt aus der Umarmung frei. »Sie haben darüber gesprochen, was sie dem Jugendamt sagen wollen, weil doch bald eine Frau zum Gucken zu uns kommt.«

Charlotte nickte. Das Vierteljahresgespräch. »Worüber haben die Roskodens denn geredet?«, fragte sie. Ihre Hand wanderte zum Mund, und sie begann, an ihren Nägeln zu kauen.

»Dass sie sich neue Geschichten überlegen müssen, damit die Frau vom Jugendamt nicht stutzig wird. Eine Geschichte, wie sie damals Teddy Mayer gekauft haben.« Monika streckte ihr Teddy Mayer hin. »Verstehen Sie, Charlotte? Meine Eltern haben Sie angelogen!«

Charlotte ließ sich auf die oberste Stufe der Eingangstreppe sinken und presste sich den Stoffbären an die Brust. Die Roskodens waren so überzeugend gewesen. Könnte es sein, dass Monika schwindelte, nur um sie wiederzusehen? Das Mädchen war schon immer gerne ausgebüxt. Sie fokussierte Monika genau. Sie war größer geworden und wirkte gepflegter als bei ihrem Kennenlernen, aber ihre hellgrünen Augen verrieten Kummer und Unglück.

»Bist du dir ganz sicher bei dem, was du gehört hast?«, fragte Charlotte.

Monika nickte gleich mehrmals.

Charlotte schluckte fest, doch der dicke Kloß, der sich in ihren Hals schob, war nicht mehr wegzubekommen. Mühsam erhob sie sich. »Wir müssen deinen Zweifeln nachgehen«, sagte sie. Zunächst einmal würde sie aber die Roskodens darüber informieren, dass Monika bei ihr war und dass es dem Mädchen gut ging.

Monika schmiegte sich an Charlotte. »Kann ich wieder bei Ihnen bleiben, bitte, bitte, Fräulein Charlotte?«

»Das darfst du erst, nachdem wir das Formular für die Notübernachtung ausgefüllt haben«, erklärte Charlotte. »Lass uns gleich zum Suchdienst fahren, damit wir vor Einbruch der Dunkelheit zurück sind.«

Monika stieg auf den Gepäckträger von Charlottes Rad, das am Briefkasten lehnte. »Es kann losgehen!«, rief sie.

Charlotte legte den Wischlappen in den Eimer zurück, brachte die Putzsachen ins Haus und holte den Schlüssel für die alte Schule.

Als sie wieder bei Monika war und Teddy Mayer in den Fahrradkorb am Lenker setzte, versuchte sie zu lächeln, aber der Kloß in ihrer Kehle war riesig geworden. Sie war schuld daran, wenn Monikas Martyrium weiterging.

*

In der alten Schule brannte noch Licht, als Charlotte mit Monika und Teddy Mayer dort eintraf. Das war ungewöhnlich, weil die Kolleginnen zuletzt immer pünktlich Feierabend gemacht hatten und an Samstagen nicht einmal der Chef länger arbeitete. Wegen der Absage der Hamburger Hafenbank und der Drohung des Innenministeriums, das Suchbüro zu schließen, wurde die Stimmung mit jedem Tag schlechter. Zwei Kolleginnen von den Wolfskindern hatten in den Mittagspausen bereits Stellenanzeigen gelesen. Und Jochen Krüger lief seit Tagen fluchend umher, weil die Kaffeemaschine kaputt war.

Charlotte lehnte ihr Rad gegen die Wand des Gebäudes, wo der Efeu an der Regenrinne hinaufkletterte, und betrat den Kindersuchdienst mit Monika an der Hand. Sie gingen hoch zu Frau Hahn, wo die Formulare lagen. Die eifrige Chefsekretärin saß noch an ihrem Schreibtisch und bereitete eine Unterschriftenmappe vor, als Charlotte das Vorzimmer betrat.

Frau Hahn zögerte nicht, ihr das Formular zur Notübernachtung herauszusuchen. Charlotte hatte es im Handumdrehen ausgefüllt. »Ich muss Monikas Eltern informieren. Wenn ich mich recht erinnere, haben die Roskodens einen privaten Telefonanschluss«, dachte sie laut.

»Das ist korrekt«, entgegnete Frau Hahn und schlug die Unterschriftenmappe vor sich zu.

»Kann ich Monika kurz bei Ihnen lassen, während ich auf der Stammkarte der Roskodens nachsehe und unten telefoniere?«, fragte Charlotte.

Frau Hahn nickte und wandte sich ihrer Schreibmaschine zu.

Monika setzte sich auf einen der alten Schülerstühle und betrachtete die Chefsekretärin beeindruckt, als diese in unglaublichem Tempo zu tippen begann.

Charlotte ging in die Bibliothek zum Regal mit den Karteikarten der Buchstabenfolge »Ros«. Kurz darauf stand sie auch schon in der Aula bei den Telefontischen und erklärte Familie Roskoden die Situation. Das Ehepaar war sehr aufgebracht, und es gelang Charlotte nicht, die beiden zu beruhigen. Sie erklärte lediglich, dass das Mädchen sich unwohl fühlen würde. Am Ende legte Herr Roskoden mit einem lauten Knall auf.

Als Charlotte zurück bei Frau Hahn im Chefsekretariat war, war Monika nicht mehr da. »Wo ist sie?«

Frau Hahn, in eine Schreibarbeit auf ihrer Maschine vertieft, hob nur langsam den Kopf. »Sie hätte hier sitzen bleiben sollen«, sagte sie nur und tippte weiter.

Charlotte eilte aus dem Vorzimmer. »Monika?«, rief sie in den Flur. Ihr fiel die angelehnte Tür zur Bibliothek auf. Sie erinnerte sich, wie das Mädchen beim letzten Mal von den hohen Regalen und dem gemalten Sternenhimmel fasziniert gewesen war. Charlotte betrat die Bibliothek. »Monika, wo bist du?«

Am Ende des Raumes unter dem Bildnis von Oberstudienrat Klöppel entdeckte sie nicht Monika, sondern Renate. Die

Kollegin saß zusammengesunken auf dem Boden, um sie herum lagen Karteikarten verstreut. Ihre Schultern bebten vom Schluchzen. Renate trug ein hautenges rosa Kleid, das ihre Taille und ihre Brüste betonte. Ihr platinblondes Haar saß selbst zu dieser späten Stunde noch perfekt. Charlotte war mehrere Atemzüge lang sprachlos, Renate so kraftlos vorzufinden.

»Da bin ich wieder!« Monika tauchte schwer atmend mit ihrem Teddy neben Charlotte auf und schaute Renate an. »Teddy Mayer kann jeden trösten«, versprach sie und drückte den Bären fest in Renates Hand. Sie musste den Stoffbären aus der Lenkertasche des Fahrrads geholt haben.

Renate blickte auf den Teddybären und versuchte wohl, ein Lächeln zustande zu bringen, das jedoch mehr einem traurigen Zucken glich. »Danke, kleines Fräulein.«

Charlotte kniete sich neben die Kollegin und legte eine Hand auf ihre Schulter. »Wie kann ich dir helfen, Renate?«

»Du kannst mir nicht helfen!« Rasch wischte sich Renate die Tränen fort. »Nur der richtige Mann könnte das.« Sie lächelte krampfhaft und hob den Kopf. Mascara und Lidstrich waren verschmiert.

Monika betrachtete Renate. »Warum haben Sie denn dunkle Streifen in den Haaren?«, fragte sie.

Erschrocken griff Renate sich in ihr platinblondes Haar. »Streifen?«

Monika nickte. »An den Enden bei der Kopfhaut.«

Charlotte musste sich ein Lächeln verkneifen, während Renate betreten auf den Boden sah. »Ich muss bald nachfärben. Meine natürliche Haarfarbe ist Braun, aber Männer mögen Blond viel lieber«, murmelte sie, mehr zu sich selbst. »Nächste Woche treffe ich Helmut, da will ich hübsch sein.«

»Also war der Richtige bisher noch nicht dabei?«, fragte Charlotte und unterdrückte jeden Gedanken an Robert. Wie hatte sie jemals glauben könnte, dass er der Richtige wäre!

Renate schüttelte den Kopf, und plötzlich brach es aus ihr heraus. Sie schluchzte hemmungslos und klammerte sich an Teddy Mayer. »Warum begegnet die große Liebe mir einfach nicht? Ich mache alles, was sie wollen – die Haare, die Kleider, alles ... Und trotzdem werfen sie mich nach einem Treffen, spätestens nach einer Nacht weg, als wäre ich nichts wert.«

Charlotte nahm Renate in den Arm und wiegte sie tröstend. »Weil sie Dummköpfe sind!«

Eine Weile saßen sie unter dem gemalten Sternenhimmel der Bibliothek und ließen das Wort *Dummköpfe* unkommentiert in der Luft hängen.

Monika hockte sich neben sie und sagte. »Ich finde, Sie sind wunderschön, Fräulein Renate.«

Renate schniefte und lächelte zaghaft. »Findest du?«

»Ja«, sagte Monika mit ernster Miene. »Aber mit Ihren echten, dunklen Haaren würden Sie noch schöner aussehen. Die passen besser zu Ihren dunklen Augen und den geschwungenen Augenbrauen.«

Charlotte war überrascht von der treffenden Beurteilung der Zehnjährigen. Sie sah das genauso, hatte es aber nie gewagt, Renate wegen ihres Äußeren, das ihr so wichtig war, zu kritisieren.

Sie stand auf und sah Oberstudienrat Klöppel entschlossen an. Renate und Monika staunten, als sie den kunstvollen Schlüssel hinter dem Bildnis des früheren Schuldirektors hervorholte, das Regal mit den Karteikarten der unbekannten Kinder zur Seite rückte und die Tür zum Baumkronenzimmer aufschloss.

Monika lief als Erste hinein und setzte sich sofort auf den Ohrensessel.

Renate zögerte noch. »Ich wusste nicht, dass es diesen Raum überhaupt gibt.« Sie presste Teddy Mayer an sich, als hätte sie seit Jahren niemanden zum Festhalten gehabt.

»Ich komme her, wenn ich Kraft brauche oder den Überblick verloren habe«, erklärte Charlotte in sanftem Ton und nahm die Kollegin mit zum Fenster. Gemeinsam schauten sie auf die Krone des Ahorns.

Während Renate in Gedanken zu versinken schien, trat Charlotte an das alte Regal mit den vergoldeten Bücherrücken. Sie nahm *Madame Bovary* heraus und erinnerte sich an die langen Nächte in Pützchen, in denen sie diesen Roman aus dem neunzehnten Jahrhundert mit Libet gemeinsam gelesen hatte. Gustave Flaubert erzählte die Geschichte einer Frau, die sich in Luxus und äußeren Schein flüchtete, um dem Alltag zu entkommen, und dabei das Wichtigste aus den Augen verlor: sich selbst.

Charlotte wischte mit den Fingern den Staub vom Buch und drückte es Renate in die Hand. »Es könnte dir gefallen.«

Renate schüttelte den Kopf. »Nein danke.«

»Es wurden drei erfüllte, köstliche, herrliche Tage, der wahre Honigmond«, las Charlotte wahllos vor, um es ihr schmackhaft zu machen.

»Ich habe keine Zeit zum Lesen«, erklärte Renate.

»Gib dem Buch eine Chance«, bat Charlotte und drückte es der Kollegin an die Brust.

Nur widerwillig griff Renate zu. Vielleicht war das der erste Schritt in eine Richtung, wo sie sich selbst wiederfinden konnte.

21

11. Juli 1955

Annegret blinzelte schläfrig und schob ihre Füße unter der Bettdecke hervor. Sie spürte Fritz an ihrem Rücken und wollte nicht, dass dieser Moment jemals verging. Rasch schloss sie die Augen. Nachdem sie gestern von ihrer Reise zurückgekehrt war, war ihr Oskar als Erster aus Fritz' Haus entgegengerannt und hatte gleich wissen wollen, ob sie Eberhard gefunden habe. Bevor sie alles erklären konnte, war ihr Sohn aber todmüde in ihren Armen eingeschlafen. Danach hatte sie lange mit Fritz bei Kerzenschein gesessen. Er kannte nun jedes Detail ihrer Reise. Gegen drei Uhr in der Früh waren sie aneinandergeschmiegt in seinem Schlafzimmer eingeschlafen.

Annegret drehte sich zu Fritz um und öffnete die Augen nun doch. Er lag seelenruhig neben ihr. Versunken streichelte ihr Blick sein schwarzes, gelocktes Haar, das ihm wild ins Gesicht hing, seine hübsch geformten Lippen und seine Augenbrauen. Mit der Fingerkuppe ihres Zeigefingers tippte sie kaum merklich auf sein Kinngrübchen. Seine Haut war trotz der vielen Sonnentage wenig gebräunt.

Fritz lächelte im Schlaf. Wovon er wohl träumte? Von ihrer Hochzeit? Die Liebe zu ihm schmeckte wie zuckersüße, reife Birnen. Und es sah ganz so aus, als würde dieser Sommer noch einen ganzen Baum davon für sie bereithalten. Am liebsten wollte sie vor Glück laut loslachen, aber sie durfte Fritz nicht aufwecken.

Sie streckte ihren Arm zum Nachttisch und schaute auf den Wecker. Es war Zeit, sich für den Arbeitstag zurechtzumachen.

Als sie aufstehen wollte, griff Fritz nach ihrer Hand. »Noch eine Minute«, flüsterte er und zog sie zurück ins Bett. Er war doch schon wach?

Sie küssten sich überschwänglich, und Annegret holte erst wieder tiefer Luft, als es an der Schlafzimmertür klopfte. Schnell ordnete sie sich das Haar. Beide zogen sie sich in Windeseile an und setzten sich auf die Bettkante – jeder auf eine Seite. »Herein!«, riefen sie gemeinsam.

Noch in Schlafzeug, erstürmte Norbert den Raum und stoppte am Bett. »Ich habe Frühstück für die Familie gemacht.«

»Wie schön«, sagte Annegret. »Dann komme ich doch nicht zu spät zum Suchdienst.« Seit sie gestern am Hauptbahnhof in Hamburg angekommen und Fritz aus dem Zug heraus in die Arme gefallen war, waren sie unzertrennlich. Sie waren direkt zu ihm gefahren, wo Norbert vom Murmelturnier mit seiner Schulklasse erzählt hatte. Ein wenig stolz hatte er berichtet, den zweiten Platz belegt zu haben. Der Überschwang und das Glück auf den Zügen des Jungen rührten sie. Jetzt nahm sie ihn in den Arm.

»Oskar sitzt schon am Frühstückstisch«, sagte Norbert dabei.

»Wir kommen gleich«, erwiderte Annegret, ließ ihn los und sah ihm hinterher, als er das Schlafzimmer verließ.

Wie jeden Morgen seit so vielen Jahren begann sie, sich ihr Haar zusammenzubinden und das kurze Stirnhaar zu kämmen, zögerte aber nach wenigen Handgriffen, bis sie schließlich ganz davon abließ. Heute war einer der wichtigsten Tage für sie beim Kindersuchdienst. Sie wollte Doktor Seppelfricke und den Kolleginnen von der erfolgreichen Reise berichten und dann umgehend mit dem Waisenhaus in Walsrode telefonieren. Annegret trat im Schlafzimmer vor den Spiegel und war selbst ein wenig überrascht, als ihre Hände anfingen, ihr Haar am Oberkopf zu toupieren. Sie teilte die Vorderpartie zum Mittelscheitel und band ihr Haar zu einem modernen Zopf. Der Anblick war noch ungewohnt, gefiel ihr aber.

Fritz trat neben sie und hielt ihr ein Kleid hin. »Das möchte ich dir schenken, Anne.« Es war gelb mit einem weißen, runden Kragen.

Sie konnte sich nicht erinnern, wann sie das letzte Mal etwas so Figurbetontes getragen hatte. »Es hat ja die gleiche Farbe wie meine Strickjacke, die ich im Zug vergessen habe.« Kurz dachte sie an die Begegnung mit dem stummen Jungen in der Toilette. Sie legte sich das Kleid an ihren zierlichen Körper.

»Probier es an!«, forderte Fritz, öffnete den Reißverschluss am Rückenteil des Kleides und verließ den Raum.

Annegret ließ sich den gelben Stoff über den Kopf gleiten. Das Kleid saß nicht so locker wie vermutet. Sie musste zugenommen haben. Ihre Hüftknochen stachen nicht mehr auffällig hervor. Ein paar Schritte ging sie probeweise im Raum umher. Es fühlte sich noch seltsam an ohne Stoff um die Unterschenkel. Wie in einen neuen Lebensabschnitt schritt sie in die Küche.

Dort war der Tisch mit frischen Brötchen, Eiern und sogar Salami gedeckt. Oskar saß bereits, eine Tasse mit Kakao in der Hand, und sah sie mit großen Augen an, als sie ihm einen Guten-Morgen-Kuss auf die Stirn drückte. Norbert stellte eine Blumenvase mit Ringelblumen aus dem Garten neben den Wurstteller.

»Sie leuchten wunderschön«, bemerkte Annegret und strich über die orangefarbenen Blütenblätter.

Fritz trat hinter sie und umarmte sie. »Du siehst noch schöner aus«, flüsterte er ihr ins Ohr. Sie dachte an die vergangene Nacht und daran, wie eng sie beieinandergelegen hatten. Es fühlte sich gut an, dass er einfach nur bei ihr gewesen war, ohne etwas einzufordern. Mit Herbert war das anders gewesen.

Plötzlich spürte sie wieder Oskars Blick auf sich. Sie waren gestern nicht mehr dazu gekommen, über seine Erlebnisse während ihrer Abwesenheit zu sprechen.

Annegret setzte sich und machte sich daran, ein Brötchen aufzuschneiden. »Spatz, wie ist es dir denn bei Fritz und Norbert ergangen?«, fragte sie. Bis zuletzt hatte Oskar Angst gehabt, sie könnte ihn wegen Fritz vernachlässigen.

Oskar schaute zwischen Fritz und Annegret hin und her. »Wir haben jeden Morgen zusammen gefrühstückt, und immer gab es Salami«, begann er, und ein kleines Lächeln schlich sie auf sein Gesicht. Er hielt inne, als würde ihm gerade bewusst, dass er wegen Fritz lächelte. »Und beim Aufstehen musste ich mich nicht so beeilen wie zu Hause immer.«

»Willst du deiner Mami mal zeigen, was wir gekauft haben?«, fragte Fritz.

Oskar stellte seine Kakaotasse ab und lief aus der Küche. Kurz darauf war er mit einer Tüte zurück, öffnete sie und hielt sie Annegret breit grinsend hin.

»Sind das Fahrscheine?«, fragte sie irritiert.

Oskar nickte. »Fritz und ich haben einhundert Stück davon am Bahnhof gekauft. Die sind nur für dich und mich«, erklärte er begeistert. »Damit wir noch viel öfter mit der Straßenbahn fahren können. Fritz will nicht mitkommen. Er hat auch angeboten, uns zum Zuckerwatteessen mit seinem Lieferauto zu fahren, aber ich nehme lieber die Straßenbahn mit dir, Mami.«

Jetzt trat Oskar vor Fritz und sah ihn erst eine Weile an, bevor er ihn umarmte. Fritz, ein wenig überrascht, aber sichtlich gerührt, drückte den Jungen an sich.

»Danke«, hörte Annegret ihren Sohn flüstern.

Sie lächelte berührt. »Ich freue mich schon auf die vielen Fahrten«, sagte sie. Wie es aussah, hatte Fritz ihre Abwesenheit auch dafür genutzt, Oskar die Eifersucht zu nehmen, indem er ihm gezeigt hatte, dass er immer genug Zeit allein mit seiner Mutter haben würde. Annegret wurde warm ums Herz. Am liebsten hätte sie den ganzen Vormittag mit ihrer Familie am Frühstückstisch gesessen. Herzhaft biss sie in ihr Salamibrötchen.

Aber nach einer halben Stunde und einem Blick auf die Uhr lief sie ins Schlafzimmer und holte ihren Beutel.

»Ihr müsstet euch auch langsam für die Schule bereit machen, Jungs«, sagte sie im Gehen.

»Aber es sind doch immer noch Ferien«, erinnerte Norbert sie und fügte hinzu: »Du siehst schön aus in dem Kleid.«

»Wie hatte ich schulfrei nur vergessen können?«, entgegnete Annegret verwundert.

»Du hast eine aufregende Reise hinter dir! Da darf man die Schulferien schon mal vergessen«, sagte Fritz. »Die Jungs können sich heute im Garten die Zeit vertreiben. Kommst du nach der Arbeit direkt hierher?«

Annegret nickte begeistert und warf sich ihren Beutel schwungvoll über die Schulter. In den frühen Morgenstunden hatte sie ein Kribbeln zwischen den Beinen gespürt. Ganz warm war ihr dabei geworden, und sie wusste nicht, wie lange sie Fritz' Anziehung noch widerstehen konnte. Doch sie war sich sicher, dass, wann immer der Moment käme, es aus Liebe und nicht aus Eile geschehen sollte. Sie konnte es kaum erwarten, ihn am frühen Abend wiederzusehen.

*

Vor der alten Schule schaute Annegret zum roten Kreuz über der Eingangstür hinauf und dachte, dass es keine schönere Arbeit als ihre gab. Genauso, wie Norbert und Oskar in ihrer neuen Familie angekommen waren, war sie es beim Kindersuchdienst. Es begann zu regnen, als wollte der Himmel ihre Rückkunft feierlich begießen.

Auf dem Flur der alten Schule war es ungewohnt ruhig, und niemand war zu sehen, als wäre Sonntag. Waren alle beim Polizeiseminar über Befragungstechniken, das Hauptkommissar Hartmann schon seit Monaten für die Suchdiensthelferinnen plante? Eigentlich hatte es auf nächstes Jahr verschoben werden sollen, weil Doktor Seppelfricke andere Themen priorisiert hatte.

Anstatt in die Aula ging Annegret zuerst zu Frau Hahn, um sich zurückzumelden. Vor Überschwang schwebte sie die Treppe hinauf und rauschte ins Vorzimmer und bis vor den Schreibtisch der Chefsekretärin. Dort hielt sie abrupt inne. War das wirklich Frau Hahn? Die Sekretärin saß mit herabhängenden Schultern da und starrte auf die Buchstabentasten ihrer Olympia, als würde sie das Maschinenschreiben erst noch lernen müssen.

»Guten Morgen«, sagte Annegret wohl ein wenig zu laut, weil Frau Hahn aufschrak.

Annegret übergab das Spesenportemonnaie mit einem Lächeln. »Ich wollte mich aus der Sowjetunion zurückmelden.«

»Danke« war alles, was die Sekretärin anzumerken hatte. Sie legte die Geldbörse neben ihre Schreibmaschine.

Annegret wandte sich schon zum Gehen, als Frau Hahn noch ergänzte: »Doktor Seppelfricke will Sie sprechen. Er erwartet Sie zu vierzehn Uhr bei sich im Büro.«

Annegret nickte. Sie wollte dem Leiter des Kindersuchdienstes auch so schnell wie möglich von ihrem Rechercheerfolg berichten. Außerdem hatte sie sich vorgenommen, Doktor Seppelfricke endlich von Oskar zu erzählen. Wenn es einen guten Tag dafür gab, dann heute! Sie würde ihm erklären, dass ihre Mutterschaft keine Schwäche, sondern eine Stärke war, und ihm ihre frühere Angst anvertrauen, als ledige Mutter keine Anstellung zu finden. Sie hoffte auf Verständnis und vielleicht sogar Anerkennung. Es gab nicht viele Menschen, die sie für ihre unvollständige Familie nicht verachtet hätten, aber Doktor Seppelfricke war anders als die meisten. Und: Er schätzte Ehrlichkeit über alles.

Annegret ging die Treppe ins Erdgeschoss hinunter, wo Jutta ihr auf dem Flur entgegenkam.

»Willkommen zurück«, sagte die Kollegin und versuchte zu lächeln. Es wirkte, als quälten sie nach wie vor Kopfschmerzen.

»Jutta! Geht es dir wirklich wieder besser?«, wollte Annegret wissen.

»Das Fieber ist weg und der stechende Schmerz auch. Zum Glück hat der Migräneanfall dieses Mal nicht so lange gedauert. Hast du nun auf deiner Reise neue Informationen über Eberhard finden können? Es tut mir sehr leid, dass ich dich nicht begleiten konnte«, erklärte Jutta und drückte Annegrets Hand.

»Ich werde die Reise nie vergessen.« Annegret erwiderte Juttas Geste. »Ich weiß endlich mehr: Nach dem Aufenthalt im Kurhaus von Selenogradsk war Eberhard im Waisenhaus in

Walsrode. Ich will gleich dort anrufen.« Sie war noch nie in dem Städtchen Walsrode gewesen, wusste aber, dass es in der Lüneburger Heide lag.

»Wenigstens *eine* frohe Botschaft«, erwiderte Jutta und lehnte sich schlaff an die Ziegelwand im Flur, zwischen die Danksagungen und Fotografien von fröhlich lächelnden Familien. Sie standen im Gegensatz zu Juttas Gesichtsausdruck. Nicht einmal ihre dicke Brille überdeckte ihre Augenringe.

»Was ist denn los mit euch allen?«, fragte Annegret.

»Es sieht einfach nicht gut für uns aus.« Jutta seufzte. »Der Chef hat keine neue Lösung zur Rettung des Suchdienstes! Am Freitag hat er in einer Ansprache alle Mitarbeiterinnen und die Abteilungsleiter darum gebeten, sich nach neuen Anstellungen umzusehen.«

»Was?«, entfuhr es Annegret. So sehr hatte sich die Lage innerhalb weniger Tage zugespitzt? Sie dachte an all die Waisen, die noch auf Hilfe warteten, und daran, wie sehr sie ihre Arbeit und die Kolleginnen vermissen würde, sollte der Suchdienst geschlossen werden. »Das dürfen wir nicht zulassen!« Ihre Worte hallten im Flur an den hohen Decken wider.

Jutta zuckte mit den Schultern und schlurfte zum Lehrerzimmer, aus dem kurz darauf das Gurgeln der Kaffeemaschine zu hören war.

Jochen Krüger kam den Flur entlang, und Annegret schickte ihm ein kraftvolles »Guten Morgen« entgegen. »Ich bin sehr zuversichtlich, Frau Voss bald mit ihrem Sohn zusammenzuführen.«

Jochen Krüger stoppte abrupt, als wäre er mitten im Flur gegen eine Wand gelaufen. Eine Weile betrachtete er sie, dann lächelte er zufrieden. Wie schön, dass er sich über ihren absehbaren Sucherfolg freuen konnte.

Annegret ging in die Aula. Dort war Dagmar gerade dabei, die Besuchertür am Tresen aufzuschließen, aber das war auch schon die einzige Regung in dem Saal. Annegret fiel sofort auf, dass die Keksdose heute nicht auf dem Tresen stand. Es roch, als hätte Dagmar seit Tagen nicht gebacken, nämlich nur nach dem alten Holz der Schulbänke und Wandverkleidungen.

Schwerfällig hob Renate den Blick von ihren Unterlagen. »Willkommen zurück.« Sie betrachtete Annegrets Kleid, und etwas zuckte in ihrem Gesicht, dann arbeitete sie weiter. Die anderen Kolleginnen saßen wie eingefroren an ihren Tischen. Es wirkte, als hätten sie den Suchdienst schon aufgegeben.

Charlotte betrat die Aula und steuerte auf Annegret zu. »Endlich bist du da. Kann ich dich kurz entführen?« Sie umarmten sich. »Das Kleid steht dir fantastisch, Annegret«, flüsterte Charlotte ihr zu.

Annegret zeigte ihre Freude mit einem Lächeln. Vielleicht würde sie demnächst öfters Kleider tragen. »Ich habe nicht viel Zeit«, wehrte sie jedoch ab. »Ich möchte den Fall Eberhard Voss endlich zu Ende bringen.«

Ehe Annegret sichs versah, führte Charlotte sie in die Bibliothek. Zielstrebig ging Charlotte auf das gerahmte Bildnis des unbekannten Mannes zu, das Annegret zwar schon aufgefallen war, dem sie bisher aber keine Beachtung geschenkt hatte. Der Unbekannte trug einen Schnurrbart wie aus Großmutters Zeiten. Er wirkte auf eine sympathische Art verständnisvoll.

Irritiert verfolgte sie, wie Charlotte hinter den Bilderrahmen griff und einen Schlüssel hervorholte. Dann schob sie das Regal mit den UKs mit einer Kraft beiseite, die Annegret der Freundin nicht zugetraut hätte. Zum Vorschein kam eine alte Tür, älter als die meisten im Schulgebäude.

»Das ist ja ... Dürfen wir überhaupt ...?«, wandte Annegret ein.

Charlotte schloss auf und ging voran.

Mit mulmigem Gefühl folgte Annegret ihr und sah sich in dem kleinen Raum vorsichtig um. Die Wände zierten Regale mit alten Büchern, auf deren Rücken goldene Buchstaben geprägt waren. Am Fenster stand ein Ohrensessel, daneben ein kleiner Tisch. Daran vorbei trat sie ans Fenster und schaute in die Krone des alten Ahorns, der unter einem Regenschauer zu atmen schien.

Annegret sank auf das alte Sitzmöbel. Sie hatte immer geglaubt, jede Ecke und jeden Raum der alten Schule zu kennen. Wie konnte es sein, dass sie all die Zeit keinen blassen Schimmer von diesem Versteck gehabt hatte?

»Unserem Chef geht es nicht gut«, begann Charlotte. »Er ist schwer krank.«

Annegret erhob sich erschrocken. Das auch noch? Sanft drückte Charlotte sie in den Ohrensessel zurück, berichtete vom Befinden des Chefs während Annegrets Abwesenheit, dass er sich zuletzt die Treppe zum Direktorat keuchend wie eine alte Dampflok hochgequält hatte, und teilte ihr die Neuigkeiten über Monika Mayer mit. »Ich kann es kaum glauben, dass die Roskodens nicht die Eltern von Monika sein sollen«, gestand sie. Sie war bei der Zusammenführung dabei gewesen und hätte Stein und Bein schwören können, dass Frau Roskoden Monika geboren hatte. Und jetzt sollte das Mädchen wieder im Waisenhaus in Paderborn sein? Sie überlegte eine Weile, bevor sie sagte: »An deiner Stelle würde ich sämtliche Protokolle der Gespräche mit den anderen potenziellen Eltern für Monika noch einmal durchgehen«, empfahl sie der Freundin. »Und nicht ganz außer Acht lassen, dass Monikas Bericht nicht stimmen könnte. Das Mädchen steht unter enormem Druck.« Sie stand auf und trat neben Charlotte ans Fenster. Im Backsteingarten waren die meisten Blumen vertrocknet. Früher hatten eifrige Kolleginnen sie in der Mittagspause gegossen. Fühlte sich niemand mehr dafür verantwortlich?

»Und wenn die echten Eltern nicht darunter sind?«, fragte Charlotte besorgt.

Annegret strich ihr tröstend über den Arm. »Das ist erst mal alles, was du tun kannst. Denk jetzt nur Schritt für Schritt.«

Charlotte ließ sich mutlos in den Sessel plumpsen. »Wenn das Hamburger Büro sowieso schließt, sollten wir Monikas Fall vermutlich auch mit den Münchner Kolleginnen besprechen.«

»Gibt es nicht irgendeinen Weg, wie wir den Kindersuchdienst retten können?«, fragte Annegret.

»Ich weiß nicht.« Früher wäre Charlotte aufgesprungen und hätte gerufen: Lass es uns anpacken, so schwierig kann das nicht sein! Doch seit sie von ihrer Adoption wusste, schien sie sich der Dinge nicht mehr so sicher zu sein.

»Der Suchdienst wird bisher von Haushaltsmitteln des Bundesinnenministeriums finanziert, richtig?«, grübelte Annegret laut.

Charlotte nickte mit ernstem Gesichtsausdruck.

»Wir müssen also nur den Bund dazu bewegen, den Geldhahn doch nicht zuzudrehen«, erklärte Annegret.

Charlotte begann, am Nagel ihres Daumens zu knabbern.

»Was hältst du davon«, sprach Annegret weiter, »wenn wir die Bundesbeamten davon überzeugen, dem Kindersuchdienst mit der neuen Bildersuche eine zweite Chance zu geben.«

»Ich bin mir sicher, dass Doktor Seppelfricke das bereits versucht hat.« Charlotte klang wenig begeistert und ging beim Knabbern vom Daumennagel zum Zeigefinger über.

»Wahrscheinlich kennen die Politiker den Suchdienst nur vom Papier.« Die Ruhe und Intimität des kleinen Raums gaben Annegret das Gefühl, hier alles sagen zu dürfen, so verrückt es auch klingen mochte. »Wir müssen ihnen hier vor Ort zeigen, was die Schließung des Hamburger Büros bedeuten würde.« Das hatte Doktor Seppelfricke vermutlich noch nicht getan, denn sie hatten bisher noch keinen Bundesbeamten in der alten Schule zu Gast gehabt. »Wir könnten eine beeindruckende Ansprache vorbereiten und Familien bitten, über ihre Zusammenführungen zu berichten.«

»Meinst du, einer dieser Beamten würde seine Meinung ändern?«, fragte Charlotte und zog die Augenbrauen kraus. »Ich stelle mir die Herren im Innenministerium stocksteif vor, kaum zu Emotionen und Herzenswärme fähig. Oder warum sonst ziehen sie überhaupt in Erwägung, den Kindersuchdienst zu schließen?«

»Ich dachte nicht an *irgendeinen* Herrn aus Bonn!« Annegret lächelte kühn. »Wir müssen den allerhöchsten Bundesbeamten ansprechen!«

Charlotte erhob sich. »Du meinst Kanzler Adenauer?«

Annegret erinnerte sich an einen Zeitungsartikel, in dem sie gelesen hatte, dass der Kanzler viele Kinder und Enkel hatte, ein großer Familienmensch war. Sie nickte. »Unter den Nationalsozialisten ist er länger von seiner Familie getrennt gewesen. Er weiß sicher um die Notwendigkeit von Zusammenführungen und hat ein Herz für die Arbeit des Suchdienstes.«

Charlotte wandte sich zum Bücherregal. »Da könntest du recht haben.« Versunken murmelte sie Wörter, die für Annegret so ähnlich klangen wie: »Pützchen ... und Libet ...«

Annegret trat nah vor Charlotte, sodass sich ihre Nasenspitzen beinahe berührten. »Nur, wie bekommen wir den Kanzler zu uns an den Blomkamp?« Erst hob sie die Hände, dann ließ sie sie hilflos sinken.

»Ich wüsste vielleicht, wie wir einen Termin im Kanzlerbüro ergattern könnten«, sagte Charlotte verschwörerisch.

»Wirklich?« Annegret vermutete, dass Charlotte die Kontakte ihres Vaters in die hohe Politik nutzen wollte. »Das wäre ... das wäre unglaublich!«

»Ich will mich gleich darum kümmern«, versprach Charlotte. »Komm, ich darf keine Zeit verlieren.«

Annegret folgte ihr aus dem Raum. Charlotte schloss ab, und Annegret versteckte den Schlüssel hinter dem Bildnis des Mannes mit dem verständnisvollen Blick. Gemeinsam schoben sie das Regal wieder vor die alte Tür. Charlotte bog zu Frau Hahn ab, Annegret ging in die Aula.

Als sie den großen Raum betrat, fixierte sie das Bildnis von Kanzler Adenauer an der Wand hinter Elli Sanders Tisch. Jetzt, wo er ihr Retter werden könnte, sah sie ihn mit anderen Augen. Sie trat vor ihn und lächelte. Bisher hatte sie ihn lediglich als unnahbares Staatsoberhaupt betrachtet, das die meiste Kraft darauf verwendete, Deutschland und das westliche Europa an Amerika zu binden.

»Annegret, de kucks dr Herrn Bundeskanzler aan, als ov ihr zosamme schon Kölsch jedrunke hätt«, bemerkte Elli müder als sonst.

»Was nicht ist, kann ja noch werden!«, antwortete Annegret frech, lächelte die deprimiert schauende Elli vielsagend an und ging an ihren Tisch. Jetzt musste sie sich erst einmal um Familie Voss kümmern. Sie holte jenen Notizzettel aus ihrem Beutel, auf dem sie sich im Rathaus von Selenogradsk die Informationen aus Eberhards Krankenblatt notiert hatte. Kurz dachte sie an Bürgermeister Popow und das Abendessen mit seiner Familie und der Hausgemeinschaft. *Fräulein Anja!*

Mit vor Aufregung schwitzigen Fingern suchte sie die Nummer des Waisenhauses in Walsrode aus dem Telefonbuch. Sie nahm den Hörer ab und ließ sich von der Vermittlung verbinden.

»Waisenhaus Bertha Vogt, Walsrode«, meldete sich eine feste Frauenstimme, ohne den eigenen Namen zu nennen.

Annegret stellte sich knapp vor und ließ ihr Gegenüber gar nicht zu Wort kommen, während sie Eberhards Suchgeschichte beschrieb. Dann bat sie: »Würden Sie in Ihren Unterlagen nachsehen, ob sein Verbleib ab Sommer fünfundvierzig und sein Aufenthalt bei Ihnen festgehalten sind? Eberhard Voss ist inzwischen dreizehn Jahre alt, hat einen Leberfleck am linken Ohr und braune Haare sowie braune Augen. Vielleicht ist er sogar noch bei Ihnen?«

»Ein Eberhard Voss lebt nicht bei uns!«, sagte die Frau am anderen Ende der Leitung. »Ich schaue aber nach, ob wir Informationen zu ihm haben, falls er früher hier war. Bitte gedulden Sie sich, Fräulein!«

Annegret wartete eine Ewigkeit und blickte währenddessen noch ein paarmal zu Adenauer hinüber. Elli saß trübselig über einer Vermisstenliste.

»Nein, einen Jungen mit diesem Namen haben wir nicht in den Unterlagen«, ließ die Frau aus Walsrode verlauten.

»Das kann nicht sein!«, rief Annegret in den Hörer.

»Bitte buchstabieren Sie mir den Nachnamen«, bat die Frau.

Annegret zögerte kurz. Immer, wenn sie buchstabieren sollte, wurde es unangenehm. Sie brauchte eine Weile, bis sie »V-O-S-S« herausbekam.

»Habe ich doch richtig geschaut!«, entgegnete die Frau.

»Ein Eberhard Voss war in der Zeit ab Sommer fünfundvierzig nicht bei uns.«

Annegret seufzte so laut, dass sich sogar die müde Dagmar nach ihr umsah.

»Aber es gibt einen Jungen mit ähnlichem Namen«, sprach die Frau vom Waisenhaus weiter. »Hier steht, dass am vierzehnten Juni fünfundvierzig mit einem Zug über Hamburg aus der Sowjetunion kommend ein Junge mit Vornamen, ich buchstabiere: E-B-E-R-H-A-R-D und mit Nachnamen, ich buchstabiere: F-O-S-S bei uns für drei Jahre untergebracht war!«

»Ja, das ist er!«, rief Annegret in den Hörer. Es gab bestimmt keinen zweiten Jungen, der zum gleichen Datum mit einem Zug aus der Sowjetunion kam und dessen Nachname sich dem Klang nach nicht von Voss unterschied. Warum hatte sie nur nie in diese Richtung gedacht? Sie hätte von Anfang an nach gleich klingenden Schreibweisen des Nachnamens suchen sollen.

Annegret zitterte der Telefonhörer in der Hand, als sie zur entscheidenden Frage ansetzte: »Wenn Eberhard nicht mehr bei Ihnen lebt, wohin wurde er vermittelt? Lebt er noch?« Mehrere Kolleginnen traten nach dieser Frage hinter Annegret und hörten mit. Sie hielt den Hörer in die Mitte zwischen alle.

»Wo ist Eberhard Voss heute?«, drängte Annegret. Bitte, bitte, lass die Frau nicht sagen, dass Eberhard verstorben ist!

»Er wurde von einer Familie Manfred Krause in Pippensen in Pflege genommen, und wie es aussieht – das hat unsere Heimleiterin hier nur handschriftlich nachgetragen –, wurde der Junge sogar adoptiert«, erklärte die Frau am anderen Ende der Leitung.

Annegret sah die Kolleginnen an, die sie umringten. Eberhard hatte im Alter von sechs Jahren eine neue Familie gefunden und war nicht jahrelang im Waisenhaus gewesen oder gar verstorben. Vereint mit Dagmar, Jutta, Elli und Renate atmete sie erleichtert auf.

»Vielen, vielen Dank! Das sind wunderbare Neuigkeiten«, jauchzte Annegret in den Hörer. Sie fühlte sich ganz verrückt vor Glück und wollte schon auflegen, als die Frau aus dem Waisenhaus noch fragte: »Wollen Sie die Adresse der Krauses gar nicht wissen, Fräulein?«

Annegret musste sich zusammenreißen, um halbwegs normal zu sprechen. »Ja, doch, gewiss!« Vor Aufregung bekam sie kaum Luft und reichte den Kolleginnen den Hörer.

Dagmar griff nach einem Stift und notierte: »Dorfstraße Nummer achtzehn, Pippensen bei Buxtehude.«

Annegret prägte sich die Adresse fest ein. Wenn der Chef es erlaubte, wollte sie gleich morgen nach Pippensen fahren und Eberhard und seine Adoptivfamilie kennenlernen. Vor Freude umarmte sie Jutta fest und lud die Kolleginnen später zum Mittagessen auf ein Labskaus ein.

Sie stürmte in die Bibliothek, direkt vor den Karteischuber mit der Buchstabenkombination FO, und fand die Suchanfrage eines Eberhard Foss, die am dreißigsten Mai per Telefon aufgegeben worden war. Es bedeutet einerseits, dass sie die Adresse des Jungen seit einiger Zeit bereits in der Kartei hatten. Andererseits zeigte es auch, dass Eberhard seine leiblichen Eltern suchte, sie kennenlernen wollte. Doktor Seppelfricke würde begeistert sein, wenn er davon erfuhr!

*

Annegret hatte den Eindruck, den Leiter des Kindersuchdienstes Jahre nicht gesehen zu haben, dabei war sie vor weniger als einer Woche das letzte Mal im Büro gewesen. Enno Seppelfricke wirkte schnell gealtert. Sein Gesicht war grau und faltig. Was am auffälligsten war: Er rauchte nicht. Zusammengesunken saß er an dem großen Tisch in seinem Büro und bedeutete ihr mit lascher Hand, auf einem Stuhl ihm gegenüber Platz zu nehmen.

»Ich konnte inzwischen herausfinden, dass Eberhard Voss bei Familie Krause in Pippensen lebt«, sprudelte es aus ihr heraus. Ihr Reisebericht konnte ihn hoffentlich aufheitern.

Doktor Seppelfricke hob den Blick und nickte.

»Ich denke außerdem, dass wir über eine phonetische Sortierung der Namenskartei nachdenken sollten. Eberhard Voss ist sicher nicht das erste Kind, dessen Suchanzeige wegen einer falschen Schreibweise des Nachnamens fast bei den ungelösten Fällen gelandet wäre.«

Doktor Seppelfricke schaute sie an und schüttelte nur den Kopf. Er hielt nicht viel von einer phonetischen Sortierung? Das hätte Annegret nicht erwartet. Oder zweifelte er an dem, was sie recherchiert hatte?

»Es gibt keinen Zweifel, dass er bei den Krauses in Pippensen ist ...«, versicherte sie. »Und die phonetische Sortierung könnte helfen ...« Weiter kam sie nicht, denn Doktor Seppelfricke begann zu reden.

»Entspricht es der Wahrheit, dass Sie einen Sohn haben?«, fragte er.

Annegret spürte, wie ihr kalt wurde, als würde ein Blitz aus Eis in sie fahren. *Sie* hatte ihrem Chef von Oskar erzählen wollen. Nun war sie der Lüge überführt, und es fühlte sich schrecklich an.

»Sie haben uns belogen. Monatelang«, sagte der Leiter des Kindersuchdienstes leise, als könnte er für mehr keine Kraft aufbringen. Aber vor allem klang er enttäuscht.

Also hatte Frau Voss sie doch an Jochen Krüger verraten! Charlotte vertraute sie einhundert Prozent. Der wäre sicher kein Wort zu Oskar über die Lippen gekommen. Es konnte nur Frau Voss gewesen sein. »Ich wollte es Ihnen sagen!«, schwor Annegret. Ihre Gedanken rasten auf der Suche nach einer Möglichkeit, die Situation zu retten. Aber die Worte in ihrem Kopf verknoteten sich zu einem unlösbaren Knäuel. Ihr Herz raste, und sie fühlte sich wie überfahren. Barbara Voss hatte ihr die Chance genommen, ihre Geschichte selbst zu erzählen.

»Sie haben uns belogen, und das, nachdem ich alle Mitarbeiterinnen um absolute Ehrlichkeit gebeten hatte«, fuhr Doktor Seppelfricke fort. »Nur wer ehrlich ist, dem kann ich vertrauen. Vertrauen und Verlässlichkeit sind das Fundament unserer Arbeit.«

Annegret schluckte schwer. Sie konnte nichts sagen, weil ihre Kehle wie zugeschnürt war. Wie hatte sie nur glauben können, mit ihrer Lüge so lange durchzukommen? Eine überwältigende Last drückte mit einem Mal auf ihre Brust.

»Ich kann Ihnen nicht mehr vertrauen, Fräulein Dietzel«, sagte Doktor Seppelfricke. »Und deswegen muss ich Ihnen zum Monatsletzten kündigen.«

Annegret erstarrte. Ihr Magen zog sich zusammen, und Tränen stiegen ihr in die Augen. Ihre Finger krallten sich in den Stoff ihres gelben Kleides. »Hätte ich Oskar beim Vorstellungsgespräch erwähnt, hätte ich die Anstellung sicher nicht bekommen«, murmelte sie eher verzweifelt denn überzeugend.

»Ich habe Sie eingestellt, weil ich in Ihnen eine empathische, kluge Frau vermutete. Nicht wegen Ihrer persönlichen Umstände«, erklärte Doktor Seppelfricke und fasste sich dabei an die Brust wie ein Herzkranker.

Annegret liefen heiße Tränen die Wangen hinab. »Es tut mir leid.« Sie wünschte sich, die Zeit zurückdrehen zu können, um von Anfang an ehrlich zu sein.

»Mir tut es auch leid«, bestätigte Doktor Seppelfricke kurzatmig. »Aber Sie müssen meine Entscheidung verstehen. Ich glaube, es wäre das Beste für Sie, wenn Sie Ihren Tisch sofort räumen.«

Annegret erhob sich wie ein Geist und ging mit glühenden Wangen zur Tür. Wie betäubt verließ sie das Direktorat und taumelte durch das Vorzimmer vorbei an Frau Hahn. Sie durfte nicht mehr tun, was sie liebte, und war ab nächstem Monat ohne Einkommen. Sie hatte ihren Chef bitter enttäuscht und ihre Kolleginnen auch.

Verzweifelt knetete sie den weißen Kragen ihres Kleides. Ob Fritz sie noch genauso lieben würde, wenn er von ihrer Arbeitslosigkeit erfuhr? Ob eine ihrer Kolleginnen Zeit finden würde, Eberhards Suche abzuschließen? Wenn sie an seine Mutter, an Barbara Voss, dachte, wurde ihr übel.

Annegret wollte schnell in die Aula gehen, um sich ungesehen ihren Beutel zu holen und sich dann bei Fritz auszuweinen, als ihr Jochen Krüger im Flur entgegentrat. Er stand so fest und sicher da, als hätte er auf sie gewartet. Aus verweinten Augen sah sie zu ihm auf. Sie konnte das Motoröl an seiner Kleidung riechen.

Und er? Er lächelte dasselbe zufriedene Lächeln wie schon am Morgen. »Ich wusste von Anfang an«, sagte er, »dass Sie nicht die Richtige für diese Aufgabe sind.« Er hob seine graue Rosenthal-Kaffeetasse vom Tellerchen in der Hand und trank genüsslich. »Eine, die nicht mal fehlerfrei das Alphabet aufsagen kann, gehört nicht in meine Abteilung«, sagte er noch.

Annegret wollte ihm widersprechen und ihm sagen, dass sie die Beste für diese Arbeit war – aber vor Zorn und Enttäuschung kam ihr kein Wort über die Lippen. Ihr Hals war wie zugeschnürt, und ihre Augen brannten von Tränen. Vermutlich hatte der Abteilungsleiter sie am Morgen nur deswegen angelächelt, weil er gewusst hatte, wie der Tag für sie enden würde.

Er öffnete die Tür zur Aula und verkündete vom Flur aus mit lauter Stimme: »Ihre Lüge war ein Fehler, Fräulein Dietzel. Die Kündigung ist längst überfällig! Sie haben auch das Vertrauen Ihrer lieben Kolleginnen missbraucht. Sie hätten uns allen von Anfang an sagen sollen, dass Sie einen Bastard aufziehen und noch immer keinen Vater für ihn gefunden haben. Und jetzt fort mit Ihnen!«

Annegret stolperte in ihrem gelben Kleid um Jochen Krüger herum. Sie fühlte sich erbärmlich und wollte sich nie wieder unter die Augen ihrer Kolleginnen trauen. Ein tiefes schwarzes Loch tat sich vor ihr auf. Dabei musste sie an ihre Mutter denken. Als der damals von der Reederei Dahlhäuser gekündigt worden war, war sie auch in ein tiefes Loch gefallen und hatte sich nie davon erholt. Annegret war zu der Zeit noch nicht geboren gewesen.

Jutta fing Annegret auf. »Dir wurde gekündigt? Du hast ein Kind?«

Dagmar und Elli kamen hinzu, führten sie in das Lehrerzimmer und setzten sie in einen der Sessel. Mitfühlend schauten sie sie an und hockten sich um sie.

»Dieser miese Typ!«, ereiferte sich Dagmar und legte Annegret eine Hand tröstend auf die Schultern. Die beachtete die Geste nicht, sondern starrte nur ins Leere.

Jutta streichelte ihr den Rücken. Es kam selten vor, dass Elli, so wie jetzt, keinen Spruch parat hatte. Wortlos reichte sie

Annegret einen Kaffee, aber die war noch immer zu keiner Regung fähig.

Charlotte kam hinzugerauscht. »Damit kommt Krüger nicht davon. Seine erniedrigenden Worte waren über den ganzen Flur zu hören!« Sie presste die Augen zu Schlitzen und tat gestenreich so, als würde sie Krüger über Bord werfen.

»Ich denke«, sagte Renate und betrat mit steinerner Miene die Küche, »das ist der Anfang vom Ende.«

22

21. Juli 1955

Charlotte saß schon seit einer Stunde auf einer Bank am Jungfernstieg. Sie hatte wieder eine unruhige Nacht hinter sich, war schon im Morgengrauen zur Arbeit losgeradelt und hatte einen Umweg hierher genommen. Es war ein kühler, angenehmer Sommermorgen. Das ruhende Wasser der Binnenalster, glatt wie Seide, strahlte etwas Friedliches aus. Aber trotzdem gelang es ihr nicht, sich an den Alsterschwänen zu erfreuen. Ihre Gedanken kamen nicht zur Ruhe.

Vor einigen Tagen hatte es ein Problem mit der Sickergrube an Femkes Haus gegeben. Nach einem Sonntagsspaziergang mit Krücken und mit vielen Pausen, in denen Femke durchschnaufen konnte, hatten sie Stube und Küche des Hauses fußhoch in Fäkalien und Brauchwasser vorgefunden. Unmengen an Abwasser waren durch die Toilette aufgestiegen und hatten sich im Erdgeschoss verteilt. Es stank auch heute noch, obwohl sie die breiige Masse längst in den Garten geschöpft hatten. Das Erdgeschoss war nicht mehr nutzbar, der Ofen in der Küche defekt, das Sofa in der Stube feucht und roch übel. Zudem waren die Nachbarn verärgert, weil es in deren Gärten nun ebenfalls stank. Zu allem Übel wollte der Klempner für die Behebung des Problems dreitausend Mark haben. So viel Geld besaßen sie nicht. Femke hatte am Vorabend erneut überlegt, das Haus zu verkaufen. Charlotte war heute früh regelrecht zur Arbeit geflüchtet.

Ihre Gedanken sprangen zu Monika. Das erneute Durchforsten der Gesprächsprotokolle hatte keine weiteren Hinweise ergeben, wohingegen die Roskodens auf ihre leibliche Elternschaft pochten. Sie behaupteten, die vor zwanzig Jahren verstorbene Mutter von Herrn Roskoden habe die gleichen hellgrünen Augen und das gleiche rotblonde Haar besessen wie Monika. Das war schwer zu beweisen, denn alles, was sie von ihrer verstorbenen Ahnin noch hatten, war eine verblichene, zerknitterte Schwarz-Weiß-Fotografie.

Charlotte trat auf der Stelle, und dass Annegret gekündigt worden war, war gleich doppelt schlimm. Jochen Krüger musste damals in den Bewerbungsunterlagen ihrer Freundin, die die Chefsekretärin ihm ausgehändigt hatte, nach einem Kündigungsgrund gesucht haben. Als er nicht fündig geworden war, hatte er sie eine Weile beobachtet und irgendwie von Oskar erfahren. Womöglich war ihm Annegret irgendwo in Hamburg zufällig mit ihrem Sohn an der Hand aufgefallen, auch wenn das in der Millionenstadt unwahrscheinlich war. Wie nur konnte sie den Kindersuchdienst ohne ihre liebste Kollegin retten? Die Tatsache, dass sie auf Jochen Krügers Liste der zu entlassenden Mitarbeiterinnen vermutlich an nächster Stelle stand, machte alles nicht leichter.

Jochen Krüger war wirklich ein unangenehmer Mensch! Seit einigen Tagen fühlte sie sich manches Mal beobachtet, wenn sie mit Femke spazieren ging oder Arbeiten auf dem kleinen Eckgrundstück im Wesselburer Weg erledigte. Sobald sie im Augenwinkel einen Schatten ausmachte und sich umdrehte, war der auch schon wieder verschwunden.

Neben den Sorgen um den Kindersuchdienst spukten ihre Eltern ihr viel zu oft durch den Kopf. Soweit ihr Vater sie informiert hatte, zogen er und Dolores dieser Tage aus der Familienvilla am Süllberg aus. Das, was Charlotte immer für ihr Zuhause gehalten hatte, verschwand nun ganz aus ihrem Leben. Als ob die kriminelle Adoption sie nicht schon genug zu Boden drückte. Sie hatte auch viele schöne Erinnerungen an den Süllberg, und sich jetzt eine andere Familie dort vorzustellen, schmerzte. Und Robert? Sie hatten sich seit dem Streit auf seinem Schiff nicht wiedergesehen.

Charlotte gab sich Mühe, die Schwäne auf der Binnenalster zu fixieren. Da war ein Paar mit drei Küken, das harmonisch nebeneinander herschwamm. Hatten Schwäne einmal miteinander gebrütet, blieben sie auf Lebenszeit beieinander. Sie liebten sich ohne Hintergedanken oder weil sie sich Informationen voneinander erhofften. Charlotte schüttelte den Kopf über sich selbst. Welche Art von Informationen sollten Schwäne bitte voreinander verstecken?

Sie sah auf den Brief in ihrer Hand und überprüfte, ob sie den Namen richtig geschrieben hatte: Libet Werhahn-Adenauer. Ihre frühere Freundin Libet war die jüngste Tochter von Konrad Adenauer und verheiratet mit ihrer großen Liebe, dem Industriellen Hermann Josef Werhahn. Auf ihrer Hochzeit in Maria Laach vor fünf Jahren hatte Charlotte sie das letzte Mal gesehen. Hoffentlich erinnerte sich Libet an ihre Freundschaft und verschaffte ihr ein Gespräch mit ihrem Vater, dem Bundeskanzler.

Charlotte stand von der Bank auf und ging zum Postkasten, neben dem sie ihr Fahrrad abgestellt hatte. Während sie den Brief einwarf, krächzte ein Schwan. Bitte, liebe Libet, hilf mir, dass wir weiterhin Kinder mit ihren Eltern zusammenführen dürfen – auch wenn es kompliziert ist.

Charlotte setzte sich auf ihr Rad und fuhr zum Blomkamp. Mehrmals musste sie vor anderen Fahrzeugen hektisch bremsen, weil sie zu unkonzentriert war.

Als sie ankam, stand ein Krankenwagen mit Blaulicht vor der alten Schule. Ein Sanitäter schlug die Türen zu und sprang vorne in den Wagen, der losraste. Frau Hahn blieb am Absatz der Treppe zurück.

»Was ist passiert?«, fragte Charlotte und schloss ihr Rad dabei ab.

»Doktor Seppelfricke hatte einen Herzinfarkt«, erklärte Frau Hahn. »Der Rettungssanitäter hat gesagt, dass es nicht gut aussieht.«

»Ich hoffe, dass es ihm trotzdem bald wieder besser geht«, murmelte Charlotte und reichte Frau Hahn ein Taschentuch, weil die feuchte Augen hatte. Aber die schüttelte den Kopf und ging in die alte Schule zurück.

Jetzt ist der Suchdienst kopflos!, dachte Charlotte verzweifelt. Umso wichtiger war Libets Unterstützung.

Sie war die Erste in der Aula und ging zu ihrem Tisch. Sie musste immer wieder an den Chef denken. Als die Kolleginnen eintrafen, informierte sie sie über den Herzinfarkt. Betroffenes Schweigen erfüllte den Raum. Jutta schaute mit bedauerndem Blick zu Annegrets leerem Tisch.

Kurz vor der Mittagspause kam Jochen Krüger in die Aula. »Werte Kolleginnen«, sagte er und sah sich um. »Es hat sich sicher herumgesprochen, dass Herr Doktor Seppelfricke aus gesundheitlichen Gründen nicht mehr imstande ist, den Kindersuchdienst zu leiten. Deswegen werde ich seinen Posten übernehmen.«

Charlotte verachtete den Abteilungsleiter nun auch noch für seinen fehlenden Anstand dem Herzkranken gegenüber.

Enno Seppelfricke war vor kaum mehr als drei Stunden vom Rettungswagen abgeholt worden. Zum Glück musste Renate das nicht mitansehen. Sie hatte sich wegen Angina krankgemeldet.

»Obliegt solch eine Personalentscheidung nicht der obersten Ebene des Deutschen Roten Kreuzes?«, fragte Charlotte forsch.

Der Abteilungsleiter nahm sie fest in den Blick. »Da mögen Sie recht haben, Fräulein Dahlhäuser. Aber bis dahin muss jemand den Kindersuchdienst führen. Oder soll unser Büro im Chaos versinken?« Er schaute zu den Tischen mit den anderen Kolleginnen. »Sie finden mich bis auf Weiteres also nicht mehr im Physiksaal, sondern im Direktorat.« Nach diesen Worten verließ er die Aula, nicht ohne Charlotte noch mit einem missbilligenden Blick zu bedenken.

Elli warf in einem Akt der Verzweiflung ihren Kugelschreiber nach der Personaltür, durch die Krüger eben verschwunden war. »Wat fürn Scheiß!«

Ihre Äußerung war vulgär, beschrieb jedoch die Situation treffend. Die Arbeit durften sie trotzdem nicht vernachlässigen, davon war Charlotte überzeugt. Sie zog sich eine der Akten vom Stapel auf ihrem Schreibtisch.

Heute ließen die Kolleginnen der Abteilung Findelkinder die Mittagspause geschlossen aus, sprachen sich Mut zu und formulierten Genesungswünsche für eine Karte an Doktor Seppelfricke.

Charlotte sah gerade mit einem Heimkehrer am Tresen die Vermisstenlisten durch, als neben ihr das Telefon klingelte. Normalerweise ging Dagmar an den Apparat, auf dem die Anrufe für die zentrale Suchnummer ankamen. Aber die war gerade nicht da.

Charlotte nahm ab. »Kindersuchdienst Hamburg, Dahlhäuser am Apparat. Wie kann ich Ihnen helfen?« Sie verwendete die gleiche Begrüßung, mit der Dagmar jeden Anruf entgegennahm.

»Charlotte ... bist du schon dran?«, fragte der Anrufer.

Das war Robert! Ihr Puls raste plötzlich, und sie begann zu schwitzen. Sie benötigte zwei Atemzüge, um sich zu fassen. »Wie kann ich Ihnen helfen«, fragte sie kühl.

»Ich habe mir Sorgen um dich gemacht, nach allem, was du über deine Eltern und dich erfahren hast.« Als keine Antwort kam, sprach er weiter: »Und ich wollte dir sagen, dass ich in dem Fall vorankomme. Der Kinderhilfe-Verein wird angeklagt werden. Auch dank der Unterstützung deiner Eltern.«

Der kriminelle Verein würde nicht weiter agieren dürfen? Wenigstens eine gute Nachricht heute – auch wenn sie von einem hinterlistigen Herzensdieb überbracht wurde.

»Rudolph und Dolores Dahlhäuser wollen wiedergutmachen, was sie verbrochen haben. Sie haben alles gestanden und werden gegen die Kinderhändler aussagen«, sprach Robert weiter.

Charlotte schnaubte innerlich. Wenn etwas gutzumachen war, dann doch bei ihr und ihrer leiblichen Mutter!

»Charlie, wie geht es dir?«, fragte Robert nun, als hätten sie sich das letzte Mal mit einem heißen Kuss getrennt. Lernte man solche Täuschungsmanöver auf der Polizeischule?

»Mir geht es bestens!«, gab sie gespielt fröhlich zurück.

Robert schwieg eine Weile, räusperte sich dann und sagte: »Ich rufe auch an, weil ich dir meine Hilfe im Fall Monika anbieten will. Ich habe von Doktor Seppelfricke gehört, dass sie wieder im Kinderheim ist und es Zweifel an den Roskodens gibt.«

Sein Angebot war ein schlechter Versuch, sein Gewissen reinzuwaschen, fand sie. »Ich brauche deine Hilfe nicht«, sagte sie.

»Also hast du den Suchfall inzwischen geklärt?«, fragte er.

»Nein, aber ich brauche deine Hilfe trotzdem nicht!«, stellte sie erneut klar, doch ihre Stimme wurde brüchiger.

»Du nicht, aber Monika eventuell«, sagte Robert.

Charlotte erinnerte sich, dass Monikas hellgrüne Augen nicht mehr die eines Kindes gewesen waren, als sie sie aus dem Waisenhaus in Paderborn abgeholt und bis auf Weiteres wieder bei den Roskodens abgeliefert hatte. Das Hin und Her war schrecklich für das Mädchen. Bei der Verabschiedung hatte Monika ihr Teddy Mayer vor die Füße geworfen und war dann von den Roskodens ins Haus gezogen worden. Den braunen Bären verwahrte Charlotte seitdem auf ihrem Tisch in der Aula.

»Ich bin heute den ganzen Tag im Büro«, sprach Robert weiter, obwohl sie noch nicht geantwortet hatte. »Falls du Monika weiterhin helfen willst, bring mir eine frontal aufgenommene Fotografie des Mädchens und von den Roskodens mit. Dann kann ich dir sehr wahrscheinlich sagen, ob das Ehepaar mit Monika verwandt ist.«

Charlotte wandte sich vom Tresen ab und fixierte den Plüschbären auf ihrem Tisch. Er erinnerte sie daran, den Fall nicht ruhen zu lassen, bis sie die Wahrheit über Monikas Eltern herausgefunden hatte. Auch wenn sie dafür Robert wiedersehen musste? Ja, verdammt! Das wurde ihr in diesem Moment klar. Es wäre unprofessionell, ihre persönlichen Befindlichkeiten die Sucharbeit behindern zu lassen. Das hätte Annegret bestimmt nicht zugelassen, und Doktor Seppelfricke auch nicht.

»Charlie?«, fragte Robert leise zärtlich. »Bist du noch da?«

»Gut, ich komme«, sagte sie. »Aber lass es uns schnell erledigen.« Damit legte sie auf. Ihr Herz raste, und sie schwitzte so auffällig an der Stirn, dass Elli sich genötigt sah, ihr ein Taschentusch zu reichen.

*

Als sie bei der Bundespolizeiinspektion am Bahnhof von Altona nach Hauptkommissar Hartmann fragte, war es bereits sieben Uhr. Sie wies sich beim Pförtner als Mitarbeiterin des Kindersuchdienstes aus, aber der sah sie nur eingeschüchtert an. Es dauerte einen Moment, bis er sich erhob und auf dem breiten Flur voranging.

Die Kälte des alten Gemäuers kroch Charlotte unter die Haut, und ihre Schritte hallten über den langen, hohen Flur. Die Verbrecher auf den Suchmeldungen an den Wänden schienen ihren Gang zu verfolgen. Ihr Herz raste bestimmt nicht wegen Robert!

»Der Herr Hauptkommissar ist mal wieder der Letzte im Haus«, sagte der Pförtner, wies auf Roberts Bürotür mit der Nummer 1.34 und ging zurück auf seinen Posten. Charlotte schaute ihm nach, bis seine Schritte verstummt waren.

Sie nahm einen tiefen Atemzug. Jetzt musste sie alles daransetzen, sachlich und professionell aufzutreten. Es würde schwierig werden, Robert in die Augen zu sehen und dabei ihre Enttäuschung über sein Verhalten nicht hochkochen zu lassen. Am besten wiederholte sie in Gedanken, dass er ihr nichts mehr bedeutete. Sie klopfte mit zittriger Hand.

»Herein!«, ertönte es aus dem Büro.

Der Klang seiner Stimme ließ ihr Herz noch einmal schneller schlagen. Ihre Finger krallten sich um den Trageriemen ihrer

Tasche. Einen Moment lang war sie versucht kehrtzumachen. Aber für Monika musste sie sich zusammenreißen.

Mit festem Griff drückte sie die Türklinke herunter und betrat Roberts Büro. Der Raum war düster, nur am Schreibtisch beleuchtete eine kleine Lampe einen Aktenstapel wie ein bedeutsames Stillleben.

Robert trat ihr aus einer dunklen Ecke des Raumes entgegen. Er war unrasiert und wirkte müde und geschafft. »Gut, dass du gekommen bist.«

Sie hasste sich dafür, dass ihr Herz viel zu schnell schlug, nur weil sie wieder in seiner Nähe war.

»Guten Abend, Herr Hauptkommissar. Ich bin im Fall Monika Mayer hier«, sagte sie und versuchte, so kühl und distanziert wie möglich zu klingen. Kurz streifte ihr Blick den im Dunkel liegenden Rest des Raumes: seinen Schreibtisch ohne irgendetwas Privates, die leeren Stühle und die grauen, langweiligen Schränke.

»Hast du die Fotografien mitgebracht, um die ich gebeten hatte?«, fragte Robert.

»Ich fühle mich unwohl, wenn Sie mich duzen«, sagte Charlotte. Sie verband nichts mehr, hatte es auch nie.

Robert nickte, trat wortlos an ihr vorbei und vor einen der grauen Schränke.

Unbewusst begann sie, am Daumennagel zu kauen, während sie ihm nachsah. Er trug dieselben eng anliegenden Jeans wie in der Nacht auf seinem Schiff – eine Erinnerung, die nicht auszulöschen war, sosehr sie es auch versuchte.

Er holte ein Buch aus dem grauen Schrank und legte es auf den Schreibtisch.

»Foren...sische Anthro...pologie?«, las sie im Dunkel des Büros so abgehackt wie sonst nur Annegret.

»Die Fotos bitte.«

Charlotte legte die Fotografie der Roskodens neben das hübsche Porträt von Monika unter den Lichtkegel der Schreibtischlampe.

»Die forensische Anthropologie beschäftigt sich unter anderem damit, Personen anhand von äußerlichen Merkmalen zu identifizieren«, begann Robert zu erklären. »Blutsverwandte Menschen weisen oft sehr ähnliche äußerliche Merkmale auf. Wir von der Kriminalpolizei wollen die Wissenschaft dafür nutzen, Kriminelle zu identifizieren. Auch bei Vaterschaftsklagen, wo es um die Ähnlichkeit oder Unähnlichkeit eines Kindes zu seinem Erzeuger geht, kann die forensische Anthropologie helfen.«

Fasziniert schlug Charlotte das Buch auf und blätterte darin, doch ihre Gedanken waren gleichzeitig auch bei ihm, bei dem Mann, in den sie sich fälschlicherweise verliebt hatte.

»Ich verstehe«, murmelte sie. Ob sich ihre Antwort auf das Buch oder ihre Gefühle bezog, wusste sie nicht.

»Sehen Sie, hier.« Robert zeigte auf Monikas Fotografie, ein aktuelles Bild. »Man geht so vor, dass man zunächst einmal die verschiedenen Merkmale des Kopfes analysiert. Also die Kopfform, die Gesichtsform, die Proportionen, den Haaransatz, die Zonen von Stirn, Augen, Nase, Mund, Kinn, Unterkiefer, Wangen, Ohren und Hals.«

»Hast du das schon mal gemacht?«, fragte Charlotte und vertiefte sich in Monikas Fotografie. Mit dem Finger fuhr sie deren Gesichtsform, den Hals und den Verlauf des Haaransatzes ab. Deswegen dauerte es eine Weile, bis sie sich korrigierte: »Ich meinte, haben *Sie* das schon mal gemacht?«

Robert nickte. Sein schöner Zeigefinger tippte auf Monikas Bild, nur einen Zentimeter von ihrer Hand entfernt. »Nachdem man alle Merkmale und Feinstrukturen auf dem einen Bild analysiert und beschrieben hat, vergleicht man sie mit den Merkmalen der zweiten Person.« Er pochte auf das Hochzeitsbild der Roskodens. »Je mehr Merkmale übereinstimmen, umso wahrscheinlicher ist eine Verwandtschaft.«

»Aber breite Nasen, braune Augen oder schmale Gesichter kommen so häufig vor. Das erscheint mir zu ungenau, um als Beweis zu genügen«, befand Charlotte und hatte Mühe, ihn nicht zu lange anzuschauen. Es war etwas völlig anderes, kühl am Telefon mit ihm zu sprechen, als ihm mit seiner unbeschreiblichen Anziehung gegenüberzustehen, dachte sie verzweifelt.

»Sie sprechen von ›mäßig individualtypischen‹ Merkmalen, Fräulein Dahlhäuser«, fuhr Robert fort. »Also optischen Charakteristika, die häufig in der Normalbevölkerung auftreten. Hilfreicher für den Bildvergleich sind ›sehr individualtypische‹ Merkmale, die nur wenige Menschen aufweisen: zwei verschiedenfarbige Augen, auffällige Muttermale, ein Augenfehler oder das Vorhandensein einer Zwischenbraue.«

Seine Klugheit und wie er die komplizierten Zusammenhänge einfach zu erläutern vermochte, zog sie in seinen Bann. Für einen Moment spürte sie das Verlangen, ihn zu berühren. Ihre Augen blieben an seinem Profil mit den markanten Zügen und an seinen Lippen hängen, während er sprach. Er schaute kühl und fokussiert, als könnte ihn nichts ablenken.

»Sofern sehr individualtypische Merkmale bei beiden Personen vorliegen und auch sonst viele morphologische Charakteristika übereinstimmen, kann mit hoher Wahrscheinlichkeit von einer Verwandtschaft ausgegangen werden«, erklärte er weiter.

Charlotte ließ ihren Blick auf der Suche nach Unterschieden

und Ähnlichkeiten zwischen beiden Fotografien hin und her wandern. »Herr Roskoden hat zusammengewachsene Augenbrauen und einen tiefen Haaransatz, und Frau Roskoden hat festes Haar. Monika hingegen hat eher dünnes Haar, so wie meines.«

»Was analysieren Sie noch?«, fragte Robert, seine Stimme war sanfter geworden.

»Weder sind Monikas Augen denen der Roskodens ähnlich noch ihre Nase oder ihre Stirn, vielleicht ein wenig ihr Mund. Nach forensisch-anthropologischen Kriterien ist es eher unwahrscheinlich, dass die Roskodens Monikas leibliche Eltern sind. Sehe ich das richtig?«, fragte Charlotte. Dann wäre sie einen wichtigen Schritt weiter. Sie hätte nach Monikas Vorwurf einen weiteren Hinweis darauf, dass die Roskodens nicht die Eltern des Mädchens waren. Als Nächstes könnte sie die neue Methode auf Fotografien von anderen Sucheltern anwenden, die geglaubt hatten, die Zehnjährige auf dem Rasterplakat wiedererkannt zu haben.

»Sie sehen *nicht* alles richtig«, widersprach Robert.

Charlotte sah von den Fotografien auf. »Nicht?«

»Ich habe dich nicht benutzt, um einen Kriminalfall zu lösen, wie du es mir nach unserer Nacht vorgeworfen hast!«, stellte er klar.

Charlotte spürte, wie ihre Hände zu zittern begannen.

»Du musst mir glauben!«, bat er und schaute sie fest an.

Vernünftig wäre es jetzt gewesen, ihm klarzumachen, dass seine Worte keine Rolle mehr für sie spielten, dass sie über ihn hinweg war. Stattdessen aber verlor sie sich in seinen Augen. Das Grau darin verdichtete sich und wurde noch intensiver. Ihr Herz pochte so heftig, dass sie dachte, es würde ihr aus der Brust springen.

»Es war Zufall, dass ich mich ausgerechnet in die Frau verliebt habe, die Opfer des Kinderhilfe-Vereins wurde. Ich schwöre es dir bei meiner Polizistenehre!«, sagte er.

»Verliebt?«, wiederholte sie piepsig. Sie war auch verliebt in ihn, immer noch.

Ohne weiter nachzudenken, zog sie ihn zu sich heran und küsste ihn. Die Wärme seiner Lippen entwaffnete sie. Sie glaubte ihm, weil er sie nicht lieben musste, nachdem sein Fall abgeschlossen war, und weil ihr Herz ihr dazu riet. Vielleicht würde doch noch alles gut werden.

Robert beendete den Kuss abrupt und schob sie an den Schultern von sich weg. »Ich glaube, es ist besser, wenn wir uns nicht mehr sehen.«

Charlotte fasste sich mit den Fingerkuppen auf ihre vom Kuss noch warmen Lippen. »Aber eben sagtest du noch ...« Ihre Stimme erstarb.

»In deiner Gegenwart schaltet mein Verstand sich aus«, erklärte er. »Damit ich dich endlich aus dem Kopf bekomme, habe ich die Leitung der Ermittlungsgruppe abgegeben, die sich mit dem Kinderhilfe-Verein befasst. Auch bei allen anderen Fällen, die den Kindersuchdienst betreffen, werde ich nicht mehr dabei sein. Wir sollten uns nicht mehr sehen.«

Charlotte schluckte schwer. Eine dicke Kröte schien in ihre Kehle gekrochen zu sein.

»Ich bin nicht der richtige Mann für dich.« Er raufte sich die Haare und ging zum Fenster, weg von ihr. »Es tut mir leid, dass ich es dir hier sagen muss, aber auf meinem Boot wäre wir vermutlich auf der Couch gelandet, und dann ...« Er sprach nicht weiter.

»Ich habe mich nie glücklicher gefühlt als in deinen Armen«, gestand sie und fügte in Gedanken hinzu: und danach nie unglücklicher, weil du mir mein Schicksal verheimlichen wolltest.

»Ich würde dich nur unglücklich machen«, sagte er. »Mein Beruf bei der Kriminalpolizei würde mich immer wieder dazu zwingen, Dinge vor dir geheim zu halten, selbst wenn sie dich oder deine Familie und Freunde beträfen. Ich will dich nicht erneut so verletzen wie am Morgen nach unserer ersten Nacht. Für meine Arbeit müsste ich immer wieder auf unbestimmte Zeit verschwinden, ohne dir zu sagen, wohin und wie lange. Mit so viel Geheimhaltung und Ungewissheit könntest du nicht leben, könnte keine Frau leben.«

»Wollen wir es nicht auf einen weiteren Versuch ankommen lassen?«, fragte Charlotte und machte zwei Schritte auf ihn zu. »Nun weiß ich ja etwas mehr über dich und deine Arbeit ...«

Robert schüttelte den Kopf. »Meine Ermittlungen letztes Jahr zogen mehrere Kriminelle auf mein Schiff. Und der neue Fall ... na ja ... er ist, milde gesagt, nicht ungefährlich. Charlotte«, er sah ihr bitter in die Augen, »wenn du bei mir bist, ist deine Sicherheit in Gefahr. Und wenn ich arbeite, kann ich nicht gleichzeitig auf dich aufpassen.«

»Ich kann gut auf mich selbst aufpassen«, flüsterte sie und spürte, wie ihr Herz zu brennen begann. Robert klang entschlossen.

Er streckte die Hand nach ihr aus, zog sie aber gleich wieder zurück. Dann straffte er sich und ging an seinen Schreibtisch, wo er eine Schublade aufschloss und Papiere entnahm. »Wir haben im Fall des Kinderhilfe-Vereins inzwischen viele betroffene leibliche Mütter ausfindig machen können«, sprach er nun wieder sachlicher. »Wenn du wissen möchtest, wer deine leibliche Mutter ist, kannst du es hier nachlesen.« Er hielt ihr einen Briefumschlag hin, die Lippen zusammengebissen.

Charlotte starrte erst den Umschlag wie giftiges Zeug an und dann Robert. Wie konnte er jetzt einfach zum nächsten Thema übergehen? Sie trat an den Schreibtisch und berührte die äußerste Ecke des Umschlags.

»Ich will gar nicht wissen, wer sie ist«, hörte sie sich mit bebender Stimme sagen und zog ihre Hand zurück.

Robert nickte. »Ich verstehe. Aber falls du es dir anders überlegst ...« Er steckte den Umschlag in das Buch über forensische Anthropologie und hielt es ihr mit zitternden Händen hin.

Zögernd nahm sie es entgegen.

»Auf Wiedersehen, Charlotte«, sagte er rau, dann ging er ans Fenster zurück. »Mit dir hatte ich die schönste Nacht meines Lebens.«

Charlotte nickte unwillkürlich, dann steckte sie das Buch in ihre Tasche und verließ sein Büro mit verbranntem Herzen.

23

2. August 1955

Annegret lud sich den vollen Wäschekorb auf die Hüfte und ging neben die Laube, wo eine Leine gespannt war. Manchmal musste sie sich daran erinnern, dass ihr wirklich gekündigt worden war, so unwirklich fühlte sich ihr Zustand immer noch an. Mehr als zwei Wochen waren seitdem vergangen. Sie begann zu weinen, so wie jedes Mal, wenn sie an das Gespräch mit Doktor Seppelfricke dachte, in dem er ihr ans Herz gelegt hatte, noch am selben Tag ihren Tisch zu räumen. Sie wischte ihre Tränen nicht fort.

Am gleichen Abend hatte Charlotte ihr ihren Beutel gebracht und versprochen, sich für ihre Wiedereinstellung einzusetzen, aber das war aussichtslos, seitdem Jochen Krüger das Ruder übernommen hatte. Aufgebracht hatte Charlotte berichtet, dass der frühere Abteilungsleiter inzwischen seine Nichte auf Annegrets Position gesetzt und ihr den hellsten Tisch unter dem Fenster zugewiesen hatte. Seit Annegret arbeitslos war, wartete sie sehnsüchtig auf Charlottes Besuche und Neuigkeiten aus der alten Schule. Vor zwei Tagen hatte sie zum Beispiel erzählt, dass der Leiter des Münchner Suchbüros an den Blomkamp gereist war, um sich vor Ort ein Bild von den Aktenbeständen zu machen, die zuerst nach Bayern geschafft werden sollten.

Annegret stellte den Wäschekorb ab. Wenn Fritz nur endlich kommen und sie von ihren trüben Gedanken befreien würde! Er war es auch gewesen, der ihr nach der Kündigung die Tränen weggeküsst hatte. In diesen Stunden wollte er in seiner Werkstatt die Einlegearbeiten für eine Kommode aus Walnussholz fertigstellen. Norbert besuchte für ein paar Tage seine Großmutter. Er hatte Fritz' Mutter schnell ins Herz geschlossen, weil sie die gleiche Erbsensuppe kochte, die er im Waisenhaus so gerne gegessen hatte: dick und mit Würstchen anstelle von Bauchspeck. Wenigstens Norbert ging es gut. Mechanisch hängte Annegret ein Kleidungsstück nach dem anderen auf die Leine.

»Mami«, rief Oskar. »Keine einzige Kirsche kann man essen!«

Sie schaute zur alten Süßkirsche vor. Oskar stand mit hängenden Schultern unter dem Baum.

»Das tut mir leid, mein Spatz«, rief sie zurück, denn die Früchte, das war ihr schon aufgefallen, waren voller Maden.

Für Oskar gab sie sich Mühe, nicht völlig niedergeschlagen zu klingen. Auch als sie im Hafen mit ihm Zuckerwatte gegessen hatte, hatte sie sich nichts von ihrer Traurigkeit anmerken lassen. Er hatte nicht viel gefragt, als sie ihm erzählt hatte, dass sie sich eine neue Arbeit suchen musste. Sie hatte vor, wieder Laufmaschen aus Perlonstrümpfen aufzunehmen. Zwei Pfennig das Stück. Irgendwie würden sie über die Runden kommen, nur Dinge wie Zuckerwatte waren dann nicht mehr drin. Bevor sie mit der Heimarbeit anfing, wollte sie Jutta, Renate, Elli und Dagmar aber noch ein letztes Mal sehen, ihnen erklären, warum sie gelogen hatte, und ihr Bedauern ausdrücken.

Oskar kam zu ihr gelaufen. Annegret nahm gerade das gelbe Kleid mit dem weißen Kragen aus dem Wäschekorb und begann, es am Saum mit Holzklammern aufzuhängen. Sie hatte das hübsche Stück seit der Kündigung nicht wieder getragen, obwohl es angenehm auf der Haut lag und sich nicht so rau wie ihre alte Hose anfühlte. Die Annegret, die so etwas Auffälliges zu tragen wagte, war keine Verliererin.

»Mami, wann ziehst du eigentlich das Kleid von Norberts Mami wieder an?«, fragte Oskar. »Du warst so schön damit.«

Was hatte er gesagt? Das Kleid hatte Norberts Mutter gehört? Annegret war verwirrt und spürte, wie sich ihr Herz zusammenzog. Sie hatte geglaubt, dass Fritz es für sie gekauft hätte. Die Fotografie von Hannah Nielsen, einer wunderschönen Frau mit einem einnehmenden Lächeln, erschien vor ihrem inneren Auge. Sie drückte die Wäscheklammer in ihrer Hand, dass es wehtat. Es klang absurd, dass Fritz ihr Anziehsachen seiner toten Frau geschenkt haben sollte, oder?

»Mit dem Kleid siehst du aus wie Norberts Mami im Fotoalbum«, sagte Oskar, während er auf die Knie ging und am Boden die Flucht einer Gruppe Ameisen vor einem Mistkäfer beobachtete. »Hektor aus der dritten Klasse sagt, dass man tote Menschen, die wieder leben, ›Zombies‹ nennt.«

»Welches Fotoalbum?«, wollte Annegret wissen.

»Das Album, das sich Norbert und Fritz oft gemeinsam angucken.« Oskar kam vom Boden hoch, den Mistkäfer auf seinem Finger. »Sie kuscheln sich dann immer aneinander.«

Fritz hing immer noch an Hannah? Misstrauisch berührte sie das gelbe Kleid auf der Leine. Könnte es sein, dass er aus ihr eine neue Hannah machen wollte, weil er seine erste Frau viel zu früh verloren hatte? Sie würgte bei der Vorstellung, und ihr wurde schwindelig.

»Mami, was ist denn mit dir?«, fragte Oskar ängstlich.

»Bitte geh wieder zu den Kirschen!« Annegret wollte jetzt allein sein. »Vielleicht findest du doch noch eine ohne Maden.«

Oskar betrachtete sie mit gefurchter Stirn, bevor er ihrer Bitte folgte.

Annegret musste sich an der Wäscheleine festhalten, damit der Schwindel sie nicht zu Boden riss. Noch sehr genau erinnerte sie sich daran, mit welch traurigem Gesichtsausdruck Fritz zum Schrank in seiner Stube gegangen war und das gerahmte Bild von Hannah hervorgeholt hatte. Es war nur wenige Monate her, dass sie sich das erste Mal bei ihm getroffen hatten. Schon damals hätte ihr klar sein müssen, dass er noch nicht über Hannah hinweg war. Solch eine wunderschöne Frau vergaß man nie. Wie hatte sie das nicht sehen können? Sie war blind gewesen vor Sehnsucht nach einer Familie und nach Liebe.

Sie wankte vor die Seitenwand der Laube und sackte auf ein altes Brett auf dem Boden. Der Schmerz breitete sich in ihrem ganzen Körper aus. Es fühlte sich an, als ob eine übergroße eiserne Faust sie zerdrücken wollte.

*

»Da sitzt sie schon den ganzen Vormittag«, hörte sie irgendwann Oskar sagen. Es hatte zu nieseln begonnen.

Fritz trat neben sie. »Annegret, Liebste! Was ist passiert? Warum sitzt du hier draußen im Regen?«

Mit verschwommenem Blick sah sie an ihm hoch. Unter seiner Regenjacke trug er ein weißes Hemd und seine Arbeitshose. Er hockte sich vor sie und hielt ihr einen süßlich duftenden Beutel hin. »Ich habe Franzbrötchen mitgebracht.«

Mühsam kam sie hoch, ignorierte die Backwaren und trat an die Wäscheleine vor das gelbe Kleid. »Hat das früher Hannah gehört?«, fragte sie mit zitternder Stimme.

Fritz zog die Augenbrauen hoch, als könnte er nicht nachvollziehen, warum sie das fragte. »Ja, das war Hannahs Kleid«, sagte er leichthin und legte die Franzbrötchen auf den Stuhl neben der Laube.

Annegret spürte, dass ihr Herz stolperte. Sie starrte auf das gelbe Kleid, das im Wind schwang. »Sie hat es zuerst getragen«, wisperte sie. Vermutlich hatte er auch schon für Hannah Franzbrötchen gebacken.

»Das ist doch unwichtig. Jetzt gehört es dir«, erwiderte Fritz.

Oskar verfolgte alles wie versteinert. Er war einige Schritte beiseitegetreten.

»Ich möchte kein Ersatz sein!«, sagte sie. »Keine Lückenbüßerin, keine Zweitbesetzung, keine Übergangslösung.« Ihr war, als stünde sie plötzlich am Abgrund. Dabei war sie gerade noch dabei gewesen, mit Fritz' Hilfe aus dem Loch hinauszuklettern, in das die Kündigung sie gestoßen hatte.

Sie wies mit zitternder Hand zum Gartentor. »Bitte, geh jetzt!«

Oskar schaute sie erschrocken an. »Fritz soll bleiben!«

»Das Kleid steht dir so gut«, sagte Fritz, ohne sich von der Stelle zu bewegen.

Verhöhnte er sie jetzt, wie es neulich Jochen Krüger im Flur des Suchdienstes getan hatte? »Ich möchte, dass du *jetzt* gehst!«, forderte Annegret. Noch vor Kurzem war Fritz ihre Rettung gewesen. Doch er liebte sie nicht um ihrer selbst willen. Das begriff sie in diesem Moment.

»Anne, du …«, sagte er, aber sie unterbrach ihn.

»Ich will dich nicht mehr sehen!« Die Hoffnung auf eine Familie, die wie ein zartes Pflänzchen in ihr gewachsen war, war von einer Minute auf die nächste zerstört.

»Aber ich will Fritz weiterhin sehen, Mami!«, mischte sich Oskar ein.

Fritz sah sie aus feuchten Augen an. »Du weißt ... dass, dass ... ich ... immer für dich da bin«, brachte er mit erstickter Stimme hervor. Dann ging er zum Gartentor.

Annegret verfolgte, wie er die Parzelle verließ. Oskar lief ihm hinterher, doch sie rührte sich nicht von der Stelle. Erstarrt stand sie da und war zu nichts imstande. Um ihr Herz legte sich ein eiserner Schleier.

Der Wind ließ das gelbe Kleid neben ihr noch einmal an der Leine flattern, ein letzter Gruß von Hannah. Die wahre Liebe zu finden, war ein Traum, den Annegret niemals wieder träumen wollte.

24

6. August 1955

Charlotte stand im Flur der alten Schule und breitete die Arme aus. In der einen Hand hielt sie Teddy Mayer, in der anderen ein Taschentuch, sollte sie gleich weinen müssen.

Monika löste sich von ihrer Begleiterin vom Jugendamt und lief Charlotte mit Schwung in die Arme. Lange hielten sie sich fest umklammert. Die Vorstellung, das Mädchen könnte gleich erneut enttäuscht werden, war unerträglich. Immer wieder hatte die Kleine beteuert, bei den falschen Eltern zu sein, bis Charlotte sich entschieden hatte, eine neue Zusammenführung zu wagen. Monika hatte immer wieder geklagt, wie unwohl sie sich fühle und dass sie keinen Tag länger bei den Roskodens wohnen wolle. Zuletzt hatte sie heimlich beim Kindersuchdienst angerufen und Charlotte von einem Arztbesuch erzählt: wie überrascht der Doktor darüber gewesen sei, dass Frau Roskoden doch ein Kind habe. Im Nebenzimmer hatte der Arzt mit ihrer zukünftigen Adoptivmutter gesprochen, und Monika hatte etwas von einer Operation aufgeschnappt und von Unfruchtbarkeit. Kurz darauf stürmte Frau Roskoden entrüstet aus dem Zimmer, riss die fiebernde Monika an der Hand mit sich und blieb den ganzen Nachmittag aufgeregt. Monika hatte sich dann mitten in der Nacht aus ihrem Bett geschlichen, noch mit

Wadenwickeln um die Unterschenkel, und im Lexikon von Herrn Roskoden nachgeschlagen. In dem Wälzer hatte gestanden, dass Unfruchtbarkeit bedeutete, kein Kind kriegen zu können. Gleich am nächsten Tag hatte sie Charlotte alles berichtet. Die hatte die Roskodens zurückgerufen und darauf angesprochen, aber die beiden hatten alles abgestritten und steif und fest auf ihrer Version bestanden. Dennoch hatte Charlotte Monikas Bericht ernst genommen, genau wie den anthropologischen Bildvergleich, auch wenn der vor Gericht nicht anerkannt wurde.

Jochen Krüger hatte ihr abgeraten, eine weitere Zusammenführung anzusetzen. Er war überzeugt davon, dass es Monika bei den Roskodens gut ging. So herrisch, wie er als neuer Chef auftrat, hatte sie zuletzt befürchtet, er würde ihr die erneute Zusammenführung sogar verbieten. Zum Glück war das nicht passiert. Wenigstens das nicht! Krüger war unberechenbar geworden. Erst vorgestern hatte er ihr untersagt, mit Eberhards Adoptiveltern in Pippensen zu sprechen. Das wollte er selbst erledigen. Hinzu kam noch, dass er Elli und Jutta wegen der allseits bekannten Geldprobleme des Kindersuchdienstes gekündigt hatte. Die teure Kaffeemaschine mit den edlen Kaffeebohnen aus Peru, die durfte natürlich bleiben.

Dennoch war Charlotte überzeugt davon, dass sich alles noch zum Guten wenden ließ. So vieles war zuletzt schiefgelaufen, es war längst Zeit für eine Wendung zum Guten. Den ersten Schritt dafür hatte sie getan, indem sie beschlossen hatte, eine heimliche Versammlung zur Rettung des Suchdienstes zu organisieren.

»Schön, dass wir uns endlich wiedersehen«, sagte Charlotte und drückte Monika noch einmal fest an sich. Im Zeichenraum, vor dessen Tür sie standen, saß Helene Lehmann mit ihren dreijährigen Zwillingssöhnen und wartete darauf, das Mädchen zu treffen, das sie geboren hatte.

Charlotte hatte Frau Lehmann im Vorgespräch als nervös und unsicher kennengelernt. Die Zweiunddreißigjährige war unter den Eltern gewesen, die wegen Monikas Abbildung auf dem Rasterplakat zum Suchdienst gekommen waren. Damals hatte sie behauptet, ihren Säugling vor einem Kuhstall abgelegt zu haben. Wegen dieser falschen Antwort war sie nicht weiter befragt und nach Hause geschickt worden. Die schüchterne Frau hatte keinen Widerspruch gewagt. Charlottes Bildvergleich hatte jedoch ergeben, dass Helene Lehmann und Monika sehr wahrscheinlich verwandt waren. Seit sie bei Robert die anthropologische Methode kennengelernt hatte, war sie fasziniert davon, anhand ähnlicher Gesichtsmerkmale Kinder und Eltern zusammenzubringen. Und Robert? Sie träumte beinahe jede Nacht davon, wie sie sich stürmisch liebten. Schweißgebadet wachte sie auf und war enttäuscht, dass alles nur ein Traum war.

»Bist du bereit für Familie Lehmann?«, fragte Charlotte und fügte ihrer Frage ein aufmunterndes Nicken an, während sie das Mädchen etwas von sich schob, aber seine Hände festhielt.

Monika zögerte mit einer Antwort. Ihre hellgrünen Augen wirkten matt, ohne Glanz und Vorfreude. »Ich dachte, ich könnte endlich bei Ihnen wohnen, Fräulein Charlotte. Nur deswegen bin ich hergekommen. Wollen Sie nicht meine Mutter sein?« Sie schmiegte sich in ihrem einfachen grauen Kleid an Charlotte. Für die Zusammenführung mit den Roskodens einst hatte sie eines der Sonntagskleider aus dem Waisenhaus getragen und war hübscher zurechtgemacht gewesen.

Charlotte tupfte sich die Tränen ab. »Ich bin nicht deine Mutter«, erklärte sie und drückte Monika ihren früher so geliebten Plüschbären an die Brust. »Teddy Mayer wird dich beim Kennenlernen begleiten.«

Monika nahm den Bären mit liebloser Geste an sich. »Wenn ich nicht mit zu Ihnen darf, dann will ich da nicht rein!« Sie wies mit dem Kinn zur Tür des Zeichenraums. Es sah aus, als wäre sie es müde, sich mit immer neuen Eltern arrangieren zu müssen.

Im nächsten Moment wurde Charlottes Aufmerksamkeit auf den Eingang der alten Schule gelenkt. Die massiven Flügel der Eichenholztür flogen auf, und Herr Roskoden stürmte herein.

»Geben Sie uns unser Kind zurück!«, rief er aufgebracht über den Flur. Obwohl er schlecht sah, lief er so sicher, als wäre ihm alles hier vertraut. Seine Frau folgte ihm.

Die Dame vom Jugendamt, die Monika nach Hamburg begleitet hatte, wollte sich ihm in den Weg stellen, wurde aber grob weggestoßen.

Charlotte zog Monika hinter sich. Plötzlich begann Herr Roskoden, beim Laufen wild mit seinem Gehstock in der Luft zu fuchteln, als wäre es eine Waffe. Charlottes Herz schlug schneller. Sie musste das Mädchen schützen! Kurzerhand schob sie Monika in den Zeichenraum und drehte den Schlüssel im Schloss herum. Damit war sie erst einmal in Sicherheit.

»Monika ist unser Kind!«, rief Frau Roskoden.

Monikas Auszug bei Familie Roskoden war ähnlich dramatisch verlaufen. Woher wussten die Eheleute eigentlich, dass heute eine neue Zusammenführung geplant war? Es würde Charlotte nicht wundern, wenn Jochen Krüger die beiden informiert hätte.

Charlotte musste ausweichen, damit Herr Roskoden sie

nicht mit seinem Gehstock verletzte. Die Dame vom Jugendamt kam gerade wieder auf die Beine.

»Bitte gehen Sie!«, verlangte Charlotte von Herrn Roskoden, den sie bisher als herzlichen Mann kennengelernt hatte.

Dagmar, die wegen des Krawalls in den Flur kam, schrie auf, als sie sah, dass die Dame vom Jugendamt eine Schürfwunde an der Stirn hatte. Schnell führte sie sie in die Aula, vermutlich, um sie dort zu versorgen.

»Sie stehlen uns unser Kind!«, keifte Frau Roskoden derart, dass sogar Charlotte Angst bekam.

»Sehr wahrscheinlich ist sie nicht Ihr Kind«, erklärte sie und stellte sich ganz unelegant, mit gespreizten Beinen vor die Tür des Zeichenraums, in dem sich nicht nur Monika, sondern auch Frau Lehmann mit ihren Zwillingen befand.

»Wir lieben Monika doch!«, beteuerte Herr Roskoden. »Und deswegen gehört sie zu uns!« Er schob Charlotte mit aller Kraft von der Tür weg, sodass sie stolperte und auf dem kalten Fliesenboden aufkam.

Viktoria Krüger kam dazu. »Was ist hier los?«, fragte sie im Ton einer Vorgesetzten.

Charlotte blickte an der Kollegin hinauf. Ihr langes rotes Haar – im gleichen Farbton wie das ihres Onkels – leuchtete im Glühbirnenlicht unschön gelblich. Charlotte mochte sie mit jedem überheblichen Satz weniger.

Renate schaute aus der Personaltür der Aula und rief: »Ich habe die Polizei informiert. Die Beamten müssten jeden Moment da sein!« Gleich darauf zog sie sich wieder zurück.

»Familie Roskoden verlangt Monika zurück!«, erklärte Charlotte der ungeliebten Kollegin und stand auf. Vom ersten Tag an hatte Viktoria sich als etwas Besseres gefühlt als der Rest in der Abteilung, davon war Charlotte überzeugt. Und das nur, weil ihr Onkel im Kindersuchdienst etwas zu sagen hatte? Die Kollegin kleidete sich auch schon, als wäre sie die Chefin von irgendetwas: strenger anthrazitfarbener Hosenanzug mit lila Bluse, dazu hohe Schuhe, mit denen man am besten die meiste Zeit am Schreibtisch saß, weil sie sonst Blasen an den Füßen verursachten, und ein kunstvoller Haarknoten, den sich Dolores bestimmt für ihre Tochter anstatt des halb offenen Haares gewünscht hätte.

»Diesen Ärger hätten Sie uns ersparen können. Das bringt nur schlechte Presse!«, stellte Viktoria fest und blickte plötzlich nervös zur Eingangstür der alten Schule. Vermutlich sah sie in ihrer Vorstellung schon die ersten Journalisten hinzustürmen.

Entgeistert funkelte Charlotte sie an. Doktor Seppelfricke hätte sich bestimmt hinter sie gestellt und Gewalt gegen seine Mitarbeiterinnen niemals zugelassen. Einmal mehr bedauerte sie zutiefst, dass es ihm noch nicht besser ging und er all das, was Jochen Krüger seit nunmehr drei Wochen vermasselte, nicht richten konnte. Sie wünschte, ihr früherer Chef würde heute Abend an der Versammlung zur Rettung des Suchdienstes teilnehmen. Aber das war unmöglich. Vor wenigen Tagen hatte seine Ehefrau angerufen und Frau Hahn darüber informiert, dass ihr Mann so schnell nicht wieder arbeiten könne. Hinzu kam, dass Krüger nun auch von ganz oben die Leitung des Kindersuchdienstes übertragen worden war. Vermutlich beförderte er seine Nichte bald zur Abteilungsleiterin.

Viktoria gab ihr mit strengem Blick zu verstehen, dass sie jetzt besser schwieg, wenn ihr ihre Anstellung lieb war. Doch das ging beim besten Willen nicht.

Federnden Schrittes trat Jochen Krüger hinzu und stellte sich neben seine Nichte. »Was ist hier los, Fräulein Dahlhäuser?«

Charlotte schaute zwischen den beiden Krügers hin und her, die wie eine Mauer vor ihr standen. Beide sahen sie gleichermaßen herablassend an, als wäre sie die unfähigste Mitarbeiterin von allen. Am liebsten hätte sie Krüger zur Seite gestoßen oder besser noch: Er rutschte auf dem lederverstärkten Hosenboden seiner Motorradhose aus der alten Schule und nahm seine Nichte gleich mit. Damit hätte er dem Kindersuchdienst seinen bisher größten Dienst erwiesen.

Noch bevor Charlotte zu einer Erklärung ansetzen konnte, lehnte Viktoria sich zu Krüger und flüsterte ihm mit unüberhörbarer Empörung ihre Version der Ereignisse zu. Krüger schaute zwischen allen Beteiligten hin und her, bevor er zu den Roskodens sagte: »Sie können versuchen, Ihr Kind gerichtlich einzuklagen. Damit haben wir vom Kindersuchdienst dann aber nichts mehr zu tun.«

Herr Roskoden senkte seinen Gehstock. »An eine Klage haben wir noch gar nicht gedacht.« Er schaute seine Frau hoffnungsvoll an.

»Ja, das wäre ein Weg«, bestätigte Frau Roskoden, und Viktoria nickte auch.

»Aber ...« Charlotte wollte gerade widersprechen, als Jochen Krüger sich vor sie drängte und den Roskodens erklärte, wie auf dem gerichtlichen Weg vorzugehen sei. Wie konnte er dem Ehepaar neue Hoffnung machen und sie sogar dazu anstiften, Monika dem Druck auszusetzen, den ein solches Verfahren mit sich brächte? Charlotte schüttelte verständnislos den Kopf. Er hätte wenigstens die Zusammenführung abwarten können!

Zwei Polizeibeamte betraten das Gebäude. »Wo kommt es hier zu Gewaltausschreitungen?«

»Nirgendwo!«, versicherte Viktoria. »Bitte entschuldigen Sie die Umstände. Das Fräulein Dahlhäuser hier«, sie deutete mit dem ausgestreckten Finger auf Charlotte wie auf eine Angeklagte im Gerichtssaal, »hat zu viele Kriminalromane gelesen!«

»Wir haben die Sache ganz friedlich geklärt«, versicherte Herr Roskoden den Polizisten. Seine Frau nickte willig.

Wir haben gar nichts geklärt!, wollte Charlotte einwerfen, aber dann würde sie morgen auf der Straße sitzen.

Während die Polizei das Gebäude verließ, verabschiedeten sich die Roskodens bei den Krügers und gingen.

Charlotte lief ihnen nach und stoppte sie. »Lieben Sie Monika wirklich?«, fragte sie eindringlich, während sie den bohrenden Blick von Viktoria auf ihrem Rücken zu spüren meinte.

Beide nickten genauso unumwunden wie irritiert.

»Dann denken Sie bei allem, was Sie von nun an tun, zuerst an Monika und danach an sich selbst«, riet Charlotte.

Frau Roskoden wollte etwas entgegnen, aber ihr Mann nahm sie an der Hand. »Wir werden sehen«, sagte er und ließ sich von seiner Frau hinausführen.

»Dass Sie immer das letzte Wort haben müssen!«, regte sich Viktoria auf, als Charlotte wieder vorm Zeichenraum war, und ihr Onkel setzte nach: »Noch einmal so ein Theater, und Sie können sich endlich eine neue Anstellung suchen.« Nach diesen Worten bogen beide in Richtung Lehrerzimmer ab, wo kurz darauf das Klappern von Geschirr und das Gurgeln der Kaffeemaschine zu hören waren.

Charlottes Blick wanderte zur Treppe hinauf ins Obergeschoss. Dort hatte sie die Versammlung für sieben Uhr angesetzt. Hoffentlich verließen die Krügers das Büro heute pünktlich, sodass sie sich unbemerkt von ihnen treffen konnten. Die beiden waren die Letzten, die sie für die Rettung des Suchdienstes brauchen konnten. Wie hätten sie auch mit Krüger arbeiten können, der nach dem Besuch des Leiters des Münchner Suchbüros gleich die Karteischuber mit den UKs zum Versand nach Bayern bestimmt hatte? Wie es aussah, konnte es ihm mit der Auflösung des Hamburger Büros nicht schnell genug gehen. Ganz sicher war ihm nicht an einer Rettung gelegen, und seine Nichte blies in dasselbe Horn.

Charlottes Puls raste bei dieser Vorstellung, obwohl es jetzt galt, tief durchzuatmen, um Monikas neue Zusammenführung zu begleiten. Sie sah sich im Flur um. Die Dame vom Jugendamt war noch nicht wieder da. Anscheinend wurde sie noch von Renate verarztet. Charlotte entschied, ohne sie zu beginnen, denn länger konnte sie Monika nicht warten lassen.

Nervös schloss sie den Zeichenraum auf. Hoffentlich wollte Monika nicht gleich davonlaufen. Zu ihrer Überraschung fand sie Monika spielend mit den Zwillingen neben der Strelitzie vor. Helene Lehmann saß am runden Tisch und beobachtete versunken das Spiel der Kinder.

Charlotte ging zu Monika. »Entschuldige die Verzögerung.«

Das Mädchen schaute mit leuchtenden Augen auf. »Ist schon gut, Fräulein Charlotte. Meine Brüder und ich, wir verstehen uns gut.« Monika lächelte und konzentrierte sich gleich wieder darauf, den Zwillingen mit Teddy Mayer etwas vorzuspielen. Sie ließ den Bären hüpfen und tanzen und durch die Luft fliegen, was Günter und Walter hellauf begeisterte. Sie giggelten und lachten so vertraut, als würden sie sich schon länger kennen.

Meine Brüder? Fragend glitt Charlottes Blick zu Helene Lehmann.

»Monika war plötzlich im Raum«, sagte die vorsichtig, »hat sich einfach vor mich gestellt und mich sehr genau angesehen.« Helene Lehmann sprach, ohne von den spielenden Kindern wegzuschauen.« »Dann sagte sie, dass ich nach etwas rieche, das ihr bekannt vorkomme.«

»Tragen Sie Parfüm?«, fragte Charlotte, obwohl sie nichts dergleichen roch.

»Parfüm kann ich mir nicht leisten«, antwortete Helene Lehmann.

Könnte Monika in ihrem Unterbewussten den Körpergeruch ihrer Mutter gespeichert haben? Für Säuglinge war ihre Milchquelle unverwechselbar. Es wäre vorstellbar, dass das Mädchen diesen Geruch wiedererkannt hatte.

Frau Lehmann schaute von den Kindern zu Charlotte. »Alois wäre stolz auf seine Tochter.«

Charlotte nickte. »Schade, dass er nicht mehr lebt.« Aus dem Vorgespräch wusste sie, dass Herr Lehmann im Krieg gefallen war. Die mittellose Helene war auf der Flucht gewesen, damals im letzten Kriegsjahr. Ihr sieben Monate altes Mädchen hatte sie auf den Namen Paula taufen lassen und es an einem Bauernhof abgelegt, weil sie gehofft hatte, dass es dort am ehesten durchgefüttert werden könnte. Sie hatte nur die riesigen Milchkannen vor dem Stall stehen sehen und war davon ausgegangen, es würde sich um einen Kuhstall handeln. Viel Zeit zum Nachdenken war nicht gewesen. Im Vorgespräch war herausgekommen, dass es sich um den Schweinestall der Familie Brüderle gehandelt hatte. Die Milch in den Kannen, hatte Charlotte ihr erklärt, war für die von Säuen verstoßenen Ferkel gewesen. Nach Kriegsende hatte sie Paula gesucht, sie jedoch nie gefunden. Teddy Mayer konnte das Geschenk von jemand Fremdem sein. Genauso gut war es möglich, dass Monika ihn am Wegesrand gefunden hatte, oder, oder … Helene Lehmann jedenfalls kannte den Stoffbären nicht.

Monika trat vor Charlotte, an jeder Hand einen Zwilling. Die drei sahen sich sehr ähnlich. Charlotte schaute von den Kindern zu Frau Lehmann. Alle vier wiesen die gleiche hohe Stirn auf, das gleiche rotblonde Haar und die wunderschönen hellgrünen Augen. Schon beim Bildvergleich waren ihr mehrere individualtypische Merkmale aufgefallen, die bei Monika und Helene identisch gewesen waren: die nach innen abfallende Lidachse der Augen und die zarten, winkelig gekrümmten Augenbrauenstreifen. Laut dem Buch über forensische Anthropologie durfte sie bei mehreren übereinstimmenden Merkmalen in Kombination mit identischer Haar- und Augenfarbe von einer Verwandtschaft ausgehen – besonders, wenn es sich um hellgrüne Augen und rotblonde Haare handelte. Nur jeder fünfzigste Deutsche besaß grüne Augen, besagte ihr Buch. Noch seltener war die Kombination dieser Irisfarbe mit rotblondem Haar.

»Fräulein Charlotte, nun fragen Sie mich schon!«, drängte Monika.

Charlotte war irritiert. »Was soll ich dich denn fragen?«

»Na, das alles Entscheidende bei einer Zusammenführung!«, erklärte Monika und zog die Jungen vor die Mutter.

Charlotte musste lachen. »So schnell frage ich das selten, aber, liebe Monika, möchtest du bei Helene, Günther und Walter wohnen?«

Monika antwortete sogleich: »Ja!«

Die Zwillinge klatschten begeistert in die Hände und riefen nun ebenfalls: »Ja, ja, ja.«

Helene Lehmann nahm ihre Tochter an den Händen. »Etwas mehr von deinem Mut hätte ich mir als junge Frau auch gewünscht, dann hätte ich dich nicht weggegeben.« Sie drückte Monika lange an sich. Günter und Walter zogen und zerrten begeistert an ihrer Schwester, die selig lächelte und für den Moment genauso glücklich wirkte, wie Kinder sein sollten.

»Mutig kann man in jedem Alter werden«, sagte Charlotte mehr zu sich selbst und verließ den Zeichenraum mit einem Lächeln. Sie dachte an ihre leibliche Mutter und versuchte, sich an einen vertrauten Geruch zu erinnern, aber da war nur die Parfümwolke von Dolores Dahlhäuser.

*

Charlotte stand an einem Fenster der Bibliothek und sah dem knatternden Motorrad ungeduldig nach. »Ich dachte, Sie verlassen den Suchdienst heute gar nicht mehr, Herr Krüger!«, sagte sie zu sich selbst. Ausgerechnet an diesem Tag musste er sich bis kurz vor sieben Uhr mit seiner Nichte besprechen, dabei machte er sonst nie Überstunden. Jetzt waren beide endlich im Feierabend.

Es war nicht leicht gewesen, die geheime Versammlung vor der neuen Kollegin und ihrem Onkel zu verbergen. Als Charlotte Monika verabschiedet hatte und an ihren Tisch in der Aula zurückgekehrt war, hätte Dagmar sich beinahe verplappert. Sie hatte gefragt, ob sie später Kaffee mit hochbringen solle. Vermeintlich empört hatte Charlotte daraufhin erklärt, dass bei Recherchen in der zentralen Namenskartei Getränke nicht erlaubt seien.

Charlottes Blick glitt über ein Regal, aus dem die Münchner Kollegen nächste Woche die Hälfte der Suchfälle mitnehmen würden. Dagmar hatte am Nachmittag ein Telefongespräch belauscht, aus dem klar hervorgegangen war, dass sich der neue Chef und seine Nichte schon gute Posten beim Suchdienst in München gesichert hatten.

Der Anblick des Regals schmerzte Charlotte. Es fühlte sich so an, als würde der Kindersuchdienst wie eine trockene Sandburg mit jeder Stunde weiter auseinanderrieseln. Kurz sah sie hoch zum Deckengemälde mit Hamburgs Sternen. Wie würde sie das vermissen!

Sie ging vorbei an den dunklen Holzregalen und zum Bildnis von Oberstudienrat Klöppel. Sie holte den kleinen schmiedeeisernen Schlüssel hervor und schob das Regal mit den UKs zur Seite. Schwungvoll öffnete sie die quietschende alte Tür, um sich selbst Mut zu machen.

Dagmar und Renate trafen kurz nach ihr ein. Dagmar bewunderte den hübschen kleinen Rückzugsort als Erste. »Ich wusste gar nicht, dass es diesen Raum überhaupt gibt«, sagte sie. »Er ist wie aus der Zeit gefallen. Wenn ich das alte Bücherregal sehe, muss ich an das neunzehnte Jahrhundert denken. Wusstet ihr, dass damals Schokolade fester Bestandteil der Konditorenkunst wurde?« Sie klang wieder wie die fröhliche Frau, die das Kollegium am liebsten mit Keksen verwöhnte. Doch schon im nächsten Moment verstummte sie wieder und schaute mit steifem Blick zum Fenster. Charlotte erkannte die gleiche Anspannung an ihr, die sie selbst auch spürte. Und Renate? In der Mittagspause hatte sie von ihr erfahren, dass sie endlich die ersten Seiten von *Madame Bovary* gelesen hatte. Charlotte hoffte, dass der Roman die unglückliche Kollegin genauso faszinieren würde wie einst Libet und sie in Pützchen. Jetzt stand Renate an der Wand gegenüber dem Fenster und verschränkte die Arme vor ihrer engen Bluse. Ihre Lippen leuchteten knallrot, und die platinblonde Frisur glänzte ohne dunkle Ansätze.

Charlotte hatte auch Annegret und Frau Hahn zur Besprechung dazugebeten, und wenn sie Glück hatte, trauten sich Jutta und Elli ebenfalls her. Offiziell arbeiteten beide seit sechs Tagen nicht mehr beim Kindersuchdienst.

Kurz nach sieben Uhr erschien Jutta. Elli folgte mit etwas Abstand. Charlotte hieß die beiden mit einem Lächeln willkommen. »Wer hat Frau Hahn gesehen?«, fragte sie in die Runde. »Und ist euch Annegret draußen begegnet?« Sie war normalerweise pünktlich oder zu früh dran.

Die Kolleginnen schüttelten die Köpfe. Vielleicht war es keine gute Idee gewesen, die Chefsekretärin zu einer geheimen Versammlung einzuladen. Es sah ganz danach aus, als hielten ihr strenges Pflichtbewusstsein und die unverrückbare Loyalität gegenüber ihrem Vorgesetzten Frau Hahn vom Erscheinen ab.

»Wir fangen an!«, entschied Charlotte, nachdem sie weitere zehn Minuten gewartet hatten. Mit zitternden Fingern holte sie Libets Brief aus ihrer Rocktasche. Sie hatte ihn den ganzen Tag bei sich getragen.

Juttas hängende, trübe Gesichtszüge erhellten sich, als sie das Schreiben sah. »Ist das von Herrn Adenauers Tochter?«, fragte sie aufgeregt.

Charlotte nickte vielversprechend und öffnete den Umschlag.

»Was schreibt sie?«, fragte Dagmar.

»Nu sach et doch endlich!«, drängte Elli wie auf heißen Kohlen.

»Als Erstes darf ich euch, liebe Mitstreiterinnen zur Rettung des Kindersuchdienstes, mitteilen«, begann Charlotte, »dass Kanzler Adenauer auf dem Weg in seinen Spätsommerurlaub bei uns in Hamburg haltmachen wird. Seine Tochter Libet Werhahn-Adenauer wird ihn herführen. Wir erwarten den Staatsmann am siebzehnten September zu zehn Uhr.«

Dagmar klatschte aufgeregt in die Hände, was sonst nicht ihre Art war. »Endlich passiert etwas! Ich besorge zur Begrüßung Blumen!«

»Es et dann wohr? Dr Her Kanzler besucht mr höchstpersönlisch?«, staunte Elli mit schiefem Grinsen.

Plötzlich ließ ein Knarzen sie alle zusammenfahren.

»Pssst!«, mahnte Charlotte. »Ist da unten doch noch jemand?«

Die Blicke aller wanderten zum Boden. Niemand traute sich mehr, ein Wort zu sagen. Hatte eine andere Kollegin etwas im Büro vergessen? Es dauerte eine Weile, bis Charlotte es wagte fortzufahren. Die anderen Frauen rückten näher an sie heran.

»Der Besuch des Kanzlers ist unsere Chance, ihn vom Fortbestand des Kindersuchdienstes zu überzeugen«, sagte sie leise. Was sie ihren Mitstreiterinnen verschwieg, war die kleine, aber bedeutsame Tatsache, dass Libet lediglich zugesagt hatte, für ein kurzes »Hallo« mit ihrer früheren Freundin zu halten. Dass ihr Vater die Frauen vom Kindersuchdienst anhören sollte, dass es ein politisches Gespräch geben würde, dem hatte Libet mit keinem Wort zugestimmt.

»Aber wie sollen wir es anstellen?«, fragte Dagmar im Flüsterton.

»Ich denke, dass wir vor allem die zusammengeführten Familien zu Wort kommen lassen sollten«, verkündete Charlotte. »Ihr neues Glück könnte ihn überzeugen.«

»Dann müssen wir ein paar Familien für den siebzehnten September herbitten«, sagte Renate, »und ihnen vorab unser Ansinnen klarmachen.«

Da ertönten plötzlich Schritte auf dem Flur zur Bibliothek, an den das Baumkronenzimmer grenzte. War Viktoria Krüger zurück?

Als die Tür zur Bibliothek geöffnet wurde, sahen die Frauen Charlotte erschrocken an. Und sie starrte mit rasendem Herzen auf die Tür des Baumkronenzimmers.

Niemand wagte es, einen Laut von sich zu geben, als die Schritte sich ihnen näherten. Charlotte hielt die Luft an.

Die Tür wurde knarrend geöffnet, und Annegret trat ein.

»Guten Abend«, grüßte sie leise. Wie früher trug sie ihre alte Hose und die weiße, so oft geflickte Bluse mit dem runden Kragen.

Charlotte atmete erleichtert aus. »Gut, dass du es noch geschafft hast. Wir brauchen dich.« Es bestärkte Charlotte, dass die Freundin sich trotz ihres Kummers und der Entlassung hergetraut hatte.

So schlecht, wie Annegret aussah, war Fritz' Versöhnungsversuch wohl missglückt. Sie wirkte wieder so hager und zerbrechlich wie zu Beginn ihres Kennenlernens. Der Tischler war vor wenigen Tagen todunglücklich beim Suchdienst aufgetaucht und hatte Charlotte um Hilfe dabei gebeten, Annegret zurückzugewinnen. Außerdem hatte er erzählt, dass sein Sohn sich wieder zurückziehen würde, weil er von der Trennung so erschüttert sei. Charlotte hatte Fritz empfohlen, Annegret seine Gedanken und Gefühle in einem Brief zu erläutern.

»Schließ die Tür und komm leise zu uns«, bat Jutta, und Elli deutete auf den Platz neben sich. Annegret schaute die Kolleginnen jedoch kaum an und beschämt zu Boden.

Charlotte nahm den Faden wieder auf. »Dann steht also fest, dass wir mehrere glücklich vereinte Familien einladen wollen. Nun zu unserem Ziel: Damit unser Suchdienst nicht geschlossen wird, brauchen wir mehr Zusammenführungen, und das erreichen wir nur mit der neuen Bildersuche, wie sie Doktor Seppelfricke gerne umgesetzt hätte.«

»Die finanziellen Mittel dafür hat uns die Hamburger Hafenbank leider nicht gegeben«, erinnerte Renate mit bitterem Ton.

»Und die Münchner haben daraufhin auch nicht weiter versucht, ihren Anteil aufzutreiben«, wusste Jutta.

»Deswegen beschaffen wir den ganzen Betrag von sechzig Millionen. Und jemand aus unserer Runde muss dem Kanzler erklären, was die neue Bildersuche für die zerrissenen deutschen Familien bedeutet, damit er den Gesamtbetrag genehmigt«, erklärte Charlotte. Eine Weile schwiegen alle. Draußen im Ahorn zwitscherten Amseln.

»Ich würde kein einziges Wort herausbekommen, wenn ein so bedeutender Staatsmann vor mir stünde«, gestand Dagmar nach einer Weile kleinlaut.

»Ich noch weniger«, flüsterte Annegret.

Als hätten sie sich vorab darauf verständigt, wanderte der Blick der Kolleginnen zu Charlotte.

»Du bist für diese Aufgabe am besten geeignet«, verkündete Jutta als Älteste in der Runde.

»Ich soll vor Libets Vater …?« Zwar fiel es ihr nicht schwer, vor anderen zu sprechen, doch die Vorstellung, einen Mann wie Adenauer um sechzig Millionen Mark zu bitten, machte auch sie nervös. In ihrem Kopf spielte sich sofort das schlimmste aller Szenarien ab: wie sie sich vor Eifer verquatschte, planlos und aufgeregt drauflossprach und zu ungeduldig reagierte, sollte er zögern.

Die anderen nickten erneut.

»Außerdem kennst du seine Tochter. Da hast du bestimmt einen Stein bei ihm im Brett«, sagte Renate.

»Nun gut … ja … ich werde es machen«, bestätigte Charlotte, obwohl sie sich des Steins nicht sicher war.

»Ich übernehme es, die Familien für den siebzehnten September zu gewinnen«, sagte Renate. »Ich bin noch hier und habe Zugriff auf alle Adressen.«

»Ich könnte für den Kanzler und seine Tochter Kekse backen«, bot Dagmar an.

»Der Kanzler liebt Ruse«, warf Elli ein.

Alle sahen die Kollegin irritiert an, bis sie übersetzte: »Rosen, meine Damen.« Sie sprach nun langsam, überdeutlich und hochdeutsch: »Er ist leidenschaftlicher Rosengärtner. Wenn du Rosenwasser mit in den Teig träufelst, Dagmar, wird er begeistert sein und kann gar nicht Nein sagen.«

Die Runde lachte, bis auf Annegret. »Am besten, wir legen den Ablauf für den siebzehnten September ganz genau fest. Dann kann am wenigsten schiefgehen«, regte sie stattdessen an.

»Wollen wir beide das gemeinsam machen?«, fragte Charlotte.

Annegret nickte verhalten. Ihr schlechtes Gewissen stand ihr weiterhin ins Gesicht geschrieben.

Es wurde still im Raum, jede schien den großen Plan zu durchdenken. Charlotte fiel ein, dass der Bundeskanzler dafür bekannt war, zur Auflockerung vor anstrengenden Verhandlungen mit Staatsgästen gerne Boule zu spielen. Vielleicht führte sie das noch zu einer Idee, die ihrer Sache dienen könnte. »Dann lasst uns in zwei Wochen wieder hier zusammenkommen und uns zum Stand aller Vorbereitungen austauschen!«, sagte sie abschließend.

»Noch eine Sache«, bemerkte Jutta zögerlich mit halb erhobener Hand.

»Immer raus damit!«, bat Charlotte leichthin.

Jutta schluckte, dann fragte sie: »Könntest du Hauptkommissar Hartmann fragen, ob die Polizei uns beim Kanzlerbesuch unterstützt? Ich denke, das wird unumgänglich sein, damit Herr Adenauer sich sicher fühlt.«

»Ähm ...«, entgegnete Charlotte verlegen. »Hauptkommissar Hartmann will nicht mehr mit dem Kindersuchdienst arbeiten.« Annegret war die Einzige, der sie von ihrer Liebe zu Robert, dem Hoch und Tief und dem kalten Ende in der Bundespolizeiinspektion erzählt hatte.

»Ich frage bei der Polizei Unterstützung an«, half Annegret aus.

Charlotte nickte ihrer Freundin dankbar zu. Sie hoffte, Robert am siebzehnten September nicht wiedersehen zu müssen. Es würde ihr das Herz brechen, von ihm wie eine normale Kollegin behandelt zu werden.

»Aber was machen wir mit Jochen Krüger?«, fragte Dagmar. »Wie verhindern wir, dass der uns einen Strich durch die Rechnung macht? Am besten wäre es, wenn wir die Abteilungsleiter recht bald auf unsere Seite ziehen.«

»Wir sagen Krüger einfach nichts von unserem Plan«, schlug Jutta vor, »und wenn der Kanzler dann vorm Suchdienst steht, ist Krüger bestimmt der Letzte, der diesen Mann fortschickt.«

»Vielleicht fällt mir noch etwas Besseres ein!«, sagte Renate. In ihren Augen flackerte etwas auf, das Charlotte nicht benennen konnte. »Ich könnte mit den Abteilungsleitern reden und versuchen, rauszuhören, ob sie auf unserer Seite stehen. Wenn ja, weihe ich sie in unsere Pläne ein«, schlug Renate jetzt vor.

»Großartig!«, rief Charlotte. »An die Abteilungsleiter hatte ich gar nicht gedacht.«

Wieder knarrte der Dielenboden in der Bibliothek. Wieder hielten sie versammelt die Luft an. In ihrer Vorstellung hörte Charlotte Viktoria Krüger schon sagen: *Was haben wir denn hier für eine interessante Ansammlung an bemitleidenswerten Ex-Kolleginnen!?* Ihr gehässiger Ton war einzigartig in der Abteilung.

»Ich sehe nach, ob alles in Ordnung ist«, flüsterte Charlotte den anderen zu und schlich zur Tür des Baumkronenzimmers.

Durch einen schmalen Spalt spähte sie in die Bibliothek, konnte aber niemanden sehen. Sie öffnete die Tür ein Stück weiter und beugte sich hinaus, um eine bessere Sicht in den Raum zu bekommen. Niemand da!

Erleichtert zog sie sich ins Baumkronenzimmer zurück und schloss die Tür wieder. »Niemand zu sehen«, flüsterte sie in verschwörerischem Ton. Vermutlich war es nur das alte Holz, das immer noch arbeitete.

»Lasst uns die Zusammenkunft jetzt trotzdem beenden«, forderte Jutta.

Alle nickten, bis auf Annegret. »Ich möchte noch eine Sache loswerden«, sagte sie leise. »Es tut mir leid, dass ich euch wegen Oskar nicht die Wahrheit gesagt habe.«

»In deiner Situation hätte ich vermutlich das Gleiche getan, um die Stelle zu bekommen«, sagte Jutta und nahm Annegret in die Arme.

Charlotte freute sich, dass die Kolleginnen aus Annegrets Mutterschaft kein Drama machten. Als Alleinerziehende hatte sie es schwer genug, obwohl sie nie klagte.

»Schwamm drübber!«, flüsterte Elli, und Dagmar ergänzte noch: »Jetzt kommt es darauf an, dass wir wie Pech und Schwefel zusammenhalten.«

Sie verabschiedeten sich herzlich voneinander. Dagmar drückte Charlotte die Hand. »Wir schaffen das. Ich probiere am Sonntag gleich neue Rezepte mit Rosenwasser aus.« Sie öffnete die Tür, und begleitet vom Klimpern ihrer Armreife verschwand sie in der Dunkelheit unter Hamburgs Sternenhimmel. Elli und Renate folgten ihr bald.

Jutta umarmte Charlotte fest. »Du wirst das vor dem Kanzler wunderbar machen!« Ein Klicken des Türschlosses folgte, und auch sie war weg.

Annegret legte eine Hand auf Charlottes Schulter. »Es wird schwierig werden, aber wir können den Suchdienst retten.« Sie klang zuversichtlich, doch in ihren Augen lag eine Traurigkeit, die Charlotte tief berührte. Sie verabschiedeten sich mit einer innigen Umarmung.

Charlotte horchte in die Bibliothek, ob alles still blieb, nachdem Annegret sich entfernt hatte, und verließ das Baumkronenzimmer als Letzte. Sie schloss ab, versteckte den Schlüssel wie gewohnt und schob das Regal wieder vor die Tür.

Im Flur vor der Bibliothek trat Charlotte auf etwas. Sie hob einen lilafarbenen Knopf auf. Wenn sie sich richtig erinnerte, hatte Viktoria Krüger heute zu ihrem anthrazitfarbenen Hosenanzug eine lila Bluse getragen. Ob sie doch belauscht worden waren? Genauso wahrscheinlich war es jedoch, dass die ungeliebte Kollegin den Knopf früher hier verloren hatte.

Zurück in der Aula, lag die alte Schule schon wie im Schlaf. Alles, was Charlotte jetzt noch wollte, war, in ihr Bett zu fallen. Nicht einmal der Gestank, der seit dem Abwasserproblem nicht aus Femkes Haus zu bekommen war, würde sie gleich vom Schlafen abhalten.

Erschöpft bestieg sie ihr Rad und fuhr den vertrauten Weg nach Hause. Die Sonne stand schon tief und schickte ihre letzten warmen Strahlen durch die Straßen.

Da war gerade noch genug Licht, um das Schild vor Femkes Haus mit der blauen Tür zu lesen:

ZU VERKAUFEN!

Femke hatte sich wirklich durchgerungen, ihr geliebtes Haus zu verkaufen? Tagelang hatte Charlotte die stinkende Abwasserbrühe ausgeschippt, und nun sollte alles umsonst gewesen sein? Das Haus im Wesselburer Weg war ihr zu einem Zuhause geworden. Für einen Moment überlegte sie, das Schild zu entfernen, bis sie mit Femke geredet hatte. Doch das Haus gehörte nicht ihr, das stand ihr nicht zu.

Sie kettete ihr Rad am Briefkasten an und schloss die blaue Haustür auf. »Femke?«, rief sie die Stiege hinauf. Keine Antwort. Der vertraute Geruch von Moder und Abwasser hing in der Luft.

Sie schaute in der Küche nach, aber Femke war nicht da. Der einst gemütliche Raum wirkte schrecklich trostlos. Einige der Töpfe und Kochutensilien, die früher in offenen Regalen und Körben verstaut gewesen waren, lagen achtlos herum. Der Ofen stand da wie eine offene Wunde. Auch die Stube war zu einem kalten, feuchten Ort geworden. Dort brauchte sie gar nicht erst nachzusehen.

Zurück im Flur, rief sie noch einmal lauter »Femke?« und ging die Stiege hinauf. Die Tür zu Femkes Schlafzimmer stand offen, das Bett war leer. Vermutlich machte sie einen ihrer kurzen Spaziergänge, um trotz Gips wenigstens einmal am Tag aus dem Haus zu kommen. Die Augustabende waren angenehm lau.

Charlotte war zu müde, um auf Femke zu warten, weswegen sie sich über der größten Suppenschüssel zu waschen begann. Die Sickergrube wartete noch auf ihre Reparatur, sodass sie das Waschbecken und die Toilette noch nicht wieder benutzen konnten. Zurück in ihrer Kammer, zog sie sich ihr Nachthemd an: ein viel zu weites, mit Bommeln an den Bändern. Sobald Femke eintraf, würde sie ihre Hilfe auf der Stiege benötigen. Seit dem Abwasserdilemma schlief Femke wieder oben. Das Rauf und Runter auf den vielen schmalen Stufen war eine Qual. Vermutlich wäre es besser, sie versuchte Femke morgen erst vom Verkauf des Hauses abzubringen.

Als letzten Akt des Tages kippte sie das schmutzige Wasser aus der Suppenschüssel in den Garten. Die Zimmertür lehnte sie nur an, damit sie Femke hören würde. Dann sank sie erschöpft in ihr Bett. Obwohl sie todmüde war, sprangen ihre Gedanken zu dem bevorstehenden Besuch des Bundeskanzlers. Konrad Adenauer galt als herrschsüchtig und autoritär, als starke Persönlichkeit mit eisernen Prinzipien und starkem Willen. Von Libet wusste sie, dass ihr Vater seine stets aufrechte Haltung regelmäßig mit einem Regenschirm zwischen Rücken und Armen trainierte. Auf der anderen Seite war immer wieder darüber zu lesen, wie wichtig ihm das christliche Gebot der Nächstenliebe war, dem er sich von jeher verpflichtet fühlte. Mit einem warmen Gefühl dachte Charlotte auch an Monika und den Moment, als das Mädchen in den Armen von Helene Lehmann gelegen hatte.

Sie drehte sich vom Rücken auf die Seite und schlang die Bettdecke um sich. War es wirklich so, dass man es spürte, wenn man der Frau begegnete, die einem das Leben geschenkt hatte? Gab es Erinnerungen im Unterbewusstsein? Einen Geruch oder eine besondere Verbindung, die nichts und niemand auszulöschen vermochte? Sie sehnte sich danach, genau das zu erleben. Dieses Gefühl, bedingungslos zusammenzugehören, das Monika und ihre Mutter empfunden haben mussten.

Abrupt setzte Charlotte sich im Bett auf. Im Schein des Abendlichts, das durch das Fenster in den geduckten Raum fiel, ging sie zu dem alten Bauernschrank und öffnete die Türen. Bisher hatte sie sich geweigert, nach dem Namen ihrer leiblichen Mutter zu schauen. Sie war zu enttäuscht gewesen, von ihr weggegeben worden zu sein. Oder lag es eher daran, dass sie einen erneuten Umschwung in ihrem Leben fürchtete? Gerade brauchte sie alle Kraft für die Rettung des Kindersuchdienstes.

Ihr Herz schlug schneller, während sie ganz hinten im Schrank zu dem Umschlag griff, den Robert ihr in seinem Büro überlassen hatte. Sie dachte noch immer viel über die Begründung nach, mit der er sie aus seinem Leben verbannt hatte. Er fehlte ihr. Das Geheimnis ihrer Herkunft war nur noch einen Atemzug entfernt. Mit jedem Zentimeter, den sie den Umschlag aus dem Schrank zog, wummerte ihr Herz heftiger. Dann hielt sie ihn vor sich und starrte ihn an, als wäre er mit Blattgold überzogen. Ihr Blick verschwamm. Trotzdem holte sie die Papiere aus dem Umschlag heraus. Auf dem Deckblatt prangten der Stempel »Abschrift« und eine Aktennummer.

Ihr Herzschlag dröhnte ihr in den Ohren, während sie die zweite Seite aufschlug und las. Die Informationen waren in drei Spalten festgehalten. In der linken Spalte stand der Name der Familie, die ein Kind über den Kinderhilfe-Verein adoptiert hatte, daneben der Name des Kindes und ganz rechts der der leiblichen Mutter. In der ersten Zeile ging es um Egon und Helga Albrecht, die ein Kind mit dem Namen Piet adoptiert hatten. Die leibliche Mutter des kleinen Piet war Ursula Anstetten. Die Namen der Adoptiveltern waren alphabetisch geordnet.

Charlotte hielt inne und sah auf, als sie beim Buchstaben D angelangt war. Sie fühlte sich nicht bereit dafür, wollte aber jetzt nicht mehr umkehren. Sie schluckte umständlich, dann starrte sie auf die Namen Rudolph und Dolores Dahlhäuser. Daneben war ihrer vermerkt.

Ihr Atem stockte, als sie den Namen ihrer leiblichen Mutter las. Das konnte nicht wahr sein! Die Papiere glitten ihr aus den Händen und segelten zu Boden. Ihr wurde abwechselnd kalt und heiß. Robert musste sich mit dem Namen ihrer Mutter geirrt haben. Es konnte sich nur um einen Ermittlungsfehler handeln!

25

11. August 1955

Hardy drehte sich auf der harten Pritsche der Gefängniszelle seit Stunden hin und her. Er würde das, was er Manfred und Ilse Krause angetan hatte, nie wiedergutmachen können. Sie waren die Einzigen, die ihn aus der Verwahrung rausholen durften, weil sie seine rechtmäßigen Eltern waren. Jeden Moment mussten sie eintreffen. Solange er sich zurückerinnern konnte, war das Bauernehepaar noch nie so weit wie bis nach Hamburg gereist.

Seitdem er zurück in der Bundesrepublik war, fühlte er sich wie ein Fußballer, der vom Platz humpelte, während das Spiel des Lebens weiterging. Er hatte seine Eltern vor den Kopf gestoßen, bestohlen und belogen und am Ende nicht einmal seine echte Mutter gefunden. Seine Chance, Profifußballer zu werden, hatte er gründlich versaut, und hinter ihm lag eine Odyssee durch Polizeistationen: Königsberg, Danzig, Ostberlin und jetzt Hamburg, wo er nach der Ankunft am Hauptbahnhof zur Verwahrung und sicheren Übergabe an seine Eltern hingebracht worden war. Das Schicksal zeigte ihm die rote Karte. Er hatte alles verloren. Lediglich die gelbe Strickjacke von der netten Frau aus dem Zug trug er noch bei sich. Das wenige, das er noch besessen hatte, hatten sie ihm in der Sowjetunion abgenommen und nicht wieder zurückgegeben. Für die Strickjacke hatte er gekämpft! Jetzt trug er einen grauen Pullover und eine braune Hose, die sie ihm auf der Polizeistation in Königsberg an die Brust gedrückt hatten.

Hardy dachte wieder und wieder an den unrühmlichen Ausgang seiner Suche. Nachdem die sowjetische Polizei ihn im Sankt-Elisabeth-Krankenhaus als illegal Eingereisten identifiziert und aus dem Krankenzimmer abgeführt hatte, war er zunächst in Kaliningrad verhört worden. Man hatte vermutet, dass er ein Spitzel des kapitalistischen Westens sein könnte. Er hatte alles gestanden, was er getan hatte, seit er seine echte Mutter suchte. Sogar von den harten Tagen als Straßenkind hatte er berichtet und keinen einzigen Diebstahl ausgelassen. Unter strenger Bewachung war er zurück ins Krankenhaus gebracht worden und hatte sich auskurieren dürfen. Erschöpfung und Mangelernährung, lautete die Diagnose. Nach tagelangem Warten hatte die sowjetische Polizei entschieden, dass er in seine Heimat zurücksollte. Seine Eltern in Pippensen mussten dafür einen hohen Geldbetrag zahlen. Wie es aussah, hatten sie keine Sekunde gezögert, der Anweisung aus dem internationalen Telegramm nachzukommen. Und das, obwohl eine Zugfahrt in Begleitung eines Polizeibeamten fast unbezahlbar war.

Hardy würde sich nicht trauen, Ilse und Manfred jemals wieder in die Augen zu sehen. Wenn sie gleich vor ihn traten, wollte er nur auf den harten Gefängnisboden schauen. Seine Geschwister hatten ihn vermutlich schon abgeschrieben, so lange, wie er fort war, und so egoistisch, wie er sich allen gegenüber verhalten hatte. Er war ein dreimal dummer Klöttenkopp!

Der Riegel der Zelle wurde umgelegt und die Metalltür mit dem vergitterten Fenster geöffnet. Hardy schlug das Herz bis zum Hals. Eigentlich stand für Besuche ein anderer Raum zur Verfügung, der streng bewacht wurde. Bei Kindern, die lediglich zur Verwahrung hier waren, machten sie wohl Ausnahmen und ließen Besucher in die Zellen.

Mit strenger Miene baute sich Herr Brodkorb im Trainingsanzug im Türrahmen auf, als wollte er seiner Mannschaft die Leviten lesen.

Auf wackeligen Beinen kam Hardy von der Pritsche hoch. Gleich setzte es sicher eine Ohrfeige. Den Trainer enttäuscht zu haben, fühlte sich für ihn schlimmer an, als in der Nachspielzeit einen Elfmeter zu verschießen.

Doch Herr Brodkorb sagte nur: »Zum Glück ist dir nichts passiert bei den Kommunisten.«

Hardy sah überrascht auf und nickte zerknirscht. Ihm war sehr viel passiert, aber das jetzt zu erzählen, würde Tage dauern. Er wollte lieber zur Ruhe kommen, nur wo und wie, das wusste er nicht. Die Unruhe in ihm, die vielen Gedanken an seine echte Mutter und die tausend Fragen zu seiner Herkunft zermürbten ihn.

»Wo sind die Krauses? Warum sind sie nicht hier?«, fragte er.

»Deine Mutter ist im Krankenhaus wegen eines Magendurchbruchs, und dein Vater ist bei ihr«, erklärte Herr Brodkorb. »Sie haben mich gebeten, nach dir zu sehen.«

»Steht es ernst um Mutter?«, fragte Hardy besorgt.

»Ihr Magengeschwür hat ihr immer mehr Probleme bereitet, nachdem du fort warst. Bis es kürzlich zum Durchbruch kam. Sie wurde heute operiert.«

»Und mein Vater, hat er sich vom Sturz die Kellertreppe runter erholt?«, fragte Hardy voll des schlechten Gewissens. Er hätte helfen müssen.

»Es war nur eine Platzwunde«, wusste der Trainer.

»Ich war so ein Dummkopf!« Hardy warf sich bäuchlings auf die Pritsche und vergrub sein Gesicht in der gelben Strickjacke. »Das Beste ist, ich bleibe im Gefängnis. Dann kann ich wenigstens niemandem mehr etwas antun!«, murmelte er zwischen seinen Fingern durch.

»Junge, was redest du denn da?« Trainer Brodkorb kam zu ihm. »Dein Vater bat mich, dich zu fragen, ob du wieder zur Familie gehören möchtest und ob du ihnen die Lüge verziehen hast.«

Mit feuchten Augen hob Hardy den Kopf. »Wirklich?«

Trainer Brodkorb nickte und schaute Hardy länger an. »Am liebsten würde ich dir jetzt sagen, wie dumm es war, deine Chance auf eine Zukunft im Profifußball zu vertun, aber das mache ich nicht.«

Hardy lehnte sich mit dem Rücken gegen die Zellenwand. Der verständnisvolle Ton des Trainers war neu für ihn. Herr Brodkorb war normalerweise kein Mann vieler Worte, und der sportliche Erfolg hatte für ihn Vorrang vor allem.

Der Hüne setzte sich neben ihn auf die Pritsche und lehnte sich ebenfalls an die Wand. »Ich weiß, wie es sich anfühlt, sich ständig fragen zu müssen, woher man stammt und warum die leiblichen Eltern einen nicht haben wollten.«

Hardy wollte es kaum glauben. »Sie haben auch keine Eltern mehr?«

»Ich werde den Wunsch nie begraben, sie ausfindig zu machen. Aber ich habe gelernt, mit der Ungewissheit zu leben«, erklärte der Trainer, den Blick auf die Wand gegenüber geheftet.

Der Riegel der Tür wurde erneut aufgeschoben, und ein Gefängniswärter trat ein. »Der zweite Besuch steht vor der Tür! Sind Sie fertig?«

»Vater?«, fragte Hardy hoffnungsvoll in den Flur. Er stand vom Bett auf.

»Kein Vater!«, sagte der Beamte. »Zwei Damen.«

»Ich gehe dann mal wieder«, sagte der Trainer. »Dein Vater würde gerne nach der Operation deiner Mutter herkommen. Kann ich ihm sagen, dass du dich freust, ihn wiederzusehen?«

Hardy umarmte den Trainer fest. »Ja. Auf jeden Fall.« Dann verließ Herr Brodkorb die Gefängniszelle.

Die zwei angekündigten Damen betraten den schmalen Raum. Hardy blinzelte mehrmals, weil er sich nicht sicher war, ob *sie* es wirklich war: die nette Frau aus dem Zug mit dem Zopf, die ihm die vielen Franzbrötchen geschenkt und ihm die Strickjacke übergeworfen hatte. Sie stand dicht bei der zweiten Frau, die Tränen in den Augen hatte, wunderschön war und »Eberhard« nun so zärtlich aussprach, als hätte sie ihm diesen Namen gegeben. Ihre Lippen zitterten, als wollte sie noch mehr sagen, doch sie brachte kein weiteres Wort heraus. Die nette Frau aus dem Zug stützte sie von der Seite und übernahm das Sprechen.

»Guten Tag, Eberhard«, sagte sie. »Ich bin Annegret Dietzel, und ich hatte von deiner Mutter den Auftrag, dich zu finden.« Sie sah überrascht aus, als ihr Blick an der gelben Strickjacke auf der Gefängnispritsche hängen blieb. »Das ist ... das ist meine Strickjacke«, bemerkte sie kaum hörbar und abgelenkt. Fragend sah sie zu Hardy und wieder zu dem Kleidungsstück zurück, dann räusperte sie sich und sagte: »Ich bringe heute deine leibliche Mutter zu dir.« Sie drückte der schönen Frau neben sich bestärkend die Hand.

»*Mamake*«, sagte Hardy leise.

»Ich bin Barbara Voss, ich bin deine *Mamake*«, stellte sie sich vor.

»Barbara«, wiederholte Hardy versunken. So viele Tage hatte er sich nach diesem Moment, nach diesem Stückchen Identität gesehnt.

Annegret Dietzel zog sich an die Tür zurück und verfolgte die Begegnung von dort weiter. Sie schien sehr überrascht – vermutlich auch davon, dass er gar nicht stumm war.

Barbara trat vor ihn, nahm seine Hand und legte sie sich an die Wange. »Mein Eberhard, endlich.«

»Meine Freunde nennen mich Hardy«, sagte er mit einem Lächeln. Es war, als würde sich die Leere füllen, die er empfand, seit er Pippensen verlassen hatte.

»Jetzt lasse ich dich, Hardy, nie wieder los«, sagte seine *Mamake* und strich ihm mit der Fingerspitze über den Leberfleck am linken Ohrläppchen.

Er sah in ihre leuchtenden Augen. Sie waren ihm sofort vertraut. In seiner Erinnerung hatte seine echte Mutter jahrelang kein klares Gesicht gehabt. Er hatte die Frau nur verschwommen gesehen, die ihn in Königsberg durch enge Gassen getragen und dabei gesagt hatte: »Wir schaffen das, wir schaffen das, Eberhard. Gleich wird dir geholfen.« Jetzt sah er ihr Gesicht scharf vor sich. Ihre Stimme klang noch genauso wie damals.

»Ich denke, ich lasse Sie beide jetzt allein«, sagte Annegret Dietzel und klopfte gegen die Gefängnistür.

Nur schwer ließ Hardy die Hand seiner Mutter los, die daraufhin zu der Frau vom Suchdienst ging, sie umarmte und sagte: »Danke für Ihre Hilfe! Ich hatte Sie falsch eingeschätzt. Wenn ich irgendwann mal etwas für Sie tun kann – Sie kennen meine Adresse.«

»Gut!«, antwortete Annegret Dietzel und verließ die Gefängniszelle. Hardy dachte noch, dass sie damals im Zug glücklicher ausgesehen hatte.

Nun hatte er nur noch Augen für seine *Mamake*. Im Überschwang seiner Gefühle sagte er: »Erzähl mir von dir!« Bevor sie zu Wort kam, versprach er aber, ihr zu zeigen, wie man einen guten Elfmeter schießt und mit den bloßen Händen Fische fängt.

Barbara Voss hörte interessiert zu und lächelte immer wieder.

Hardy erzählte von den Wiesen, Wäldern und Bächen um Pippensen und davon, wie viel Zeit er dort neben dem Fußball verbracht hatte.

Ob er eine neue Hose für das Training brauche, fragte sie dann, sie könne gut schneidern.

Ihre Gegenwart fühlte sich für Hardy noch wichtiger an als ein Turniersieg, noch berauschender als der erste Kuss. Erst später, an einem anderen Ort, wollte er sie fragen, warum sie ihn weggegeben hatte. Wie aber sollte er Manfred Krause die neue Situation erklären?

*

Annegret stolperte über den Flur der Justizvollzugsanstalt. Es war unfassbar. Sie war dem monatelang gesuchten Eberhard bereits im Zug begegnet, hatte sogar schon mit ihm geredet, ihn obendrein vor der Polizei beschützt. Genauso unglaublich war, wie es überhaupt zu der ungewöhnlichen Zusammenführung gekommen war.

Vor drei Stunden hatte Frau Voss aufgeregt an Annegrets Gartentor gestanden und sie gebeten, sie ins Gefängnis zu begleiten. Sie hatte sich dafür entschuldigt, bei Jochen Krüger ihre Privatadresse erfragt zu haben. Jochen Krüger war es auch gewesen, der Frau Voss darüber informiert hatte, dass er ihren

Sohn gefunden und seinen Weg bis nach Pippensen zu den Adoptiveltern zurückverfolgt hatte. Von Ilse und Manfred Krause hatte er erfahren, dass Eberhard im Gefängnis in Hamburg verwahrt wurde – nach einer illegalen Reise nach Kaliningrad.

In Annegret hatte es gebrodelt. Nicht nur hatte Krüger ihren Erfolg an sich gerissen, nein, nun war auch noch die Frau Voss, die ihre, Annegrets, Unterstützung von Anfang an abgelehnt hatte, hier aufgetaucht. Rundheraus hatte Annegret ihr vorgehalten, dass ihr Verrat sie die Anstellung gekostet hatte.

»Ich habe Jochen nichts gesagt!«, hatte Barbara Voss behauptet. »Nie würde ich einer alleinerziehenden Mutter das Leben noch schwerer machen. Ich weiß doch, wie das war ... ohne den Vater, nur mit Kind allein ... damals ... in Königsberg ...« Eberhards leiblicher Vater sei noch vor der Geburt gestorben.

»Aber Sie und Herr Krüger ...«, hatte Annegret ungnädig eingeworfen. Erst bei diesen Worten war ihr aufgefallen, dass Barbara Voss an diesem Tag kein Make-up getragen hatte und ihre Haare nicht voluminös geföhnt waren.

Frau Voss hatte Annegret erst mit scharfem Blick fixiert, ihr dann jedoch mit mildem Ton erklärt: »Das ist lange her. Ich habe die Liaison mit Jochen beendet, weil er mir zu nachtragend und zu sehr auf sich selbst fixiert war.«

Genauso hatte Annegret Jochen Krüger auch kennengelernt. Bis zum Tag ihrer Kündigung hatte er ihr wohl übel genommen, dass er sie entgegen seiner Entscheidung hatte einstellen müssen.

»Ich schätze Sie für Ihre Zurückhaltung im Umgang mit uns Sucheltern und für Ihren Mut, für Eberhard bis in die Sowjetunion zu fahren«, hatte Frau Voss außerdem gesagt, »und jetzt bitte ich Sie noch um einen letzten Gefallen: Begleiten Sie mich zu meinem Sohn. Ich habe sonst niemanden, der mich unterstützen könnte. Und Ihnen ist Eberhard doch auch wichtig.«

So ähnlich hatte Fritz auch oft über Annegret gesprochen: über ihren empathischen Umgang mit den Sucheltern, ihr besonderes Gespür für deren Nöte und über ihren Mut. Er fehlte ihr, auch wenn sie nicht zurück zu ihm wollte. Sie dachte ständig an ihn und Hannah; darüber wurde sie immer trauriger. Es hätte so gut werden können, wenn sein Herz nicht noch besetzt wäre. Sein Brief lag ungeöffnet auf der Fensterbank der Gartenlaube.

»Bitte, Fräulein Dietzel!«, hatte Barbara Voss wiederholt und erklärt, wie sie von Charlotte erfahren hatte, dass nicht Jochen Krüger, sondern Annegret Eberhard gefunden habe. Charlotte musste den Suchaufwand ausführlich beschrieben haben und die Reise in die Sowjetunion auch.

Annegret war daraufhin zu Oskar in die Laube gegangen, der am Morgen eine Schüssel mit Kirschen vor dem Gartentor vorgefunden und diese gerade vertilgt hatte. Oskar versprach, nichts anzustellen, während sie fort war. »Fährst du weg, um dich mit Fritz zu versöhnen?«, hatte er noch gefragt.

Annegret hatte den Kopf geschüttelt, weil sie sich erstens nicht mit Fritz versöhnen und zweitens auch keine Kirschen mehr von ihm geschenkt bekommen wollte. Kurz darauf hatte sie in der Straßenbahn neben Frau Voss gesessen – auf dem Weg zur Justizvollzugsanstalt.

Während sie fuhren, hatte Eberhards Mutter von ihrer Vergangenheit erzählt. Zum Beispiel davon, dass sie damals nach dem Krieg verdächtigt worden war, in Königsberg in hoher Funktion für die Nationalsozialisten gearbeitet zu haben. Sie hatte jedoch beweisen können, dass sie nur in der Kleiderkammer als Aushilfe gedient hatte, was ihr Glück war. Denn dafür war sie nicht erschossen, sondern von den Sowjets lediglich in ein Arbeitslager gesteckt worden. Acht Jahre hatte sie dort überlebt und ihren Sohn erst eine Weile nach ihrer Rückkunft zu suchen begonnen. Ihr schlechtes Gewissen und die Befürchtung, er könnte nicht mehr leben, hatten sie immer wieder aufgehalten. Ihre Offenheit hatte schließlich auch Hauptkommissar Hartmann und seine Kollegen von der politischen Abteilung überzeugt, sie nicht wegen nationalsozialistischer Verbrechen anzuklagen.

Als sie vor der Justizvollzugsanstalt angekommen waren, hatten Tränen in Frau Voss' Augen gestanden.

Annegret hatte ihr ein Taschentuch gereicht und sich gewünscht, sich in die gelbe Strickjacke ihrer Großmutter einzuwickeln, was sie oft getröstet und sich wie eine warme Umarmung angefühlt hatte. Doch jetzt galt es, nur an den Jungen zu denken, den sie sechs Monate lang verzweifelt gesucht hatte.

26

17. September 1955, 7 Uhr

Dieser Tag würde der wichtigste in ihrem Leben werden. Charlotte stand in der Gartenlaube und konzentrierte sich auf ihre Frisur, die angemessen glamourös werden sollte. Am Vorabend hatte sie ihr gewaschenes Haar Strähne für Strähne zu einer Kordel gedreht und festgesteckt, sodass es nach dem Aufstehen und dem Lösen aller Klemmen in weichen Wellen um ihren Kopf und die Schultern fiel. Nun zog sie einen Seitenscheitel und befestigte die Wellen an der kurzen Scheitelseite mit einem Einsteckkamm über dem Ohr. Die andere Seite fiel ihr leicht ins Gesicht. Zugegeben, sie war nicht die Geschickteste, aber die Frisur sah dennoch nicht schlecht aus.

Sie blickte sich in Annegrets Laube um. Zwar war es zu dritt sehr eng hier drin, aber das vorübergehende Zusammenwohnen hatte die Vorbereitungen für den heutigen Tag erleichtert. Abend für Abend, wenn Oskar eingeschlafen war, hatten sie und Annegret den Plan für den Kanzlerbesuch gemeinsam konkretisiert. Wenigstens in diesen Momenten war ihre Freundin auf hoffnungsvollere Gedanken gekommen. Charlotte hatte auch die Zeit mit Oskar genossen und von ihm gelernt, wie man beim Mensch-ärgere-Dich-nicht-Spiel den Würfel so beschwor, dass er die gewünschte Zahl brachte.

Gerade brachte Annegret den Jungen zur Schule, die am Monatsersten wieder begonnen hatte. Danach würde sie direkt zum Suchdienst gehen. Der ungeöffnete Brief von Fritz verstaubte weiter auf der Fensterbank, obwohl Charlotte die Freundin mehrfach zum Lesen animiert hatte.

Bei Annegret war sie untergekommen, weil sie sich vor sechs Wochen so heftig mit Femke gestritten hatte, dass sie nicht länger im Haus mit der blauen Tür bleiben wollte. Schnell schüttelte sie den Gedanken an ihre frühere Kinderfrau ab. Jetzt musste sie sich ganz auf das Schicksal des Suchdienstes konzentrieren.

Es klang fast unmöglich, was sie vorhatten. Doch es konnte gelingen, wenn sie nur den Kanzler für sich gewannen. Konrad Adenauer wusste Unmögliches möglich zu machen. Das hatte er in den zurückliegenden Tagen mit seiner Reise in die Sowjetunion bewiesen. Die Zeitungen waren voll des Lobs darüber, dass es ihm gelungen war, die letzten zehntausend Kriegsgefangenen freizubekommen, wo doch vorher eisige Stille zwischen der Bundesrepublik und der Sowjetunion geherrscht hatte. Einer der größten Streitpunkte, das hatte Charlotte verfolgt, war die Anerkennung der Deutschen Demokratischen Republik als für immer vom früher vereinten Deutschland abgetrennten, souveränen Staat.

Sie bürstete den Kragen ihres marineblauen Kleides sauber und stieg in ihre Riemchenschuhe. Ihr Herz schlug schnell, aber nicht vor Angst, sondern im Rhythmus der Entschlossenheit. In wenigen Stunden würde sie ihre Rede zur Rettung des Kindersuchdienstes halten – sofern Libet ihr die Möglichkeit dafür gab. Alles war bis ins Kleinste geplant. Sogar für Jochen Krüger und seine Nichte hatten sie sich etwas überlegt. Erst einmal würden Renate, Dagmar und sie den Arbeitstag wie jeden anderen beginnen, damit die Krügers keinen Verdacht schöpften. Es war kompliziert gewesen, vor Jochen Krüger zu verbergen, dass sie zum Schutz des Kanzlers die Unterstützung der Polizei angefordert hatten. Zum Glück hatten sie Abteilungsleiter Klingbeil, der Prokura besaß, davon überzeugen können, die notwendigen Anträge zu unterschreiben.

Charlotte hörte Schritte auf dem Gartenweg. »Was habt ihr vergessen?«, fragte sie, ohne sich zur offenen Laubentür umzudrehen. Es wäre nicht das erste Mal, dass Annegret in ihrer trübseligen Stimmung nicht alle Bücher in Oskars Ranzen gepackt hatte und auf halbem Weg zurückkommen musste.

Charlotte legte die Kleiderbürste beiseite und wandte sich um. »Annegret?«, wiederholte sie, weil keine Antwort aus dem Garten kam und auch Oskar nicht zu hören war. Aber das passte dazu, dass der Junge ruhiger geworden war und an manchem Nachmittag traurig auf der Bank aus Apfelholz saß, die Annegret hinter die Laube verbannt hatte.

Charlotte wollte nachsehen, wer im Garten war, kam aber nicht weit. Ihr entfuhr ein spitzer Schrei, und unweigerlich sprang sie zurück.

»Charlotte!«, sagte er und lächelte breit.

Er schien ihr noch größer und breiter, als sie ihn in Erinnerung hatte. Seine Schultern stießen links und rechts gegen den Türrahmen. Er trug einen Anzug aus feiner schwarzer Schurwolle mit Satinkragen und eine Fliege über dem weißen Hemd mit Kläppchenkragen. Sie hatte den Schweden vergessen, aber seinem Gesichtsausdruck nach zu urteilen, galt das Gleiche ganz und gar nicht für ihn.

Bevor sie etwas sagen konnte, ergriff er ihre Hand. »Charlotte, mein Engel, es ist Zeit, zu heiraten.«

Sie zog ihre Hand von ihm zurück. »Was?«

Erneut griff er nach ihren Fingern, dieses Mal fester. »Heute, am siebzehnten September, wirst du meine Frau werden. Das hatte ich dir doch versprochen. Erinnerst du dich?« Er strahlte übers ganze Gesicht, als wäre er sicher, sie könne es kaum erwarten, mit ihm vor den Altar zu treten, als hätte er sie, seine Prinzessin, dafür nur noch aus dem Turmverlies befreien müssen. Ein schreckliches Märchen!

»Meine Eltern haben die Verlobung gelöst!«, rief sie aufgebracht. Er war verrückt! Der einzige Mann, mit dem sie sich jemals eine Zukunft hätte vorstellen können, war Robert gewesen.

»Heute hast du keine Wahl!« Sein Blick glitt begehrlich an ihrem Körper hinab. »Der Standesbeamte erwartet uns, und in unserem neuen Heim habe ich bereits alles für die Hochzeitsnacht herrichten lassen.«

»Mein Zuhause ist im Wesselburer –«, antwortete Charlotte, doch sie hielt inne. Das stimmte nach dem Streit mit Femke nicht mehr. Wo war jetzt ihr Zuhause? Eigentlich besaß sie keines mehr.

»Diese alte Bruchbude deines Kindermädchens?« Carl-Gustav schüttelte den Kopf, wobei sich seine glänzend pomadisierten Haare kein Stück bewegten. »Nicht einmal die kaputte Elektrik und der Wasserschaden haben dich dort ausziehen lassen. Das begreife ich nicht. Dabei erwartet dich bei mir eine herrschaftliche Villa, ein Leben ohne Sorgen! Wenn alles wie geplant läuft, werde ich in nicht allzu ferner Zeit zum Bankdirektor befördert werden. Du heiratest Hamburgs begehrtesten Junggesellen!«

Das ist deine Einschätzung, nicht meine!, durchfuhr es sie. Eine Ehe mit einem Mann wie ihm würde vielleicht ein Leben ohne finanzielle Sorgen bedeuten, aber auch ohne Liebe, ohne die Berücksichtigung ihrer Wünsche und Träume, ohne Anziehung und Verständnis füreinander!

Dann verstand sie, was er eben gesagt hatte: »*Du* hast die Elektrik zerstört, und *du* bist für das Dreckwasser in Femkes Haus verantwortlich? Warst du es auch, der mich immer wieder beobachtet hat – bei Spaziergängen mit Femke und bei Arbeiten am Haus?« Sie hatte Jochen Krüger verdächtigt.

Carl-Gustav rückte seine Fliege zurecht, als stünde er vor einem Spiegel. »Ich persönlich habe für solche Ausflüge keine Zeit. Natürlich hatte ich einen aufmerksamen Helfer.«

»Dann würde es mich auch nicht wundern«, sagte Charlotte entrüstet, »wenn du hinter der Kreditabsage der Hamburger Hafenbank für den Kindersuchdienst steckst!«

Er lächelte. »Herr von Zitzewitz und ich kennen uns, und er war mir noch einen Gefallen schuldig.« Dann wurde er wieder ernster. »Ich hatte gehofft, dass du dich ohne Arbeit und ohne Geld schneller wieder auf die Vorzüge deines früheren Lebensstils besinnen würdest. Aber du bist ein schrecklich verzogenes Gör!«

»Warum kannst du nicht akzeptieren, dass dieses verzogene Gör dich nicht will, nie wollte und niemals lieben kann!«

Für einen Moment blitzte Schmerz in seinen Augen auf. Er trat näher. »Weil ich das Nein einer Frau, die ich mir ausgesucht habe, nicht zulasse!«

»Warum?«, fragte sie, während sie langsam vor ihm zurückwich. »Warum bist du so besessen von unserer Heirat?«

Sein Tonfall veränderte sich, als er fragte: »Weißt du, wie es ist, wenn man von jemandem ausgelacht wird, den man liebt? Wenn man abgelehnt und bloßgestellt wird von einer Frau, die dem Mann doch untertan sein sollte?«

»Aber ich lache dich nicht aus!«

»Nein, aber schon damals beim Essen hat mich deine Ablehnung bloßgestellt. Du schautest so entschlossen und ablehnend wie Jördis«, fuhr Carl-Gustav fort.

»Jördis?«, fragte Charlotte verwundert.

Sein Blick verlor sich irgendwo in der Laube. »Ich war siebzehn, damals in Göteborg, als ich mich in sie, die Tochter eines angesehenen Bankiers, verliebte. Sie lächelte mich an und ließ mich glauben, dass sie meine Gefühle erwidern würde. Aber als ich ihr meine Liebe gestand, lachte sie mich vor ihren Eltern aus und sagte, dass meine Schneidersfamilie nicht gut genug für sie sei. Sie schaute so wild entschlossen, wie du es auch kannst. Ihr habt die gleichen hellblau funkelnden Augen.«

Eine solche Zurückweisung musste demütigend gewesen sein. Charlotte empfand das erste Mal Mitleid für Carl-Gustav. War das sein Antrieb, in einem anderen Land, wo niemand seine Familie kannte, so schnell Karriere zu machen? Um die Demütigung von einst zu vergessen?

Carl-Gustav presste die Zähne zusammen, und sein Blick kehrte zu ihr zurück, intensiver und brennender als zuvor. »Du bist Jördis sehr ähnlich. Aber dieses Mal wird es anders laufen. Ich werde nicht wieder der Verlierer sein.« Er lächelte verrückt glucksend. »Ich bin ein Gewinner und bald Bankdirektor und kann mir nun nehmen, was ich möchte.«

Charlotte spürte, wie ihr Atem schneller ging und ihre Beine weich wurden und zitterten. Dabei wollte sie einen kühlen Kopf bewahren. Wenn sie sich jetzt ihrer Angst hingab, landete sie bald in einem noch größeren Albtraum: als seine Ehefrau.

Die dunklen Schatten um Carl-Gustavs Augen, die ihr erst jetzt auffielen, verliehen ihm einen bedrohlicheren Ausdruck.

»Jetzt komm, Charlotte!«, verlangte er, als würde der Einblick, den er ihr in seine Vergangenheit gegeben hatte, sein Handeln rechtfertigen.

Ihr trat der Schweiß auf die Stirn. Sie musste ihn loswerden und dann schnell zum Suchdienst kommen. Hunderte Schicksale hingen von ihrer Rede vor dem Kanzler ab.

»Wenn du ein kluges Mädchen bist, folgst du mir zum Auto. Um neun Uhr erwartet man uns auf dem Standesamt«, sagte er und streichelte mit den Fingern ihr gewelltes Haar.

Ruckartig zog sie ihren Kopf zurück. Auf der Suche nach einer anderen Fluchtmöglichkeit als der Tür, die er blockierte, sprang ihr Blick zu den verzogenen Fenstern der Gartenlaube. Bis sie die aufgerissen hätte, wäre Carl-Gustav längst bei ihr. Sie fühlte sich wie ein Tier in der Falle und wünschte sich Robert her, der in diesem Moment sicher in seinem Büro in eine Kriminalakte vertieft war.

»Du wirst eine wunderschöne Braut sein, so schön wie Jördis«, sagte Carl-Gustav, während seine Augen ihren Körper hinabwanderten. »Dein Kleid wartet im Auto auf dich.«

Charlotte schüttelte den Kopf. Freiwillig würde sie ihm nicht zum Auto folgen.

»Sei ein braves Mädchen«, sagte Carl-Gustav und drückte ihr einen feuchten, heftigen Kuss auf die Lippen, der sie würgen ließ.

Sie machte sich frei und wischte sich über den Mund, um seinen Geschmack loszuwerden.

»Du bist wahnsinnig!«, schrie sie ihn an.

»Wie kannst du das sagen?«, ereiferte er sich und schlug ihr so heftig ins Gesicht, dass sie gegen die Wand neben der Pritsche geschleudert wurde und das Bewusstsein verlor.

27

17. September 1955, 9 Uhr

Eleonore Hahn strich ihr Kostüm glatt und straffte sich wie damals, als sie neunzehnhundertfünfundvierzig das erste Mal beim Kindersuchdienst vorstellig geworden war. Mit einem Tablett in der einen Hand öffnete sie die Tür zum Direktorat. Heute war sie früher als gewöhnlich mit dem Kaffee dran. Hoffentlich stutzte Jochen Krüger deswegen nicht.

»Herr Krüger, es ist Zeit für Ihren Kaffee«, sagte sie.

Der Leiter des Kindersuchdienstes saß am wuchtigen Direktorenschreibtisch und sah wenig begeistert von einer Akte auf. Sein rotes Haar leuchtete im gelben Licht der Deckenlampe.

»Es ist erst neun Uhr. Sie sind zu früh dran, Frau Hahn.« Er klang genervt, sie darauf hinweisen zu müssen.

Eleonore war gut vorbereitet auf seine Reaktion. Seit Jochen Krüger die Leitung des Kindersuchdienstes übernommen hatte, wies er nur zu gerne auf die Fehler anderer hin. »Der Kaffee, den ich für Sie im Delikatessengeschäft am Jungfernstieg bestellt hatte, ist eben eingetroffen«, erklärte sie und war bemüht, so kühl und sicher wie eh und je zu klingen. »Ich dachte, dass Sie die neuen Arabica-Bohnen aus Nicaragua von der Sorte Pacamara gerne sofort verkosten würden, bevor es die anderen in der Kaffeepause tun.«

Jochen Krüger grinste selbstgefällig, wie Eleonore fand. »Ein guter Gedanke, Ihr erster guter seit Tagen«, sagte er.

Eleonore zuckte innerlich wegen seiner Kritik zusammen, aber nach außen blieb sie so ruhig und konzentriert, wie sie es im Kurs für Chefsekretärinnen gelernt hatte. Sie stellte das Tablett mit der grauen Rosenthal-Tasse, der Zuckerdose und dem Nussgebäck, auf das er seit Neuestem Wert legte, neben eine Akte.

Kurz sprang ihr Blick über die gerahmten Fotografien auf dem Direktorenschreibtisch. Sie zeigten ihn bei diversen Freizeitbeschäftigungen wie Segeln, auf dem Golfplatz und in einem exquisiten Restaurant mit einem Weinglas in der Hand. Andere Menschen stellten sich Bilder ihrer Familie hin. Jochen Krüger erfreute sich am liebsten an sich selbst.

»Wenn Sie nichts dagegen haben«, bot Eleonore an, »würde ich Ihrer Nichte ebenfalls eine Tasse des Pacamara servieren.«

»Eine gute Idee«, entgegnete Jochen Krüger. »Viktoria ist so ein fleißiges Mädchen.«

Zu den folgenden Worten musste Eleonore sich zwingen. Hoffentlich schauspielerte sie gut. »Das ist sie, Herr Krüger«, bestätigte sie, wandte sich auf ihren Absätzen um und verließ das Direktorat mit eifrig pochendem Herzen. Wenn alles nach Plan lief, sollten Herr Krüger und seine Nichte in spätestens einer halben Stunde eingeschlafen sein. Dann konnten sie Bundeskanzler Adenauer ohne Störungen empfangen.

28

17. September 1955, 9:55 Uhr

Annegret verstand die Welt nicht mehr. Wo blieb Charlotte nur? Ihre Freundin war vielleicht nicht immer pünktlich, doch den bedeutendsten Tag in der Geschichte des Suchdienstes würde sie sicher nicht verpassen.

Annegret stand im Lehrerzimmer der alten Schule und befingerte nervös die Schublade mit dem Besteck. Dann trat sie wieder ans Fenster, um weiter Ausschau zu halten. Der Himmel war wolkenverhangen. Gelbe und rote Laubblätter flatterten um die Polizisten, die für die Sicherheit des hohen Besuchs am Straßenrand positioniert worden waren.

Irritiert stellte sie fest, dass Kommissar Hartmann unter ihnen war. Soweit sie von Charlotte wusste, hatte er sich von allen Aufgaben befreien lassen wollen, die den Kindersuchdienst betreffen. Sie drückte ihre Nase gegen die Scheibe. Jeden Moment musste der Kanzler eintreffen, aber Charlotte war weiterhin nicht zu sehen. Annegret hörte eilige Schritte im Flur und wandte sich zur Tür des Lehrerzimmers.

Dagmar stürmte auf sie zu. »Wo bleibst du denn?« In ihren Augen spiegelte sich dieselbe Unruhe wider, die auch Annegret seit Tagen den Schlaf raubte.

»Hat sich Charlotte bei euch gemeldet?«, fragte Annegret.

Dagmar schüttelte den Kopf, auf dem ihre mächtige Kaltwelle heute ordentlich durcheinander war. »Aber ich weiß, wo Charlotte den Entwurf ihrer Rede abgelegt hat. Komm!« Sie zog Annegret aus der Küche und leise in die Aula.

Annegrets Blick fiel auf Viktoria. Die Nichte von Jochen Krüger schlief mit ihrem perfekt frisierten Kopf auf einer Akte, neben ihr stand eine leer getrunkene Kaffeetasse. Annegret überfiel ein schlechtes Gewissen, obwohl Frau Hahn zugesichert hatte, das Schlafmittel vorsichtig zu dosieren. Annegret dachte an die zweite geheime Versammlung. Zu der waren die Chefsekretärin, zwei der drei Abteilungsleiter und auch die meisten Kolleginnen der anderen drei Abteilungen gekommen. Frau Hahn hatte erzählt, dass ihr Ehemann, den sie bald nach der Hochzeit verloren hatte, Apotheker gewesen war. Weil sie ihm oft zur Hand gegangen war, wusste sie, wie viel es brauchte, Jochen Krüger und seine Nichte für eine Weile sanft schlummern und ohne Kopfschmerzen aufwachen zu lassen. Die Abstimmung über diesen Vorschlag war einstimmig ausgefallen. Nur wegen des Abteilungsleiters der Wolfskinder hatte Jutta sich Sorgen gemacht, weil der zuletzt immer öfter bei Krüger im Direktorat gesessen hatte.

Dagmar holte aus Charlottes Tisch zwei Zettel hervor und hielt sie Annegret, begleitet vom Klimpern ihrer Armreife, unter die Nase. »Du musst das übernehmen!«, flüsterte sie.

Annegret entgegnete viel zu laut: »Ich?« Sie sollte zwei eng beschriebene Seiten vorlesen? Und das vor dem Kanzler der Bundesrepublik? Sofort presste sie sich die Hand auf den Mund.

»Wir anderen sind uns einig«, betonte Dagmar, »dass *du* Charlotte am besten vertreten kannst.« Nach einem prüfenden Blick zur schlafenden Viktoria erklärte die Kollegin im Flüsterton weiter, dass Jutta mit der Verpflegung ausgelastet und Elli heiser sei, während Renate die Schlafenden überwache. Sie, Dagmar, sei ungeeignet, da sie nicht gut genug mit den Fakten und Akten des Kindersuchdienstes vertraut sei. Annegret sei die beste Wahl und obendrein eine Vorzeigemitarbeiterin, die für die Lösung ihres schwierigsten Suchfalls sogar bis in die Sowjetunion gereist war.

»Jetzt, wo der Kanzler ebenfalls dort war, könnte diese Gemeinsamkeit das Zünglein an der Waage sein.« Dagmar wurde lauter. »Du bist unsere letzte Rettung!«

»Pssst!«, machte Annegret, nahm Charlottes Zettel an sich und schlich sich mit Dagmar aus der Aula.

Elli kam im Flur angelaufen. »Seid ihr so weit?«, fragte sie mit krächzender Stimme. »Gleisch kütt dr Herr Bundeskanzler.«

Annegret schluckte schwer. Ohne Fritz und ohne Anstellung fühlte sie sich kraftlos und leer. »Charlotte ist immer noch nicht da?«

Elli schüttelte den Kopf. »Gleisch hält drauße ne Volkswage mit dä Herr Bundeskanzler drin!«

»Ein Volkswagen?«, fragte Dagmar irritiert. »Charlotte hat doch gesagt, dass der Kanzler einen Mercedes-Benz dreihundert fahren würde.«

So ein Durcheinander trug nicht unbedingt zu Annegrets Beruhigung bei. Sie starrte Charlottes Rede an.

»Bitte rette unseren Kindersuchdienst, Annegret!«, flehte Dagmar und zeigte auf die Danksagungen an den Flurwänden. »Tu es für die vielen Kinder und Eltern, die noch auf ihre Zusammenführungen warten.«

Nach einem tiefen Atemzug knöpfte Annegret ihre gelbe Strickjacke, die Hardy ihr vergangene Woche vorbeigebracht hatte, mit dem Rest Entschlossenheit zu, den sie tief in sich noch finden konnte, und wandte sich zum Ausgang.

Dagmar winkte Kolleginnen herbei, und Elli holte weitere aus dem Zeichenraum sowie die Abteilungsleiter aus den Fachsälen. Herr Schausten von den Wolfskindern war auch dabei. Am Ende musste er Krügers wahres Wesen erkannt haben.

Geschlossen traten sie vor die alte Schule. An die dreißig Kolleginnen hatten sich auf der letzten Versammlung von der Idee, den Suchdienst zu retten, überzeugen lassen. Zweifelnde hatte es auch gegeben, aber gerade wirkten alle positiv gestimmt.

Es hatte zu nieseln begonnen, und eine Kollegin von den Zivilverschleppten reichte Regenschirme weiter. Uniformierte Polizisten flankierten den Weg von der Schule bis vor zum Blomkamp. Es war Renates Vorschlag gewesen, einen roten Teppich auszurollen.

Annegret wollte fest daran glauben, dass Charlotte auf die letzte Minute kommen würde.

Langsam rollte ein schwarzer Volkswagen an den Bordstein. Annegret zuckte zusammen, als der Motor ausgestellt wurde. Vorsichtig blickte sie ins Innere des Gefährts. Der Kanzler saß neben seiner Tochter auf dem Rücksitz und schaute so ernst, wie man ihn aus Zeitungen kannte. Wenn man den Journalisten glauben wollte, vermochte er die Schwächen seines Gegenübers sofort zu entlarven. Er würde schnell merken, dass die Frau, die der Suchdienst ersatzweise vorschickte, auf Kriegsfuß mit Worten stand. In Gedanken begann Annegret, das Alphabet aufzusagen. Das hatte ihr schon oft geholfen, sich die einzelnen Buchstaben bewusst zu machen.

Als Hauptkommissar Hartmann vor sie trat, wollte Annegret am liebsten weglaufen. Der Erwartungsdruck lastete schwer auf ihr, und sie fühlte sich, als würde sie jeden Moment zusammenbrechen. Der ursprüngliche Plan sah vor, dass Charlotte nun die hohen Gäste begrüßte und in die Bibliothek führte. Dort sollten sie bei Kaffee und Dagmars Rosenwasserkeksen von der Rettung des Hamburger Kindersuchdienstes überzeugt werden. Davon und vom weiteren Verlauf berichtete sie kurz.

»Wo bleibt Charlotte?«, fragte der Hauptkommissar irritiert.

Annegret konnte nur mit den Schultern zucken. »Langsam mache ich mir auch Sorgen.«

Hauptkommissar Hartman nickte. »Sie übernehmen ihre Rolle für den Anfang?«, fragte er.

Annegret sah ihn wenig begeistert an.

»Wenn es Ihnen recht ist, begleite ich Sie«, entschied Robert Hartmann daraufhin.

»Danke«, erwiderte Annegret, fühlte sich aber keineswegs erleichtert. Dass der Besuch gleich mit einer Planänderung begann, war kein gutes Omen.

Nebeneinander gingen sie über den roten Teppich zum Blomkamp vor. Libet Werhahn-Adenauer stieg als Erste aus. Sie war das bekannteste der Adenauer-Kinder und begleitete ihren Vater regelmäßig nicht nur in Urlaube, sondern auch auf politische Reisen. Das wusste jeder, sogar Annegret, die weder Zeitung noch Illustrierte las. Kurz war sie verwirrt, denn Libet sah in ihrem grünen Regenmantel gar nicht wie eine *First Lady* aus. Sie war ungeschminkt, und der Saum, der unter dem Regenmantel herausschaute, gehörte zu einem geblümten, eher altmodischen Kleid.

Die Adenauer-Tochter trat vor Annegret und schüttelte ihr zur Begrüßung die Hand. »Wo ist Charlotte?« Suchend blickte sie sich um.

Annegret hielt sich im letzten Moment davon ab, hilflos mit den Schultern zu zucken. Bisher hatte sie sich immer auf Charlotte verlassen können – diese starke, unerschütterliche Frau, die selbst vor den schwierigsten Aufgaben nicht zurückschreckte. Annegret konnte sich um nichts in der Welt vorstellen, dass ihre Freundin den Kanzlerbesuch freiwillig verpasste. Etwas musste passiert sein.

Kommissar Hartmann übernahm die Gesprächsführung. »Das ist Fräulein Dietzel, und ich bin Hauptkommissar Robert Hartmann. Charlotte Dahlhäuser ist leider verhindert, aber wir würden Sie und Ihren Vater gern zu einem zweiten Frühstück auf Kaffee und Kuchen einladen.«

Annegret war froh, die Kriminalpolizei vorab genau in die Pläne für den Besuch des Bundeskanzlers eingeweiht zu haben. Es war unumgänglich gewesen, um einen lückenlosen Polizeischutz zu gewährleisten.

Der Kanzler kurbelte das Fenster eine Handbreit runter. »Libet, Kind, können wir weiterfahren?«

In Panik rief Annegret: »Nein!«, merkte aber sogleich, wie unangemessen dieser Ton vor dem Bundeskanzler war und wie verzweifelt sie klang. Libet Werhahn-Adenauer zog ihre Augenbrauen ein winziges Stückchen nach oben.

»Wir wollten mit Ihnen über den Hamburger Suchdienst sprechen«, erklärte Robert Hartmann.

»Ich bin auf dem Weg in den Urlaub!«, stellte der Kanzler klar.

Seine kleinen, tief liegenden Augen musterten Annegret mit einer Mischung aus Ungeduld und Misstrauen. Sie konnte sich an Charlottes Worte erinnern: Wenn dich jemand einschüchtert, stell ihn dir als das vor, was er ist – ein Mensch, verletzlich, mit Schwächen und Stärken. Sie sah den Kanzler an, stellte ihn sich als den begeisterten Gärtner vor, der er war, und plötzlich erschien sein Blick nicht mehr ganz so streng. Er war ein Mensch, genau wie sie. Auch er hatte viel durchgemacht.

»Urlaub?«, hörte sie einige Kolleginnen verwundert flüstern.

Annegret wusste von Charlotte, dass Libet lediglich zugesagt hatte, für ein kurzes privates Wiedersehen zu stoppen. Dass ihr Vater die Frauen vom Kindersuchdienst anhören würde, hatte die Kanzlertochter nicht versprochen. Davon hatte Charlotte Konrad Adenauer vor Ort überzeugen wollen. Nun aber war sie verschwunden, und Annegret hatte keinen blassen Schimmer, wie sie das anstellen sollte. Hilfe suchend schaute sie Hauptkommissar Hartmann neben sich an, der sich ebenfalls nervös umsah.

»Die Frauen vom Kindersuchdienst wollen anscheinend mit dir reden!«, rief Libet ihrem Vater im Volkswagen zu.

Da traten einige Kolleginnen, die bisher vor der alten Schule gewartet hatten, zu ihnen. Hauptkommissar Hartmann wollte sie schon ausbremsen, aber Libet gab ihm zu verstehen, dass es in Ordnung sei, wenn sie sich näherten.

»Es geht um das Versprechen, dass die Bundesrepublik denen hilft, die am verletzlichsten sind: unseren Kindern«, sagte Jutta, die neben Annegret getreten war.

Annegret selbst konnte nur die zwei Zettel mit Charlottes Rede in der Tasche ihrer Strickjacke umklammern. Sollte der Kanzler wirklich aussteigen, wäre es nur eine Frage von wenigen Minuten, bis sie vor allen lesen musste.

Konrad Adenauer tat nichts dergleichen, sondern begann, die Fensterscheibe wieder hochzukurbeln, als Hauptkommissar Hartmann bat: »Herr Bundeskanzler, bitte lassen Sie sich von den Mitarbeiterinnen zeigen, wozu der Kindersuchdienst in Zukunft in der Lage sein könnte.«

Libet trat zu ihrem Vater, bevor er die Scheibe ganz schloss. »Vater, ich weiß durch Charlotte, was dieser Suchdienst leistet. Schenke ihnen für ein paar Minuten dein Gehör.«

Für einen stillen Moment hörte Annegret nur den Regen auf das Dach des Volkswagens schlagen. Dann öffnete Konrad Adenauer die Autotür, wies den Fahrer noch kurz an und stieg aus. Seine Tochter hielt ihm einen Regenschirm über den Kopf.

»Sie haben zehn Minuten!«, sagte er und ließ sich von Hauptkommissar Hartmann durch die Menschentraube über den roten Teppich führen.

Annegret hatte Mühe, zu ihnen aufzuschließen, dabei sollte sie eigentlich die hohen Gäste mit einem Lächeln durch den Flur mit den Danksagungen führen.

Als sie nach allen anderen die Bibliothek betrat, wurde ihr vor Aufregung speiübel. Sie hielt sich an der Rolle mit den Fallnummern bei der Tür fest. Ihr Magen beruhigte sich vielleicht, wenn sie tief ein- und ausatmete, was sie erfolglos versuchte. Eigentlich sah es vielversprechend hier oben aus, denn der beeindruckendste Raum des Gebäudes war für den Staatsbesuch besonders hergerichtet worden. Jutta hatte mithilfe der Abteilungsleiter die bequemen Sessel aus dem Lehrerzimmer geholt und daneben den Erinnerungsbaum gestellt. Zwei Polizisten bewachten die Tür.

»Was für eine einzigartige Deckenmalerei!«, hörte sie Libet sagen, gefolgt von der freundlichen Aufforderung der Kolleginnen, zu ihnen zu kommen.

Annegret rief sich in Erinnerung, den Kanzler als Menschen zu sehen, anstatt als strengen Staatsmann, dessen Blick jeden in die Knie zwang. Von Charlotte wusste sie, dass er neunundvierzig nur Bundeskanzler geworden war, um sich von der Trauer über den Verlust seiner zweiten Ehefrau abzulenken. Arbeit war wie ein Schmerzmittel für ihn gewesen. Mit trauernden Menschen fühlte Annegret sich verbunden, weil sie selbst lange um ihren geliebten Vater geweint hatte. Was den Kanzler und sie aber vor allem verband, war die Liebe zur Natur und zum Garten.

Annegret zwang sich, nicht länger an ihren aufgeregten Magen zu denken, und sah in das eigenwillige, asymmetrische Gesicht des Neunundsiebzigjährigen, der gerade auf dem Kaffeesessel Platz nahm. Die rechte Augenbraue war leicht nach unten gezogen und die Konturen scharf. Die linke Gesichtshälfte, die er ihr jetzt zeigte, vermittelte einen freundlicheren Eindruck. Er zog die linke Augenbraue hoch, was ihm Offenheit und menschliche Wärme verlieh. Darin erkannte sie den Gärtner wieder, der Rosen liebte, den schmerzerfüllten Witwer.

Sie setzte sich in Bewegung. Zum Glück konnte Dagmar mit ihren Rosenwasserkeksen die Aufmerksamkeit des Kanzlers noch ein paar Sekunden auf sich ziehen. Sie stellte eine Schüssel mit dem kostbaren Gebäck auf den Tisch. Jutta goss Nescafé in Sammeltassen ein, die Elli beigesteuert hatte. Sie besaßen vergoldete Ränder und Henkel und zeigten hübsch gezeichnete Ansichten des historischen Kölns.

Konrad Adenauer betrachtete die Motive interessiert. Renate hatte ihnen auf der letzten geheimen Versammlung erzählt, dass der Kanzler seit einem Autounfall, als er noch Kölner Oberbürgermeister gewesen war, unter Schlafstörungen und Kopfschmerzen litt, weswegen er sich morgens in aller Früh mit einer Tasse starkem Nescafé in Schwung brachte, so stand es in den Illustrierten. Für das Päckchen hatten alle – bis auf die zwei Krügers – zusammengelegt.

Annegret war bei der Menschentraube um die gemütlichen Sessel angekommen. Die Kolleginnen und die Abteilungsleiter machten ihr Platz, sodass sie neben Hauptkommissar Hartmann treten konnte, der nervös vor sich hin murmelte. »Wo ist Charlotte nur?«

Annegret sah den Kolleginnen an, dass alle Hoffnungen auf ihr ruhten. Manche blickten sie bittend, andere ermutigend oder ungeduldig an. Sie holte die Zettel mit Charlottes Rede aus der Tasche ihrer Strickjacke. Das Papier war klamm, weil sie sich so lange daran festgehalten hatte. Während sie die Seiten glatt strich, räusperte sie sich umständlich.

Libet schaute sie zuerst an. Der Kanzler verkostete noch die Rosenwasserkekse.

Annegret ließ ihn fertig kauen. »Sehr geehrter Herr Bundeskanzler, liebe Libet«, begann sie leise, den Blick auf das Papier gebannt. Charlotte hatte die Anrede unterstrichen. »Das Hamburger Büro des ...« Kaum wollte sie die ersten Worte ablesen, fingen die Buchstaben an, wild durcheinanderzutanzen. Ihre Augen sprangen von Wort zu Wort, doch nichts wollte einen Sinn ergeben. Verzweifelt versuchte sie sich zu konzentrieren, aber sie verwechselte die Buchstaben wie von jeher. »Der ... Kunder-such-dienst ... nein, Kindersuchdienst ... hat ...«, murmelte sie stockend und verlor die Zeile. Sie blickte sich um. Die Kolleginnen sahen betroffen zu Boden.

»Sind Sie fertig?«, wollte der Kanzler in einem Ton wissen, der alles andere als geduldig war. Eilig nahm er zwei Schlucke vom Nescafé.

»Nein ... ja ... eigentlich wollte Charlotte ...«, stammelte Annegret. »Der Suchdienst hat ... hat geholfen, viele Familien ... ähm ... wieder ... zu ...« Ihre Hände zitterten, und ihre

Augen sprangen auf den zweiten Zettel, aber dort sah es nicht besser aus. Es war ein heilloses Durcheinander an Buchstaben.

»Das genügt!«, beschied der Kanzler, stellte seine Tasse ab und stand auf.

»Bitte warten Sie!«, flehte Annegret.

Konrad Adenauer hielt inne und fixierte sie scharf. Er hatte ihre Schwäche längst erfasst. Ein Raunen ging durch die Runde.

Annegret verstand in diesem peinlichen Moment, dass sie Charlottes Rede nie überzeugend vortragen konnte, egal, wie gut oder schlecht sie las. Sie musste ihre eigenen Worte finden, aus dem Herzen sprechen. Sie legte die Rede beiseite.

»Herr Bundeskanzler«, begann sie erneut, ihre Stimme noch leiser als beim ersten Versuch, »der Suchdienst hat uns unzählige Male gezeigt, wie zerbrechlich das Leben sein kann. Wir haben schon viele verlorene Kinder mit ihren Eltern vereint«, sie deutete auf die Schilder am Erinnerungsbaum, »aber es gibt noch viel zu tun. Jede Karteikarte in diesem Raum erzählt eine Geschichte, eine Geschichte, die noch kein glückliches Ende nehmen durfte.« Annegret wies zu den Regalen, die von Karteischubern überquollen. »Als die ersten Suchdiensthelferinnen nach Kriegsende ihre Arbeit aufnahmen, arbeiteten sie unter härtesten Bedingungen«, sprach sie weiter. Die Kühnheit in ihr wuchs, weil sie die Ermutigung in den Blicken der Kolleginnen wahrnahm. Jede von ihnen hatte ein Gesicht und eine Geschichte, die mit dem Kindersuchdienst verbunden war. Wie ihre eigene auch.

»Keine Heizung, kaum Licht«, sprach Annegret weiter. »Ihre Hände zitterten vor Kälte, als sie auf den Schreibmaschinen tippten. Aber das hat sie nicht aufgehalten. Sie haben es geschafft, sechzehn Millionen Suchanträge zu bearbeiten.

Sechzehn Millionen, Herr Bundeskanzler! Und über die Hälfte davon konnte beantwortet werden. Wir haben Familien wieder zusammengeführt, Kinder ihren Eltern zurückgebracht, Verzweiflung in Hoffnung verwandelt.«

Annegret bemerkte, dass die Augen des Bundeskanzlers feucht wurden. Oder war das Wunschdenken? »Die Familien in Deutschland, die der Krieg voneinander trennte«, fuhr sie fort, »haben ein Recht auf Hoffnung. Viele von ihnen leben seit Jahren in quälender Ungewissheit über das Schicksal ihrer Liebsten. Der Kindersuchdienst kann dieses Leiden beenden. Aber nur, wenn unser Büro nicht geschlossen wird!« Annegret wusste, dass Konrad Adenauer im Krieg ebenfalls von seiner Familie getrennt gewesen war. »Jede Suche ist eine Würdigung derer, die vermisst werden. Den Dienst nicht mehr zu unterstützen, hieße auch, dass das Schicksal der getrennten Familien und der im Krieg Vermissten nicht mehr von Bedeutung ist.« Annegret konnte später nicht sagen, woher sie in diesem Moment den Mut nahm, den Kanzler so eindringlich anzuschauen. »Was unser Land braucht, ist mehr Hoffnung, mehr Zusammenführungen, mehr glückliche Familien. Dafür müssen wir die gesamte Suchkartei und die Vermisstenlisten um Fotografien erweitern, die Münchner und die Hamburger Kartei endlich vereinen und ...« Annegret sah aus dem Augenwinkel, wie der Kolleginnenkreis geschlossen nickte. Sie holte tief Luft, denn der folgende Aspekt war bisher nur mit Charlotte besprochen: »... und die Kartei phonetisch sortieren.« Jetzt war es raus! Sie konnte den überraschten Blick der Abteilungsleiter auf sich spüren, denn die phonetische Sortierung war nicht Teil der Vision von Doktor Seppelfricke gewesen. Zum Glück nickten ihre Zuhörer, und auf Libets Gesicht breitete sich ein warmes Lächeln aus.

Annegret holte die mit Charlotte erarbeitete Kalkulation von einem Beistelltischchen. Sie hatten für die phonetische Sortierung einen Aufwand von zwanzig Millionen Mark geschätzt, der zu den sechzig Millionen für die neue Bildersuche in Hamburg und München noch dazukommen würde.

Jutta trat neben Annegret. Sie wirkte so entschlossen wie schon lange nicht mehr. »Unsere Rasterplakate beweisen immer wieder, dass eine Bildersuche viel mehr Aussicht auf Erfolg hat. Wenn wir zukünftig nicht nur auf den Plakaten, sondern auch in unseren Listen mit Bildern suchen könnten, würden wir noch deutlich mehr Familien zusammenbringen.«

Elli stellte sich neben Annegret. »Wenn wir die Kartei fortan phonetisch sortieren«, krächzte sie heiser in bestem Hochdeutsch, »sodass gleich oder ähnlich klingende Namen im Karteischuber beieinanderstehen, erzielen wir noch mehr Treffer.« Nach diesen Worten schaute sie den Kanzler fest an und formulierte auf Kölsche Art: »Dat bedüd dä, noch mehr jlöckliche Eltern un Pänz.«

Die Augen des Kanzlers flackerten auf. Annegret verfolgte, wie Libet die Hand ihres Vaters drückte. Vielleicht dachte sie an die schwierigen Zeiten unter der braunen Herrschaft, in der Konrad Adenauer mehrfach von der Gestapo in Haft genommen worden war, oder daran, dass er viele Monate von seiner Familie getrennt im Benediktinerkloster Maria Laach Zuflucht vor der nationalsozialistischen Willkür nehmen musste.

Annegret hoffte, dass dem Kanzler ihre Worte nahegingen. Dennoch musste sie ihn noch die Dringlichkeit ihres Anliegens spüren lassen. »Herr Adenauer, wir brauchen Ihre Hilfe!«, insistierte sie. »Ohne die finanzielle Unterstützung des Bundes können wir nicht weitermachen.«

»Wenn ich mich recht erinnere, sah der letzte Haushalt geringere Ausgaben für den Kindersuchdienst vor«, antwortete Konrad Adenauer und griff nach einem Rosenwasserkeks.

»Zu Unrecht wurden uns die Mittel gekürzt«, wagte Jutta hinzuzufügen.

»Mit der Schüttelbüchse ist so viel Geld, wie wir es brauchen, nicht zu bekommen«, erklärte Annegret und sah ihre Kolleginnen an, unsicher, ob sie die große Zahl wirklich nennen durften.

Die aber nickten ihr zu.

»Wir brauchen achtzig Millionen Mark«, verkündete sie.

Sie hatte die Zahl gerade genannt, da wurde es urplötzlich still in der Bibliothek. Annegrets Herz klopfte so laut, dass sie sicher war, die Adenauers würden es hören. Die Summe war gewaltig. Wer war sie, so viel Geld zu verlangen?

»Was ist denn das für ein Geräusch?«, fragte der Bundeskanzler in die Stille hinein.

Libet horchte auf. »Jetzt höre ich es auch. Ein rhythmisches Pfeiffen.«

Annegret erstarrte. Das war das Schnarchen von Krüger aus dem Direktorat! Wenn Adenauer herausfand, dass sie ihren Vorgesetzten außer Gefecht gesetzt hatten, konnte das alles ruinieren. Dagmar sah sie panisch an.

»Das muss die alte Heizung sein!«, sagte Jutta hastig. Sie hatte anscheinend nicht bemerkt, dass ihr vor Schreck die Brille von der Nase gerutscht war, denn sie beließ sie auf der Nasenspitze.

»Bei Rähn knacken de Röhr manchmol, Herr Bundeskanzler«, ergänzte Elli.

Der Kanzler hob skeptisch eine Augenbraue.

Dagmar lächelte entschuldigend. »Die alte Heizung macht

schon seit Jahren Probleme, aber mit dem knappen Geld des Bundes ...«

Der Kanzler nickte nachdenklich und nahm einen Schluck Nescafé.

Annegret hoffte, dass das Schnarchen nicht lauter würde und Konrad Adenauer dem nicht weiter nachginge.

»Achtzig Millionen Mark sind viel Geld«, sagte der.

»Unterstützt die Bundesrepublik den Suchdienst mit dieser Summe?«, fragte Annegret, um endlich eine Antwort zu erhalten.

Konrad Adenauer legte seine Stirn in Falten und senkte den Blick auf den dampfenden Nescafé, den Jutta ihm in diesem Moment nachschenkte.

Alle Augen waren auf ihn gerichtet. Kurz schaute er seine Tochter an, die ihm aufmunternd zunickte.

Dagmar kaute angestrengt auf ihrer Unterlippe, und Jutta schien den Atem anzuhalten. Robert Hartmann tippte nervös mit dem Schuh auf den Boden.

Urplötzlich stellte der Kanzler seine Tasse zurück auf den Tisch und erhob sich aus dem Sessel. »Lass uns fahren, Libet!«

»Fahren?«, wiederholte Annegret kleinlaut.

Libet sah ihren Vater fragend an, als wollte sie ihn bitten zu bleiben. Aber ohne ein weiteres Wort griff Konrad Adenauer nach dem Regenschirm und wandte sich zur Tür.

Die Mitarbeiterinnen standen wie versteinert da, und kein Abteilungsleiter wagte es, Einspruch zu erheben.

»Bitte, bleiben Sie!«, bat Annegret in eindringlichem Ton, doch der Kanzler schenkte ihr keine Beachtung mehr. Mit staatsmännischem Schritt ging er zur Tür der Bibliothek. Seine Tochter und Hauptkommissar Hartmann begleiteten ihn. Bald waren sie aus Annegrets Sichtfeld verschwunden.

Elli stand mit offenem Mund da. Jutta wirkte, als hätte sie das eben Geschehene noch nicht begriffen, und Dagmars Hände zitterten. Niemand sagte ein Wort, alle schauten einander nur verwundert an.

Annegret verstand die Welt nicht mehr. Wie konnte der Kanzler ohne eine Antwort wegfahren? Nach all dem, was sie dargelegt hatten, konnte er doch nicht einfach so verschwinden, ohne eine Entscheidung zu treffen!

Sie lief zum Fenster und beobachtete mit halb offenem Mund, wie der Kanzler und seine Tochter im strömenden Regen in den Volkswagen stiegen.

Jutta trat neben sie. »Wenigstens hätte er sich verabschieden können.«

»Ich habe versagt«, flüsterte Annegret, die Nase gegen die Scheibe gedrückt. Sein wortloser Abgang musste an ihrem grauenvollen Vortrag gelegen haben. Dass ihr das immer wieder auf die Füße fiel! Sie kämpfte gegen Tränen an.

Eine Hand legte sich auf ihre Schulter.

Annegret blickte sich um und sah Frau Hahn.

»Sie haben nicht versagt«, befand die Chefsekretärin in einem Ton, der keinen Widerspruch zuließ. »Sie haben gekämpft, und allein das zählt!«

Elli trat näher und nickte zustimmend. Ihre Augen glänzten feucht. »De wors e kühne Kämpferin.«

Renate schritt auf sie zu. Ihr neues Äußeres war immer noch ungewohnt. »Krüger schläft weiter tief und fest!«, erklärte sie. »Heidrun und ich haben das Fenster im Direktorat geöffnet. Der Luftzug hat sein Schnarchen hinaus ins Freie getragen.«

Jutta legte ihr den Arm um die Schultern und zog sie zu sich heran. »Du hast den Mund aufgemacht, als es darauf ankam. Das war stark.«

»Mr all wesse, wie schwer et dir gefallen es«, merkte Elli an.

»Keiner von uns hätte das besser machen können«, sagte Frau Hahn.

»Wir sind stolz auf dich«, fügte Renate hinzu und lächelte.

Jetzt musste auch Annegret lächeln. Aber verloren hatten sie trotz allem, und Charlotte blieb weiterhin verschwunden.

29

17. September 1955, 11:05 Uhr

Charlotte lief den Blomkamp hinauf. Ihr Kopf und der rechte Arm schmerzten, ihre Wange brannte wie Feuer, und ihre nassen Haare klebten ihr am Hals. Immer wieder wischte sie sich über den Mund, der Carl-Gustavs Lippen berührt hatte. Den Weg von der Schrebergartenanlage bis zum Blomkamp war sie, ohne anzuhalten, gelaufen.

Schwer atmend stoppte sie vor der alten Schule. Dass der rote Teppich noch ausgerollt war, musste bedeuten, dass Libet und ihr Vater noch da waren. Einige Polizisten standen am Eingang. War das dort etwa Robert? Er hatte den Suchdienst doch meiden wollen.

Als er sie erblickte, kam er auf sie zugelaufen. »Charlotte, was ist passiert? Und warum ist dein Gesicht verschrammt? Wir haben uns Sorgen um dich gemacht.«

Charlotte taumelte. »Carl-Gustav wollte mich aufs Standesamt zwingen.«

Robert stützte sie. »Hat er dir das angetan?« Er betrachtete ihre Wange genauer.

Charlotte wischte sich mit dem Handrücken wie zwanghaft wieder die Lippen und nickte. Dann sprudelte es aus ihr heraus, obwohl sie kaum noch Luft bekam. Sie berichtete von Carl-

Gustavs plötzlichem Auftauchen in der Gartenlaube und dass sie von dem liebeskranken, wahnsinnigen Schweden durch einen Schlag ins Gesicht gegen die Wand geschleudert und bewusstlos geworden war. Als sie die Augen wieder geöffnet hatte, war sie an den Armen gefesselt gewesen. Vor der Laube, auf dem Weg zum Auto, war ihr nichts Besseres eingefallen, als Carl-Gustav zu bitten, ihre Fesselung zu lösen, damit sie wie ein echtes Paar, Hand in Hand, über die Schwelle des Gartentors schreiten konnten. Er hatte gezögert, aber ein überraschender, leidenschaftlicher Kuss von ihr – ihre einzige Möglichkeit, wie ihr schien – hatte ihn überzeugt. Er hatte fiebrig gelächelt, während er das Seil von ihren Händen losmachte. Während er sich die Fliege vor dem Hals für den Ausmarsch zurechtrückte, hatte sie neben der Laubentür nach Annegrets Spaten greifen und ihm damit eins überziehen können. Vom Fernsprecher vor der Schrebergartenanlage aus hatte sie den Notarzt und die Polizei verständigt, damit die ihren Peiniger versorgten und festnahmen.

»Dieser elende Verbrecher!«, knurrte Robert und stützte sie weiter, weil sie nicht sicher stand. »Ich werde nachfragen, ob er auch wirklich festgenommen wurde! Hier bist du vor ihm in Sicherheit«, sprach er viel zu sanft für jemanden, für den sie die falsche Frau war. »Jetzt musst du dich erst mal ausruhen.«

»Zuerst muss ich mit Libets Vater reden, danach ruhe ich mich aus!«, widersprach sie und machte sich von ihm los.

Robert griff nach ihrer Hand.

»Ich muss zu Libet!«, drängte Charlotte und trat unsicher wankend auf den Eingang zu.

»Bundeskanzler Adenauer ist bereits abgereist«, erklärte Robert.

Sie stoppte und wandte sich um. »Und, hat er zugesagt?«, wollte sie nun unbedingt wissen. »Bekommen wir die achtzig Millionen?«

»Annegret hat dich würdig vertreten.« Robert zögerte, bevor er noch hinzufügte: »Aber nein.«

Charlotte hatte geglaubt, dass alles, was sie mit dem traumatisierten Carl-Gustav durchgemacht hatte – den finalen Kuss eingeschlossen –, wenigstens zu etwas gut gewesen war.

Plötzlich war Robert wieder bei ihr und hielt sie am Arm.

Sie presste ihre Lippen zusammen, um nicht laut zu schluchzen, und wagte es, ihr Gesicht verzweifelt in seiner Jacke zu vergraben. Er ließ es zu und legte die Hände auf ihren Rücken.

Sie blickte erst wieder auf, als ein Auto vor der alten Schule parkte und eine blonde Frau im Regenmantel ausstieg. Sie sah aus wie ihre Freundin Libet. Hatte Robert nicht gesagt, dass die Adenauers abgereist seien? Sie sah ihn fragend an. Er schien genauso überrascht wie sie.

Charlotte zögerte, auf die Adenauers zuzugehen, denn sie war gerade alles andere als vorzeigbar. In ihrem Aufzug schadete sie dem Ruf des Suchdienstes womöglich. Sie löste sich trotzdem von Robert und ging im nassen Kleid und mit liederlicher Frisur auf die Frau im Regenmantel zu.

Mit »Sehr geehrter Herr Bundeskanzler, liebe Libet, das Hamburger Büro des Suchdienstes vom Deutschen Roten Kreuz möchte auch weiterhin Familien vereinen« hatte sie ihre Rede beginnen wollen. Als sie vor der Frau ankam, wusste sie sofort, dass es wirklich ihre frühere Freundin war. Bevor sie jedoch ein Wort sagen, geschweige denn sie zur Begrüßung umarmen konnte, verließen sie die Kräfte, und sie brach in Libets Armen zusammen.

»Vater, hilf mir!«, rief Libet.

Der Bundeskanzler, Robert und zwei weitere Polizisten halfen, Charlotte in die alte Schule zu bringen. »Ich muss ... meine Rede ... ich bin doch noch rechtzeitig«, stammelte sie und wurde von mehreren Händen auf den erstbesten Stuhl im Flur gesetzt.

Libet streichelte ihre Wange. »Du musst dich hinlegen. Du bist völlig erschöpft. Aber schön, dich wiederzusehen, Charlie. Wenn auch anders als gedacht.«

»Libet! Ich hatte mich heute Morgen für unser Treffen hübsch gemacht, das hier ...«, Charlotte fuhr sich durch das verzottelte Haar. »... ist eine andere Geschichte, die nichts mit dem Suchdienst zu tun hat«, brachte sie hervor.

Robert erklärte den Besuchern mit wenigen Worten, was Charlotte zugestoßen war.

»Aber mir geht es gut, mach dir keine Sorgen«, behauptete Charlotte und nahm Libets Hand. Mit der anderen wischte sie sich über die Lippen.

Annegret und weitere Kolleginnen kamen zu ihnen. »Herr Bundeskanzler, Sie sind zurück?«, fragte Annegret erstaunt und wunderte sich im gleichen Atemzug: »Charlotte, du bist hier! Wie geht es dir?«

»Sie ist geschwächt. Wo kann sie sich hinlegen?«, fragte Libet.

»Ich will nicht liegen ...«, stammelte Charlotte.

Doch die anderen ließen sich nicht beirren. Gemeinsam führten sie sie in den Zeichenraum, wo sie auf eine provisorische Liege aus aneinandergereihten Stühlen gebettet wurde, gleich neben der Strelitzie und dem runden Tisch.

Charlotte schaute zu Libets Vater, der die Szenerie wenig begeistert beobachtete, wie ein misslungenes Theaterstück. Er war an der Tür des Zeichenraumes stehen geblieben und wurde von Robert und einem Polizisten flankiert.

»Wo warst du, Charlotte?«, wollte Annegret wissen.

»Und warum siehst du so zerschunden und dreckig aus?«, fragte eine Kollegin, die Charlotte noch nicht hier gesehen hatte. Oder doch? War die Frau mit dem braunen Haar und den zartrosa Lippen wirklich Renate?

Jutta und Elli traten hinzu, Sorgenfalten auf den Stirnen. »Möchtest du einen heißen Tee, Charlotte?«, fragte Jutta.

»Oder ein paar Rosenwasserkekse?«, bot Dagmar mit einem Teller in den Händen an.

Charlotte wollte aufstehen, aber ihr Kopf drohte von Carl-Gustavs Schlag zu explodieren. Ihr Arm, den er ihr beim ersten Versuch, ihm vor der Laube zu entkommen, verdreht hatte, schmerzte schrecklich, sodass sie sich schließlich wieder hinlegte. »Gerne einen heißen Tee, und den Rest erkläre ich euch später«, sagte sie.

Im Flur vor dem Zeichenraum versammelten sich immer mehr Menschen. Weil die Tür offen stand, konnte Charlotte ihr bekannte Kinder und Eltern hören, die durch die Arbeit des Hamburger Büros zusammengefunden hatten. Sie waren zur Feier eingeladen, die nach der Zusage des Kanzlers im Backsteinhof geplant gewesen war. Die konnten sie nun getrost absagen, obwohl Charlotte nicht begriff, warum Libets Vater sie im Stich ließ. Sie sah zu ihm und setzte sich mit letzter Kraft auf.

»Warum tun Sie sich mit der Rettung so schwer?«, fragte sie, an den Kanzler gewandt.

»Der Staatshaushalt ist begrenzt«, antwortete er knapp.

Monika drängelte sich an Konrad Adenauer vorbei in den Zeichenraum. Sie hatte den braunen Bären bei sich. »Fräulein Charlotte, geht es Ihnen gut? Ich habe gehört, dass Sie geschlagen wurden.« Sie fiel Charlotte um den Hals.

Ein Raunen ging durch den Raum.

»Es geht mir schon besser«, sagte Charlotte und drückte Monika an sich, ohne vom Kanzler fortzusehen. Die Zehnjährige würde ihr letzter erfolgreicher Suchfall bleiben. »Nur leider wird der Suchdienst bald geschlossen«, sagte sie und nahm Teddy Mayer an sich, weil sie Trost brauchte. Alles war umsonst gewesen.

Konrad Adenauer sah auf seine Armbanduhr, dann suchte er den Blick seiner Tochter, die aber den Jungen anschaute, der nun den Zeichenraum betrat und sich räusperte.

»Bis vor Kurzem lag meine Suchkarte noch in der zentralen Namenskartei«, sagte er, an Konrad Adenauer gewandt. »Ich bin Eberhard Voss, aber meine Freunde nennen mich nur Hardy. Ohne Fräulein Dietzel und ihre Kolleginnen«, er lächelte Dagmar zu, »hätte ich meine echte Mutter nie wiedergesehen.« Er klopfte Annegret kumpelhaft auf die Schulter, als wären sie in derselben Mannschaft. »Ich stand kurz davor, die Hoffnung aufzugeben. Aber die Frauen vom Kindersuchdienst haben mich nicht aufgegeben und mir meine *Mamake* zurückgebracht, Herr Bundeskanzler«, sagte er.

Charlotte konnte weder eine Regung noch den Hauch einer Emotion im Gesicht des Kanzlers erkennen. Er sagte nichts und blieb stumm.

»Was ist eigentlich ein Bundeskanzler?«, fragte Monika in die bedrückende Stille hinein.

Charlotte hielt sie an den Schultern und sagte: »Ein Bundeskanzler ist der wichtigste Politiker im Land. Er sorgt dafür, dass Kinder zur Schule gehen können und dass alle ein Zuhause haben.«

»Er kümmert sich auch darum, dass die Menschen Arbeit haben«, ergänzte Annegret.

»Wie wir hier beim Suchdienst«, führte Jutta den Gedanken fort.

Monika nickte, ihre Augen voller Neugier. »Also ist der Bundeskanzler der Chef unseres Landes?«

Charlotte musste schmunzeln. Sie meinte sogar, um Adenauers Mundwinkel ein kurzes Zucken zu sehen. »Genau!«, bestätigte sie und gab Monika den Teddybären zurück.

»Der Kanzler ist noch wichtiger als unser Bundestrainer Herberger«, erklärte Hardy dem Mädchen.

»Ich verstehe. Also kann er entscheiden, ob der Kindersuchdienst bleibt«, schlussfolgerte Monika und trat mit Teddy Mayer im Arm vor Konrad Adenauer, als wäre es nichts. »Haben Sie auch mal jemanden gesucht, Herr Bundeskanzler?«

Nach einigem Zögern nickte er. Charlotte meinte zu sehen, dass er seine Emotionen zu unterdrücken versuchte. Sein Kiefer war angespannt.

Länger sah er Monika an, dann beugte er sich zu ihr hinab. Seine strenge Miene wurde weicher, als er sagte: »Du bist ein mutiges Mädchen. Ich bin beeindruckt.« Nach diesen Worten richtete er sich wieder auf und ließ seinen Blick über die Anwesenden gleiten, angefangen bei Charlotte und Annegret, über Jutta, Dagmar, Renate, Elli, Frau Hahn, die Kinder, Robert und seine Kollegen von der Polizei.

Libet nickte ihrem Vater zu.

»Was ist hier los? Was macht die Polizei hier?«, rief jemand aufgebracht aus dem Flur.

Charlotte erkannte die Stimme der Frau sofort und sah erschrocken zur Chefsekretärin.

Viktoria Krüger schob sich durch die Menge in den Zeichenraum. »Ich verlange eine Antwort!« Die rechte Seite ihres Gesichts war vom Schlaf auf der Wange gerötet, und ihr Haarknoten saß etwas schief, aber ansonsten sah sie wie immer aus mit ihrem dunkelblauen Hosenanzug, der weißen Bluse und den hohen Schuhen.

»Die Polizei ist zum Schutz des Bundeskanzlers da«, erklärte Charlotte und versuchte sich aufzurichten, aber ihr Arm zog schmerzlich.

»Welcher Bundeskanzler?«, fragte Viktoria ungläubig und zuckte zusammen, als sie Konrad Adenauer entdeckte. Mit aufgerissenen Augen ging sie rückwärts und stieß gegen den runden Tisch, auf dem der Teller mit den Rosenwasserkeksen stand.

Die Stimmung darf nicht kippen!, dachte Charlotte panisch. Sie mussten Viktoria besänftigen.

»Wir sind dabei, mit dem Bundeskanzler die neue Bildersuche zu besprechen«, erklärte Annegret in versöhnlichem Ton, als hätte sie Charlottes Gedanken gelesen.

»Wie kommen ausgerechnet *Sie* dazu, mit dem Kanzler zu sprechen?«, fragte Viktoria fassungslos wie ein Vogel, der gerade gegen eine Fensterscheibe geflogen war. »Sie können nicht einmal fehlerfrei das Alphabet aufsagen! Und Fräulein Dahlhäuser, wie sehen Sie überhaupt aus? Sind Ihnen Ihre Frisur und Ihr dreckiges Kleid nicht peinlich?«

»Und wer sind Sie, junge Dame?«, fragte der Kanzler.

»Ich bin Viktoria Krüger, die Nichte des Leiters des Kindersuchdienstes«, konstatierte Viktoria. »Wo ist mein Onkel überhaupt?«

»Gerade unpässlich«, erklärte Frau Hahn mit professioneller Miene.

»Ich verstehe das alles nicht. Und warum sind Sie hier?« Viktorias Blick sprang von Annegret zu Jutta und zu Elli.

»Ihnen wurde doch gekündigt. Seit der Entlassung ist es Ihnen untersagt, die alte Schule zu betreten. Sie machen sich strafbar!«

»Sie haben gegen die Weisung Ihres Vorgesetzten gehandelt?«, verlangte der Kanzler im strengen Ton zu wissen.

»Aber nur, um den Suchdienst zu retten!«, entgegnete Annegret.

Charlotte schlug das Herz bis zum Hals. Sie selbst hatte Annegret ermutigt, trotz ihrer Entlassung bei der Rettung mitzuhelfen. Es wären mehr als genug Polizisten da, um sie wegen Hausfriedensbruch abzuführen.

»Ich gehe nicht fort, bis ich eine Antwort von Herrn Adenauer gehört habe!«, stellte Annegret klar.

Charlotte war stolz darauf, dass ihre Freundin vor Krügers Nichte und dem Bundeskanzler nicht einknickte. Annegret war einmalig.

»Wir hätten gerne eine Antwort, Herr Adenauer!«, kam es nun auch von anderen Kolleginnen. Auch Charlotte nickte auffordernd.

Viktoria machte Anstalten, aufzubegehren, aber der Bundeskanzler gab ihr mit einer Geste zu verstehen, zu schweigen. Er sah erst seine Tochter an, dann wandte er sich an die Umstehenden.

»Der Staatshaushalt ist begrenzt, und achtzig Millionen Mark sind viel Geld«, erklärte er im sachlichen Ton des Politikers.

»Geben Sie Charlotte trotzdem das viele Geld?«, fragte Monika ungeduldig dazwischen. »Bitte!«

»Ich denke, das werde ich tun«, verkündete der Kanzler und tätschelte Monika den Kopf.

»Wirklich?«, fragten Annegret und Charlotte im Chor.

»Aber warum sind Sie dann vorhin weggefahren?«, wollte Jutta wissen.

»Ich pflege stets eine Autofahrt zu unternehmen, wenn ich nachdenken muss«, erklärte der Kanzler. »Zum Beispiel darüber, mit welchen Argumenten ich den Haushaltsausschuss davon überzeugen werde, achtzig Millionen Mark frei zu machen. Obwohl ...« Kurz hielt er inne und schaute Annegret mahnend an. »... ich Ihren Verstoß gegen die Kündigung nicht gutheiße!«

Viktoria ließ sich verwirrt und wie ein Kompass ohne Norden auf einen der Stühle sinken, auf denen Charlotte eben noch gelegen hatte. »Ich verstehe das alles nicht«, murmelte sie. »Und jetzt bekommt das Suchbüro achtzig Millionen Mark? Träume ich noch?« Ungläubig schüttelte sie den Kopf, sodass sich einige rote Haarsträhnen aus ihrem schiefen Knoten lösten.

Charlottes Gedanken wanderten unwillkürlich zu dem Tag vor mehr als sechs Wochen zurück, als sie sich abends im Baumkronenzimmer mit den Kolleginnen besprochen und sie danach den lila Knopf von Viktorias Bluse in der Bibliothek gefunden hatte. Sie hatte vermutet, dass Krügers Nichte ihre Rettungsaktion belauscht haben könnte. Aber wie es jetzt aussah, hatte die ungeliebte Kollegin von all dem, was an diesem Vormittag stattgefunden hatte, keine Ahnung.

Renate und Elli fielen sich in die Arme, und auf dem Flur begannen die Leute zu johlen und zu klatschen.

Charlotte umarmte Annegret. »Du musst großartig gewesen sein!«

Annegret lächelte. »Wir alle waren es. Wir haben es gemeinsam geschafft.«

Libet und ihr Vater traten zu ihnen.

»Danke für den Zwischenstopp, Herr Bundeskanzler«, sagte Charlotte, worauf Konrad Adenauer mit hochgezogener Augenbraue zu seiner Tochter sah, die als Antwort verschmitzt lächelte.

»Das also ist die Charlotte, von der du mir früher so gerne erzählt hast?«, fragte der Kanzler.

Libet nickte. »Sie ist jene Schülerin, die als Einzige in Pützchen als Kapitänin aufs Meer fahren wollte.«

»Wie meine Gussie«, sagte Konrad Adenauer fast zärtlich. »Sie war die Kapitänin unserer Familie.«

Libet schmiegte sich an ihren betagten Vater, der in einer Erinnerung an seine verstorbene zweite Ehefrau Auguste zu versinken schien.

»Ich habe noch eine kleine Überraschung für unsere Gäste vorbereitet«, sagte Charlotte und deutete zum Backsteingarten. Mit Blick zu Robert und den Polizisten von der Schutztruppe fügte sie noch hinzu: »Nichts Gefährliches!«, und hob beschwichtigend die Hände.

»Ich wüsste nicht, was mich jetzt noch von meinem Urlaub abhalten könnte«, entgegnete Adenauer. »Ich möchte spätestens zur Kaffeezeit in St. Peter Ording ankommen.«

»Wie wäre es mit einer Partie Boule, Herr Bundeskanzler?«, fragte Charlotte.

»Boule? Nun gut, die Nordsee wird doch noch ein paar Minuten warten müssen«, sagte der Kanzler und wandte sich fröhlich um. »Mein Sieg wird leicht errungen sein!«

Charlotte hakte sich bei Libet ein und wollte sie und ihren Vater in den Backsteingarten führen, als Renate sie zur Seite winkte.

Annegret übernahm die Führung der Gäste, und die meisten Kolleginnen, die im Flur ausgeharrt hatten, folgten ihnen. Viktoria blieb allein und wie ein begossener Pudel zurück.

Renate zog Charlotte in den Karzer, wo Frau Hahn das Büromaterial lagerte. Er befand sich unter der Treppe ins Obergeschoss, ein düsteres Räumchen ohne Fenster.

»Du solltest endlich aus diesem dreckigen Kleid raus!«, sagte Renate. Sie hielt Charlotte einen weißen Strickpullover samt figurbetontem dünnem Jäckchen und eine wadenlange knallrote Stoffhose hin. »Nimm die. Das sind ein paar meiner Wechselsachen, die ich noch in meinem Tisch in der Aula für Notfälle gelagert hatte.«

Charlotte lächelte. »Danke.« Sie ließ sich von Renate aus dem Kleid helfen, das, wie sie jetzt erst sah, am hinteren Rockteil mehrfach eingerissen war.

Renate zupfte ihr noch ein paar Fusseln von den Schultern. »Schon besser«, sagte sie dann. Schlussendlich bekam Charlotte ihre ausgehängten Locken mit gleich mehreren Einsteckkämmen gerichtet.

Charlotte betrachtete die Kollegin versunken im Schummerlicht, das durch die geöffnete Tür in den Karzer fiel. »Du siehst sehr schön aus heute. Deine Naturhaarfarbe steht dir ausgezeichnet. Sie passt gut zu deiner gebräunten Haut.«

Renates Hand wanderte zum Haar und strich über das mintgrüne Kleid mit breitem U-Boot-Ausschnitt und einer Rocklänge, die Marilyn Monroe sicher verweigert hätte. Sie schien sich wohl darin zu fühlen.

»Also hat dir *Madame Bovary* gefallen?«, fragte Charlotte und hoffte, dass Renates neue Ausstrahlung ihr endlich zum großen Glück verhelfen würde.

Renate nickte mehrmals, dann umarmte sie Charlotte. »Ich freue mich sehr darauf, dass wir weiter zusammenarbeiten dürfen. Und vielen Dank, dass du ein bisschen auf mich aufgepasst hast«, flüsterte sie mit nunmehr feuchten Augen. »Ich habe noch ein kleines Geschenk für dich.« Sie griff in ihre Tasche.

Charlotte hob abwehrend die Hände. »Aber das ist nicht nötig!«

Renate zog eine schlichte Nagelfeile heraus. Mit einem amüsierten Lächeln hielt sie sie Charlotte hin. »Hier, bevor du deine Nägel noch ganz aufisst! Vielleicht probierst du mal, was anderes damit anzustellen. Wenn man sie sehr kurz hält, ist das Knabbern schwieriger.«

Charlotte lachte und nahm die Feile an. Gemeinsam verließen sie den Karzer. Als sie den Backsteinhof betraten, hatte es aufgehört zu regnen. Die Sonne brach durch die Wolken, und ihre Strahlen ließen die letzten Blüten der Kletterrosen an der Backsteinmauer aufleuchten. Der Duft des Hamburger Sommers war einem erdigen Herbstgeruch gewichen, vermischt mit der Frische des Regens. Erste gelbe Blätter des Ahorns lagen auf dem Boden neben dem Boulefeld, an dem der Bundeskanzler in diesem Moment Aufstellung nahm. Vergangene Nacht hatte Charlotte es auf der Freifläche neben dem Ahorn markiert. Als Begrenzung hatte sie Backsteine genutzt, die sie im Keller gefunden hatten. Um das Spielfeld herum versammelten sich nun die Kolleginnen, Abteilungsleiter und Besucher. Da waren Eberhard und Barbara Voss, sie sah Monika mit ihrer Mutter und den Zwillingsbrüdern Günter und Walter. Am Kopfende des Spielfeldes wartete Horst Sommer auf den Beginn des Spiels. Er war über dasselbe Rasterplakat wie Monika mit seinen Eltern zusammengebracht worden. Die Fröhlichkeit in den Blicken aller war überwältigend.

Charlotte begab sich gerade an Libets Seite, als Konrad Adenauer aufhorchte und irritiert zum geöffneten Fenster des Direktorats hochschaute. »Schon wieder dieses merkwürdige Geräusch!«, stellte er fest, die Boulekugel bereits in der Hand.

Ein Schnarchen aus Krügers Büro!, durchfuhr es Charlotte, aber zu ihrer Überraschung konnte sich Libet ein Lächeln nicht verkneifen. »Vielleicht kannst du noch etwas Geld für eine neue Heizung draufpacken, Vater?«, fragte sie.

Der Kanzler sah von der Front mit den weißen Sprossenfenstern zu seiner Tochter. »Aber nur, wenn ich das Spiel gleich gewinne«, sagte er trocken.

Lachen brandete auf, und auch Charlotte fiel mit ein. Doch sie hielt gleich darauf inne, als Frau Hahn Doktor Seppelfricke im Rollstuhl zu ihnen schob. Er sah schon wieder rosiger aus. Die Kolleginnen am Spielfeldrand nickten sich freudig zu und begrüßten ihren früheren Chef herzlich. Im Überschwang der Gefühle umarmte Jutta den ehemaligen Leiter sogar.

»Ich würde gerne mitspielen, so es im Sitzen erlaubt ist«, sagte Doktor Seppelfricke, einen weiteren Satz Boule-Kugeln auf dem Schoß. Kurz stellt er sich dem Kanzler vor.

Konrad Adenauer öffnete den untersten Knopf seiner Jacke. »Also *Tête-à-tête*? Zwei Einzelspieler mit jeweils drei Kugeln?«

Herr Doktor Seppelfricke nickte, brachte seinen Rollstuhl in Position und lockerte die Arme.

»Wie schön, dass es dir trotz des Zwischenfalls gut geht«, hörte Charlotte hinter sich die vertraute Stimme eines Mannes. Abrupt wandte sie sich um und sah ihre Adoptiveltern an. Robert stand bei ihnen.

»Hauptkommissar Hartmann hat uns gerade berichtet, was passiert ist, und uns eingeladen herzukommen«, sagte Rudolph Dahlhäuser mit tiefen Sorgenfalten auf der Stirn. Er griff nach der Hand seiner Frau, die etwas hinter ihm stand. »Und Carl-

Gustav ist wirklich festgenommen worden?«, versicherte er sich bei Robert.

»Das habe ich telefonisch überprüft«, entgegnete der. »Um ihn wegen versuchter Entführung und Körperverletzung anzuklagen, braucht es aber noch Charlottes Aussage.«

Charlotte nickte.

»Wir sind froh, wenn wir Herrn Johannson nie wiedersehen müssen!«, sagte Dolores. Sie betrachtete Charlottes Frisur, die Stricksachen und die enge rote Hose und sparte sich einen Kommentar. Vielleicht gefiel es ihr sogar.

»Du kämpfst für das Richtige, Lotte, und das macht uns stolz«, sagte Rudolph.

Als Charlotte ihren Kosenamen hörte, durchströmte sie ein warmes Gefühl wie eine Erinnerung an einen langen Sommer. Sie hatten viele gute Jahre miteinander gehabt. »Müsst ihr wegen der illegalen Adoption ins Gefängnis?«, fragte sie vorsichtig.

»Weil deine Eltern mit ihren Informationen geholfen haben, die Hintermänner des Kinderhilfe-Vereins dingfest zu machen, werden sie mit einer Geldstrafe davonkommen«, erklärte Robert.

Charlotte atmete erleichtert auf. Auch wenn sie Rudolph und Dolores noch nicht verzeihen konnte, dass sie sie all die Jahre belogen hatten, wollte sie auf keinen Fall, dass sie ins Gefängnis zu Dieben und Mördern kamen.

»Wir wohnen jetzt in einer Etagenwohnung in Ottensen, in der Behringstraße Nummer einundfünfzig. Dort halten wir dir ein Zimmer frei«, sagte Dolores und drückte die Hand ihrer Tochter. »Du bist immer willkommen.«

Charlotte lächelte, obwohl sie nicht vorhatte, wieder bei ihren Eltern zu leben.

»Können wir endlich mit dem Spiel beginnen?«, fragte Konrad Adenauer. »Ich bitte dafür um volle Konzentration!«

»Ich würde auch gerne mitmachen«, sagte Rudolph Dahlhäuser und schaute dabei nicht den Kanzler, sondern Charlotte an. Sie wusste, dass es noch lange dauern würde, bis sie ihren Eltern verziehen hatte. Aber heute könnte ein Anfang sein. Dass sie ihre neue Arbeit anerkannten und sogar stolz auf sie waren, hätte sie nie gedacht.

»Dann spielen wir *Doublette*!«, entschied der Kanzler und sah sich unter den Anwesenden um. »Wenn Doktor Seppelfricke mit Ihnen spielt«, sagte er zu Charlottes Vater, »brauche ich noch einen zweiten Mann.«

Sofort bot Elli sich als Mitspielerin an. »Möge dr beste Jeck jewinne!« Ihrer Stimme ging es schon etwas besser.

Der Kanzler nickte ihr zu und entgegnete: »Dat sull so sin!«, während Charlotte in ihrer Erinnerung vergebens danach suchte, ihren Vater jemals Boule spielen gesehen zu haben. Sie selbst wusste nicht mehr über das Spiel, als dass es galt, die eigene Kugel so zu werfen, dass sie möglichst nah bei der Zielkugel landete.

»Jetz jeht et loss!«, rief der Kanzler, und die erste Kugel flog durch die Luft. Sie landete dicht an der Zielkugel, woraufhin tosender Applaus einsetzte. Die Mannschaften lieferten sich ein spannendes Duell, und die Umstehenden feuerten sie an. Das Team aus Neuling Rudolph Dahlhäuser und dem erstaunlich fidelen Doktor Seppelfricke erwies sich als geschickt, doch gegen den geübten Bundeskanzler und die hoch konzentrierte Elli kamen sie bald ins Hintertreffen. Ellis Lachen schallte durch den ganzen Hof.

Charlotte spürte, dass das, was sie heute durchgemacht hatte, jeder Schmerz, jede Angst, es wert gewesen war, diesen

Ausgang zu erleben. Arm und Wange pochten weiter, und ihr war übel, aber das verging bestimmt bald wieder. Ihrem Kopf ging es auch schon etwas besser.

Robert trat neben sie: »Wir müssen reden«, sagte er mit ernster Miene.

»Ja, das müssen wir«, erwiderte sie und ging mit ihm in die alte Schule zurück. Sie dachte, dass es gut war, dass er den Kindersuchdienst doch noch einmal unterstützt hatte.

Die Tür des Zeichenraums war offen, und auf dem Boden mit den Farbspritzern stand Hardy. Er umarmte ein stämmiges Paar. Das mussten Ilse und Manfred Krause sein, seine Adoptiveltern.

Charlotte blieb stehen und hörte den Jungen sagen: »Ich werde vorerst bei meiner Mutter Barbara wohnen. Wenn ihr einverstanden seid, komme ich euch aber so oft wie möglich besuchen. Ich weiß jetzt nämlich, dass ich sogar zwei echte Mütter habe. Denn ihr seid doch auch meine echten Eltern, nach all der schönen Zeit, die wir hatten, nicht wahr?«

Charlotte hielt Robert an der Hand zurück, weil der weitergehen wollte. Sein Blick landete sehnsüchtig auf ihren Lippen.

»Ja«, sagten Ilse und Manfred Krause kurz hintereinander. Sie fügte leiser noch hinzu: »Also verzeihst du uns unsere Lüge.« Charlotte hörte ihre Erleichterung. Manfred hatte einen bunten Drachen in der Hand, dessen Holzgestell an einer Stelle geklebt war.

Eberhard nickte, den Drachen freudig fixierend. »Und ihr verzeiht mir alles, was ich euch in den letzten Wochen angetan habe?«

Die Krauses umarmten den Jungen erneut.

»Du könntest mit deiner Mutter über die nächsten Ferien zu uns kommen«, sagte Manfred.

»Wir würden Frau Voss gerne einmal kennenlernen«, ergänzte Ilse Krause.

Charlotte sah Hardy begeistert nicken. »Ich möchte wieder Fußball spielen und mich beim nächsten Probetraining des HSV vorstellen«, sagte er noch. »Herr Brodkorb trainiert mich dafür gesondert, also werde ich sowieso regelmäßig in Buxtehude sein. Da ist Pippensen nur ein Katzensprung. Vielleicht schaffe ich es doch noch, so gut wie Uwe Seeler zu werden.«

Nach diesen Worten ließ sich Charlotte von Robert in die Aula ziehen, vergewisserte sich aber, dass sie allein waren. Sie schaute über die Tische mit den Schreibmaschinen, zum Kanzlerbildnis an der Wand und hinüber zu den Telefonplätzen und zum Tresen. Hier würde auch in Zukunft gearbeitet, geweint und gelacht werden!

»Ich habe viel über uns nachgedacht«, sagte er, »seitdem ich dich neulich aus meinem Büro fortgeschickt habe.«

»Ich auch«, gestand sie.

»Deine Leichtigkeit, deine Offenheit und dein unvoreingenommener Blick erhellen meinen düsteren Alltag. Du bist mein Gegenpol und tust mir gut. Durch dich weiß ich, dass es auch außerhalb der Arbeit Schönes gibt«, sagte er. »Ich brauche dich. Ich kann nicht länger ohne dich sein.« Er nahm ihre Hände und hakte seine Finger zwischen ihre. »Du darfst nicht immer erfahren, woran ich gerade arbeite, weil ich nicht alles teilen darf, aber du darfst immer wissen, wie es mir damit geht.«

Er wollte sie zurück? »Ich habe am eigenen Leib erfahren, wie unangenehm es ist, wenn du vor mir Geheimnisse hast, die mich betreffen, wenn du nicht offen über alles mit mir reden kannst«, begann sie. »Ich habe mir in den zurückliegenden Tagen und Wochen den Kopf darüber zerbrochen, wie es hätte werden können, wenn du mich nicht fortgeschickt hättest, wenn wir ein Paar geworden wären.«

»Ja?«, fragte er ungeduldig.

Sie lächelte traurig. »Ich würde mich nie ganz als Teil deines Lebens fühlen, mir immer ausgeschlossen vorkommen.«

»Ich liebe dich, Charlie«, sagte er, und das Stahlgrau in seinen Augen schien zu zerfließen.

»Aber ich habe Angst, dass wir uns deswegen immer wieder streiten würden«, wandte Charlotte ein. »Und das würde dich schwächen und deine Arbeit gefährden, die dir so wichtig ist.«

Robert ließ ihre ineinander verschlungenen Hände sinken.

Sie hatte Mühe, die folgenden Worte auszusprechen. Ihre Lippen zitterten, und ihre Zunge fühlte sich beinahe steif dabei an. »Ich denke, dir geht es besser ohne mich.«

»Geht es nicht!« Robert zog sie verzweifelt zu sich heran. Als er bemerkte, wie grob er sich verhielt, löste er sich gleich wieder von ihr.

»Glaub mir, es ist besser so«, sagte Charlotte und wischte sich eine Träne fort. »Ich will, dass du glücklich bist. Aber ich weiß, dass ich dich nicht glücklich machen kann.«

Die Tür der Aula wurde geöffnet, und Annegret trat ein. »Da ist noch ein Gast für dich, Charlotte. Draußen bei den Herbstastern im Hof.«

Charlotte ahnte, wer gekommen war, und bekam Angst. »Alles Gute für dich, Rob«, sagte sie traurig. Ihre Hand zitterte, als sie ihn für immer losließ und allein in den Backsteinhof zurückging. Ihr war speiübel.

»Schön, dich zu sehen«, hörte sie ihre leibliche Mutter noch Schritte entfernt sagen.

Charlotte konnte kaum atmen, so niedergeschlagen war sie von dem Gespräch mit Robert. Die Backsteinmauern mit den Kletterrosen verschwammen vor ihren Augen, genauso die ausgelassenen Boulespieler und Zuschauer. Je näher sie dem Asternbeet kam, umso ferner erschienen ihr das Gelächter und die Anfeuerungsrufe. Sie musste nach vorne schauen. Jetzt gab es nur noch sie und ihre leibliche Mutter, die sie mit einem Ausdruck tiefer Sehnsucht anblickte. Sie trug eine weiß-blau karierte Bluse, und die Bommeln an den Ausschnittbändern waren vom früheren Regen nass. Gestützt auf Krücken und das Bein noch in Gips, sah sie hilfebedürftig aus. »Bitte, stoße mich nicht länger weg von dir, mein Sturmkind«, bat sie.

»Sturmkind?« Charlottes Stimme war kaum mehr als ein Flüstern. Sie war unsicher, wie sie sich ihr gegenüber verhalten sollte. Die Vertrautheit zwischen ihnen existierte seit so vielen Jahren, und doch war es ihr, als würden sie sich heute das erste Mal begegnen.

»Die Nacht, als du geboren wurdest, war besonders stürmisch. In meiner Heimat sagt man, dass Kinder, die in Sturmnächten geboren werden, ein Leben voller Tragödien vor sich haben. Aber du hast dich nicht unterkriegen lassen.« Femke wischte sich Tränen von den Wangen und lächelte. »Und wunderschön warst du auch. Zierlich, aber lebendig. Du warst mein erstes und einziges Wunder im Leben.«

Sie, das Wunder ihrer Mutter? Charlotte wurde warm ums Herz. »Warum hast du mich dann aber weg…?« Sie brach ab, als sie die Worte aussprechen wollte, die sie beim Streit, auf den ihr Auszug aus dem Reihenhaus mit der blauen Tür gefolgt war, nicht herausbekommen hatte.

Femke sah auf den Boden. »Mir wurde gesagt, dass die Adoption dir die Chance auf ein besseres Leben ermöglichen würde. Ich hatte dir nichts außer Liebe zu geben.«

»Das wäre mir genug gewesen!«, entfuhr es Charlotte. Nach ihrer Flucht vom Süllberg hatte sie sich verloren gefühlt, aber Femkes Fürsorge und Liebe hatten sie gestärkt und gerettet.

»Es fiel mir schwer, dich wegzugeben«, sprach Femke weiter, »nachdem ich dich so viele Monate unter dem Herzen getragen und deine Tritte gespürt hatte.« Ihre Stimme zitterte, als kämpfte sie gegen eine Welle von Gefühlen an, die sie mit jeder Silbe zu überwältigen drohte. »Am liebsten hätte ich dich bei mir behalten, aber es war mit dem Kinderhilfe-Verein anders vereinbart worden. Es gab kein Zurück.«

Charlotte konnte den Schmerz in Femkes Worten hören. Wie schwer musste es sein, ein Kind im Bauch zu haben und es dann in die Arme Fremder zu legen? Bis eben war sie der Meinung gewesen, dass es keine Erklärung dafür gab, ein Kind wegzugeben, aber so einfach war das nicht. Die Realität war komplizierter.

»Keinen einzigen Tag konnte ich dich nach der Geburt vergessen«, fuhr Femke fort. »Deshalb habe ich mich als Kindermädchen in dem Haushalt anstellen lassen, in dem du aufwuchsest: bei den Dahlhäusers. Von der Geburtshelferin erfuhr ich, wer dich adoptiert hatte.«

»Um mir nahe zu sein, um auf mich aufzupassen, wenn auch mit Abstand«, dachte Charlotte laut. »Auf dem Süllberg warst du immer für mich da. Du warst diejenige, zu der ich ging, wenn ich Angst hatte oder Trost suchte.« Sogar nachdem sie keine Kinderfrau mehr benötigt hatte, hatte Femke sie zu sich in den Wesselburer Weg eingeladen.

Charlotte spürte, dass in diesem Moment etwas Neues entstand, das stärker war als der Schmerz, den die Vergangenheit hinterlassen hatte. Sie blickte hinüber zu den Dahlhäusers am

Spielfeldrand. Sie standen neben Libet vorn beim Abwurf, je eine Kugel in der Hand. Beide schauten durch die Menge zu ihr. In ihren Gesichtern lag die Hoffnung, dass das Gespräch mit Femke gut ausgehen würde. Anscheinend wussten sie inzwischen, wer ihre frühere Kinderfrau wirklich war.

»Wer ist mein Vater?«, wollte Charlotte wissen. Was war er für ein Mensch? Was hatte sie von ihm mitbekommen? Ob er das Wasser auch so sehr liebte wie sie? All das wollte sie ihn gerne fragen.

Femke schluckte umständlich. »Er war ein Fremder auf der Durchreise. Ich war damals so naiv, zu glauben, dass es er mich lieben und bleiben würde, aber schon nach unserer gemeinsamen Nacht zog er weiter.«

Charlotte nickte gedankenversunken. Liebe konnte überglücklich machen, aber auch blind. Für eine kurze Zeit hatte sie das erleben dürfen.

Femke trat einen Schritt näher. »Du bist mein Kind und gehörst zu mir!«

Charlotte wollte endlich Frieden. Als sie Femke zuletzt zur Rede gestellt hatte, war alles aus dem Ruder gelaufen. Sie hatte ihr vorgeworfen, eine Lügnerin zu sein, und geschrien, dass sie sie nie wiedersehen wolle. An diesem Abend hatte es sich angefühlt, als hätten sie auf unterschiedlichen Ufern eines reißenden Flusses gestanden. Gerade jedoch schien ihr, als führte eine Brücke über den Fluss.

Femke zog sie an der Hand zu sich, und Charlotte schmiegte sich an sie. »Sturmmama«, flüsterte sie. Sie umarmten sich.

Zuerst fühlte es sich ungewohnt an, als ob sie noch nicht bereit sei, sich auf diese Nähe einzulassen. Die Frau vor ihr war nicht mehr die alte Femke von früher. Sie hatte sie geboren. Doch schon nach wenigen Atemzügen spürte Charlotte eine

Verbindung, die jenseits von Worten lag. Am liebsten wollte sie ihre Mutter nie mehr loslassen.

Es war Femke, die sich frei machte. »Ich habe noch eine Überraschung für dich, meen Deern.«

Von Überraschungen hatte Charlotte eigentlich genug.

»Schließ die Augen«, bat Femke und griff in ihre Tasche, die an der Krücke hing.

Charlotte hörte es rascheln. Vielleicht ein ofenfrischer Stuten in Butterbrotpapier? Dann spürte sie etwas auf ihrem Kopf.

»Du kannst die Augen wieder öffnen«, sagte Femke.

Charlotte bekam eine Mütze auf ihrem Kopf zu greifen und betrachtete sie genauer. »Eine Kapitänsmütze! Danke!«

Femke schmunzelte. »Für meine Tochter, die schon immer mal als Kapitänin auf einem Schiff fahren wollte. Ich möchte dir eine Reise in einen fernen Hafen schenken, mit mir gemeinsam, ein Neuanfang.«

»Wohin fahren wir?«, fragte Charlotte aufgeregt, dann wurde sie ernst. »Woher hast du das viele Geld?« Ellis helles Lachen hallte gerade durch den Hof.

»Der Verkauf des Hauses ging schneller als gedacht und hat ein gutes Sümmchen eingebracht«, sagte Femke. »Und bevor du den Verkauf bedauerst: Die kleine Wohnung um die Ecke macht viel weniger Arbeit. Ich habe sie von einer verstorbenen Freundin übertragen bekommen. Für dich ist dort immer Platz, meen Deern.«

»Hast du wirklich das Haus ...«, wollte Charlotte nachfragen, aber Femke ließ sie nicht ausreden.

»Ich habe jetzt wieder mehr Zeit für Dinge, die ich wirklich gern mache. Wie frischen Stuten backen.« Sie lächelte ihr liebesvolles Lächeln, das Charlotte seit ihrer frühesten Kindheit versöhnte.

»Das Argument lass ich zählen!«, antwortete sie. Sie würde das alte Haus im Wesselburer Weg dennoch vermissen. »Aber wohin reisen wir nun?«

»Wir schiffen uns nach Málaga ein«, verkündete Femke und wies mit der Krücke in Richtung Süden.

»In die Geburtsstadt Picassos. Ich kann es kaum glauben!« Charlotte nahm ihre Mutter fest in die Arme. »Wir werden Flamenco tanzen, Fisch aus dem Mittelmeer essen und durch alte, geschichtsträchtige Gassen schlendern?«

Femke nickte.

»Über lebhafte Märkte spazieren, exotische Gewürze riechen und die Geschichten fremder Menschen hören?« Charlotte konnte es kaum fassen. Die Reise würde ihr auch dabei helfen, Robert zu vergessen. Mit der Kapitänsmütze auf dem Kopf führte sie Femke an den Krücken zu den anderen hinüber.

Das Boule-Spiel endete in diesem Moment. Elli stellte ein Kofferradio auf den Tisch unter dem Ahorn und drehte es auf volle Lautstärke. »Oh, Mister Swoboda ...«, ertönte die Stimme von Peter Alexander zum beschwingten Rhythmus des Schlagers.

Frau Voss begann, mit ihrem Sohn zu tanzen, dem das Ganze sichtbar peinlich war, Monika mit ihrer Mutter und Libet mit den Zwillingen Günter und Walter. Annegret schien sich nicht dagegen wehren zu können, dass Jutta und Elli sie auf die Tanzfläche zogen. Renate drehte sich kurz darauf am Arm von Abteilungsleiter Urban Klingbeil, der ihr ganz neue Blicke zuwarf. Dagmar ging durch die Menge und verteilte die restlichen Kekse.

Doktor Seppelfricke saß in seinem Rollstuhl und klatschte im Rhythmus mit. Sogar Frau Hahn neben ihm tippte mit der Fußspitze im Takt der Musik. Hinter ihnen stand der Bundeskanzler, trank einen Nescafé und lächelte entspannt, als wäre er bereits im Urlaub.

Charlotte winkte Libet zu, und die kam ihr lachend von der Tanzfläche entgegen. Sie umarmten sich ein zweites Mal, dann redeten sie los, als hätten sie sich gestern zuletzt in Pützchen gesehen. Charlotte musste Libet versprechen, dass sie das Keksrezept von Dagmar erfragen würde.

Als ein Rock-'n'-Roll-Song von *Bill Haley & His Comets* aus dem Radio ertönte, betrat Frau Hahn die Tanzfläche. Sie strich sich ihr graues Kostüm glatt, dann schwang sie ihre Hüften zu *Rock Around the Clock*.

Während die Partygäste weitertanzten, glitt Charlottes Blick an der alten Schule hinauf. Das zweigeschossige, verklinkerte Gebäude mit den großen weißen Sprossenfenstern war wunderschön mit Efeu bewachsen. Sie wünschte sich, dass sie noch hier arbeiten durfte, wenn die Pflanzen bereits das Dach erklommen hatten.

30

1. Oktober 1955

Der Herbst hatte Annegrets Schrebergarten in ein Farbenmeer aus Rot, Gold und Braun verwandelt. Es roch betörend nach nassem Laub und feuchter Erde. Anstatt des sommerlichen Summens und Brummens krächzten nun Krähen über der Anlage und pickten sich Samen aus den Böden. Eben hatte Annegret das Kartoffelbeet umgegraben und für die Winterruhe vorbereitet. Ruhe, ja, davon hatte sie genug. Sie stand vor der Laube, auf den Spaten gestützt, und sah in den Himmel, an dem keine Wolke zu sehen war. Sie konnte es kaum erwarten, zum nächsten Monatsersten wieder beim Kindersuchdienst zu arbeiten, und Doktor Seppelfricke erging es wohl ähnlich. Sein schwaches Herz hatte sich erholt, und er würde schon in zwei Wochen wieder die Leitung übernehmen. Etwas schade war es schon, dass sie nicht weiter mit Hauptkommissar Hartmann zusammenarbeiten würden. Er hatte sich in eine andere Stadt versetzen lassen. Wohin, das hatte man Annegret in der Bundespolizeiinspektion nicht sagen wollen. Es sei Robert Hartmanns Wunsch gewesen, seine neue Dienststelle nicht preiszugeben.

Annegret seufzte, obwohl sie glücklich sein sollte. Sie hatte ihre Arbeit zurück, Oskars zweites Schuljahr lief gut an, und Charlotte würde in wenigen Tagen nach Málaga aufbrechen.

Gerade war sie in der Stadt, um Besorgungen für die Reise zu machen. Sie wohnte nach wie vor mit in der kleinen Laube.

Annegret dachte daran, wie gut der Plan für den siebzehnten September aufgegangen war, wenn auch auf Umwegen. Eigentlich gab es keinen Grund, wie eine alte Frau zu seufzen. Sie hatten eingefädelt, dass Jochen Krüger den Besuch des Bundeskanzlers verschlief. Er war erst wieder aufgewacht, als Konrad Adenauer zum zweiten Mal in den Volkswagen seiner Tochter gestiegen war. Wohl verwundert über den roten Teppich und die Menschenansammlung vor dem Eingang der alten Schule, war Krüger zu ihnen gelaufen, konnte aber die Verabschiedung nicht mehr stören, da der Fahrer gleich ordentlich aufs Gas getreten hatte. Mit einem »Viktoria?!« war er wütend weggestapft. Von seiner Nichte musste er dann davon erfahren haben, dass seine Mitarbeiter hinter seinem Rücken den Kanzler empfangen hatten. Kurz darauf war Jochen Krüger in Lederjacke und mit der Motorradbrille vorm Gesicht knatternd davongerauscht. Vermutlich war er gleich bis nach München durchgefahren. Jedenfalls hatte Jutta gestern bei einem Besuch berichtet, dass er und seine Nichte nach dem siebzehnten September nicht mehr in der alten Schule aufgetaucht waren.

Annegret musste bei der Erinnerung an Krügers bedröppeltes Gesicht schmunzeln. Er hatte sie mehr als einmal erniedrigt. Zurück in der alten Schule, würde sie sich auf die neuen Fälle stürzen, als gäbe es kein Morgen. Wie schön, dass Doktor Seppelfricke sich auch für Juttas und Ellis Wiedereinstellung eingesetzt hatte. Frau Hahn hatte versprochen, darauf zu achten, dass der neue, alte Leiter des Kindersuchdienstes das Büro zukünftig pünktlich in den Feierabend verließ und keine einzige Mentholzigarette in der alten Schule zu finden war. Nur so ließ sich ein erneuter Herzinfarkt vermeiden.

Annegret stellte den Spaten zu den anderen Gartengeräten und schaute zum Apfelbaum, dessen letzte, reife Früchte schwer an den Ästen hingen. Der Herbst war eine melancholische Zeit. Wenn sie sah, wie die Natur verging, war sie schon immer traurig geworden. Sie fühlte sich einsam und dachte an die ersten Monate nach Oskars Geburt. Damals hatte sie gedacht, allein würde sie das nie schaffen.

»Guten Morgen«, holte eine junge Stimme sie aus den Gedanken.

Annegret sah vor zum Gartentor. Norbert stand verweint da. Kurz blickte sie zur Laube zurück, wo Oskar sich nach dem Frühstück noch mal hingelegt hatte.

Als sie Norbert zunickte, öffnete er das Tor und trat vor sie. Eine Weile suchte er nach Worten. »Komm bitte wieder in unsere Familie zurück«, brachte er schließlich hervor und hielt ihr sein Glücksheft hin.

Annegret griff danach und blätterte es durch. Den letzten Eintrag hatte der Junge gemacht, bevor sie sich von Fritz getrennt hatte. Sie nahm ihn in die Arme. Sein Unglück brach ihr das Herz. Aber sie war machtlos, was seine Zukunft anging.

»Norbert! Endlich bist du wieder da!«, rief Oskar von der Laube her. Er musste gespürt haben, dass sein Freund hier war. »Willst du meinen neuen Murmelsack sehen?«

Der Junge nickte wenig begeistert, was Oskars Freude jedoch nicht bremste. Er zog ihn in die Laube.

»Guten Morgen«, hörte Annegret es ein zweites Mal vom Gartentor. Auch diese Stimme kannte sie. Ihr Herz setzte einen Schlag lang aus, und das Glücksheft glitt ihr aus der Hand. Langsam wandte sie sich um.

Fritz wirkte ernst und steif. Seine Hände hatte er tief in den Taschen seiner Wollhose vergraben. Seine Schultern unter dem schwarzen Rollkragenpullover waren angespannt. Eine schwarze Locke hing ihm ins Auge.

Er betrat ihre Parzelle nicht, obwohl das Tor offen stand. »Ich weiß, dass du wütend auf mich bist«, sagte er, »dass du denkst, ich halte noch an Hannah fest.«

»Wie könnte ich das nicht denken, Fritz?«, gab Annegret zurück. »Du siehst dir ihr Bild wieder und wieder an.« Aus diesem Grund hatte sie auch seinen Brief ungelesen weggeworfen, nachdem er lange unbeachtet auf der Fensterbank gelegen hatte.

Fritz schüttelte den Kopf, als könnte er ihre Gedanken lesen. »Ich liebe dich, Anne«, sagte er.

Du liebst mich als Hannahs Kopie, aber nicht um meiner selbst willen!, dachte sie, bekam aber den Vorwurf nicht über die Lippen. »Bitte geh wieder!«, verlangte sie und fügte das eigentlich Unmögliche an: »Oder: Vergiss Hannah endlich!«

Erschrocken über sich selbst, wandte sie sich zur Laube. Hoffentlich hatten die Jungen das nicht gehört! Zwei Kindergesichter pressten sich von innen gegen die Fensterscheibe und beobachteten sie.

Fritz wartete, bis sie ihn wieder ansah, dann hob er die Hände, als Zeichen dafür, dass er aufgab.

»Das können Sie nicht verlangen!«, ertönte auf einmal Herrn Hansens Stimme aus dem Nachbargarten.

Verwundert sah Annegret zum Zaun. Dort, wo ihre Hecke nicht hinreichte, stand der Nachbar. »Wie bitte?«, fragte sie zurück. Herr Hansen hatte bisher kaum ein Wort mit ihr gewechselt, und jetzt glaubte er, sich in ihre Privatangelegenheiten einmischen zu dürfen? Und war es nicht so, dass er sie wegen ihrer unvollständigen Familie sowieso verachtete? Zwar hatte er zuletzt nicht mehr ganz so grimmig geschaut, aber von einem freundlichen Gesichtsausdruck war er kilometerweit entfernt. Sie wandte sich von ihm ab.

»Wenn man einen Menschen verliert, kann man ihn nicht einfach vergessen«, erklärte der Nachbar, unbeeindruckt von ihrer offensichtlichen Ablehnung.

»Was wissen Sie schon?«, warf sie ihm an den Kopf, während Fritz gleichzeitig fragte: »Warum glauben Sie das?«

»Ich habe selbst jemanden verloren: meine Frau Erika«, sagte Herr Hansen und sah dabei nicht von Annegret weg.

»Das tut mir leid«, brachte sie heraus, auch wenn sie lieber sagen wollte: »Bitte entschuldigen Sie mich jetzt!« Sie musste an die unzähligen Briefe und Feldpostkarten in seiner Laube denken. Vermutlich waren das Erinnerungen an seine Frau.

Herr Hansen trat an den Zaun. »Erika war Krankenschwester in einem Frontlazarett und starb dort unter Bombenhagel. Ich werde sie nie vergessen.« Zum ersten Mal hörte sie ihn liebevoll sprechen.

»Und obwohl man einen geliebten Menschen nicht vergisst, bedeutet das nicht, dass man für niemand anderen Platz im Herzen hat«, ergänzte Fritz, trat durch das Gartentor und zu Annegret.

»Ich liebe Erika noch immer, aber auf eine andere Weise als zu Lebzeiten«, sprach Herr Hansen weiter.

»Es ist mehr eine freundliche Erinnerung an Hannah«, erklärte Fritz nickend, »die in meinem Herzen wohnt und mich auch mal lächeln lässt. Ähnlich einer Erinnerung an einen schönen Urlaub, die ich gerne mit meinem Sohn teile.«

Annegret schaute von ihrem Gartennachbarn zu Fritz. An einen Urlaub mit Oskar würde sie sich bestimmt auch mit einem Lächeln erinnern. Das würde sie sich nicht verbieten lassen.

»Hannah ist meine Vergangenheit, aber du bist meine Zukunft«, setzte Fritz voll Zärtlichkeit an. »Du bist nicht Hannah, du bist Annegret, die ungewöhnlichste Frau, die ich jemals getroffen habe. Es tut mir leid, dass ich dich verletzt habe. Ich hatte das Kleid in einer Kiste gefunden und einfach nur gedacht, wie wunderschön du darin aussehen würdest, weil dir Gelb so gut steht.« Er kam zwei Schritte näher.

»Fritz«, flüsterte sie, »ich wollte nie, dass du Hannah vergisst. Ich habe mir nur gewünscht, dass ich in deinem Herzen einen Platz habe, der nur mir gehört.«

»Du hast mehr als nur einen Platz, Anne«, sagte Fritz. »Mein ganzes Herz gehört dir!« Er wagte es, ihre Hand an den Fingerspitzen zu berühren.

Annegret legte ihre Finger auf seine und fühlte die Wärme seiner Haut.

Ein liebevolles Lächeln umspielte Fritz' Lippen. »Heißt das, wir versuchen es noch einmal miteinander?« Sein Kinngrübchen verstärkte sich vor Freude.

Als Antwort fanden ihre Lippen die seinen in einem Kuss, der den Schmerz der letzten Wochen auflöste. Sie spürte eine tiefe, süße Erleichterung, wie ein langer Atemzug nach drohendem Ersticken.

Fritz schloss die Augen, erwiderte den Kuss mit einem sehnsüchtigen Seufzen und schlang seine Arme um sie.

Herr Hansen räusperte sich auffällig laut.

Annegret und Fritz ließen voneinander ab und sahen den Nachbarn an. Jetzt folgte sicher eine Moralpredigt über das Küssen in der Öffentlichkeit und ohne Ehering.

»Wenn Sie nächstes Jahr noch mal Maden in Ihren Kirschen haben, kann ich wieder aushelfen.« Herr Hansen deutete auf den größten Baum in seinem Garten. »An meine Knupperkirsche ist noch nie ein Star rangegangen!«

»Die Schüssel mit den Kirschen war von Ihnen?«, fragte Annegret. Sie hatte gedacht, dass Fritz ihr das rote Obst aus schlechtem Gewissen ans Tor gestellt hatte.

»Aus den Knupperkirschen machte Erika gerne Marmelade«, sagte Herr Hansen, nickte ihnen zu und ging zurück in seine Laube.

Annegret lächelte berührt. Die Herbstsonne wärmte ihr Gesicht, und der Wind wirbelte Blätter durch die Luft. Fritz strich ihr über die Wange und nahm ein Blatt aus ihren Haaren. Es war lang und schmal und gelblich verfärbt, der Stängel bereits braun.

»Das ist meins«, sagte Annegret spielerisch und streckte die Hand danach aus.

»Jetzt gehört es mir!«, entgegnete Fritz mit einem jungenhaften Schmunzeln und hielt das Blatt außer Reichweite.

»Gib es mir zurück!«, forderte Annegret lachend, warf ihren Zopf auf den Rücken und machte einen Schritt auf ihn zu.

»Hol es dir doch!«, rief Fritz und stob davon.

Annegret folgte ihm lachend. »Oh, du entkommst mir nicht!«

Es dauerte nicht lange, bis Oskar und Norbert aus der Laube kamen und ihnen kreischend hinterherliefen. »Wir helfen dir, Mami!«, rief Oskar, während Norbert versuchte, Fritz den Weg abzuschneiden.

»Ihr werdet mich nie fangen!«, rief Fritz über die Schulter zurück. Seine Schritte wurden hinter der Laube langsamer, wo Annegret die Bank aus Apfelholz aussortiert hatte.

Fritz blieb stehen, und mit einem Lachen sprang sie in seine Arme. »Gefangen!«, triumphierte sie.

»Warte!«, hörte sie Oskar etwas entfernt von ihnen tuscheln. Sie sah aus dem Augenwinkel, wie die Jungen vorsichtig um die Laube herumlugten.

»Für immer«, flüsterte Fritz, nahm sie in die Arme und hauchte ihr einen Kuss auf die Lippen.

»Für immer«, entgegnete Annegret.

Die Jungen stürmten dazu und fielen mit in die Umarmung ein. Annegret lächelte die Kinder an und dann wieder Fritz. »Gefangen und nie wieder losgelassen«, sagte sie und zog die drei noch enger an sich.

»Annegret?« Charlotte war von ihren Besorgungen zurück.

»Wir sind hinter der Laube«, rief sie.

Charlotte kam zu ihnen. Sie sah kreidebleich aus, als wäre die Reise abgesagt worden. Oskar hüpfte freudig vor ihr auf und ab. »Wollen wir Mensch ärgere Dich nicht spielen?«, fragte er, dann hielt er inne. »Aber warum siehst du so traurig aus?«

Charlotte hatte ihren Mund leicht geöffnet, aber es kamen keine Worte heraus.

Annegret legte ihr die Hand auf die Stirn, um ihre Temperatur zu fühlen. »Bist du krank?«

»Ich mach dir Milch mit Honig, damit du gesund wirst!«, versprach Oskar und lief, ohne eine Antwort abzuwarten, zur Laube.

Charlotte schaute Oskar mit starrem Blick nach.

»Ist das der neue Koffer?«, fragte Annegret und betrachtete das schöne braune Stück mit den Schnallen. Sie wagte nicht, nach dem Stand der Reise zu fragen.

Charlotte sackte auf die Bank aus Apfelholz. »Ich habe ihn umsonst gekauft!«

Annegret stellte den Koffer beiseite und setzte sich zu ihrer Freundin. »Was ist passiert?«

Fritz nahm Norbert an die Hand und ging mit ihm in die Laube zu Oskar.

»Ich war nicht nur einkaufen, ich war auch bei der Ärztin, die du mir neulich empfohlen hattest«, sagte Charlotte und sah sie aus geröteten Augen an. »Ich bin schwanger.«

Annegret dachte sofort an Robert, der Hamburg verlassen hatte und nicht gefunden werden wollte. »Ist die Ärztin sich wirklich sicher?«

Charlotte strich sich über ihr Bäuchlein und nickte.

Nachwort

Seit 1945 sucht das Deutsche Rote Kreuz Vermisste aus dem Zweiten Weltkrieg. Allein in den Wirren der letzten Kriegswochen wurden dreihunderttausend Kinder auf der Flucht oder bei Evakuierungen von ihren Eltern getrennt. Berührt und inspiriert von diesen Schicksalen, bin ich tief in die Emotionen zerrissener Familien und in das Hamburg der Fünfzigerjahre eingetaucht. Aus dem Wunsch heraus, die oft frauenfeindlichen Hürden der damaligen Zeit gemeinsam mit ihnen zu überwinden, habe ich meine Heldinnen Annegret und Charlotte entwickelt.

Nach den vier Bänden meiner »Kinderklinik Weißensee« wollte ich unbedingt wieder die Jüngsten der Gesellschaft in den Mittelpunkt der Handlung stellen. Kinder sehen die Welt anders als Erwachsene und lockern angespannte Situationen auf. So auch Hardy und Monika. Beide sind mir sehr ans Herz gewachsen, während ich mich mit ihren Schicksalen auseinandergesetzt habe. Auch Oskar und Norbert, Fritz' Sohn, habe ich lieb gewonnen. Mit Norberts Geschichte wollte ich zeigen, dass nach einer Zusammenführung nicht immer alles gut ist. Auch das Zusammenwachsen, nachdem man viele Jahre getrennt voneinander lebte, ist eine immense Herausforderung. Als Vorlage für die Recherchearbeit meiner Heldinnen dienten mir wahre Suchfälle, die ich zum Schutz der Privatsphäre verfremdet und umgeschrieben habe.

Direkt nach Kriegsende suchte jeder vierte Deutsche einen oder mehrere Angehörige. Anfangs versprachen viele Wahrsager und Kartenleger, die vermissten Familienmitglieder zu finden. Bis 1950 wurden sechzehn Millionen Anträge bei den zahlreichen Suchdienstbüros gestellt. Erst 1950 wurde der Suchdienst zentralisiert, unter das Dach des Deutschen Roten Kreuzes gestellt und wurden die verschiedenen Karteien zumindest räumlich zusammengebracht. Hamburg war fortan für Kinder und Zivilverschleppte verantwortlich. Die eigentliche Verschmelzung der Karteien erfolgte aus finanziellen Gründen jedoch erst im Jahr 1955, wie im Roman dargestellt. Nach seiner viel gerühmten Russlandreise sagte Konrad Adenauer die Finanzierung der Zusammenlegung in Höhe von achtzig Millionen Mark aus dem Staatssäckel zu. Im Rahmen dessen sollten gleichzeitig die Vermisstenlisten um Bilder ergänzt werden, was ich im Roman die *neue Bildersuche* nenne, und sollte alles phonetisch sortiert werden. Dies wurde zum größten Projekt in der bisherigen Geschichte des Suchdienstes. Es zeugt vom immensen Umfang der zentralen Namenskartei, dass es zum Beispiel von dem Nachnamen Woitszikowski Suchfälle mit mehr als einhundert verschiedenen Schreibweisen gab. Auch mein Roman-Hardy muss länger auf die Zusammenführung mit seiner Mutter warten, weil er seinen Namen nur dem Klang nach kennt. In der Realität lieferte allein die phonetische Sortierung der Kartei auf Anhieb sechstausend Treffer!

Dass meine Heldinnen bei der Überzeugung des Kanzlers das Ruder in die Hand nehmen, entstammt meiner Fantasie. Genauso die kriminellen Aktivitäten des Kinderhilfe e.V.

Nachweislich ging die Initiative für die neue Bildersuche vom Münchner Suchdienstbüro aus. Sämtliche Charaktere im Roman, außer den beiden Adenauers, sind fiktiv. Anders als bei der »Kinderklinik Weißensee« waren mir diesmal keine Personallisten zugänglich. Auch über die Zeit des Suchdienstes in Hamburgs Stadtteil Osdorf ist kaum etwas bekannt. Ich fand die Vorstellung schön, dass das Suchdienstbüro schon immer ein Ort für Kinder war, deswegen habe ich es in eine alte Schule verlegt.

Die Hansestadt wurde nach dem Krieg Durchgangsstation für viele Millionen Flüchtlinge, Vertriebene, entlassene Kriegsgefangene sowie befreite KZ-Häftlinge und galt deswegen lange als »Hauptstadt der Vertriebenen«. Zur Romanzeit, im Jahr 1955, zehn Jahre nach Kriegsende, war die Wohnsituation noch immer schwierig, um nicht zu sagen katastrophal. Viele Familien wohnten in provisorischen Unterkünften und Lagern, oft in Wellblechhütten auf engstem Raum. Es gab wohl kaum eine Gartenlaube, die nicht bewohnt wurde. Anfang der Fünfzigerjahre mussten sich zwei von drei Mietern ihre Wohnung noch mit eingewiesenen Parteien teilen. Es galt, einen Zustand der Enge, Not und der Preisgabe des Privatlebens auszuhalten, den wir uns heute kaum noch vorstellen können. Annegret und Oskar machen das Beste daraus und ihr Gärtchen zu einem kleinen Refugium. Dabei hatten sie es wirklich nicht leicht. Damals hieß es nämlich:

Aus Kindern werden Leute, aus Mädchen werden Bräute.

Das Leben junger Frauen sollte sich vor allem um die Suche nach einem heiratsfähigen Mann und um die Familiengründung drehen. Vor dem Hintergrund des Männermangels wegen der vielen Kriegstoten war das eine besondere Herausforderung. Der Konkurrenzdruck war hoch.

Unvollständige Familien, wozu auch Annegret und Oskar gezählt hätten, erfuhren in beinahe allen Lebenslagen Nachteile und wurden diskreditiert. Erwerbs- und Familienarbeit galten als miteinander unvereinbar. Frauen, die einen Beruf aus Interesse oder finanzieller Not ausübten, wurden als egoistisch beschimpft. Die verheiratete Hausfrau war in den Fünfziger- und Sechzigerjahren in der BRD *das* erstrebenswerte Ideal. Dazu sollte sie für ihren Mann hübsch zurechtgemacht und vorzeigbar sein. Frauenzeitschriften wie die im Roman erwähnte *Constanze* kamen auf, zeigten die perfekten Frauen und enthielten Anleitungen, mit welcher Schminke und welchem Verhalten man selbst zur Vorzeigefrau werden konnte. Kein Wunder, dass Menschen wie meine Roman-Renate das Gefühl bekamen, nicht mehr sie selbst sein zu dürfen, sondern dem angepriesenen Ideal entsprechen zu müssen.

Insgesamt waren die Frauen der Fünfzigerjahre von ihren Männern finanziell und rechtlich abhängig, nachdem sie in den Jahren zuvor oft die im Krieg weilenden, verletzten oder verstorbenen Gatten ersetzt und mit ihren Kindern selbstbestimmt gelebt hatten. Nach dem Krieg wurde der Mann wieder das Oberhaupt der Familie. Er allein durfte alle Entscheidungen über die Wohnung, die Kinder, das Familienvermögen und die Beschäftigung der Frau treffen.

Zum Glück beeinflussen diese traditionellen Verhaltensbeschränkungen meine Roman-Charlotte immer weniger. Sie geht sogar so weit, sich vor der Ehe mit Haut und Haar auf einen Mann einzulassen – Hauptkommissar Robert Hartmann. Welche Auflehnung in Zeiten rigider Sexualmoral! Über Sex sprach man nicht, Vorspiele gab es nicht, und Bräute hatten jungfräulich zu sein. Charlotte kommt nach der Flucht aus ihrem vornehmen Elternhaus in den Geschmack von Freiheit und Selbstbestimmung und will bald nicht mehr anders leben.

Ihre Freundin Libet machte tatsächlich im Internat Pützchen ihr Abitur. Elisabeth »Libet« Werhahn-Adenauer war die jüngste Tochter Konrad Adenauers und entstammte der Verbindung mit seiner zweiten Ehefrau Gussie, Auguste Amalie Julie Adenauer, geborene Zinsser. Libet war eine Frau mit höherer Bildung und größerer Selbstständigkeit als die meisten Frauen ihrer Zeit, entsprach aber doch immer auch den Erwartungen ihres Vaters. Als Jahrgang 1876 wuchs Konrad Adenauer noch im strengen neunzehnten Jahrhundert nach Werten und Normen der Kaiserzeit auf.

Libet heiratete im Alter von zweiundzwanzig Jahren (also ähnlich alt wie ihre Freundin Charlotte im Roman) den Großindustriellen und Kriegsheimkehrer Hermann Josef Werhahn standesgemäß und bekam mit ihm fünf Kinder. 1954 bis 1967 begleitete sie ihren Vater oft bei Staatsbesuchen und Konferenzen. Auch wegen ihrer frischen und einnehmenden Art wurde der eher streng auftretende, inzwischen betagte Konrad Adenauer im Ausland zum Sympathieträger der jungen Bundesrepublik.

Libet selbst ging als *erste First Lady* der BRD in die Geschichte ein, genauso wie als engagierte Kommunal- und Europapolitikerin und Bewahrerin des Andenkens an ihren Vater. Sie starb neunzigjährig im Jahr 2019. Ihre Memoiren, die ich in die Literaturhinweise aufgenommen habe, waren eine wertvolle Quelle, um mir ein Bild von dem privaten Bundeskanzler zu machen. Libets Berichten entstammen zum Beispiel meine Kenntnisse über Adenauers Vorliebe für Nescafé, seine Haltungsübungen mit dem Regenschirm, seine Angewohnheit, Gespräche abrupt zu verlassen und auf einer Autofahrt allein nachzudenken. Es war mir ein Vergnügen, diesen Einblick zu erhalten und im Roman aufzugreifen.

Bis heute hilft der Kindersuchdienst, Kinder und Eltern wieder zu vereinen, die durch humanitäre Katastrophen voneinander getrennt wurden. Der zweite Band meiner neuen Romanreihe mit dem Untertitel »Im Sturm an deiner Seite« springt mit Charlotte und Annegret in das Jahr 1962. Nach einer Sturmflut an der Nordsee versank Hamburg in Wassermassen wie seit einhundertsiebenunddreißig Jahren nicht mehr. Beinahe ein Fünftel des gesamten Stadtgebietes wurde innerhalb kürzester Zeit überflutet. Während der Evakuierungs- und Rettungsversuche wurden Kinder von ihren Eltern getrennt. Charlotte ist inzwischen Mutter einer Tochter. Raten Sie, wer der Vater ihres Kindes ist und wen sie seit dem Besuch des Kanzlers nicht wiedergesehen hat?

Annegret hat neben ihrem Suchfall mit Problemen ganz anderer Natur zu kämpfen: Ihre Mutter will sich mit ihr versöhnen und ihr die Wahrheit über ihre Familie sagen. Dabei will Annegret zunächst nur eines: ihren seit der Flut vermissten Fritz finden. Begleiten Sie Charlotte und Annegret im zweiten Band durch stürmische Zeiten, und erleben Sie, wie aus alten Wunden neue Stärken werden und wie sehr wahre Freundschaft beflügeln kann.

Literaturhinweise

W. Biermann: *Konrad Adenauer: ein Jahrhundertleben*, Rowohlt Berlin Verlag GmbH, Berlin, 2022, 3. Auflage.

A. Delille, A. Grohn (Hrsg.): *Perlonzeit. Wie die Frauen ihr Wirtschaftswunder erlebten*, Elefanten-Press-Verlag, Berlin, 1988.

F. Gause: *Die Geschichte der Stadt Königsberg in Preußen, Band 3: Vom Ersten Weltkrieg bis zum Untergang Königsbergs*, Böhlau Verlag, Köln, 1996.

P. Hauser: *Die besonderen Herausforderungen bei der Adoption von älteren Kindern*, tredition GmbH, Ahrensburg, 2023.

A. Lüdtke: *Frauen und Frauenbilder der 50er-Jahre in der Bundesrepublik Deutschland und der DDR*, Grin Verlag, München, 2003.

M. Köster-Hetzendorf: *Ich hab dich so gesucht ...: der Krieg und seine verlorenen Kinder*, Pattloch Verlag, Augsburg, 1995.

K. Mittermaier: *Vermißt wird ... Die Arbeit des deutschen Suchdienstes*, Ch. Links-Verlag, Berlin, 2002.

U. Schuster: *Erinnerungen an Hamburg Altona*, novum Verlag, Berlin, 2015.

E. C. Schütt: *Die Chronik Hamburgs*, Chronik-Verlag, Dortmund, 1991.

L. Werhahn-Adenauer: *Erinnerungen an meinen Vater Konrad Adenauer*, aufgeschrieben von Catharina Aanderud, Bast Medien GmbH, Überlingen, 2019, 2. Auflage.

Zitatverzeichnis

Auf S. 214: Ingeborg Bachmann, *Früher Mittag*. In: Ingeborg Bachmann, *Die gestundete Zeit*. © Piper Verlag GmbH, München 2011. S. 32. Alle Rechte vorbehalten durch Piper Verlag München.

Auf S. 348: Gustave Flaubert, *Madame Bovary*. Aus dem Französischen von Maria Dessauer. © Insel Verlag Frankfurt am Main und Leipzig 2007. S. 334. Alle Rechte vorbehalten durch Insel Verlag Frankfurt am Main und Leipzig.

Verbrechen, Vergnügen und Verrat in Hamburgs dunklen Gassen

Hamburg, 1913. Von einem Tag auf den anderen wird Louise bettelarm: Ihr Mann verschwindet spurlos und mit ihm das letzte Geld. Zusammen mit Ella, einer ehemaligen Prostituierten, wagt sie einen Neuanfang und eröffnet auf Sankt Pauli eine Bar.
Doch schnell geraten sie in Konflikt mit den Autoritäten: Ein Juwelier wird in der Nachbarschaft ermordet, Louise und Ella retten den vermeintlichen Mörder vor der Polizei, weil sie ihn für unschuldig halten. Da taucht Paul in der Bar auf, ein ehemaliger Polizist, der auf eigene Faust eine Bande gewalttätiger Straßenkinder jagt. Aber haben die verwahrlosten Seelen wirklich etwas mit dem Mord zu tun?

Henrike Engel
Elbnächte. Die Lichter über St. Pauli
Roman

Klappenbroschur
Auch als E-Book erhältlich
www.ullstein.de

ullstein

Aufbruch in eine neue Zeit

Berlin 1911: Die Waisenschwestern Marlene und Emma Lindow können ihr Glück kaum fassen: Sie arbeiten als Lernschwestern in der Kinderklinik Weißensee. Doch schon bald fühlt sich Emma von ihrer Schwester zurückgesetzt, denn Marlene hat sich gleich doppelt verliebt: in den vornehmen Assistenzarzt Doktor Maximilian von Weilert und in das noch junge Fachgebiet Kinderheilkunde. Sie ist fest entschlossen, selbst Kinderärztin zu werden. Aber der Weg nach oben ist steinig, der in Maximilians Familie erst recht. Emma wird die eigene Schwester immer fremder. Erst als das Leben eines kleinen Jungen am seidenen Faden hängt, erkennen Emma und Marlene, dass ihnen ihre wichtigste Aufgabe nur gemeinsam gelingen kann: kranke Kinder zu retten.

Antonia Blum
Kinderklinik Weißensee – Zeit der Wunder

Klappenbroschur
Auch als E-Book erhältlich
www.ullstein.de

Der Mut der Frauen

1950. Johanna Lintermann, eine junge Bäuerin, die aus ihrem Heimatdorf Wollseifen in der Eifel vertrieben wurde, nimmt auf dem neuen Hof der Familie das Heft in die Hand. Tatkräftig und selbstbewusst geht sie ihren Weg, um sich mit ihren Schwiegereltern und ihrem Sohn ein neues Leben aufzubauen. Doch dann kehrt nach 13 Jahren ihr Mann Karl aus der Kriegsgefangenschaft zurück, gebrochen und krank. Er will nur eines: sein altes Leben zurück. Auf Neues kann er sich nicht einstellen. Und Johanna steht auf einmal zwischen dem geliebten Ehemann und den Träumen von einer sorglosen Zukunft, in der auch seit Kurzem ein anderer Mann eine Rolle spielt

Anna-Maria Caspari
Schlehengrund
Roman

Klappenbroschur
Auch als E-Book erhältlich
www.ullstein.de

ullstein